中国未解之谜

中国
未解之谜

海子◎编

中国华侨出版社
北京

图书在版编目（CIP）数据

中国未解之谜 / 海子编. — 北京：中国华侨出版社，2013.2（2021.1重印）
ISBN 978-7-5113-3268-4

Ⅰ.①中… Ⅱ.①海… Ⅲ.①科学知识—普及读物 Ⅳ.①Z228

中国版本图书馆CIP数据核字（2013）第028623号

中国未解之谜

编　　者：	海　子
责任编辑：	芝　兰
封面设计：	阳春白雪
文字编辑：	张　亦
美术编辑：	宇　枫
经　　销：	新华书店
开　　本：	720毫米×1020毫米　1/16　印张：24　字数：344千字
印　　刷：	北京德富泰印务有限公司
版　　次：	2013年5月第1版　2021年1月第4次印刷
书　　号：	ISBN 978-7-5113-3268-4
定　　价：	55.00元

中国华侨出版社　北京市朝阳区西坝河东里77号楼底商5号　　邮编　100028
发行部：（010）88866079　　　　　传　真：（010）88877396

如发现印装质量问题，影响阅读，请与印刷厂联系调换。

前言

中国历代王朝更替，国都频迁，但华夏第一都到底在哪里？荆轲刺秦壮怀激烈，其失败的原因究竟何在？马王堆古尸为何历经千年不腐？金缕玉衣真的能让肉体不朽吗？曹操生性多疑，死后真的设有七十二疑冢吗？武则天生前文治武功，死后缘何以无字碑示人？孝庄太后为何下嫁多尔衮……关于远古文明、关于帝王将相、关于历史名人、关于社会文化，有太多的谜团等待人们去挖掘。

这些令人感到困惑不解的事件和现象广泛而真实地存在着，有些是人类当前的认知能力和科技水平所不能完全解释的，有些是其真实面目被历史尘封，还有些则是由于当局者的刻意隐瞒和篡改。它们所散发出来的神秘魅力，像磁石一般吸引着人们好奇的目光，并激发起人们探求其真相的强烈兴趣。在对种种谜团的破译和解析过程中，人们不但能够获得知识上的收益，还能得到愉快的精神体验。

鉴此，我们组织编写了这本《中国未解之谜》，本书以知识性和趣味性为出发点，全方位、多角度地展示了华夏文明、帝王后宫、历史名人、军事战争、文物科技、历史悬案、多彩文化及神秘墓葬等方面最有研究价值、最具探索意义和最为人们所关注的未解之谜，内容涉及政治、经济、历史、文化、军事、科技等诸多领域，可谓包罗万象。对于每个未解之谜，编者并未以一家之言取信于读者，而是在参考了大量文献资料、考古发现的基础上，结合最新的研究成果，客观地将多种经过专家学者分析论证的观点一并提出，展示给读者，或引经据典，或独辟蹊径，或提供佐证，或点明主题，使读者既多了一个与大师们面对面交流的机会，又多了一条了解真相的途径，从而见微知著、去伪存真，努力揭示出谜团背后的真相。写作风格上，本书力求通俗易懂、精准生动，将大量未知的事物与现象用深入浅出的语言完整表达出来，可读性强，符合不同层次读者的阅读需求。

流畅的叙述语言、逻辑严谨的分析理念、新颖独到的版式设计，将读者感兴趣的疑点与谜团全方位、立体地展现出来，使读者在轻松获取知识、提升科学和文化素养的同时，得到更广阔的审美感受和愉快体验。

前 言

历史悬案

龙山文化能证明炎帝黄帝战蚩尤一事
吗…………………………………… 2
"尧舜禅让"是礼让还是篡位………… 4
盘庚是否迁都于安阳殷墟……………… 7
商鞅为何被五马分尸…………………… 9
越王勾践到底有没有卧薪尝胆………… 11
赵高乱秦之谜…………………………… 13
秦始皇"焚书坑儒"之谜……………… 15
荆轲刺秦王为何没有成功……………… 16
孟姜女哭长城是否真有其事…………… 18
历史上有无徐福东渡日本之事………… 19
"三顾茅庐"是真是假………………… 22
梁祝故事是真是假……………………… 23
首次去西天取经的是玄奘吗…………… 25
李商隐与牛李党争之谜………………… 27
"杯酒释兵权"之谜…………………… 30
"烛影斧声"与宋太祖之死…………… 31
"金匮之盟"之谜……………………… 33
狸猫换太子真相如何…………………… 35

马可·波罗是否来过中国……………… 36
明初"胡、蓝案"真相如何…………… 38
明"红丸案"幕后主使是谁…………… 40
《明史》冤案探秘……………………… 42
吴三桂"冲冠一怒为红颜"吗………… 43
翼王石达开在大渡河畔信函之谜……… 46
太平天国的窖藏珠宝流落何处………… 48
袁世凯是"戊戌变法"失败的罪魁
祸首吗…………………………… 50

帝王之谜

齐桓公死因之谜………………………… 54
谁是第一个泰山封禅的帝王…………… 55
秦始皇铸造十二金人之谜……………… 56
晋武帝传位傻太子之谜………………… 58
隋炀帝的"迷楼"之中蕴藏的奥秘…… 59
唐太宗为何发动"玄武门兵变"……… 61
唐玄宗为何被奉为"梨园领袖"……… 63
成吉思汗为何万里召见丘处机………… 64
明太祖大肆诛杀功臣目的何在………… 65
明建文帝生死之谜……………………… 67

明万历帝数十年不上朝之谜 …… 69
崇祯帝究竟如何死去 …………… 70
顺治帝出家之谜 ………………… 72
康熙帝是怎样擒拿鳌拜的 ……… 73
雍正帝嗣位之谜 ………………… 75
乾隆帝身世之谜 ………………… 77
天花还是梅毒——同治帝死因之谜 … 79
光绪帝之死探秘 ………………… 81

后宫秘事

夏桀的爱妃妹喜是"间谍"吗 …… 84
汉武帝后宫巫蛊之乱新探 ……… 85
武则天后宫面首知多少 ………… 87
太平公主在寺庙淫乱之谜 ……… 88
上官婉儿为何不记武则天灭族之仇 … 90
杨贵妃未被立为皇后之谜 ……… 91
杨贵妃真的被缢死了吗 ………… 93
花蕊夫人倾倒两帝王之谜 ……… 94
明代"壬寅宫变"之谜 …………… 97
孝庄太后为何下嫁夫弟多尔衮 … 99
清孝贤皇后去世之谜 …………… 101
东太后慈安死因之谜 …………… 102
珍妃坠井之谜 …………………… 104

名人谜团

伏羲、女娲兄妹通婚之谜 ……… 108
黄帝是传说中的人物吗 ………… 109

周公为什么没有取周成王而代之 … 110
鲁班与公输般是同一个人吗 …… 112
孔子身世之谜 …………………… 114
纵横家鬼谷子有无其人 ………… 117
屈原为何投汨罗江 ……………… 119
李广为何难封 …………………… 121
王昭君为何出塞 ………………… 123
"闭月"之貌出谁家——貂蝉身世
之谜 …………………………… 126
曹操为何至死不称帝 …………… 127
诸葛亮娶丑女为妻探秘 ………… 129
红拂女夜奔李靖之谜 …………… 130
骆宾王下落之谜 ………………… 132
李白死亡之谜 …………………… 135
李师师是否流亡到江南 ………… 136
抗金英雄岳飞死因探秘 ………… 138
陆游与唐琬爱恨离愁之谜 ……… 140
明代名臣刘基死亡之谜 ………… 143
郑和为何下西洋 ………………… 145
唐伯虎点秋香之谜 ……………… 147
戚继光斩子了吗 ………………… 148
袁崇焕被杀之谜 ………………… 151
李自成真的当了和尚吗 ………… 154
清代名将年羹尧为何被雍正赐死 … 155
和珅受宠之谜 …………………… 157
洪秀全死因之谜 ………………… 158
李莲英死亡之谜 ………………… 160

军事之谜

中国是何时开始建立军队的……… 164
中国文官武将是何时分开的……… 165
古代战争中所用的弩是怎样发明的 … 167
牧野大战究竟发生在哪里………… 168
孙武到底有没有著《孙子兵法》… 170
汉高祖在"白登之围"中是怎样脱身
　的……………………………… 172
项羽为何不肯过江东……………… 173
西汉大将军李陵投降匈奴之谜…… 176
曹操赤壁战败之谜………………… 178
诸葛亮写过《后出师表》吗……… 180
淝水之战是以少胜多吗…………… 182
"安史之乱"究竟是谁引发的…… 184
杨家将奋战抗辽是真是假………… 185
岳家军为何没能直捣黄龙府……… 187
成吉思汗的骑兵为何能横行欧亚… 188
抗倭名将胡宗宪缘何被历史遗忘… 189
李自成的军队在清军面前为何不堪
　一击…………………………… 191
施琅是叛徒还是忠臣……………… 193
外国人曾经担任太平军上校吗…… 195
石达开兵败大渡河之谜…………… 198
甲午战争日军登陆之谜…………… 201
谁埋葬了北洋水师………………… 202
两千国民党官兵神秘消失之谜…… 204
川岛芳子死刑之谜………………… 206

文明探秘

半坡遗址之谜……………………… 210
华夏第一都到底在哪里…………… 212
殷墟是商代的古都吗……………… 214
三星堆文化之谜…………………… 219
我国铜和铁的冶炼开始于何时…… 223
古滇国之谜………………………… 225
长城的两端到底在什么地方……… 227
阿房宫为何取名"阿房"………… 230
秦始皇陵兵马俑之谜……………… 231
丝绸之路通向哪里………………… 237
夜郎古国在哪里…………………… 239
楼兰古国是什么样子……………… 240
敦煌莫高窟之谜…………………… 244
故宫为何称为紫禁城……………… 252
避暑山庄为何钟情青砖灰瓦……… 253
山西为何多"大院"……………… 255

文物科技之谜

《河图》《洛书》是上古的无字天书
　吗……………………………… 260
远古岩画之谜……………………… 262
仙字潭石刻之谜…………………… 263
红山文化女神庙里的女神是谁…… 266
良渚文化为何有众多玉器………… 269
禹王碑书写的是什么……………… 271

西周微刻甲骨文之谜……………… 273
中国古代到底有没有指南车 274
中国酿酒的始祖是谁……………… 275
中国古代针灸之谜………………… 277
传国玉玺流落何方………………… 278
泰山无字碑是何人所立…………… 279
马王堆古尸为何千年不腐………… 280
"金缕玉衣"真的能让尸体不朽吗… 282
诸葛亮制造木牛、流马之谜……… 283
黄鹤楼的名称因何而来…………… 284
小雁塔为何乍离乍合……………… 286
轮船是中国人发明的吗…………… 287
明代古海船有多大………………… 289
佛门舍利子是怎样形成的………… 291

神秘墓葬

轩辕黄帝陵在何处………………… 294
曾国国君墓为何建在随国………… 296
中山王墓为何有众多的鲜虞族珍宝 … 299
西施香魂归何处…………………… 301
秦始皇陵墓之谜…………………… 304
马王堆汉墓之谜…………………… 308
曹操真的有七十二疑冢吗………… 314
刘备陵墓之谜……………………… 316
武则天无字碑之谜………………… 318
乾陵石像为何没有脑袋…………… 319
成吉思汗的陵寝为何在"马背"上 … 320

众说纷纭的明孝陵………………… 323
清东陵被盗之谜…………………… 325

文化迷踪

甲骨文之谜………………………… 338
中华民族为什么叫"华夏"……… 339
汉字起源真是"仓颉作书"吗…… 341
绘画的始祖是谁…………………… 343
十二生肖是怎样产生的…………… 345
左丘明有没有著《国语》………… 346
《吕氏春秋》究竟成书于何年…… 348
《诗经》是否为孔子所编………… 349
孔子著《春秋》之谜……………… 351
《山海经》到底是什么性质的书… 353
端午节吃粽子是为了纪念屈原吗… 354
石头和尚的肉身为何能千年不腐… 356
僧人达摩是少林寺拳法的鼻祖吗… 357
宋真宗年间的"天书"之谜……… 359
《满江红》的作者真是岳飞吗…… 360
李清照晚年有没有改嫁…………… 362
武当拳的始祖是张三丰吗………… 363
《永乐大典》正本流失何方……… 365
门神由来之谜……………………… 366
高鹗续写了《红楼梦》吗………… 368
贴春联之谜………………………… 370
除夕放鞭炮之谜…………………… 372

历史悬案

作为一个独立的学科，历史无疑是完整的。然而作为一个纯粹的认知对象，历史又是不完整的。许多关键的细节都因为年代久远或史料缺乏等原因而湮没于往昔的沧桑岁月，而历史的玄机往往正隐藏在这消失的细节中。

扑朔迷离的历史悬案为历史真相披上了一层神秘的外衣，像磁石一样吸引着人们好奇的目光，并刺激着人们探究其庐山真面目、正本清源的兴趣。而在对种种历史悬案进行解析和破译的过程中，人们不仅能获得知识上的收益，还可以得到精神上的愉快体验。

龙山文化能证明炎帝黄帝战蚩尤一事吗

中华民族是龙的传人,又自称炎黄子孙,这是从何而来的呢?传说上古在黄河流域有个强大的部落联盟,其首领分别为黄帝和炎帝。黄帝姓公孙,名轩辕。蚩尤也是个部落首领,长有四只眼睛,三双手,而且还是铜头铁额,吃沙石为生,不过他不像别的部落首领那样臣服于黄帝和炎帝,而且兴师作乱,于是炎黄联军便与蚩尤不断地发生战争。最后一战,据《山海经》记载,蚩尤请了掌管刮风和降雨的神仙"风伯""雨师"前来助战,掀起了狂风暴雨扑向炎黄联军,同时又作大雾令炎黄联军不辨方向。这时黄帝也请来天上的女神,请女神止住风雨,做指南车以别四方,最后擒杀了蚩尤。

这段传说太神奇了,神奇得让人难以置信,所以有人说黄帝、炎帝、蚩尤是传说中的人物,不可靠,即使有,也可能只是一个部落的名称。有人说"黄帝他们原本就无其人,无其说",一句话就否定了古代史书的记载。还有人热衷于从远古神话角度把黄帝等描述成非常怪异的形象。

那么炎帝、黄帝、蚩尤等是人还是神,炎黄战蚩尤一事是真的吗?史书记载纷繁复杂,无法说清楚。如果能有考古发掘的遗址来证明才最有说服力。

1928年,在今山东省济南市章丘区龙山镇城子崖首次发现一处遗址,据考察时间为公元前二十几世纪。而后在山东境内和河南、陕西都发现众多类似的遗存,考古学界命名为龙山文化。龙山文化,泛指黄河流域中下游地区相当于新石器时代晚期的文化遗存,也有称为金石并用时代的。其命名原由,是从首次发现地而来的。龙山文化内涵丰富,主要分布在山东境内,年代约为公元前2500~前2000年;河南龙山文化,年代为公元前2600~前2000年;陕西龙山文化,年代为公元前2300~前2000年。其共性是：以农业经济为主，石器、骨器、陶器等手工业有了一定的发展，在某些遗址发现了铜器。揭开了青铜文化的序幕。

有人说龙山文化能证明炎帝、黄帝战蚩尤一事。我们对于商代以前的社会状况，因为没有文字的记载，了解很有限，基本上依据的是后人口耳相传的言说，没有确证。所以首先要看按人类社会的发展规律，说明传说中炎帝、黄帝所处的历史时期，是否有可能发生这样的事件。根据人类学、历史学的研究结论，人们在原始社会早期，不可能发生战争。人类社会的发展过程，首先由猿变成人，经过漫长的年代学会制造和使用工具，且这方面能力渐渐地不断提高，从而使人们的生活得到改善，不用过茹毛饮血、食不果腹的日子，于是人口迅速增加，社会组织发展起来，最早产生的形式是动物式的群落，而后变为有血缘关系的部落。发生战争的前提是有大量剩余产品的出现，于是氏族首领就可能利用特权占有多余的产品，产生贫富分化。不同的氏族、不同的部落间也可以通过战争掠夺其他部落的剩余产品，而且战俘在初期是全部杀掉，后来认识到可以强迫战俘劳动，这就是最早的奴隶起源。

龙山文化能否证明哪个时期我们的祖先有可能爆发大规模战争，据学者研究，龙山文化之前还是母系氏族社会的仰韶文化。那炎帝、黄帝所处的龙山文化时期是以女性为主导的母系氏族，还是以男性为主导的父系氏族？

这个问题关系到炎帝、黄帝战蚩尤的可能性。在农业没有发明以前，人们是依靠狩猎和采集来维持生活的，那时候，男子负担猎取禽兽，捕捉鱼类；妇女负担采集野生植物的果实和块根。后来，在长期的采集活动的实践中，妇女们逐渐掌握了种植野生植物的技术。这样，就发展了初步的农业生产，仍旧由妇女来经营。那个时期，妇女在生产上和社会生活上居于支配的地位。因此，那个时期的氏族公社，称为母系氏族公社。经过人们世世代代的劳动，农业和饲养家畜逐渐发展了，代替了狩猎活动和采集活动。社会的生产力发展到这个阶段，繁重的农业劳动和饲养家畜的劳动，逐渐由男子来承担。男子在社会生产上越来越比妇女起着更大的作用，最后完全代替妇女成为社会生产的主要力量。在社会生活中，男子也逐渐居于支配地位。这样，氏族公社内部发生了深刻的变化——从母系氏族公社过渡到父系氏族公社了。

农业和饲养家畜的发展，把原始社会从母系氏族公社推进到父系氏族公社阶段。龙山文化是父系氏族公社时期的一种文化，就是根据这种情况来判断的。只有到了父系氏族阶段，生产发展，出现贫富分化，原始社会的平等被打破，大规模战争才可能发生。考古发掘的事实证明，黄帝所处的龙山文化时期，确实是原始社会开始瓦解，奴隶社会渐渐形成的父系氏族时期，发生部落间的战争是完全有可能的。

依据这种解释，黄帝、炎帝是上古的部落首领，为掠夺财富，扩大势力范围与以蚩尤为首的另一部落发生冲突，于是灭了蚩尤。史书还记载，黄帝当时对不服从他的部落都实行征伐。后来，因为利益争夺，黄帝与其同族兄弟炎帝也发生了一场大战，最后以炎帝失败而告终。

这种说法比较有道理，至少说明这个传说有一定的可信性。不过，炎帝、黄帝战蚩尤具体如何，黄帝、蚩尤是什么样的人仍然没有得到明确的解答，依然是个令人迷惑的传说。

"尧舜禅让"是礼让还是篡位

尧是远古时期有名的贤德的君主，他是三皇五帝中的第四个帝。他不"唯亲是举"，大力举荐有才干的舜为自己的继任者，这就是历史传说中有名的"尧舜禅让"。但是现在却有人开始怀疑这种说法的准确性，毕竟这仅仅是远古流传下来的一个传说，到了春秋时期，才有人把它诉诸于文字。所以，关于尧舜之间权力交接的真相，就成了一个千古疑案，后世的人们众说纷纭，莫衷一是，但争论的同时，这个千古未解之谜也为我们留下了很多美丽的传说。

大部分人还是比较认可"举贤"说的，因为这反映了我们中华民族的大公无私、唯才是举的传统美德。传说中，舜姓姚，他的父亲是个盲人，他的母亲很早就去世了。后来，他的父亲又娶了一个妻子，舜的后母心胸狭窄，而且心地狠毒。后来，后母生了个儿子，取名叫象。象好吃懒做而且飞扬跋扈，在父母面前，他经常说哥哥舜的坏话。舜的父亲也被他们拉拢到一起，站在他们的战线上。所以，夫妻俩和象常在一块儿商量，如何找机会害死舜，这样，象就可以继承父母的全部财产。但舜心地善良，并不介意他们的故意刁难。他还是一如既往的孝顺自己的父亲，对后母和弟弟也很好。

当时，尧已经八十六岁了。他觉得自己年老力衰，于是叫大家推举贤能的"接班人"，大家一致推举很有威望的舜。尧听了人们的推举后，决定先考验考验舜。于是，尧把自己的两个女儿娥皇和女英都嫁给了舜，并且派舜到各地去同人们一起干活。他先派舜来到历山脚下去种地。在舜来之前，那里的农民经常为了争夺土地不时地发生一些冲突。等到舜到了那儿后，农民们在舜的教化和领导下就变得互相谦让，经常你帮我，我帮你，把生产搞得很好。舜又到河滨去烧制陶器。原来那儿的陶工干活粗制滥造，陶器质地粗劣，等到舜一去，陶工们在舜的组织下，认真工作，制作出来的陶器十分精美。总之，舜每到一个地方，人们都愿意跟随着他。那时候，父权制已经确立，人人可以拥有财产。由于舜的才能，舜拥有了许多私有财产。

舜的父亲和弟弟象听说舜有很多财富，又起了坏心。有一次，父亲叫他修补粮仓的屋顶。当舜沿梯子爬上屋顶的时候，他们就在下面放起火来，想借机把舜烧死。舜在屋顶看见起火了，想找梯子时，梯子已经被狠心的父亲和弟弟藏了起来。幸好当时，舜随身带着两顶遮太阳用的笠帽。他灵机一动，双手平举笠帽，像鸟张开翅膀一样跳下来。舜轻轻地落在地上，一点儿也没受伤。舜并没有怪罪他们，还是像以前一样尊老爱幼。一计不成，他们又设计了一个陷阱。一天，他们叫舜去掏井。当看到舜跳下井后，象和他的瞎眼父亲就在地面上把一块块石头丢下井去，把井填没了。他们企图把舜活活埋在里面。后来聪明的舜在井边掘了一个孔道，钻了出来。尽管父母兄弟对待自己不好，但舜还是像过去一样和和气气地对待他的父母和弟弟。于是，一家人就开始和和睦睦地在一起生活。

尧听说舜这样宽宏大量后感到很放心。于是在一个风和日丽的黄道吉日，尧在京城南郊举行了重大的禅让仪式。当尧庄严地把代表权力的权杖交给舜，舜恭敬地接过权杖的一瞬间，响起了雷鸣般的欢呼声。这就是一般历史书所说的"尧舜禅让"。因为它以群众推举或领袖授权为基础，所以人们称这种说法为"举贤说"。

还有一种说法是"拥戴说"。据说尧年老的时候，并没有想把帝位交给舜，而且当时尧的儿子丹朱也非常想继承父亲的大权，但碍于当时舜的声望迟迟没有下手。所以在尧死后，为了避免冲突发生，舜就避开丹朱到了南河之南。但那时天下的诸侯不到丹朱那里去朝见，反而跑来朝见舜。如果想打官司，他们不到丹朱那里去，都跑来找舜。于是，人们编出的歌谣不歌颂丹朱，却歌颂舜。所以，经过诸侯和民众的拥戴，舜便接受了大家的好意，接替尧登上了帝位。关于这个典故，荀子和孟子是比较赞同的。荀子认为，舜之所以能登上帝位，那是靠了他自身的道德；孟子也说过，舜登上帝位是靠了上天的赐予和民众的拥护。

关于"尧舜禅让"，有人甚至从根本上进行了否定，他们认为禅让只不过是被儒家神圣和美化了的精神价值取向罢了，实际上舜是篡夺了尧的大权。这就是比较流行的"篡夺"说。史学专家是根据《史记》的记载：舜取得了行政管理大权后，曾经进行了一系列的人事改组。例如，舜启用了被尧长期排除在权力中心之外的"八恺""八元"，历史上称之为"举十六相"，这表明了舜在扶植亲信。而对尧信用的混沌、穷奇等，舜把他们排出了权力中心，这在历史上被称之为"去四凶"，这显然是排除异己。历经这次人事改组之后，尧的大势已经去了，他的悲惨命运也就开始了。《括地书》引用《竹书纪年》说："昔尧德衰，为舜所囚也。"又说："舜囚尧，……使不与父相见。"意思大约是，舜先把尧软禁起来，后来也不准他同儿子、亲友见面，以此来逼迫他让位。就连尧的儿子丹朱也被放逐到了丹水。

关于尧舜之间的权力交接，是和平交接，还是被迫让位，从古至今就存在着很多猜测。由于当时没有确切的历史记载，这也就成为一个千古未解之谜。

盘庚是否迁都于安阳殷墟

商朝是我国奴隶社会的发展时期，从成汤到商纣，共传17世，31个王，前后约有496年。商朝时，地域辽阔，势力最大时东到大海，南到长江流域，西达陕西西部，是当时的一个大国。商朝前期，王朝内部的政治斗争十分激烈，由此也导致外患不断，为保持国家的长治久安，商朝经历了5次迁都。公元前14世纪，商王盘庚把都城迁到殷，从此商王朝稳定下来，因此商朝又称为殷商。然而，历史上对盘庚是不是迁到了今天的安阳殷墟却有争议。

大多数学者认为盘庚确实是迁都至今日的殷墟。《尚书·盘庚》篇对这次迁都的情况也有不少记载。

商汤建国时，最早的国都是亳，也就是今天河南的商丘。这里处在黄河下游，经常闹水灾，灾后损失惨重，皇宫内部、王公大臣和贵族之间也是矛盾重重，常常有内乱发生。到皇位传到能干的盘庚手里时，他决定改变这种混乱的状况，以促进国家的稳定和发展，于是他决定再次迁都。但是迁都的过程很不顺利，他的这一举动遭到了许多王公大臣和贵族的反对，盘庚只好对他们晓之以理，声称自己是"视民利用迁""承汝俾汝，惟喜康共，非汝有咎，比于罚"，即他不是为了处罚那些贪图权力的人，而是为了人民的利益，为了让商朝更加稳固才决定迁都。而对那些反对迁都的人，盘庚威胁说要将他们斩尽杀绝，不让孽种留在新邑。但是，还是有大多数贵族固执地不肯搬迁。盘庚坚定地表明自己的立场:"我主意已定,不会再改变了。"众大臣敌不过盘庚的坚持,终于同意迁都。于是盘庚带着平民和奴隶,渡过黄河,搬迁到殷(今河南安阳小屯村)。盘庚迁殷以后,在那里重振朝纲,缓解了王室内部的矛盾,促进了社会经济的发展,使衰落的商王朝又出现了一派繁荣的局面,以后两百多年,一直没有迁都。盘庚也因此被称为"中兴"之主,并为武丁盛世的到来,打下了基础。

经过三千多年的漫长岁月的洗礼后,商朝的国都已沦为一片废墟。近代,人们在安阳小屯村一带发现了大量古代的遗物。安阳位于河南省最北部,北临漳河水,西依太行山,是中华民族古老文化重要发祥地之一,殷指的就是今位于安阳西北郊的殷墟。在殷墟遗物中有10多万片龟甲(就是龟壳)和兽骨,而且上面还刻着很难辨认的文字,记载了当时社会政治、经济等各方面的情况,这些文字就是我们今天所说的甲骨文。另外,在小屯村还发现了大量的种类繁多、制作精巧的青铜器皿和兵器,后母戊大方鼎就是在这发现的,它高130多厘米,重875千克,上面还刻有富丽堂皇的花纹,其技术和艺术水平十分高超。而那里至今保留的宫殿宗庙建筑遗址、王陵墓地、星罗棋布的居住遗址、繁华的手工业作坊,所体现出的宏大规模和王者气派都能证明那里曾经是商朝国都的遗址。

但是也有不少史学专家和学者认为盘庚并不是迁都于安阳殷墟,《殷本纪》中记有"帝盘庚之时,殷已都河北,盘庚渡河南,复居成汤之故居……乃遂涉河南,治亳",他们认为盘庚迁回了故都所在地——商丘。成汤帝于公元前1711年灭夏,建都于商丘南亳。据《史记》记载:成汤五世孙仲丁迁都到河南郑州,仲丁弟河澶甲迁都到今河南内黄东南,六世孙祖乙又迁都于今河南温县东,八世孙南庚把都城迁到了今天山东曲阜,九世孙盘庚"渡河南,复居成汤之故居"。所谓"渡河南",就是从黄河以北迁往黄河以南。所谓"成汤之故居",就是指成汤建都南亳之前所居住的商丘市北部的北亳。也就是说,盘庚又回到了先商的祖先居住地—商丘。《竹书纪年》记载:"盘庚十四年,自奄迁于北蒙,曰殷,十五年营殷邑。"而学者们认为把盘庚所迁往的北蒙的殷，说成是今天安阳的殷墟，这显然是错误的：第一，安阳没有被称北蒙和亳的说法；第二，成汤和帝喾从不曾在安阳居住和建都。所以"渡河南，复居成汤之故居"所指的并不是安阳。至于在安阳小屯发现了商代出土文物和遗址，则是因为成汤的十三世孙武乙迁到了安阳小屯。晋代以后，由于个别史学家把北蒙的"殷"和"殷墟"混在了一起，所以后人才会误以为是安阳，以讹传讹，才有了今天的殷墟之说。

盘庚是不是迁都于殷墟，至今还没人能够下定论，有待专家学者们寻找更有说服力的史料和证据来证明。但是，不管史实如何，盘庚迁都后商朝社会的稳定和繁华显而易见，他为商朝的巩固和发展所建立的伟大功勋也是不可磨灭的。

商鞅为何被五马分尸

商鞅是我国历史上有名的变法维新者。《史记·商君列传》上记载："商君者，卫之诸庶孽公子也，名鞅，姓公孙氏，其祖本姬姓也。"商鞅自少喜欢法家的刑名之学，后投身到魏国相公公叔痤的门下，任中庶子。公叔痤临终前，曾把他推荐给魏惠王，魏惠王不纳。于是西行入秦，通过贿赂秦孝公的宠臣景监，见到了孝公。他向孝公上富国强兵之策，被任命为左庶长，主持变法。

新法推行之初，遭到旧贵族的反对，尤其是以太子为中心的上层贵族。新法规定"杀人者死"，贵族祝欢杀人后躲入太子宫中企图逃避制裁。商鞅在秦孝公支持下，坚决处死了他。新法规定"匿奸者同罪"，由于太子年幼，又是储君，应处罚负责教导他的师傅。太子驷的太傅公子虔受到处罚，后来又因再次犯法被处劓刑。太师公孙贾也因触犯新法被处于黥刑。此后新法推行无阻。但是商鞅不知道，他的所作所为却引起了太子的强烈不满，也埋下了日后车裂之患。

新法推行十年后，"秦民大悦，道不拾遗，山无盗贼，家给人足。民勇于公战而怯于私斗，乡邑大治"，秦国国力大增，在诸侯中地位也日益提高，新法实现了富国强兵的理想，秦孝公封给商鞅商、於等地15个邑作为奖赏。但变法也为商鞅树立了强大的敌人，宗室贵戚中怨恨商鞅的人很多，《史记·商君列传》上就说："商君相秦十年，宗室贵戚多怨望者。"有的曾劝他辞去官位，归还封地，一旦孝公去世，后果不堪设想，商鞅没有听从。

果然，孝公去世后，太子即位，为秦惠王。惠王即位不久，公子虔等人便上告商鞅谋反，在惠王面前挑拨说："如今百姓不论老少，知道的只是商君之法，却不知道是大王之法，商鞅好似人主，大王为人臣。大王还记得当年商鞅对您的处罚吗？"惠王听信谗言宣布商鞅谋反，派士卒追捕商鞅。商鞅闻讯逃到边关。晚上要住旅店。旅店主人不知他就是商鞅，说："商君的法令规定，收留没有证件的客人要受处罚。"商鞅听了叹道："想不到变法竟是搬起石头砸自己的脚。"他连夜离开秦国逃到魏国，但魏人怨恨他曾率秦军攻打过魏国，不肯庇护他。商鞅便想经魏逃到其他国家，但魏国认为商鞅是秦国通缉的罪犯，秦国现在又很强大，如果不送回商鞅，会招来麻烦，准备把商鞅押送回秦国。商鞅闻讯后只得逃回自己的封地商邑，聚集封邑内的军队北攻郑国。不久，被惠王派来的军队围攻，在郑黾池被杀。惠王还不解恨，下令将商鞅的尸体车裂示众，并诛灭了商鞅全家，还愤愤地说："以后看谁还敢像商鞅一样造反！"关于商鞅是否遭车裂而死，各有说法。司马迁在《史记》中说："秦惠王车裂商君以殉，曰：'莫如商鞅反者！'遂灭商君之家。"这与上述相一致。车裂即是"五马分尸"的酷刑，专用于镇压谋反、叛逆等大逆不道之人，在阶级矛盾特别尖锐的朝代更是广泛应用。《左传·桓公十八年》曰："而辕高渠弥。"辕即是车裂；《左传·宣公十一年》又云："杀夏征舒，辕诸栗门。"说明早有此刑，而商鞅便是触动了当时统治阶级的利益而遭此极刑，一代改革家便命丧黄泉了，留下是非功过与后人评说。

越王勾践到底有没有卧薪尝胆

越王勾践卧薪尝胆的历史故事，已经是尽人皆知了。这个历史故事说的是：传说在春秋时期的一场战争中，吴国打败了越国，吴军把越王勾践包围在会稽山上，致使越王在走投无路的情况下忍辱求和。从那以后，越国成为吴国的臣国，并受控于吴国。越王勾践像奴隶一般在吴国宫中服役3年，后来吴王免去了勾践的罪，让他回国去了。为了不忘亡国之痛、报仇雪恨，勾践在屋顶上面吊了一个苦胆，无论是出是进、是坐是站，还是吃饭睡觉，都要尝一尝苦胆之味，用来激励自己的斗志；他还既不用床，也不用被褥，累了，便睡在硬柴堆砌的"床"上，以此锻炼自己的筋骨。越国最终灭了吴国，就是因为勾践这十多年的磨炼并实行了各种得力措施。

但历史上的越王勾践是不是真的用卧薪和尝胆两种手段来激发勉励自己的呢？首先从历史典籍来看，《左传》和《国语》成书年代较早，并且其中记载的史实也较为可信，因而较具有参考的价值。但两本史籍中无论哪一本，在讲述勾践的生平事迹时，都根本没有记载越王勾践卧薪尝胆的行为。另外，在《史记》中的《越王勾践世家》中，司马迁说："吴既敌越，越王勾践反国，乃苦身焦思，置胆于坐，坐卧即仰胆，饮食亦尝胆也。"其中，没有写到越王勾践卧薪之事。东汉时期，袁康、吴平作《越绝书》，赵晔作《吴越春秋》，这两本书虽然是专门记录关于春秋时期吴越两国的历史，但它们只是以先秦历史为基础，又加上了小说家们的荒诞想象。《越绝书》中卧薪、尝胆都未提及；《吴越春秋》中的《勾践归国外传》，也仅说越王勾践"悬胆在户外，出入品尝，不绝于口"，而根本没有卧薪之事。由此看来，在西汉的《史记》中最早出现了越王尝胆一事；而在东汉时期的史料中还没有出现卧薪之事。

有人考证，在北宋苏轼所写的《拟孙权答曹操书》中"卧薪尝胆"首次被作为一个成语来使用。但苏轼起草这封信时带有很强的游戏性，信中的内容与勾践无关，而是设想孙权在三国平分天下时曾"坐薪尝胆"。南宋时期，吕祖谦在《左氏传说》中曾经谈到"坐薪尝胆"的事情，但说的却是吴王。明朝张溥在《春秋列国论》中也说"吴王即位，卧薪尝胆"。以后，《左传事纬》和《绎史》两书中，都说是吴王夫差卧薪尝胆。但与此同时，南宋的真德秀在《戊辰四月上殿奏札》、黄震在《古今纪要》和《黄氏日抄》两书中，又说是越王勾践曾卧薪尝胆。然而，到北宋的苏轼提出了"卧薪尝胆"一词后，这事究竟是夫差还是勾践所做，从南宋直到明朝都没有结论。明朝末年，在传奇剧本《浣纱记》中，梁辰鱼对越王勾践卧薪、尝胆二事大加渲染。清初的吴乘权在《纲鉴易知录》中写道："勾践叛国，乃劳其凝思，卧薪尝胆。"后来，明末作家冯梦龙在其刊刻的历史小说《东周列国志》中也多次提到过勾践卧薪尝胆的故事，直到现在越王勾践卧薪尝胆的故事，才广为流传。但其真实性却需要考证。

另有一些学者认为，早在东汉时代成书的《吴越春秋》中的《勾践归国外传》中就有越王勾践"卧薪"之事的记载。该文说越王勾践当时"苦身焦思，夜以继日，用蓼攻之以目卧"。蓼，清朝马瑞辰解释说是苦菜。蓼薪，意思就是说蓼这种苦菜聚集得非常多。勾践准备了许多蓼菜一定是用来磨炼意志，"攻之以蓼"也可以说是"攻之以蓼薪"。这样，上述《吴越春秋》中的话的语意就十分明显：那时勾践日夜操劳，眼睛十分疲倦，就想睡觉，即"目卧"，但他用"蓼薪"来刺激自己，以便能够忍耐克服，避免睡觉。卧薪、尝胆分别是让视觉和味觉感到苦。后人把"卧薪"说成是在硬柴上睡觉，是曲解了《吴越春秋》的意思，因为"卧薪"是眼睛遭受折磨而不是身体遭受折磨。这种说法的结论是：勾践确实有过卧薪尝胆的行为，尽管后人误解了这个词语的意思。

若说卧薪尝胆这个故事是真的，为什么历史上这么晚才有记载？若说是假的，它却在民间广为流传，而且这两种说法都有根据。因此，它成为中国历史上的又一个未解之谜。

赵高乱秦之谜

赵高是秦始皇和二世皇帝宠信的权臣,他声势显赫,一时权倾朝野。很多历史学家有这样的看法:秦朝的覆灭,与这个人物篡权误国多少有些关系。

中国历史上著名的史学大师司马迁在《史记·蒙恬列传》中写到了赵高的身世:"赵高者,诸赵疏远属也。赵高昆弟数人,皆生隐宫,其母被刑戮,世世卑贱。秦王闻高强力,通于狱法,举以为中车府令。"

赵高为什么能平步青云地进入秦王朝中央政权机关呢?这是因为他"通于狱法",这一点与"喜刑名之学"的秦始皇不谋而合,因而成为秦始皇的心腹。秦始皇出巡途中病重,便让赵高给公子扶苏发送诏书,"以兵属蒙恬,与丧会咸阳而葬",即让扶苏继承皇位。但是诏书还没发出,秦始皇已死,李斯在赵高的威逼利诱下,同他一起伪造了遗诏,扶助胡亥为二世皇帝,赐公子扶苏自尽。接着,他千方百计陷害并杀死了掌握兵权的大将蒙恬和蒙毅。胡亥继承皇帝大位后,赵高又怂恿他"尽除去先帝之故臣",结果赵高帮助胡亥除去了许多秦的宗室大臣,连李斯也难免一死。从此,秦朝的中央大权完全被赵高掌握。

关于赵高的身世,历来众说纷纭。清人赵翼在《陔余丛考》卷四十一《赵高志在复仇》中曰:"高本赵诸公子,痛其国为秦所灭,誓欲报仇……卒至杀秦子孙而亡其天下。则高以勾践事吴之心,为张良报韩之举,此又世论所及者了。"他自称,这种观念出自《史记索引》,得到许多人的公认,郭沫若先生主编的《中国史稿》第二册"秦末社会矛盾的激化"章节中就这个观点指出:"赵高原是赵国远支宗室的后代,因其父犯罪被处宫刑,当了宦官……骗取了秦始皇的信任。"其实这种看法没能很好理解《史记》中所说的"生隐宫"。在今本《史记》三家注中有一段

"索引"的记载说"盖其父犯宫刑",指出并非是赵翼认为的"自宫以进",以苦肉计进行报仇。另外,还有一种较新鲜的说法,认为赵高不是"宫人",因为京剧传统剧目《宇宙锋》中有赵高逼自己的女儿嫁给二世这一出。

因此,有人认为赵翼的观点本意只不过是为了故作惊人之论,因为今本《史记》三家注中"索引"部分,并无这种内容。就算赵翼真见了什么"孤本秘籍",此说也很难令人信服,因为这说法和《史记》原文大相径庭,而"索引"是唐人司马贞所作,其史料价值不能与《史记》并论。《史记·蒙恬列传》原文说赵高为"诸赵疏远属也",并不是"赵诸公子"。因为"诸赵"一语,犹《史记》《汉书》中常用"诸吕""诸窦","赵"乃姓氏,并非国名。而"诸赵"实际上指的是秦国王室。《史记》中记载得很明确:"太史公曰:'秦之先为嬴姓……然秦以其先造父封赵城,为赵氏。'"《史记·秦始皇本纪》也指出:"秦始皇及生,名为政,姓赵氏。"可见,所谓"诸赵疏远属也"乃指赵高是秦王室宗室,因而所谓"赵高乃赵诸公子,痛其国为秦所灭,誓欲报仇"之说是不能成立的。

综上所述,赵高并非"痛其国为秦所灭,誓欲报仇"而乱秦政。事实上,赵高乱秦政的故事,只能供参考。如前秦王嘉(一说梁萧绮)撰《拾遗记》中记载一则故事说:"秦王子婴立,凡百日,郎中令赵高谋杀之。"秦始皇的鬼魂在梦中对子婴说:"余是天使也,以沙丘来。天下将乱,当有同姓欲相诛暴。"子婴因此"囚高于咸阳狱"。这故事以天道轮回为凭,胡编乱造,当然令人难以相信。

其实,就算赵高是赵国公子,他曾为"宫人",他与秦二世胡亥加紧盘剥百姓,又任意诛灭异己,滥用刑戮,使社会矛盾迅速激化起来,将建立不久的秦王朝推向崩溃的边缘,这一重罪也令他难辞其咎。曾经显赫一时的秦王朝就这样被陈胜、吴广领导的农民起义以排山倒海之势、雷霆万钧之力推翻了。

秦始皇"焚书坑儒"之谜

提起秦始皇，人们就会想起"焚书坑儒"这一典故，但是秦始皇到底有没有"坑儒"呢？

秦始皇统一六国以后，采取了一系列的措施，以便加强中央集权。在完成政治上的诸多加强控制的举措之后，秦始皇便开始了精神上的控制。公元前213年，秦始皇在咸阳宫为群臣及众多的儒生大排酒宴。在宴会上，围绕着是否实行分封制，众多儒生之间发生了激烈的争论。丞相王绾、博士淳于越等人主张实行分封，而丞相李斯等则赞同郡县制，并指责淳于越等"不师今而学古""道古以害今"。最后秦始皇支持李斯的观点，并采用、实施李斯的"焚书"建议，下令：除了秦纪（秦国史书）、医药、卜筮、农书以及国家博士所藏《诗》《书》、百家语以外，凡列国史籍、私人所藏的儒家作品、诸子百家著作和其他典籍，统统按时交官焚毁。同时，禁止谈及《诗》《书》和"以古非今"，违者定当严惩乃至判其死罪。百姓如想学一些法令，可拜官吏为师。从这一点来看，焚书的举动秦始皇肯定做过。

秦始皇称帝以后，力求长生不老，迷恋仙道，不惜动用重金，先后派徐福、韩众、侯生、卢生等人寻求仙药。侯生与卢生当初是秦始皇身边的方士，由于长期为秦始皇求仙人和仙药，却始终没有找到，而心急如焚，忐忑不安。依照秦国的法律，求不到仙药就会被处死。因此他们深发感慨：像这样靠凶狠残暴而建立威势并且贪婪权势的人，不值得给他求仙药。于是，侯生、卢生悄悄地远走他乡。

这件事使秦始皇十分恼怒，于是他下令，对所有在咸阳的方士进行审查讯问，欲查出造谣惑众的侯生、卢生两人。方士们为保全自己的性命，只得相互告发，秦始皇最后把圈定的460余人，都在咸阳挖坑活埋。

秦始皇的"坑儒"是"焚书"的继续。至于坑杀的人究竟是方士还是儒生，学术界各持己见。从分析"坑儒"事件的起因看，秦始皇所坑杀的人应该是方士；但从长子扶苏的进谏"众儒生都学习孔子的学说"来看，秦始皇所坑杀的又好像是儒生。

而且东汉卫宏在《诏定古文官书序》中记载，秦始皇在骊山温谷挖坑用以种瓜，以冬季瓜熟的奇异现象为由，诱惑博士诸生集于骊山观看。当众儒生争论不休、各抒己见时，秦始皇趁机下令秘杀填土而埋之，700多名儒生全部被活埋在山谷里。于是有人便根据这一点而偏向于传统的说法，认为秦始皇确实有过"坑儒"的行为。

但有人研究诸史籍，认为"焚书"有之，"坑儒"则无，实是"坑方士"之讹。"坑方士"事见始皇三十五年，因为侯、卢二人求仙药不成，他们惧"秦法不得兼方，不验辄死"，骂了秦始皇一番后逃走。既然事端由方士引起，那么就只能是"坑方士"，当然不能说被杀的460余人中没有儒生，而全是方士，但是由其代表人物可推知，被杀的主体应该是方士，而被杀的原因更与儒家的政治主张和学派观点无关。所以即使被杀者有儒生，也并非因其为儒生而得罪，总是与方士们有某种牵连之故。因此绝无理由说秦始皇"坑儒"。尽管秦始皇早因"坑儒"之举背上千古骂名，然而，直到今天，秦始皇究竟有没有"坑儒"这一谜团还是没有解开。

荆轲刺秦王为何没有成功

荆轲，战国时代卫国人。他的祖先是齐国人，后来迁移到卫国，卫国人称呼他为庆卿。到燕国后，燕国人称呼他荆卿。"荆轲刺秦"的故事流传至今。

"荆轲刺秦"是一则广为流传的故事。壮士荆轲报燕太子丹知遇之恩，不惜以命作赌，前往秦国刺杀秦王。但令人扼腕的是，本来有把握的事却没能成功，荆轲成了"一去不复返"的失败的英雄。

为什么荆轲刺秦的行动没有成功呢？分析历史事实，不难发现，该行动中有着不应有的错误行为：一是用人失误，助手武阳虽为勇士，但关键时刻却又容易胆怯；二是荆轲本人对时机不能把握好，不能当机立断，结果误了大事。

荆轲是由田光推荐给燕太子丹的，田光是个很有眼光的人，他在向燕太子丹推荐荆轲时说："我暗地观察了太子手下的食客，都派不上用场。夏扶、宋意、武阳虽是勇士，但发起怒来，脸色便有变化。我知道有一个叫荆轲的人，神勇非常，发怒时，面不改色。此人博闻强识，身体强壮，性情刚烈，不拘小节。他志向高远，想成就大的功名，经常住在卫国。太子要成大事，非荆轲不可。"于是太子丹亲自送田光前往卫国迎接荆轲。"士为知己者死"，荆轲觉得自己应当有所回报。

荆轲说："现在有两样东西是秦王最想要的，一是樊于期的头，二是督亢的地图，而这两样东西我们都能提供，这样我们就胜算在握了。"

荆轲暗中求见樊于期，告诉他自己的打算，并对他晓以利害，结果樊于期为了报仇自刎而死，头坠到背后，死时没有合眼。

太子丹听说后，十分悲痛，但为了长久之计，只好把樊于期的脑袋装在盒子里封好，和燕国的督亢地图放在一起，作为献给秦国的礼物。太子丹派武阳陪同荆轲一起入秦，他们随便挑了个日子就出发了。

荆轲、武阳二人向西行进入秦国境内，到了咸阳。秦国掌管王族版籍的官员蒙白对秦王说："燕国太子丹惧怕大王的威名，现在献出樊于期的脑袋和督亢地图，表达想做北部藩国臣民的一片诚心。"秦王果然很高兴，在百官和执戟卫士的护驾下召见燕国的使节，荆轲捧着樊于期的脑袋，武阳捧着地图。钟鼓齐鸣，群臣高呼万岁。见此情形，武阳非常恐慌，站在那里不能移动，面如死灰，秦王有了些疑心，荆轲回头看武阳，上前谢罪说："他在北方荒僻之地长大，没有见识，希望大王能原谅他，让他能够在您面前完成使命。"秦王这才相信，说："你过来，把督亢地图送上来。"秦王把地图展开，露出来一把短剑。荆轲眼疾手快，左手抓住秦王的衣袖，右手握剑直刺秦王的胸膛，又命令秦王说："现在，燕王的母亲病了，给我的时间紧迫，你想活的话，就按我的计划做！"秦王说："我同意按你的计划去办！我请求死前听听琴声。"他叫来美人弹琴，并唱歌道："罗绫做的单衣，可以扯开扯裂；八尺高的屏风，可以跳起跨越；辘轳宝剑，可以背后拔出来。"荆轲没有领会其中的意思，秦王依琴声做，拔出背在身后的剑，割断衣袖，越过屏风就跑。荆轲拔出短剑掷向秦王，可惜只刺穿了秦王的耳朵，短剑刺入铜柱，迸出火花。秦王趁机转身扑向荆轲，砍断了他的双手，荆轲背靠铜柱大笑，两腿张开，坐在地上，大声痛骂："大事之所以没能成功，是因为我想活捉你，迫使你订立归还诸侯们土地的契约回报太子。"这时侍卫们冲上前来杀死了荆轲。至此荆轲刺秦以失败告终。

但荆轲刺秦王究竟为什么失败，还有待于谜题的进一步揭开。

孟姜女哭长城是否真有其事

"孟姜女哭长城"是我国流传千古的古代民间传说，可谓妇孺皆知。为了纪念那位万里寻夫的孟姜女，山海关被后人认为是孟姜女哭长城之地，并在那里盖了姜女庙，登临庙宇的游人，无不动容。但有人认为，孟姜女哭长城的故事，纯属虚构。因为被指定为"孟姜女哭长城"之地的山海关所有的长城是秦朝以后才筑起的，而秦始皇所筑长城距山海关北去数百里。历史上有过哭倒城墙的记载，但故事发生的时间比秦统一六国要早得多，因此和秦始皇根本没有关系。

唐末有一首《杞梁妻》，诗中说杞梁妻为秦国人，她去长城哭吊筑长城而死的丈夫，"一号城崩塞色苦，再号杞梁骨出土"。到了宋代广为流传的杞梁开始有了姓，但有各种各样的说法，有说姓范，有说姓万，还有叫杞郎或喜良的。南宋郑樵曰："杞梁之妻，于经传所言者，数十言耳，彼则演成万千言……"看来孟姜女哭长城是由杞梁妻的故事演变而来的，而故事最后大致形成于北宋年间。

故事、传说毕竟代替不了历史事实，实际上并没有孟姜女哭长城这件事。但是因为这个故事的生动性与悲剧色彩，成了各朝各代人们借题发挥的素材。有种观点就认为，根据历代时势和风俗的不断变化，孟姜女哭长城也在不断变更。战国时齐都中哭吊盛行，杞梁战死而妻哭吊便是悲剧的材料。西汉时，天人感应之说盛行，杞妻的哭夫便成了崩城和坏山的感应。到了六朝、隋唐间，乐府中出现送衣之曲，于是送寒衣的内容增加了。可见孟姜女哭长城的故事是顺应了文化演变的潮流，随各时各地的时势与风俗而改变，并在民众的情感和想象基础上而发展起来的。

但也有人根本否定孟姜女即《左传》中的"杞梁之妻"，认为在封建社会，民不聊生，哭夫的题材并不少见，《左传》中也有记载，因此单凭哭夫就作出了论断，不能令人信服。还有的说，好端端的长城，竟然城墙被一位妇女哭塌了，过于荒诞。再说，齐国的孟姜女被捏造成秦国的孟姜女，攻打莒城被改为修筑长城，这是故意往秦始皇身上栽赃。

2000多年来，孟姜女哭长城的传说以故事、歌谣、戏曲等多种形式流传于我国广大地区。其故事的真实程度早已被撇到一边，人们欣赏的是孟姜女身上那种坚贞不渝的爱情和对统治者的坚定的反抗精神，真是"秦皇安在哉，万里长城筑怨；姜女未亡也，千秋片石铭贞"（宋文天祥书孟姜女庙楹联）。

历史上有无徐福东渡日本之事

徐福去过蓬莱仙岛吗？"蓬莱"因秦始皇遣方士徐福率三千名童男童女去寻找长生不老之药而得名。自唐开元年始，它就被命名为"蓬莱乡"，风景秀丽，有"海上仙境"的美称。据说秦始皇十分憧憬得到服后可以成仙的仙草"养神芝"，与天地同寿，与日月齐庚。于是授命徐福东渡为他寻找不老仙药。

《史记·秦始皇本纪》中注明徐福是个读书人，除了读儒书外，同时也阅读了大量关于阴阳五行、修真炼丹等方面的书籍。他交游非常广泛，当时和齐国的侯生、燕国的卢生交情甚好。

然而，历史上对徐福东渡到底到了何方却有争论，有人说去了日本，有人说去了南洋，也有人说到了美洲，更有人说到了海南岛。这当中，呼声最高的是说徐福当年东渡去了日本。

《史记》和《汉书》是中国历史最有权威性的两部史书，这两本史书中都有记载徐福东渡日本，其可信度还是相当高的。此外，五代后周时期义楚和尚所写《义楚六帖》中说："日本亦名倭国，在东海中，秦时，徐福将五百童男，五百童女，止此国也，今人物一如长安，又东北千余里有山，名富士，亦名蓬莱。徐福止此，谓蓬莱，至今子孙皆曰秦民。"证明徐福东渡地是日本。而宋代欧阳修和司马光文集等都有相似的记载，他们也认为徐福东渡到日本，明初，日本和尚空海到南京，向明太祖献诗，还提到了日本的徐福祠。民间传说就更多了：徐福东渡是公元前中国历史上的壮举，秦始皇派徐福三次东渡求仙药，徐福求药不成，却把秦帝国高度发展的造船、航海技术和政治制度、文化艺术、生活方式，还有冶炼、农耕、建筑、医药、文字、货币、宗教、武术、服饰、瓷器和当时世界最先进的科学技术带到了日本，还带去了一批谷物种子粮食等，对于开发、发展日本的生产力是十分有利的，三千人繁衍生息的同时，也传播了中华民族的传统文化。

对此，日本也有大量的史志记载：《富士古文书》："徐福一行奉秦始皇之命，到富士山取不老长寿药，因以居也。"《国文通考》有如下记述："今熊野附近有地曰秦住，土人相传为徐福居住之旧地。由此七八里有徐福祠……"颇具说服力的是，当时徐福的东渡出发点千童镇有一项闻名遐迩的民间文艺活动"信子"，在偌大中国是独此一家，而在日本也有，只是名叫"尸子"；而现在仍保留有徐福墓、徐福祠的日本新宫市，至今每年都要举行大祭仪式。此外，还有人根据古代中国和日本的海上往来，海船的营造规模和古文物发掘，推测了徐福东渡到日本的路线。

徐福在日本的地位很高，从九州到本州的20多处地点，流传着有关徐福的登陆地点、活动遗迹、祠庙和墓葬等传说，同类遗迹往往重复地见于多处地点，并且长期以来成为民间信仰崇拜的对象。尤其日本各地民众，称徐福为"王"，并尊他为"弥生文化的旗手"。日本现有徐福陵墓5座，祭祀庙祠37座，因徐福登临而得名的蓬莱山有13座，各种遗址和出土文物数以百计，各地历代传承和近代成立的徐福纪念组织和研究机构就有90多个，祭祀节典和仪式多达50多个，以秦和徐为姓氏的有17个。在日本的佐贺、新宫、富士吉田这3个地方，祭祀徐福不仅是当地民众的重要信仰，而且已发展成重要的文化和旅游产业。参加徐福祭祀和纪念活动的，不仅有工、商、学、军和各界著名人士及民众，还有政界官员等。

徐福出海并东渡日本这一伟大历史事件，历来为中日学界所重视。中外文献对徐福航海并东渡日本对中日文化交流的重大贡献，都给予肯定性评价。

但是有些中日学者也对徐福东渡日本提出了疑问：他们认为，秦始皇灭六国后，中国人为了逃避秦始皇的暴政，大量移民日本，但是这其中并不包括徐福及其率领的童男童女们；徐福的故事只不过是民间传说而已，找不到可靠的历史文献来证明；更有人认为，徐福东渡日本的传说，是日本10世纪左右的产物，并非最先由中国人提出来的，徐福当时到的只是渤海湾里的岛屿，他在日本的事迹、遗迹、墓地，均属后人虚设；还有学者认为新宫市的徐福墓和其他遗迹都是后人伪造的。有的日本学者还做了实地调查，进一步证实了这一点。他们认为，徐福东渡日本的传说，是由于汉唐以后，日本和尚常到中国散布徐福的故事，被人不辨真伪地记入书中，发展到后来，人们就对这样的传说深信不疑了。

另外，又有学者认为，徐福东渡是历史事实，但不是去了日本，而是去了美洲：因为徐福东渡的时间与美洲玛雅文明的兴起相吻合，檀香山遗留下带有中国篆书刻字的方形岩石，旧金山附近有刻存中国篆文的古箭等文物出土，这些古代文物当是徐福这批秦人经过时所遗留的。

迷雾茫茫，徐福东渡究竟是不是去了日本，至今仍然是一个解答不出的谜。

"三顾茅庐"是真是假

"三顾茅庐"这个成语典故的出处妇孺皆知。我国古代四大名著之一《三国演义》写刘备"三顾茅庐"请诸葛亮出山辅助他成就帝业的故事，将刘备的礼贤下士的态度写得栩栩如生，把刘备对诸葛亮的敬仰之情，关羽、张飞的居功自傲描绘得惟妙惟肖，入木三分。这段"三顾茅庐"的故事，是罗贯中根据陈寿《三国志·诸葛亮传》中的记载，加以艺术构思而创作的。但刘备为请诸葛亮出山究竟是不是"三顾茅庐"？学术界各持有不同说法。

《三国演义》中关于这第一次见面的记载是：刘备带领军队驻扎新野时，徐庶对刘备说："诸葛孔明者，卧龙也，将军愿见他吗？"刘备说："你带他一起来吧。"徐庶说："可以主动登门去见此人，但不能让他来拜见您。"可见，刘备是亲自到诸葛亮那里去请求拜见、赐教。共3次前往，才得以相见。但没有写关公、张飞同往，也没有说明是在茅庐中相见。

诸葛亮自己写的《出师表》中也说："先帝不以臣卑鄙，猥自枉屈，三顾臣于草庐之中……"这几句话，证据确凿。陈寿在《三国志》中写到了《隆中对》，对刘备三次往访以及诸葛亮论天下形势的内容记载得更为详细。刘备"三顾茅庐"一直被当作礼贤下士、重视人才的典范。刘备当时困难重重，急需人才，从情理上看，"三顾茅庐"是极有可能的，所以历代没有人对此事的真实性有过怀疑。

但现在有人提出另一种说法，认为"三顾茅庐"的记载难以令人相信。诸葛亮是位胸有宏图之士，刘备请他出山，当然正合其意，他岂能大摆架子，而不抓住这个可能失去的机会？当时的诸葛亮只有27岁，刘备则是个有声望的政治家,对诸葛亮怎能那样低声下气地苦求?虽然前一种说法中以《隆中对》作为证据,但当时,曹操几十万南征大军正威胁着刘备,《隆中对》不提这个紧迫的现实问题,是不合乎情理的。同时,刘备第一次见诸葛亮,不会安排现场记录。所谓《隆中对》,很有可能是后人附会《出师表》而杜撰的。据此,"三顾茅庐"之说就不可信了。

三国人鱼豢写的《魏略》中,也提到了刘、诸葛二人第一次相见的情景。《魏略》中说刘备屯兵于樊城时,曹操方已统一黄河以北,诸葛亮预见曹操马上就要对荆州发动进攻。荆州刘表性情懦弱,不晓军事,难以抵抗。诸葛亮于是北行见刘备。刘备因为诸葛亮年纪小,根本不重视他。诸葛亮通过谈论对当今政局的对策,才使刘备逐渐信任他。最后,刘备才"以上客礼之"。西晋司马彪《九州春秋》的记载也大同小异。

从诸葛亮本身的积极进取的态度来看,《魏略》《九州春秋》的记载也有一定的可信度。

有人则调和了这两种说法之间的冲突,认为"三顾茅庐"与诸葛亮的樊城自请相见都是真实可信的。清代学者洪颐煊在《诸史考异》中说诸葛亮初见刘备于樊城,刘备虽以上客待之,但没有特别器重他。等到徐庶举荐时,刘备再次相见,才逐渐有了很深的感情。并指出:在建安十二年初见,再次相见是在建安十三年。诸葛亮后来非常感激,因而记入了《出师表》中。

诸葛亮与刘备究竟是"一见",是"再见",还是"三见",这只有当事人知道了,然而,"三顾茅庐"的故事却流传了下来,吸引了无数人。

梁祝故事是真是假

梁山伯、祝英台的故事,除了口口相传以外,舞台艺术表现传播也相当多,在我国可说是家喻户晓、妇孺皆知。但是,历史上是否真有梁祝其人其事?如果有,他们是哪个时代、什么地方的人?或者根本就是"街谈巷议，道听途说"的"小说家"所造？这是个众说纷纭、饶有兴味的"谜"。

否定有梁祝真有其人其事者认为：梁祝和白蛇传、牛郎织女、孟姜女的故事合称"中国四大民间故事"，后来编成戏剧，尽管戏剧和故事都十分动人，但毕竟只是传说，因此事实上是不存在其人其事的。他们进而推论说：梁祝死后岂能化蝶？孟姜女焉能哭倒长城？至于织女和白娘子一为天女，一为白蛇所化，纯属"子虚乌有"，其理自明。这是一家之言，听来似乎很有道理。

然而，认为梁祝实有其人其事的也不少。江苏某报的一篇短文，说祝英台本是明代侠女，梁山伯原是前朝书生。两人本来毫不"搭界"，但是祝英台为民造福，死后人们为她安葬，挖掘墓穴时发现下面有梁山伯墓，于是将他们合葬，才演化出"梁祝"故事来的。

其实，研究"梁祝"是否确有其人其事不是从今日开始的。历史上有些严肃的学者也进行过研究和探索。清代乾嘉时著名经学家焦循就是其中的一位代表。他在《剧说》卷二中引宋元之际刘一清的《钱塘遗事》以及自己亲身见闻，说全国至少有四座所谓"梁祝墓"。第一处墓葬地在河北林镇，见刘一清的《钱塘遗事》。第二处墓在山东省嘉祥县，是焦循曾经亲眼见到祝英台墓的碣石拓片。他在《剧说》中说："乾隆乙卯（1795），余在山左，学使阮公（即阮元）修山左《金石志》，州县各以碑本来。嘉祥县有祝英台墓，碣文为明人刻石。"第三处墓在浙江宁波，这一说法是嘉庆元年（1796）焦循到宁波，"闻其地亦有祝英台墓，载于志书者，详者事云：'梁山伯、祝英台墓，在鄞西十里接待寺后，旧称义妇冢。'"焦循在记载中虽然没有说曾经亲眼看见这座墓，但据浙江一位老新闻工作者说，中华人民共和国成立前这个地方除有梁祝墓之说外，还有梁山伯庙。鄞县（今宁波市鄞州区）乡间还流传有"若要夫妻同到老，梁山伯庙到一到"的俗语，庙中香火还很盛。焦循进而查考地方志。据方志记载："晋梁山伯，字处仁，家会稽，少游学，道逢祝氏子同往。肄业三年，祝先返，后山伯归，访之上虞，始知祝为女子，名曰英台。归告父母，求姻时，已许城西清道原。明年，祝适马氏，舟经墓所，风涛不能前，英台临冢哀痛，地裂，而埋璧焉。事闻于朝，丞相封'义妇冢'。"第四处是扬州祝英台墓，焦循基本上持否定态度。他说："及吾郡城北槐子河旁，有高土，俗亦呼为祝英台坟。余入城必经此。或曰，此隋炀帝墓，谬为英台也。"清代另外一位著名学者毛先舒在《填词名解》卷二引《宁波府志》，和焦循记载城（今宁波市鄞州区）梁祝墓大同小异，只是多了"今吴中花蝴蝶，盖橘蠹所化，童儿亦呼梁山伯、祝英台云"这么一句话而已。

根据焦循、毛先舒引方志中的记载，梁山伯在历史上实有其人，那时女子也没有缠足陋习，为祝英台女扮男装提供了一定的方便，而且志书上记载竟然如此详尽，因此不能排除历史上确实有梁祝其人其事的可能。

如果大胆假设、揣想，梁祝故事会不会本是编撰，但由于这一悲剧感人至深、代代相传，后人才信以为真的而写入志书呢？总之，梁祝故事传说中还有一些谜，需要后来的学者去破解！

首次去西天取经的是玄奘吗

在中国，《西游记》的故事可谓家喻户晓、妇孺皆知，它以唐僧、孙悟空等师徒去西天取经的过程为线索，讲述了他们在西行途中与各方妖魔鬼怪比智斗法的传奇故事。小说里武艺高强、嫉恶如仇的孙悟空大战白骨精、智取牛魔王，为取得真经立下了汗马功劳。相比之下，作为师傅的唐僧却显得那么优柔寡断、懦弱无能。但事实上，唐僧的原形——唐代的玄奘大师却是中国乃至世界佛教史上一大功臣，也是我国古代西行求法高僧中成就最高、影响最大的一位。但中国历史上西行取经的第一人是否就是他呢？后世有很多不同的看法。

一些书籍中是这么认为的。根据史书记载，玄奘当年是冒着偷渡的危险去西行取经的，并且在同行的胡僧中途退出之后，他孑然一身，仍然坚持独行于沙漠。唐太宗贞观三年（629），他从长安西行，经姑藏（今甘肃武威），出敦煌，经今新疆及中亚等地，历尽艰险，辗转到达中印度。他在中印度巡游了各方佛教圣地学府并学习讲研了大量佛教著作，于贞观十九年（645）回到长安。孤征17年，亲行5万里，历经100多个国家（"所闻所履，百有三十八国"），玄奘大师西行求法后带回了大量梵文经典，并且把他在印度中亚的所见所闻写成了《大唐西域记》，详细介绍了印度各地的风土人情和宗教盛衰。此书不仅是历史研究的宝贵资料，也为今天考古工作提供了重要依据。可以说，玄奘是我国佛教传播史上一位重要人物。

但更多的人否认这种说法。众所周知，佛教是源于印度的。在中文的佛教教义里，西天往往是真理存在终极世界的代名词。因为佛教是从古中国的西域传入的。公元前6~前5世纪，佛教在印度恒河流域创立以后，不久就向周边国家传播。汉代张骞出西域标志着丝绸之路的开通，促进了佛教的东传。佛教由印度西北部，东逾葱岭，沿着丝绸之路传入中国内地。但最初来中国的传教者，基本上都是笃信佛教的中亚各国的西域僧侣，而不是印度僧。据北大学者季羡林先生考证，汉地最早的佛经并不是直接从梵文翻译过来的，而是经中亚古代语言转译的。同时，由于所翻译的经典，大都是口译，而且是按照西域的思想习惯，中国人不易接受。结果，初期佛经的原本在经过西域各地的间接输入后，不是经本不全就是传译失真，在流传过程中常常产生自相矛盾的现象。佛教盛行后，一些佛教徒想要改变这一状况，于是决意西出阳关，发起西行求法运动，由此揭开了中外佛教文化交流新的一页。在佛教盛行的两晋和唐代，西行求法的人陆续不绝，人数还是相当多的。据义净《大唐西域求法高僧传》所列就有近60人。但在古代生产力水平低下、交通极不方便的情况下，从我国内地到印度无论是走陆路还是海路，都需要经年累月，吃尽千辛万苦，甚至付出生命的代价。据佛教史传的记载，在成百上千的求法高僧中，真正能够幸存下来、学成而归的，只是少数人而已。这样看来，玄奘大师应该是这幸运的少数人中最成功的一位了，而不一定是第一人。

那么，如果玄奘不是，谁又是西天取经的第一人呢？根据现存的史料来看，一般认为三国时代的朱士行应当是我国最早西行求法的人。他是三国时魏国的僧人，原籍颍川（治所在今河南省禹州市）。朱士行少年时出家，嘉平（249～253）年间，开始依羯磨法授戒成为比丘。他在出家后就埋首研读经典。在洛阳讲《道行般若经》的时候，他常常感觉到口译的经文文句艰涩不说，有很多又被删略，很难理解，因此就希望去西域寻找原本。魏甘露五年（260），朱士行从长安出发，历尽艰险，终于到达当时大乘经典集中的地方于阗（今新疆和田一带），经过20多年，才找到了原本梵文的《放光般若经》40章，大概60多万字。原本希望能立刻将写好的经文送回国，但由于当地学徒的阻挠，直到西晋太康三年（282）才由他的弟子弗如檀（汉语译作法饶）等10人送回洛阳。元康元年（291）由无罗叉和竺叔兰等译出，计20卷。而大师朱士行却终身未能回汉地，80岁病死在于阗。虽然他所求得的经典只有《放光般若经》一种，译文也不算太完整，但在当时还是产生了很大的影响。有很多的学者如帛法祚、支孝龙、竺法蕴、康僧渊、竺法汰、于法开等，都通过《放光般若经》来弘扬般若学，更有后人假托其名作《朱士行汉录》，可惜连假托之作在隋初也已经散佚。但自朱士行后，西行求法的僧侣一时涌起，从三国到唐代，络绎不绝。只是成功者实在是微乎其微，史册上也无多记载。

"路漫漫其修远兮，吾将上下而求索"，也许正是这种为了寻求真理而不顾一切的坚强信念才给了前人那么大的动力，让他们心甘情愿前仆后继，为了取得真经而踏上充满荆棘的西行路。也许正是这样一种为了真理而不顾一切的执着精神才造就了这个民族雄汉盛唐的伟大文明吧。

李商隐与牛李党争之谜

晚唐大诗人李商隐，其人一生沉于下僚，过着郁郁不得志的生活。有人说"锦瑟无端四十弦，一弦一柱思华年""相见时难别亦难，东风无力百花残"等无题诗都是他对自己仕途多蹇的伤感。考察他当时所处的时代，整个政治正陷于党争纷繁之中，他的一生基本上都与长达40年之久的牛李党争相始终。

所谓牛李党争，是指中晚唐时期两个官僚集团之间的斗争，一方以牛僧孺、李宗闵为代表，另一方以李德裕为代表。史载李商隐之所以政治不得志就是由于他卷入了党争之中。果真如此吗？一介文人的他如何卷入此等纷争中？这在历史上向来有不同的说法。

一般认为李商隐的政治悲剧从他被令狐楚赏识开始。根据《旧唐书·李商隐传》的记载，李商隐因为年少时就颇富文采，受到当时镇守河阳的令狐楚的赏识，"以所业文干之"。李商隐年及弱冠后，令狐楚更以其才俊，而对他非常礼遇，还让他与自己的诸子在一起交游。按此形势，李商隐本来应该能够在政治上大有作为的，但是事情却发生了变化：当时"镇河阳，辟为掌书记，得侍御史"的王茂元也对李商隐欣赏有加，并把自己的女儿嫁给了李商隐。而王茂元其人是李党领袖李德裕所信赖的人，恰与当初欣赏、提携李商隐的牛党方面的令狐楚则是对头冤家。现在李商隐做了王茂元的女婿，因此李宗闵、令狐楚所代表的势力对他极其鄙夷，认为他是忘恩负义之徒。当时令狐楚已经死了，"其子为员外郎以商隐背恩，尤恶其无行。……令狐作相，商隐屡启陈情，不之省"。这就是说，李商隐早年为牛党的重要成员令狐楚重视，后来又得到李党成员王茂元的赏识，并娶其女儿为妻。这在牛党看来无疑是一种背恩的行为，因此遭到了令狐楚之子令狐绹等人的厌恶和诋毁。李商隐虽然屡次向其"陈情"，希望令狐能够引荐自己，但是自己的处境却始终都没有得到改善，一生受尽冷落。

对李商隐的遭遇，著名史学家陈寅恪在《唐代政治史述论稿》中指出，"李商隐之出自新兴阶级，本应该始终属于牛党，方合当时社会阶级之道德。乃忽结婚李党之王氏，以图仕进。不仅牛党目以放利背恩，恐李党亦鄙其轻薄无操。斯义山所以虽秉负绝代之才，复经出入李牛之党，而终于锦瑟年华惘然梦觉者欤！"也就是说，陈寅恪也认为李商隐是先党牛后党李，是一种放利背恩的行为。

对此看法，有人提出异议。

清代学者徐湛园认为李商隐一直都属于牛党。他说："唐之朋党，二李为大，牛僧孺为李宗闵之党魁，故又曰牛李。杨嗣复、李宗闵、令狐楚与李德裕大相仇怨。义山为楚门下士，是始乎党牛之党也……徐州归后，复以文章于，乃补太学博士，是始乎党牛之党矣。"意即李商隐从始至终都是在牛党手下做事，先是为令狐楚门人，楚死后，又在其子手下做事，所以从来都属牛党。

而朱鹤龄则认为李商隐属李党。他在《笺注李义山诗集序》中，认为李党"理直"，所以李商隐就王茂元等任"未必非择木之智"。张采田在其《玉溪生年谱会笺》中也进一步指出，与其说李商隐属牛党，不如说他属李党，并说"朱氏（鹤龄）所谓李党者，据其迹也；余之所谓李党者，原其心也"。

这两种看法都认为李商隐是从于一党的，而当代一些学者则提出了另外的新看法，认为《旧唐书·李商隐传》的记载并不可信，李商隐和牛李党争其实并没有关系，他既不属于牛党，也不属于李党。

首先，李商隐与令狐氏的矛盾并不是党派纷争引起的。李商隐因少有文采而受到令狐楚的赏识和提拔，这表明他和令狐楚是师生的关系，而不是一种结党行为。后来，由于李商隐与令狐在政见上产生了分歧，加之两人地位、性格的不同，因此隔阂越来越大。李商隐最初还对令狐抱有希望，然而令狐却始终"不省"，两人终至绝交。

观李商隐一生，他见识超迈，并非结党营私之人。他与人交游，从来不问对方的党属，更没有过什么狼狈的结纳现象，他的作品既有酬赠牛党人士的，也有酬赠李党人士的。可见他并没有把自己看成是牛党或者李党之属。他后来之所以会赴王茂元泾原幕，及后来与李德裕有所交往，其原因并不是党属之变，原始动机或许只是为了仕进，只是希望能借助他们实现自己的政治理想，并没有考虑过自己会冒犯到牛党，也就谈不上去牛就李。

古今看法各不同，或认为李商隐处于牛李党争的夹缝中，或认为本属一党，或认为根本不是任何一个党派。孰是孰非？李商隐空怀大志，却终生沉于下僚，其原因究竟何在？这仍是一个谜。

"杯酒释兵权"之谜

"陈桥兵变"后，宋太祖赵匡胤登上皇帝宝座，为了巩固自己九五之尊的地位，将权力集中于自己一人之手，在赵普的劝说下，以"杯酒释兵权"夺去诸位功臣手中的兵权，从而将兵权牢牢控制在自己一人手中。这便是历史上有名的"杯酒释兵权"事件。长期以来，人们对此事件的真实性一直未加怀疑，但到20世纪40年代，某些学者考虑"杯酒"一事是否真有其事。这些年来，又有好些学者用不同的方式对"杯酒"一事提出质疑，认为此事"漏洞多多，难以置信"。其实，"杯酒"一事虽然在某些细节的记载上夸大其词，但后人也无法胡编乱造。作为一桩历史事件来说，确有其事。这些大事的进程，必定要有许多严谨、正规、周密的操作程序，不会是喝完一杯酒就发生的事情。但毫无疑问的是，它们又的确是通过杯酒一席间，创造出一种平和、智慧、诚挚的政治氛围的。所谓"杯酒释兵权"就是在如此的氛围中发生的一幕历史剧。

关于"杯酒释兵权"的史书记载，内容基本相同，下边摘录的是袁了凡、王凤洲合著的《纲鉴合编》中的一段：

一日因晚朝，与石守信等饮酒酣，屏左右，谓曰："朕非卿等不及此（石守信、高怀德、王审琦等是陈桥兵变的主要参与者）。然天子亦太艰难，殊不若为节度使之乐，朕终夕未尝安枕也，居此位者，谁不欲为之。"守信等顿首曰："陛下何为出此言，今天命已定，谁敢有异心！"帝曰："卿等固然，其麾下欲富贵何？一旦有以黄袍加汝身，虽欲不为，其可得乎。"守信等泣谢曰："臣等愚不及此，陛下哀矜，指示可生之途。"帝曰："人生如白驹过隙。所以好富贵者，不过欲多积金钱，厚自娱乐，使子孙无贫乏耳，卿等何不释去兵权，出守大藩，择便好田宅市之，为子孙立永远不可动之业，多买歌儿舞女，旦夕饮酒相欢，以终其天年。朕且与卿等约为婚姻，君臣之间两无猜疑，上下相安，不亦善乎。"守信等皆谢曰："陛下念臣等至此，所谓生死而肉白骨也。"明日，皆称疾乞罢典兵，赐赉甚厚。

如此安排，不但使石守信等高级将帅在一失（失去兵权）一得（与皇室联婚）中不会产生某种失落，更重要的是，使他们消除了一种将要被杀掉的猜疑，进而以另一种要进时就进，要退时就退的心态，在新的时代环境中适应各种阶级地位。值得一提的是，这批将帅虽然在"杯酒释兵权"中被解除了军权，调往各地为节度使，但统一战争一发生，他们当中又有不少人根据战情所需调回军队。

"杯酒释兵权"这种缓和的方式，既比较理性地缓解了皇帝与开国功臣之间的冲突，又使君臣之间保持了一种亲戚关系，使他们的关系更为亲密。"杯酒释兵权"就其直接意义而言，一是预防了禁军将帅内部钩心斗角，用兵权发动政变，重演"陈桥兵变"的史实；二是解决了开国将帅居功自傲、滥用职权的问题。因此，"杯酒释兵权"的成功，奠定了宋初政局的稳定基础，使北宋避免了重蹈五代短命王朝的覆辙。值得注意的是，"杯酒释兵权"意味着武人干政的终止，开启了偃武兴文之机。从政治的意义上看，"杯酒释兵权"所解决的，是中国封建王朝统治中的一个最难解决的问题——如何解决皇帝与开国功臣之间的矛盾。自建隆二年（961）七月后，绝大部分身为开国功臣的禁军将帅，既被降了官职，又保持了同皇帝的亲密关系。这表明，宋太祖与功臣宿将的矛盾已经融合在一种较为宽缓、平和的氛围之中了。

"烛影斧声"与宋太祖之死

赵匡胤于公元960年发动陈桥兵变，黄袍加身，做了17年皇帝，到公元

976年便撒手归西了，正史中没有他死亡的明确记载，《宋史·太祖本纪》中的有关记载也只有简单的两句话："帝崩于万岁殿，年五十。""受命杜太后，传位太宗。"因此他的死一直是一个不解之谜，为历史留下了又一桩悬案。

司马光的《湘山野录》中记载，开宝九年（976）十月，那天天气极为寒冷，宋太祖赵匡胤急唤他的弟弟晋王赵光义进入寝宫，宋太祖斥退旁人，只留下他们两人自酌自饮。酒过三巡，已是夜深了，他见晋王赵光义总是躲在后边，极其害怕，自有几分得意。见殿前雪厚几寸，便用玉斧刺雪，还不时对他弟弟说："太容易了，真是太容易了。"当夜赵光义依诏没走，留宿于禁宫。第二天天快亮时，禁宫里传出宋太祖赵匡胤已经死了的消息。赵光义按遗诏，于灵柩前即皇帝位。

历史上所谓"烛影斧声"的疑案就指此事。有人认为"烛影斧声"也许不是疑案，只是晋王赵光义戕兄夺位的借口。宋太祖安排后事是宋朝的国家大事，不可能只召其弟单独入宫，并且赵光义又在喝酒时退避。用玉斧刺雪，这正是赵匡胤与赵光义进行过争斗的状态，晋王一狠心杀死宋太祖。要是不这样写，这段史料也许会被封杀。

不过，关于光义弑兄的原因，史书上另有一种说法。《烬余录》称，赵光义很喜爱已归降的后蜀主孟昶的妃子花蕊夫人费氏。孟昶死后，花蕊夫人被宋太祖赵匡胤纳为自己的妃子，而且特别宠爱。赵匡胤因病卧床，深更半夜时赵光义胆大妄为，以为宋太祖已熟睡，便趁机调戏花蕊夫人，可没想到太祖惊醒，要用玉斧砍他，等到皇后、太子赶到之时，赵匡胤已经只剩一口气了。赵光义趁机逃回自己的王府，第二天太祖赵匡胤就升天了。由此可知，赵光义趁夜黑无人，赵匡胤昏睡不醒的时候调戏他觊觎已久的花蕊夫人，谁知赵匡胤突然醒来发觉了，也许是他盛怒之下欲砍赵光义，可是因为病体虚弱，体力不足，未砍中赵光义。赵光义觉得自己只有死路一条，不管用何种方式都不能取得其兄的原谅与宽恕了，预料到自己将会死得很惨，于是一狠心便杀死了自己的同胞兄弟，然后慌忙逃回府中。宋太祖赵匡胤是病怒交加而死，还是他弟弟杀死的呢，谁也不知其详。不过十分清楚的是，赵匡胤之死与其弟赵光义当夜在皇宫内院的行为有一定的关系。

对于这个疑案，也有一些人为赵光义开脱罪责，司马光的《涑水纪闻》记道："太祖初晏驾，时已四鼓，孝章宋后使内侍都知王继隆召秦王德芳；继隆以太祖传位晋王之志素定，乃不召德芳，径趋开封府召晋王。见医官贾德玄坐于府门……乃告以故，叩门与之俱入见王，且召之。王大惊，犹豫不敢行，曰：'吾当与家人议之。'入久不出。继隆促之曰：'事久，将为他人有。'遂与王雪下步行至宫门，呼而入……俱进至寝殿。宋后闻继隆至，曰：'德芳来耶？'继隆曰：'晋王至矣。'后见王愕然，遽呼官家曰：'吾母子之命，皆托于官家。'王泣曰：'共保富贵，无忧也。'"从这一记载来看，宋太祖赵匡胤过世时，他弟弟赵光义并不知晓，也没在宫中待过，似乎可以洗去"烛影斧声"的嫌疑了。

但是，自从赵光义继帝位后，赵匡胤的长子德昭于979年被迫自杀，次子德芳又于981年无故而死来看，宋太宗赵光义还是摆脱不了"烛影斧声""戕兄夺位"的嫌疑。

"金匮之盟"之谜

宋太祖赵匡胤驾崩后，皇位由其弟赵光义继承，正史认为光义乃合法继位，是奉太后"金匮遗诏"之命行事。但后来有人对"金匮之盟"一事提出质疑，使得这一事件变得扑朔迷离。

《宋史》有好几处提到"金匮之盟"事，《杜太后传》里面记叙："建隆二年（961），太后病，太祖始终在旁服侍不离左右。太后自知命已不长，召宰相赵普入宫。太后问太祖：'你知道怎样得天下的吗？'太祖曰：'我所以得天下者，皆祖先及太后之积庆也。'太后曰：'不然，正由周世宗使幼儿统治天下耳。假如周氏有长君，天下岂为汝所拥有乎？

汝死后当传位于汝弟。四海至广，能立长君，国家之福也。'太祖顿首泣道：'敢不如教诲！'太后转过身对赵普说：'尔同记吾言，不可违背也。'赵普于床前写成誓书，普于纸尾写'臣普书'。藏在金匮（同柜），命谨慎小心的宫人掌之。"

在司马光《涑水纪闻》、李焘《续资治通鉴长编》等史著中也有大致相同的记载。历史上人们虽然相信有所谓的"金匮之盟"，但却找不到盟约的原文。一千多年来，没有人怀疑"金匮之盟"的真实性，这一盟约就成了宋太祖坦荡无私的例证。直到清代，古文学家恽敬对盟约内容提出疑问。

20世纪40年代初张荫麟曾作《宋太宗继统考实》，后收入《张荫麟先生文集》，认为"金匮之盟"是赵普伪造的，全盘否定此事。除此之外，邓广铭、吴天墀、李裕民、顾吉辰、王瑞来等学者也持同种观点，怀疑它的真实性或断定"金匮之盟"的伪造性。其理由大致如张荫麟所言，建隆二年（961）杜太后病重时，宋太祖只有34岁，正值年轻力壮之时，赵光义才23岁，而太祖长子德昭也已经14岁。当时太祖身体健康，没有短寿夭折之象，即使太祖只能再活20年，那时，长子德昭已30多岁，怎么会有幼主之说？杜太后凭什么猜测太祖早死、幼子继位，而宋朝重蹈五代的覆辙呢？实在没有道理！如果确如太后所预料宋太祖中年夭折，人们还可以推测，也许杜太后凭经验或灵感有超前的洞察力，尚可勉强解释。但是，太祖活了50来岁，并没有早逝而面临幼子主政。如果真有遗诏，太祖临终前应该命人打开金匮，就算是突然死亡，皇后也应该知道此事，掌管金匮的宫人同样也知道此事，为什么要等到太祖死后6年才由赵普揭露出来呢？即使公布遗诏，赵光义应该把全文都公布出来，因为这是他继位合法的有力证据，而留下来的却仅是一个大概的内容，而且内容还不完全一致。更何况，太祖并未遵守遗诏办事，传位给他的弟弟，而是传位给他自己的儿子。

但对"金匮之盟"持肯定观点的学者们提出了相反的证据。关于立此盟约的条件，持肯定论者认为它符合常理。杜太后亲身经历过五代，这是一个王朝更替频繁的特殊时期，五代君主13人，在位超过10年绝无仅有，有7人死于非命，杜太后凭什么否认宋太祖可以摆脱"宿命"，而不像周世宗英年早逝、最终幼主执政失国而终呢？杜太后在赵匡胤刚当上皇帝说出了"吾闻'为君难'，天子置身兆庶之上，若治得其道，则此位可尊，苟或失驭，求为匹夫不可得，是吾所以忧也"这一段话。杜太后认为刚刚建国，根基未稳，随时有可能成为短命的"第六代"。尽管当时太祖正值壮年，但政治变化无常，哪里知道宋太祖不会暴死？哪里知道宋太祖不会被人杀掉？假如真的发生了，10多岁的德昭显然是不足以应付。而拥有丰富政治经验的赵光义，应是理想的继承人。

"金匮之盟"疑案属于皇家禁宫疑案，否定也好，肯定也好，都是根据当时历史事实、政治背景所作出的判断。比较双方的观点，其资料和解释、推断均偏向于对己方所持观点有利的一边，因此越争论疑点越多。

狸猫换太子真相如何

包拯于北宋仁宗皇帝时期在朝为官，因其公正无私被世人誉为"包青天"。广大老百姓有什么冤案、屈案都希望能由包青天来审理，"包青天"美名千古流传，他也的确是审理了一些重要的案件。传说中"狸猫换太子案"便是由包拯审理的。

据传，有一天包拯经过一地，有一位瞎老太太告状。包公见此婆口呼包卿，自称哀家，平民如何有这样口气？只见老太太眼中流泪，便将以往之事，滔滔不绝述说一番。原来，这位瞎眼的老太太是当今万岁的亲娘，当初他生下仁宗时，被忌恨她的刘德妃陷害。刘德妃抱走仁宗，让自己手下太监郭槐去找了一只剥了皮的狸猫，对着皇帝说是李宸妃产下的怪胎。盛怒的皇帝将李宸妃赶出后宫，李宸妃因而流落到此。后来，李宸妃同众人一起返京。因为"狸猫换太子案"事涉宫廷，所以审理起来必须要十分周密。包拯考虑了一番,决定分两步来审理此案。

先是让仁宗生母李后去见以前自己的好姐妹狄后,让狄后向仁宗提起此事,使仁宗深信不疑;接着就是最关键的第二步,使郭槐招供。郭槐是当初"狸猫换太子"一案的主谋,他是受了刘后的指使,但因为对刘后十分忠诚,死不招供。于是,足智多谋的包拯与公孙策就想出了一个办法,用鬼魂吓唬郭槐。所谓的鬼魂,是公孙策派人到勾栏院找来的妓女。寇承御是当初在"狸猫换太子"案中被害的一名奴婢,包拯让找来的妓女假扮她。同时,营造出一种阴间的凄凄惨惨的气氛。郭槐吓得魂不守舍,就将当初犯下的罪行招供了。就这样,案件顺利审理了。

《宋史》则另有一说。说李宸妃本是刘德妃的侍女,她怀孕时,刘德妃已被立为皇后。刘德妃请皇帝把李宸妃产下的儿子立为己子。为了弄假成真,将孩子从李宸妃怀里夺走,割断母子联系。后来,李宸妃儿子赵祯继位。天圣九年(1031),李宸妃得重病,次年去世,刘德妃暗中吩咐以一品礼安葬李宸妃,以免以后赵祯知真相后怪罪自己。当时的宰相吕夷简又暗中吩咐内侍押班罗崇勋,给李宸妃穿皇后装入殓,并用水银宝棺。1033年,刘德妃也去世,赵祯才知真相,准备杀戮刘府家人,但被宰相吕夷简劝阻。

综上所述,包拯和李宸妃之事无关,李宸妃也没有流落人间。至于刘德妃到底用什么方法把赵祯收为己子也不得而知。

但令人费解的是,赵祯登基之后9年间,李宸妃为什么会缄口不言,一直到死?这给世人留下一个谜。

马可·波罗是否来过中国

马可·波罗是中国历史上家喻户晓的人物,是沟通东西方文化的圣人,他的《马可·波罗游记》在人类旅游史上享有盛誉,在《游记》中他讲述了自己神奇的中国之旅以及他返回意大利的经过,并详细地描绘了中国的繁华与富饶。

马可·波罗于1254年出生于意大利威尼斯市一个商人家庭，是有史可载访问中国的第一个西方人。马可·波罗17岁时，他的父亲带他一起去中国，于是，雀跃万分的马可·波罗跟随他的父亲、叔叔出发了，他们由古丝绸之路东行，经过叙利亚、两河流域和中亚细亚，越过帕米尔高原，三年跋涉后，于1275年到达元朝皇帝避暑行宫所在地上都（今内蒙古多伦），拜见了元世祖忽必烈。他们在中国居留了17年，游历了中国的许多地方，他的观察力和记忆力相当惊人，他对不同地区的物产的观察非常细致；他很关注各个地方的商业活动、经济水平、风土民情、宗教信仰等；对所到之处的地形和交通状况的记载也很详细。不过，马可·波罗也爱夸大其词，喜欢吹嘘自己。1292年马可·波罗离开中国并于1295年回到威尼斯。不久后，发生了意大利西部城市热那亚的海战，威尼斯舰队战败，马可·波罗被俘入狱。在狱中，他口述东方见闻，由狱友庇隆人鲁思梯切诺记录成书，这本书就是著名的《马可·波罗游记》。

但是，对于马可·波罗在《游记》中谈到的中国之行，历来遭到人们的怀疑和讽刺。有人认为马可·波罗根本没有到过中国，《游记》不过是为传教士和商人利益编出来的传奇故事，是道听途说或抄袭一些阿拉伯人著作而来的；没有任何证据可以证明马可·波罗确实在中国旅居过，只不过是他的一些故事和当时的一些历史事件相符而已。

为什么《游记》中没提到茶叶、女人的缠足、印刷书籍以及长城等这些在中国人的生活中占有极大地位的事物呢？为什么没提及汉字和筷子的使用呢？为什么浩如烟海的中国文献没有记载马可·波罗的活动呢？此外，还有许多学者补充了《游记》的不确之处：记录成吉思汗死亡以及其子孙世系的关系有诸多失误之处；攻陷襄阳城、襄阳献新炮法的情况有可疑之处；马可·波罗在扬州做官三年也不足信；等等。

但是，几乎中国所有的元史和蒙古史研究者都认为马可·波罗到过中国，在这方面研究贡献最大的是杨志玖教授，他在《永乐大典·站赤》里发现了一篇十分重要的元代公文，记载了西亚蒙古伊利汗国的使团准备从泉州下海归国的事情，其中最引人注意的是史籍中波斯使臣的名字和返回时间与《游记》中马可·波罗所记录的完全一致。虽然公文里面没有提到马可·波罗的名字，但很有可能是当时马可·波罗在元朝的职位不太高。至于《游记》中没有提到筷子、茶叶、长城等，则是因为：第一，马可·波罗的口述不可能面面俱到，他没受过高等教育，著书环境是监狱，而且又是狱友记录的，难免会有漏处；第二，马可·波罗不提茶，很有可能是当时的蒙古人和色目人也不喝茶，而是喝马奶、葡萄酒和果子露；第三，马可·波罗很少接触汉族人，他也不识汉字，所以文中并没有提到汉字书法和印刷术。

究竟哪种观点最可信，马可·波罗到底有没有来过中国，看来还将成为一个长期存在的疑案。

明初"胡、蓝案"真相如何

谚语云："敌国灭，谋臣亡。"明朝建立以后，朱元璋从巩固自己政权的角度出发，不惜采取流血手段，大杀功臣，于洪武十三年（1380）杀丞相胡惟庸，洪武二十六年（1393）又杀了功臣蓝玉，并涉及到蓝党、胡党，约4万人受到牵连，这就是历史上的"胡、蓝党案"。

据《明史》记载，从洪武十三年到洪武二十六年的14年间，他几乎将军中勇武刚强之将和明初的开国功臣谋杀殆尽。其株连之广，手段之烈，可谓亘古未有。

其实胡惟庸本没有什么重要功绩。他是定远人，早年曾在元朝做官。龙凤二年（1356），朱元璋到达和州时，他才投奔而来。

洪武六年（1373）七月，朱元璋任命胡惟庸为中书左丞相。当了丞相之后，胡惟庸倚仗自己的权力和地位为所欲为，完全不顾别人的利益，甚至连皇上他也不放在眼里，他的这种做法，直接危及皇权的利益，这是朱元璋绝对不能允许的。朱元璋对此事早有察觉，为了削弱胡惟庸的势力，防患于未然，便采取了一些措施。洪武十年（1377）五月，他召李文忠与李善长共议军国要事，将胡惟庸排斥在外。九月，又将中书省衙署内的佐理官全部调走。洪武十一年（1378）九月，又命令六部所属诸司"奏事毋关白中书省"，从根本上切断了中书省与六部诸司及地方官员的联系，使中书省成了一个空架子，同时也大大削弱了胡惟庸中书省丞相的权力。

胡惟庸也非等闲之辈，他清楚地知道，朱元璋这一招完全是冲他来的，但他绝不是那种轻易臣服的人，不久便与中丞涂节、御史大夫陈宁等人策划谋反。

谋反尚在计划中，不料朱元璋已先发制人。经过一番审讯，朱元璋在《昭示奸党录》中宣布胡惟庸犯有"窃持国柄，枉法诬贤，操不轨之心，肆奸欺之蔽，嘉言结于众舌，朋比逞于群邪，蠹害政治，谋危社稷，私通日本、蒙古"等罪状，下令赐胡惟庸与陈宁死刑，诛连三族并诛涂节，余党皆连坐而死。被杀的胡惟庸的党羽共有1.5万余人。

洪武二十六年（1393）因大将军蓝玉专横跋扈，被告谋反，朱元璋又兴起了"蓝玉之狱"。

洪武二十五年（1392）八月，蓝玉的亲家、靖宁侯叶升因胡案被杀。蓝玉担心叶升的同僚把他给招出来，怕被朱元璋治罪，便想先发制人，起兵谋反，于是便与心腹密谋策划，决定在第二年的二月十五日朱元璋外出时起事。洪武二十六年（1393）二月初，离蓝玉计划谋反的日子不远，早已有所察觉的锦衣卫特务做好了逮捕蓝玉的准备。二月初八日，蓝玉入朝，立刻被逮捕，10天后就被处死，其家人亦全部被杀，朱元璋又借此机会除掉了功臣、文武大官2万人。

经过"胡、蓝案"，明初的元勋宿将被消灭殆尽。朱元璋下令将案犯的口供编辑成册，胡案有《昭示奸党录》，蓝案有《逆臣录》。"胡、蓝案"是朱元璋加强中央集权的一种措施。朱元璋是贫民出身，他和胡、蓝等人一起出生入死时地位是平等的。但封建政体要求把当上皇帝后的朱元璋神圣化，而许多功臣大将从心理到行为都没有适应这种剧变。而明初的诸多功臣在平定天下后成为新贵，占有大量田宅，政治上和经济上都与皇室统治发生了矛盾。像胡惟庸的"擅权挠政"，蓝玉的"进退自恣"都是专制皇帝所不能容忍的。

另一方面，朱元璋也是为其后代能坐稳江山而考虑的。他当时面临的是子弱孙幼的情况，需要消除有可能威胁后世皇帝的势力。正是这些因素使他大开杀戒。"胡、蓝案"便是绝对皇权的产物。

明"红丸案"幕后主使是谁

明代末年，宫廷接连发生离奇的三大案与神宗、光宗、熹宗祖孙三人密切相关，也和朝廷派系斗争紧紧纠缠在一起。三案成为明末政坛关键，各种势力纷纷介入，案件无法正常审理，因此变得扑朔迷离。著名的"红丸案"便是其中之一。

泰昌元年（1620）八月二十九日，在乾清宫，明光宗召见辅臣方从哲等13员文武大臣。诸臣向皇帝请安过后，皇帝开始询问册立皇太子之事。方从哲说："应当提前册立皇太子的日期，完成贺礼，皇上也就心安了。"光宗又让皇长子出来见大家，看着他对大家说："你们日后辅佐他，务必使他成为历史上尧舜那样的圣帝贤君，朕也就心安了。"方从哲等人还想说什么，光宗却开始问道："寿宫（神祠墓地）修没修好？"辅臣回答说："先帝陵寝已经修好，请皇帝放心吧！"光宗指着自己说："那就是朕的寿宫吗？"方从哲等人齐声回答："祝皇帝万寿无疆。"皇上仍然叮咛不止，反反复复，语无伦次，最后上气不接下气地哭泣着说："朕已经自知病重，难以康复，或者不久于人世。"说到这里，已是气息奄奄，用颤抖的手勉强挥一下，让众臣退朝，方从哲留下。

皇上问方从哲道："有鸿胪寺官（掌礼仪之官）要进药吗？人在哪儿呀？"方从哲回答说："鸿胪寺丞李可灼，说有仙丹妙药，臣下不敢轻信。"皇上听后，命宫中侍人立即传唤李可灼到御前，给皇帝看病诊脉，等他谈到发病的原因以及医治的方法时，皇帝非常高兴，命令进药，让诸臣出去，并令李可灼和御医们研究如何用药，一直定不下来，辅臣刘一燝说："我有两乡人同用此丸，一个失效，一个有效，此药并非十全十美。"礼部官员孙如游说："这药有用与否，关系极大，不可以轻举妄动。"没过多久，又有一位老奶妈来到御前，向皇帝问安。皇上催促众人配药，诸臣又回到御前，李可灼将药物调好，进到皇上面前，皇上从前喝汤都喘，现在服了李可灼的药，就不再气喘了。皇上反复地称道李可灼忠心可鉴。诸臣在宫门外等候。约一个时辰过后，有宫中内侍急报说："圣上服药后，四肢温暖，想进饮食。"诸臣欢呼雀跃，退出宫外。李可灼和御医们留在宫内。

到了傍晚，方从哲放心不下，又到宫门候安，正遇见李可灼出来，急忙打听消息。李可灼回答说："服了红丸药，皇上感觉舒畅，又怕药力过劲，想要再给服一丸，如果效果好的话，圣体就能康复了。"诸医官认为不宜吃得太急。但皇上催促进药非常急迫，众人难违圣命。众臣即问服药后的效果如何？李可灼说："圣躬服后，和前一粒感觉一样安稳舒适。"方从哲等人才放心离开。

谁曾想次日早晨，宫中紧急传出圣旨，召集群臣速进宫。一时间，各位大臣等慌忙起床，顾不上洗脸漱口，匆匆地穿上衣服，急奔宫内。但是当群臣将要跑入宫中时，就听传来一片悲哀哭号之声，明光宗于早晨归天了。这是大明泰昌元年（1620）九月初一日。

对于这突如其来的变故，满朝舆论哗然。在感到惊愕的同时，人们联想到新皇帝登基一个月来的遭遇，不约而同地都把疑点转到了郑贵妃身上。郑贵妃给太子献美女，指使崔文升进药，大家有目共睹，但李可灼是否受她指使，却没有实据。本来，光宗当时已病入膏肓，难以治愈，但因为吃了江湖怪药，事情就变得不简单了。最后，此案不但追查到郑贵妃，而且方从哲也被迫辞职，李可灼被充军，崔文升被贬放南京。但究竟幕后有主使吗？到底是谁？现在也不得而知。

《明史》冤案探秘

　　提起历史上的文字狱，至今仍让读书人胆战心惊。历史上曾有过不少文字狱，而尤以清朝为甚，当时人称《明史》案清朝第一文字狱。至今提起，仍让人心中惴惴。

　　满洲贵族入主中原以后，激起了汉民族读书人的愤怒反抗。为了镇压这些反抗，清统治者凶残地制造文字狱，企图以儒士的血腥来洗涤汉民族读书人的反清意识。顺治十八年（1661）的庄廷《明史》案就是清初文字狱之一。清廷对这一文字狱处理凶残而且株连极广。但对于这场文字狱究竟冤死了多少人，出现了种种不同的说法。

　　这场文字狱的具体情况是，明朝丞相乌程人朱文恪（朱国祯）曾经编写过一部《明史》，书中列举了有关明朝的大经大法。此书已经发行并在世间流传，没有发行的叫《列朝诸臣传》。清军入关后，朱家家业已经败落，于是就把这本书的稿子抵押给庄廷，换了一千两黄金。庄廷当时家境比较富裕，于是就把这本书的作者改成了自己，将书改名为《明史辑略》，刊印发行，并补充了崇祯一朝的一些史实，其中有许多指责清朝的语句，癸卯年（1663）归安知县吴之荣被罢官，为了重新被起用，他策划并告发庄廷，将功赎罪，就把这件事告诉了将军松魁，松魁又用文书转告给巡抚朱昌祚，朱昌祚又告诉了督学胡尚衡，庄廷以巨额钱财贿赂这三人，保住了性命，为了安全起见，庄廷把指责清朝的语句稍作修改后重新发行。吴之荣见这个计划失败，就专门买了这本书的第一版，告上了法司。朝廷派鳌拜等4位顾命大臣到杭州严办，大肆搜捕与《明史辑略》有关的人员。康熙二年（1663）五月，清廷以谋反大逆案判决。

　　在此案中究竟有多少人受牵连含冤而死，有许多种说法。

　　据清初著名思想家和学者顾炎武的说法，为70余人。

他在《亭林文集》的第五卷的《书吴潘二子事》一文中，概述了《明史辑略》案的经过，披露此案"所杀七十余人"。其后，全祖望在《鲒埼亭集·江浙二大狱记》中也持此种说法。由于这两人均为名家，一言九鼎，所以，后世史书大多沿用此说。

但也有人持不同的说法，杨凤苞《秋室集》、谢山太史《外集》、严有僖《漱华随笔》以及《湖州府志》《痛史》等均有记载，虽然基本史实相同，但不少姓名、细节往往出入较大。而有关此案冤死之人数，上述材料则提出"死二百二十一人"之说。

另外，还有第三种说法，是涉案蒙冤者的后人吴磊提出的，他认为庄氏史案死难者"不下千人"。当时，《明史辑略》一书，列名参订者较多，庄廷为壮声色，将当地著名才士查继佐、陆圻、范骧三人也列入参订之列，此三人在案发前即闻知列名之事，"惧祸连及，乃呈稿于按察衙门备案"。案发后，三人因此免受牵连，被无罪释放。陆圻出狱后，便削发为僧，四处云游，不知所终。康熙四十六年（1707），陆圻之女陆莘行特撰《老父云游始末》一文，追忆当年庄氏史案之经过，陆圻的外孙吴磊为此文撰跋，内中声言此案"所诛不下千人"。虽然在庄氏史案发生之时，陆莘行和吴磊年龄还小，但后来他们在撰稿作跋时，能提供材料的目击者尚多，所以，此说恐怕也不算夸张妄语。

以上种种说法，各有所据，不论其真假如何，清朝这第一文字狱留给后世读书人的是永远的痛。

吴三桂"冲冠一怒为红颜"吗

明朝崇祯十七年（1644）春天，李自成农民军攻占了北京，崇祯帝在景山自尽。此时辽东总兵吴三桂拥重兵驻扎在山海关。背面是南下的清兵，南面是提兵挺进的大顺军队。吴三桂的进退将对当时的战事起到近乎决定性的影响。最后，吴三桂选择了降清之路。于是吴三桂与李自成双方在山海关附近激战之时，关外的清军突然出现，攻击李自成军，李自成军措手不及，败绩而退。吴三桂引清军入关后，在清朝统一中国的过程中，立下了"汗马功劳"。那么吴三桂为什么投降清朝？是真心投降清朝吗？后代史家对此议论纷纷。

第一种说法是为了陈圆圆。

吴伟业（号梅村）在《圆圆曲》中写道："恸哭六军皆缟素，冲冠一怒为红颜。"这两句诗生动地揭示了吴三桂投降清朝的心态。"缟素"是为死去的崇祯帝戴孝，"红颜"自然是吴三桂的爱妾陈圆圆。

明朝末年清兵攻打到锦州，吴三桂在崇祯的命令下奔赴北方前线。由于明朝制度军中不能携带姬妾，所以吴三桂只能让陈圆圆留在北京。不料，李自成的起义军很快就攻进了北京城，吴三桂之父吴襄也投降了闯王的军队。当时吴三桂率领的军队乃是当时号称为"关东铁骑"的数万精兵，李自成和清朝都急于得到他。吴三桂自己则持观望态度，迟迟没做出决定。在这个关节上，李自成军队的一个将领刘宗敏听说了陈圆圆的美貌，便想要得到她。于是这位将领抓来吴襄，拷问陈圆圆的下落，并带兵到吴三桂的府上带走了陈圆圆。这个消息传到了吴三桂的军帐，吴三桂勃然大怒，拔剑斩案曰："大丈夫不能保一女子，何面目见人耶？"于是转而向清乞兵，使六军披麻戴孝，打着为大明王朝的崇祯帝报仇的旗号，带兵打入北京。就这样，吴三桂投降了清朝，成为了清王朝统一中原的开路先锋。接下来，他又引兵进攻李自成，接受清朝官爵，镇压大顺、大西政权，追杀南明政权永历帝，俨然是清王朝的一员猛将。

吴伟业的《圆圆曲》一出，吴三桂"冲冠一怒为红颜"的降清原因，几乎成为定论。但是有人提出了异议。他们指出，吴三桂降清不可能起因于陈圆圆被掠。对于一个帝王将相来说，女子不过是他们的玩物而已。陈圆圆虽然美貌，但是她不过是妓女出身，不过是被别人当作礼品送来的政治投资。像吴三桂这样一个聪明的人，怎么可能为了她而确定自己的重大政治决策？从刘宗敏这方面讲也是不合情理的。刘宗敏是一个忘我投身李自成事业的人，是李自成手下的忠实部属，甚至曾经在危难的时候杀掉了自己的妻子追随李自成。他不会不明大义，为了一个女子而影响大顺政权前途。之所以会有吴三桂为陈圆圆而降清的说法，一方面是人们对吴三桂降清的讽刺贬斥，另一方面也可能是后人对此事的附会加工以及文学创作上的需要。

二是为父报仇说。

根据《辽东海州卫生员张世珩塘报》记载，当时李自成的军队实行了一项追赃助饷的政策，对明王朝的大小官吏严加拷讯，逼要银两资助军队。吴三桂的父亲、明朝遗臣吴襄，本来已经归顺大顺，然而也被捉拿拷打，强逼交银，"止凑银五千两"。后吴三桂得悉父亲被大顺军拷打将死，怒不可遏，于是放弃了本要投靠李自成的计划，转而投靠清朝，决计攻灭大顺，为父雪仇。

但是有学者认为此说不实。《明季北略》记载，吴襄投降大顺后，曾经充当说客，写信给吴三桂劝他降大顺。吴三桂对此非常生气，并因此声称断绝父子关系，说"儿与父诀，请自今日。父不早图，贼虽置父鼎俎之旁，以诱三桂，不顾也。"后来，当起义军以他全家性命相威胁的时候，吴三桂也同样置之不顾，结果全家三十多口人被杀。这样的一个人，可能为父报仇吗？他不过是为了自己的安全和帝位罢了，为父报仇不过是一块遮羞布而已。

第三种说法是说吴三桂投降清朝乃是出自阶级的本性。

李自成所率的农民起义军在进入北京后，基本保持着农民起义军本色。吴三桂也许曾经有过投靠李自成的想法，但是那不过是为了保全自己利益的政治投机罢了。尤其是当他知道李自成的军队在北京城内拷掠明朝降臣后，他对李自成的幻想就完全破灭了。而清朝对他则会是高官厚禄，他出于其大官僚地主阶级的本性，为维护本阶级利益，保证自己的荣华富贵，也必然会作出投降清朝的选择。

也有人认为，吴三桂并没有真心投降清朝，只是无可奈何之下的权宜之计。当时的吴三桂虽然握有重兵，但是他的兵力在李自成和清兵面前也不过是微弱的力量。形势让他必须在两者之间作出选择。实际上，在引清军入关前，吴三桂是一贯坚持抗清的，吴三桂曾经多次严拒了明降清将领的劝降。在李自成攻逼下准备联清时，他写信给多尔衮只说在攻灭大顺政权后，"我朝之报北朝者，将裂地以酬"，可见他只是想借兵联合，并无投降归附之意。山海关战后，清廷对吴三桂极不放心，吴三桂的力量也远远不能控制当时的局面。但是吴三桂在发布的檄文中，称："周命未改，仍是朱家之正统。"并且要求："凡我臣民为先帝服丧，整备迎候东宫"，为明王朝摇旗呐喊。此外，后来他还招揽奇才，广植党羽，训练士卒，囤积财货，为反清复明做了不少的工作，最后终于在1673年起兵反清。持这种看法的人指出，对吴三桂的降清如果简单地视为卖国投敌，无疑是站在了大汉族主义和明王朝的立场上，对于吴三桂是不公平的。

然而这种说法，始终很难得到世人的同情和认可。尤其是对于后来吴三桂的起兵反清举动，后世普遍认为那不过是因为康熙下令削藩，吴三桂自感自己的地位受到了严重威胁，丝毫不是为了明朝。看来，对于吴三桂投降清朝的原因还要继续地争执下去。

翼王石达开在大渡河畔信函之谜

太平天国翼王石达开在遭太平天国内部猜忌被迫分兵出走之后，坚持进军四川，打算自立一国，结果在大渡河畔被清军与地方土司紧紧围困，成为釜中之鱼。石达开率领军队左冲右突，未能血战脱险。在无可奈何的情况下，石达开命军师曹伟人给清军写了一封信。信中说："窃思求荣而事二主，忠臣不为；舍命以全三军，义士必作"（《太平天国文书汇编》）。请求清军赦免他的部下。他把信写成后，用箭射入驻守在大渡河对岸的清朝四川重庆镇总兵唐友耕的军营中。关于这封信的收信人，有人说是重庆镇总兵唐友耕，有人说是四川总督骆秉章。正因为这两种说法各有凭据，成为一大疑案。

1908年，唐友耕的儿子唐鸿学为其父所编《唐公年谱》印刷出版。年谱中附录了石达开的信，介绍说这封信是石达开写给唐友耕的，也就是说石达开是向唐友耕乞降的。

关于石达开写信给唐友耕的事，《纪石达开被擒就死事》一文记载特别详细。文中说，石达开在"四月二十三日，以书射达北岸唐友耕营"，"唐得书，不敢奏亦不敢报。石军不得复"。根据这种说法，唐友耕收到石达开的信后，隐匿不报，也没有回复石达开。

1935年，四川泸定西沙河坝农民高某在紫打地偶然发现了石达开的函稿三通。其中一通在《农报》上发表，标题"致四川总督骆秉章书"，收信人是骆秉章，而不是唐友耕。

1937年，萧一山在写"翼王石达开致清重庆镇总兵唐友耕真柬伪书跋"时，认为《农报》发表的"致四川总督骆秉章书"是错误的。他说，他在成都黄某家中曾亲见致唐友耕"真柬伪书"一通，是用翼王所遗之柬帖转抄的。萧一山认为《唐公年谱》附录的石达开信函是可靠的，该信的确是石达开写给唐友耕的。《广东文物》按照萧一山的说法，有《石达开致唐友耕书》。《中国近代史资料丛刊》中《太平天国》所辑此信据《广东文物》排印，因此唐友耕为收信人的说法流传较广。

但是，简又文先生认为紫打地农民高某发现的"三遣函，其致王千户与致唐友耕两通……可以为真品"，因此，他的说法与萧一山不同，但认为石达开写信给唐友耕是可靠的，"致唐函更见之《唐公年谱》，尤为可信"（《太平天国全史》中册）。

罗尔纲先生对石达开写信给唐友耕这件事十分怀疑。他认为是唐鸿学将原收信人骆秉章盗改为唐友耕，他的意图是要为父亲脸上贴金。

石达开信中说："惟是阁下为清大臣，肩蜀巨任，志果推诚纳众，心实以信服人，不蓄诈虞，能依清约，即冀飞缄先复，并望贲驾遥临，以便调停，庶免贻误，否则阁下迟行有待，我军久驻无粮……"（《太平天国文书汇编》)。罗尔纲指出,石达开信中"肩蜀巨任"的话,应该是对身为四川总督、担负四川全省重任的骆秉章说的,而不是对只管重庆一镇绿营兵的唐友耕说的。太平天国己未九年(1859),李永和、蓝大顺在云南昭通府起义。当时唐友耕为起义军中的一个小头目,后来降清。以唐友耕的身份和地位,石达开是不会写信向他请求赦免三军将士的,更何况唐友耕也没有这么大的权力。唐鸿学知此破绽,故将"肩蜀巨任"改为"当得巨任"。石达开对唐友耕的来龙去脉一清二楚,在信中怎么会称唐友耕为清朝大臣呢?石达开说"并望贲驾遥临",显然是对远在成都的四川总督骆秉章说的,而不是对隔河相望的唐友耕说的。唐鸿学将原信改为"拜望台驾近临"。石达开信中还有"阁下如能依书附奏清主"的话,但是,当时总兵是不能直接向皇帝上奏的。以上种种破绽,足可以证明此信是写给骆秉章的。

1945年,都履和根据李左泉《石达开洤江被困记》整理修而成《翼王石达开洤江被困死难纪实》,其中附录有石达开的信。李左泉的文章是根据王千户王应元幕僚许亮儒遗著《擒石野史》笔记润色重编的,来源可靠。

罗尔纲认为,《农报》所载高某发现的抄本和《翼王石达开洤江被困死难纪实》附录的石达开信函是真实的,是没有经过唐鸿学篡改的。石达开这封信的收信人应是骆秉章而不是唐友耕。

总之,石达开到底将信写给了谁仍旧只是推测,为什么日期不对也是一个难解之谜。

太平天国的窖藏珠宝流落何处

历史上最大规模的农民起义——太平天国运动的失败令人叹息,然而太平天国巨额的窖藏珠宝的不知所终同样令人遗憾。

1864年7月,作为太平天国首都11年的天京(南京)失陷。围城3年的湘军蜂拥闯进了天京各个城门,他们目的就是抢掠,上至前敌总指挥的大头目曾国荃,下至军营里雇佣的民工、文职人员,都想发横财,当时传闻洪秀全和天国新贵收敛财宝都藏在此地。湘军三日三夜搜查全城,曾国荃和提督萧孚泗率先洗劫天王府,他们捞尽官衙甚至民宅的一切浮财,连同几万名女俘虏,一并作为胜利品带回去。但是,他们远不满足,"历年以来,中外纷传洪逆之富,金银如海,百货充盈",因而认为还有更多财宝埋藏在地下各处。曾国荃抓到李秀成后,非常高兴,用锥尖戳刺他的大腿,把李秀成弄得血流如注。一方面是因为气恼李秀成守城坚固,更是为了紧逼李秀成说出天京藏金下落。曾国藩不久从安庆赶到南京,赞赏其老弟"以谓贼馆中有窖金",又多次软硬兼施,追问李秀成藏金处。这也是李秀成被较晚处死的另一个原因。李秀成被俘之后,清朝皇帝也派僧格林沁、多隆阿来南京督促,李秀成却始终未透露太平天国天京的窖金事宜。

天京确实有窖金埋藏,曾国藩在城破后下令洗劫全城,但"凡发掘贼馆窖金者,报官充公,违者治罪",但在"破城后,仍有少量窖金,为兵丁发掘后占为己有"。天京被攻破后,除抗拒的太平天国将士遇害外,尚有1000余人,即占守城精锐的1/3,随李秀成保护幼天王洪天贵福逃脱,《能静居士日记》卷二十则说"另有其余死者寥寥,大半为兵勇扛抬什物出城。或引各勇挖窖,得后即行纵放"。上元人孙文川在《淞沪随笔》(手抄本)中认为"城中四伪王府以及地窖,均已搜掘净尽",但他说的也许是斗筲金银,而大宗窖金下落,并未见有著述,给后人留下一个谜团。

民间流传的另一种说法是:在南京从前有个富丽堂皇的大花园"蒋园",园主蒋某,绰号蒋驴子,据说他原来只是一个行商,靠毛驴贩运货物。因为有次运军粮,得到太平天国忠王李秀成垂青,被任命为"驴马车三行总管"。天京被围,内宫后妃及朝贵多用金银请人办事,"宫中倾有急信至,诸王妃等亦聚金银数千箱令载,为之埋藏其物"。《红羊佚闻·蒋驴子轶事》则说:"有金银数千箱,命驴往,埋于石头山某所。"蒋氏后来因此发财起家,成为近代金陵巨富。《红羊佚闻·蒋驴子轶事》中还说,民国初年,也有南京士绅向革命军都督和民政长官报告"洪氏有藏在某处，彼亲与埋藏事"，由此引起一些辛亥元老国勋的野心，"皆以旦夕可以财为期"，可是雇人多处寻掘，仍毫无收获。

这种事情，20世纪初多有传闻，众说纷纭，成为疑案。南京当年天王府遗址，至今只有西花园一角还隐约可见旧时面貌，据介绍，南京解放时期，有人听说洪秀全窖金的事，将园中湖水放干，但也一无所获。

窖金的下落究竟如何，传闻很多，却没有证据。曾国藩向皇帝奏报说没有发现藏金。然而《能静居士日记》中却说萧孚泗"在伪天王府取出金银不资，即纵火烧屋以灭迹"。曾国藩兄弟俩当然所获很多，1866年5月19日的《上海新报》上记载说"宫保曾中堂之太夫人，于三月初间由金陵回籍，护送船只，约二百数十号"，这时搜刮物似乎包括窖金。但天京窖金如藏了很多，那也不会全数遭挖掘的，很难排除确有更多的深藏巧埋之物至今仍未能发现的可能。

对于如此巨额的窖藏珠宝，当然会引起世人极大的兴趣，因此会众说纷纭，但这些珠宝的下落究竟如何，到现在也还是一个谜。

袁世凯是"戊戌变法"失败的罪魁祸首吗

戊戌变法是中国历史上第一次资产阶级改良性质的革命，提起戊戌变法，人们会想起康有为、梁启超，然而，同时也会不由自主地想起袁世凯。因为在一般的正史、野史记载中，都说戊戌变法是败于袁世凯之手，认为正是袁世凯的告密导致了戊戌政变的爆发，这一观点的依据是袁世凯死后才公开发表的日记。

日记的大意是说，谭嗣同夜访袁世凯的那天，"气焰凶狠，类似疯狂""声色俱厉"地逼迫袁世凯带兵围攻颐和园，把慈禧太后废掉。袁世凯由于看见谭嗣同"腰间衣襟高起，似有凶器"，担心危及自己的生命，为了不吃眼前亏就假装答应谭嗣同。谭嗣同离去后，袁世凯连夜反复思量，决定第三天"请训"后马上赶回天津向荣禄告密。袁世凯在日记里口口声声说是为了"诛除误国误君之徒"以"保全皇上"才告密的。袁世凯还向荣禄宣誓说"如累及上位，我惟有仰药死耳"，荣禄得报，当晚就入京向慈禧告变。日记的记录表明，9月21日的政变正是因为袁世凯的告密而发生的。

可是近些年来，因袁世凯告密导致戊戌政变的说法遇到了多方面的质疑。

有人认为，政变早在9月19日（八月初四）的那一天就已经发生了，因为19日慈禧已经提前从颐和园赶回皇宫，光绪皇帝处于被监视之中。光绪帝失去自由，这意味着政变的发生，21日宣布"训政"，仅仅是形式而已。所以袁世凯20日晚向荣禄告密已经与（19日）政变无关系了，因此并不能把戊戌政变归罪于袁世凯。

在这种说法的基础上，人们进一步提出：伊藤博文来华应该是政变的真正原因，而御史杨崇伊的密折则是政变的导火线。

因为在变法刚开始的时候，慈禧对变法并不反对，这从慈禧允许光绪颁布《明定国是》的诏书中可以看出。在慈禧太后看来，只要不对她尊贵的地位构成什么威胁，皇帝爱干什么就干什么，她一概不管。康有为等人不过是一介书生，任他再闹也闹不到天上去。

但是在变法期间有几件事情令慈禧感到恐慌，她才决定回宫发动政变。

一是光绪请求启用议事机构懋勤殿，它实质是一个专属于光绪的办事机构。慈禧认为这使光绪完全摆脱了她的控制，使她感到不快。

二是光绪召袁世凯到京，准备授以重任。而袁世凯掌握着兵权，自然引起慈禧警觉。

第三件也是最重要的一件事就是伊藤博文来华。9月12日，正当戊戌变法进行得如火如荼的时候，日本的实力派人物伊藤博文以"私人"的名义访华，维新派因此而大为振奋。康有为等人与伊藤博文接触频繁，许多维新派人士争相向光绪皇帝建议把伊藤博文聘请为顾问，以便辅助新政，同时说"中国转贫为富、转弱为强、转危为安之机实系乎此"。光绪帝采纳维新派的建议，决定9月20日（八月初五）召见伊藤博文。

在慈禧等人看来，维新派没什么可怕，可怕的是维新派与外国势力结合起来。所以变法刚开始时康有为等维新派主张联日英以拒俄，就遭到顽固派的极力反对，伊藤博文的到来，更使顽固派恐慌异常。9月18日（八月初三），御史杨崇伊起草了一个密折，通过庆亲王奕劻呈给慈禧太后。密折说"依（伊）藤博文即日到京，将专政柄""近来传闻之言，其应如响，依（伊）藤果用，则祖宗所传之天下，不啻拱手让人"。

因此，由以上的史实得出的结论是：戊戌政变的爆发与袁世凯的告密不存在直接的联系，伊藤博文来华才是政变发生最主要的原因。当时就有人评论说："八月发生的政变，皇上被幽禁，维新派遭到株连，新政被篡改，这样想法已非止一日，可是借口发难，却是因为伊藤的到来。"

第三种说法认为：戊戌政变发生的时间虽然确实为9月21日早晨，但是政变在荣禄还没有把袁世凯的密告递到慈禧那里的时候就发生了。而此时，袁世凯的密告尚未递到慈禧那里。根据这种说法得出的结论也是认为戊戌政变的失败的原因并不是袁世凯的告密。

毕竟事实的真相现在已经难以辨明，然而无论如何，袁世凯所负上的千古骂名不会因为这个未解之谜而被洗刷。

帝王之谜

中国历史源远流长,历史上的帝王成百上千,他们有的对社会起过巨大的作用,影响了历史的进程,为后人所称颂;有的是过眼烟云,在历史画卷中仅仅留下了蛛丝马迹;有的则逆潮流而行,留下千古骂名。帝王是那个时代的代表,寻求帝王的身世与命运,掌握其遗踪以及史实记录的真伪,对了解其所在时期的历史有着重大的意义。

齐桓公死因之谜

齐桓公是姜姓、吕氏，名小白，公元前686年战胜了公子纠，夺得了君位，做了齐国国君。齐桓公即位后，管仲在齐国实行全面改革，国力迅速强盛；在外交上，"尊王攘夷"的旗号是齐桓公最先打出来的，他想借此得到中原各诸侯的信赖。他曾召集了9次诸侯会盟，充任了40年的盟主，是春秋时期第一个实力最强的盟主。

公元前645年，管仲病逝，临终前对齐桓公提出警告，要他疏远易牙、竖刁等小人。但齐桓公没有听从他的告诫，仍然重用这些人。公元前643年，易牙、竖刁等趁齐桓公患重病的机会，假借其命令，堵塞齐宫大门，并在大门前竖起一道高墙，任何人都不准进入宫内。因此，没有一个人过问病在床上的齐桓公，几天之后，齐桓公便神秘地死去。齐桓公的5个儿子谁也不管父亲的死活，只知道争夺权位，互相残杀。结果，齐桓公的尸体在寿宫中整整搁置了67天，都生了蛆，可仍然没人为他收葬。在《史记·齐太公世家》中有这样的记载："桓公病，五公子各树党争立。及桓公卒，遂相攻，以故宫中空，莫敢棺。桓公尸在床上六十七日，尸虫出于户。十二月乙亥，无诡立，乃棺赴。辛巳夜，敛殡。"

齐桓公究竟是怎样死的呢？他在宫中的最后几天究竟是怎样度过的呢？有人说他是被易牙、竖刁等小人关在宫中活活饿死的。但一代霸主在临死之前怎么会没有人照顾，活活饿死更是让人觉得荒谬之极，因此这种说法的可信度不是很高。

有人认为，齐桓公是被易牙、竖刁等人害死的。为了夺权，二人在宫中命人在食物中下毒，害死了齐桓公。但桓公死后，5个儿子互相争权，而二人的原有计划也落空了。

更有人认为，正是桓公的5个儿子为了争夺权位，齐桓公在宫中迟迟未死,所以5个儿子命人害死了桓公。

不管怎样,一代霸主落得如此下场,让人不由慨叹"是非成败转头空"。

谁是第一个泰山封禅的帝王

泰山封禅被中国历朝历代定为国家大典。它是中国历史上封建帝王的一项极为隆重的政治活动。而且,泰山封禅也是国家兴盛、政权稳固的标志。那么,泰山封禅始于何时呢?

对于这个问题,历史上有下列几种说法:

第一种认为泰山封禅应起于无怀氏以前很久的时代。

《尚书序疏》说,在上古时代泰山封禅者万余人,仲尼看后不能尽识,所识仅12家。

由此我们可以看到:古代帝王封禅应该开始于无怀氏以前很久很久的年代。那些部落酋长在登泰山祭祀时都"刻石纪号",到管仲、孔子时代,就已经有许多无法识别了。

第二种说法认为是从黄帝开始。《韩非子·十过篇》记载:"黄帝大合鬼神于泰山之上。"这里韩非所记载的鬼神,实际上应是当时各部落的酋长们。黄帝时天下太平,在自古以来的帝王中,只有黄帝登泰山封禅祭祀时山川鬼神最多。

第三种说法认为从舜开始。我国最古老的一部公文汇编史书《尚书》中《舜典》记载:"岁二月,东巡守,至于岱宗,,望秩于山川。"《礼记·王制》也有相类似的记载。司马迁虽然也引证了管仲对齐桓公讲述无怀氏等封泰山的事,但《史记》中确切记载古代帝王封禅活动,却是由舜开始写起。

最后一种说法认为从秦、汉开始。隋代王通对自古帝王都封禅的传统说法提出质疑。他明确地说:"封禅非古制,实从秦始皇、汉武帝开始。"

清代马端临对王通的说法表示赞同。马端临指出：无怀氏至三代即封禅的说法，"盖出齐、鲁陋儒之说，《诗》《书》所不载，非事实也"。而秦始皇、汉武帝登泰山封禅，《史记》《汉书》都有详细记载。这些不仅在秦始皇、汉武帝本纪里有记叙，而且在《封禅书》《郊祀志》里也都作了专门记叙，应该是确信不疑的。

秦始皇铸造十二金人之谜

秦始皇是中国历史上第一个统一的王朝——秦王朝的开国皇帝。关于他的传奇故事在民间流传得甚为广泛。在传说中，他既是一位功不可没的大英雄，是中华民族的骄傲，另一方面他几乎又成了暴君、残忍的代名词。秦始皇为了永世享用他的征战功绩，做出了种种至今在世界上仍让人叹为观止的壮举，为世人留下了很多解不开的历史之谜，十二金人的铸造便是其中的一个。

在秦都咸阳，秦王宫阿房殿前，屹立着12个铜器铸造的大铜人，因为铜是黄色的，所以又称做"金人"。它们身着外族服装，每个都非常巨大和沉重，很难运输，而且它们浑身雕有精细的花纹，且个个耀武扬威，精神抖擞，英勇无比，日夜守护着秦王宫殿。铜人造形之大，制作之精巧考究，为历史上所罕见。在这方面，有很多历史书籍记载。如据《史记·秦始皇本纪》记载："二十六年……收天下兵，聚之咸阳，销以为钟鐻，金人十二，各重千石，置廷宫中。"贾谊的《过秦论》也有"销锋镝，铸以为金人十二"记录了十二金人的故事。

令人奇怪的是，中国第一位皇帝秦始皇要铸造这12个铜人目的是什么呢？为什么耗费巨资铸造这又笨重又没有实际作用的金人呢？围绕这个问题，存在两种主要说法：

秦始皇在统一全国后，秦王政创立了"皇帝"的尊号，自称始皇帝。但由于吕不韦曾经专权的阴影，和辛辛苦苦征战得来的皇位不易，为了实现自己当初"宣布子孙称二世、三世，以至万世，代代承袭"的宏伟愿望，所以他坐稳皇帝后始终在忧虑和思考着如何确保长治久安，使江山传之万世的问题。而要坐稳天下，必须要解决的一个问题就是收缴和销毁流散民间的各种兵器，只有这样，才能防止别人的武力夺权。于是，他总是在寻找一个合理的借口，来收缴全国的兵器，机会终于来了。一天，在大臣们的陪同下，秦始皇正在观看舞灯笼和各种杂耍。正在看得高兴的时候，忽见一队杀气腾腾、手里拿着刀剑等兵器的武士上场表演。秦始皇看见后，又触动了自己的长久以来的心病。这时候，恰巧临洮一个农民送来一条消息，说是见到12个巨人，而且他们当地还传唱着一首童谣："渠去一，显于金，百邪辟，百瑞生。"秦始皇听后，龙颜大悦。于是他假托征兆，说这是顺应天意，下令收缴民间兵器，集中到大都咸阳，铸成12个铜人。实际上，秦始皇收兵器铸造铜人，完全是出于巩固自己皇位的考虑。

还有另外的一个故事版本。有一天，秦始皇正在阿房宫中休息。突然，梦到天气大变，天空昏暗无光，并且伴有鬼神妖魔作怪，于是他非常惊恐害怕。正在他手足无措之际，忽然有一个白发苍苍、长髯飘飘的老道来到他的面前。这个老道精神矍铄，神采奕奕，他挥动着手中的拂尘，指点迷津道："制十二金人，方可稳坐天下。"说完，随着眼前金光一闪，老道人便不见了。秦始皇也从梦中惊醒了。秦始皇梦醒后，宁可信其有不可信其无，立即下令将全国的兵器收到咸阳，铸成了12个铜人。有很多专家学者也曾经指出，秦始皇一生非常相信方士道人的话，再加上建国之后的担忧心情，这种说法是可信的。

但遗憾的是，今天我们是看不到这12个铜人的踪影了。那么，它们究竟到哪里去了呢？难道如此巨大的金人会不翼而飞？目前，关于铜人的下落问题存在着3种猜测：

有人认为，当初楚霸王项羽在攻克秦都咸阳后，曾经火烧阿房宫。在火烧阿房宫时，连同象征秦王朝永固的这12个铜人也一起烧毁了。

还有一些历史学者指出，这12个铜人是毁在董卓的手上。东汉末年，董卓率军攻入长安，将其中的10个铜人销毁，并铸成铜钱，而剩下的两个被他下令迁到长安城清门里。到三国时期，魏明帝曹睿下令把这两个铜人运到洛阳。当成千上万的工匠们运到溺城时，由于金人的重量太沉，不得不放弃了这个巨大的工程，于是就停止了搬运。到了东晋十六国时，后赵的石季龙又把这两个金人运到了邺城。后来前秦的大秦天王苻坚统一北方，他又把这两个金人从邺城运回长安销毁。至那时，存在于世间约600年的12个铜人全部被销毁了。

另有一种说法是比较乐观的，他们根据史料记载认为，这12个铜人并未被毁掉。因为12个铜人是秦始皇生前的最喜爱之物，所以在秦始皇陵墓营造好后，这12个铜人和其他精美的奇珍异宝一起随着秦始皇的死去被当作随葬品而葬于陵墓之中。现在，由于一些技术等方面的原因，秦始皇陵墓的发掘工作暂时还不能开展，因此十二金人的下落问题至今仍是一个未解之谜。也许到了我们的考古技术达到秦始皇陵墓开掘的那一天，这个历史上的未解之谜才有可能被解开。

晋武帝传位傻太子之谜

司马炎，字安世，西晋开国皇帝，谥号武皇帝，史称晋武帝。晋武帝司马炎纵横沙场，果敢英武，为晋王朝耗尽了自己的半生心血。但是，他却将辛苦打下的江山交给一个傻儿子继承，致使宫廷内外血雨腥风，西晋王朝昏暗动荡，成了一个短命王朝。英明的晋武帝为何做出如此糊涂的事情呢？

从史料看，司马炎虽称得上英武果敢，但在感情上却柔若女子，有妇人之仁。他一生共有26个儿子。不幸的是，26个儿子当中虽不乏聪慧之辈，但长子司马轨却不幸夭折，因此次子司马衷成了事实上的长子。按中国的继承人法则，司马衷要被立为太子，而司马衷却是个白痴，不谙世事。司马衷的痴愚朝野皆知。

太子司马衷在吃饭时对粮食很不爱惜，师傅李熹看不过去，就婉转地对司马衷说："殿下，碗中的米饭，一粒粒都是农民辛勤耕作得来的，殿下可知道稼穑艰难？如今旱荒严重，老百姓都没有粮食吃，都在忍饥挨饿。"司马衷听了这话，觉得十分奇怪，脱口说道："没有饭吃，干嘛不吃肉粥？"师傅李熹哭笑不得。

太子司马衷的低能，武帝是十分清楚的，他知道这个儿子难以担负国家重任。但是杨皇后反对更易太子。杨皇后名艳，字琼芝，是陕西华阳人，父亲杨骏是魏国贵族，以功封蓨亭侯。杨皇后十分美丽，出自豪门大族，替武帝生下了三男三女，长子早逝，次子便是这司马衷。武帝数次担心地说太子不长进，天性愚钝，难以胜任大事。杨皇后每次都和颜反驳，儿子虽不聪明，但却忠厚纯良，好生教导，会有长进的。武帝试探地说，现在更易太子，还来得及。杨皇后摇头，说太子的名分已定了，决不能轻易改动，无论立嫡立长，都应是太子，破坏了这项法制，日后岂不乱了套？

优柔寡断的武帝就将希望寄托在两个派去考察太子的大臣和峤和荀勖的身上。

果敢刚毅的武帝司马炎在美人面前优柔寡断，下不了决心。武帝信任荀勖，尤其佩服荀勖的高深学问和不世之才。后来荀勖进奏，说太子有了进步，于是武帝相信了荀勖，放下心来，不再考虑更易太子。

天熙元年（290）四月，晋武帝司马炎病死，其子司马衷即位，是为晋惠帝。不过一年，皇后贾南风发动政变，杀死总揽朝政的大臣杨骏；接着又发生了"八王之乱"。建兴四年（316），刘渊的侄子刘曜攻破长安，俘获末代皇帝司马邺，西晋亡国。时距司马炎之死只有25年。

隋炀帝的"迷楼"之中蕴藏的奥秘

"万绿丛中一点红，繁华想见古隋宫。迷楼莹苑今何在？谁听群鸦噪晚风。"扬州观音寺有一"鉴楼"，相传是隋炀帝所建，原名为"迷楼"。

据史书记载，隋炀帝建的迷楼极其奢华。迷楼中千门万户，曲折不断；幽房雅室，室室相通。进入迷楼，让人如坠云端，不知所在。《迷楼记》曾说："使真仙游其中，亦当自迷也，可目之曰迷楼。"

相传，"迷楼"的建造者项升因为造这座楼而为炀帝所赏识，被封为五品官。这样花费巨资建起来的"迷楼"究竟有何用处呢？其实，它就是隋炀帝淫乐的场所。

隋炀帝到了晚年，更加荒淫，沉溺于女色。一天，他对身边比较亲近的侍卫说道："一国之君不但应该享受天下的大富大贵，也应当及时行乐，享受天下最大的快乐。如今天下安乐富裕，太平无事，正是我纵情欢乐的时候。现在所有的宫殿虽雄伟壮观，高大宽敞，却缺少曲栏通幽径的情趣。没有深藏不露的密室和令人惬意的小房间，如果有了这些，我愿意终老其间。"侍卫中有一个名叫高昌的听后便启奏皇帝："我有一个朋友叫项升，是浙江人，他自称善于建筑宫室。"第二天，隋炀帝将他召来询问，项升回答说："请让我先进献图纸。"数日后，项升把图纸呈献给皇帝，隋炀帝看后十分高兴，当天就下诏，命令主管官员提供材料。修建工程共动用数万人，一年便修成了。

迷楼的主要建筑为蜀岗十宫：归雁宫、回流宫、九里宫、松林宫、枫林宫、大雷宫、小雷宫、春草宫、九华宫、光汾宫。《寿春图经》记："隋十宫在江都县北长阜苑内，依林傍涧，因高跨阜，随地形置看，并隋炀帝立也。"炀帝建造的迷楼也称为新宫。长阜苑十宫，后毁于大火。

据说隋炀帝挑选后宫中良家少女数千人居住在迷楼中，他一到这里便住了一个多月，仍不想出去。大夫何稠又进献了一辆御童女车。车修造得极为狭小，只能容下一个人，并且在里面设置了许多机关，将女子放到车中，车中的机关便把她的手脚全部卡住，使她整个身子一动不能动。隋炀帝用一个少女进行了一番尝试，十分欢喜，将何稠召进宫中对他说道："你的巧思，竟会如此神妙！"便赏赐千金给何稠，用来鼓励他的灵思妙计。何稠出去后曾对人讲述车中机关的巧妙，有知道的人说道："这还不是最好的呢。"何稠还进献了一辆转关车，从车的四周抬起来，可以上升为楼阁，好像走在平地上一样，车中的女子随着车势自动摇晃。隋炀帝看后更加欢喜："你任其巧意修造成这辆车，我得到它，又任其意来自行欢乐，可起名为'任意车'。"隋炀帝又下令画工绘制了数十幅男女交欢图，悬挂在迷楼中。同年，上官时从江外任满回京，铸造了数十面乌铜屏风，均有五尺长，三尺宽，全都打磨成光亮照人的铜镜，可以把它们当作屏风，环绕在寝宫内。到京城以后，上官时把它们进献给隋炀帝，放进迷楼的寝宫中，四面环绕。然后又将女子放进去，全身上下无一不在镜子里，隋炀帝大喜，说道："绘画只能画得很像，这能看到人的真面目，胜过绘画一万倍！"又赏给上官时千金作为嘉奖。一时众官员竞相效仿，为满足隋炀帝的淫乐献上种种宝贝，而迷宫中也是"奇货可居"，各种为淫乐助兴的东西源源而来。"迷楼"便成了隋炀帝流连忘返的享乐之所。真是色不迷人人自迷呀。

唐太宗为何发动"玄武门兵变"

　　唐太宗李世民是唐王朝的第二个君主，唐王朝的巩固和发展以至于出现为后世所称道的"贞观之治"就是他统治时期的事情。唐太宗李世民是通过"玄武门兵变"杀兄逼父登上皇位的。

　　对于"玄武门兵变"一事，史学家们历来有不同的看法，有人认为唐太宗李世民发动"玄武门兵变"是迫不得已才作的决定，那么，具体情况又是如何？还是让下面的历史事实来说话吧。

　　《旧唐书》说："九年（626），皇太子建成、齐王元吉谋害太宗。六月四日，太宗率长孙无忌、尉迟敬德、房玄龄、杜如晦、宇文士及、高士廉、侯君集、程知节、秦叔宝、段志玄、屈突通、张士贵等在玄武门杀了建成、元吉。六月八日，太宗被立为皇太子，各种政务概由太宗决断。"这就是有名的"玄武门兵变"。

《新编中国历朝纪事本末·隋唐卷》（上）是这么记载的：李渊建唐时，按嫡长子继承皇位的传统立建成为太子，封世民为秦王、元吉为齐王。在后来的全国统一大战中，李建成是储君，需要协助李渊处理政务，所以统一战争中的关键性大战，都是李世民浴血奋战，从而立下赫赫战功。李世民战功显赫，一方面使他逐渐产生了觊觎皇位的政治野心；另一方面也必然引起李建成的疑忌；而建成的疑忌，又增强世民"功高不赏，兔死狗烹"的恐惧，也越发要夺取最高权力。一场争夺皇位继承权的血腥宫廷斗争成为不可避免的了。于是，唐太宗李世民便策划了历史上有名的"玄武门兵变"。公元626年6月3日（己未），世民向高祖密奏建成、元吉淫乱后宫之事，并说："他二人一心想要杀我。也许从今以后，我就永远也不能够看到父王您了，而我也不想在地府里见到他们。"高祖对他的上奏十分惊讶："明天我定要审问他们，你早就应该告诉我才是。"

　　第二天，在玄武门，世民带领长孙无忌等人埋下了伏兵，等待着元吉、建成他们一起到来。在这之前，张婕妤知道世民的意图，急忙飞报建成，建成叫来元吉商量对策，元吉说："我们最好是耐心观察形势变化，首先按兵不动，也不上朝。"建成说："我们防备严密，应当一块进朝参见，亲自探听消息去。"于是二人都入朝去了。二人来到临湖殿，察觉形势已变，想马上退回去，但是已经迟了。世民追上来，用箭把建成杀死，而元吉则被尉迟敬德射杀。东宫齐王府的将帅薛万成等人率领众人赶来，攻打玄武门。敬德将建成、元吉二人的头颅出示给他们，薛万成等人随即撤去。而这时高祖正在太极宫中的海池里和嫔妃们游戏划船呢！

　　世民让敬德进入侍候。身披铠甲、手持长矛、威风凛凛的敬德来到高祖身边，向高祖报到："太子和齐王叛乱，秦王的士兵已把他们杀了，恐怕惊动皇上，派我来保卫。"高祖对裴寂等人说："真是想不到，我今天会碰到这种事情，那么应该怎么处理呢？"萧瑀、陈叔达说："建成、元吉，本来打算造反，对天下又没有功劳，忌恨秦王功高望重，二人合伙狼狈为奸。现在秦王已经把他们给诛杀了，皇上如果想平安无事，只有把秦王立为太子,将国家大政交付于他,就安然无事了。"高祖说:"这是我一向的心愿啊!"当时,秦府的兵将与建成、元吉两府的部下,还没有结束战斗。敬德向皇上建议,让皇上下达旨意,要宫廷内外一切朝臣武官都听从秦王管理,这样众人才安定了下来。高祖又召见世民安抚他,世民跪在地上吮吸皇上脚趾头,恸哭许久。建成、元吉的子女等都被株连处死,于是立世民为皇太子,高祖退位,做太上皇。

唐玄宗为何被奉为"梨园领袖"

　　人们习惯上称呼戏班、剧团为"梨园",戏曲演员为"梨园弟子"。"梨园"是怎么和戏曲艺术联系在一起的呢?"梨园"在什么地方?其性质如何?这些都是值得研究的。唐玄宗前期,全国统一,经济繁荣,文化昌盛,许多亚非国家的使臣、学者、商人纷纷齐集长安。在中外文化交流的影响下,唐朝的音乐得到空前发展。唐玄宗本人素喜音乐,在公元741年将原来隶属太平寺的倡优杂技人才划出来,设立左右教坊;又挑选好乐工数百人,在蔡苑的梨园进行专门训练。

　　有关这个艺术组织——"梨园"的建立,《旧唐书·玄宗本纪》载道:"玄宗于听政之暇,教太常乐工子弟三百人,为丝竹之戏,号为皇帝弟子,又云梨园弟子。以置院近于禁苑之梨园。"《新唐书·礼乐志》则说:"玄宗既知音律,又酷爱法曲。选坐部伎子弟三百,教于梨园。声有误者,帝必觉而正之,号'皇帝梨园弟子'。宫女数百,也为梨园弟子,居宜春北院。梨园法部,更置小部音声三十余人。"从此,"梨园"成了唐代一个重要的艺术活动中心。它究竟在什么地方呢?清人汪汲《事物原会》卷三十七"教坊梨园"条说:"今西安府临潼县骊山绣岭下,即梨园地也。"关于梨园的出处,一般都认为它原是唐代长安的一个地名,但在具体地点上发生了分歧。有人指出在长安县(今西安市长安区)西南香积寺附近今黄良乡立园村,此村最早叫梨园村或栗园村。还有人认为是在今西安城东南隅曲江池附近汉武帝所造宜苑旧址旁的春临村一带。第三种说法认为梨园在今西安城东北唐大明宫东侧附近三华里的午门村。第四种说法指出它在今西市安临潼区骊山绣岭下。

另外还有人认为唐代长安有两个"梨园"。陈寅恪在《元白诗笺证稿》中说一个在光华门北面,一个在蓬莱宫的旁边。《辞海》也持有"梨园"说,指出唐代长安"梨园"有"禁苑梨园",在长安城北芳林门外东北的禁园中;"乃唐代真正梨园所在"。"宫内梨园",分男女二部,皆称"皇帝梨园弟子"。

对于梨园的性质的研究,《辞海》曰:"唐玄宗时教练宫廷歌舞艺人的地方。"《中国大百科全书·戏曲曲艺》谓为"唐玄宗时,宫廷内专门训练乐工的机构""主要职责是训练器乐演奏人员"。李尤白提出:"梨园"是既训练演员,又肩负演出的"皇家音乐、舞蹈、戏剧学院",为我国第一所综合性艺术学院,李隆基则是其院长(崔公),在他之下有编辑和乐营将两套人马。前者的职责,类似现在的创作人员,后者相当于现在的导演和教师。

在"梨园"研究方面,算得上权威的是李尤白写的《梨园考论》,此书全面考证了与"梨园"有关的问题,而且还提出在西安建立"中国唐代梨园纪念馆"的建议。

成吉思汗为何万里召见丘处机

在金庸的《射雕英雄传》小说中,最先出现的便是全真七子之一的丘处机。很多人认为丘处机只是一个虚构的人物。实际上,丘处机在历史上实有其人,而且还被成吉思汗召见过。成吉思汗封他为"神仙"、道教领袖,几次召对之后,放归。自此之后,全真教命运出现了转折,成为当时最具影响力的宗教之一。丘处机本人地位也被进一步提高。

但是,成吉思汗为何要万里召见丘处机呢?有人经过分析,认为成吉思汗召见丘处机的原因是:第一,就是常见的说法,成吉思汗要向丘处机讨长生不老之药；第二，就是通过对全真道教的掌控来扩大其影响力。

丘处机初次觐见成吉思汗时，受到了他的礼遇。见到丘处机后，成吉思汗十分高兴，赐坐宴饮。席间，他立即就问到了实质性问题："真人远来，有何长生之药以资朕乎？"

丘处机对这个问题肯定有所准备。但是他既不是江湖术士，更不是个骗子，他只能老老实实地回答："山人有长生之道，而无长生之药。"

道教的终极目标就是长生之道，但这种长生并非只是肉体的长生，主要应该是真性的修炼。但在一般人眼里，道教就是炼丹炼药，以求长生不老。所以成吉思汗有此一问。

成吉思汗万里召见丘处机的另一个原因是，为了通过丘处机及其领导的全真教，为他有朝一日讨伐中原作伏笔。而且，中原文化具有一种辐射力，"召上的大汗"也是心慕汉文化，而在某种程度上，中华文化的根基就在道教。因而他把丘处机奉为上宾。

成吉思汗召见丘处机也是出于一种统治上的需要。要征服人，征服思想是非常重要的。蒙古铁骑所向披靡，但可在马上得天下，却不能在马上治天下，成吉思汗因而想要全真教助他一臂之力。当时以全真教在全国影响很大，成吉思汗想要利用其吸引力。因而到了后来，成吉思汗积极协助全真教，也是为了自己。

由此看来，不论怎样，成吉思汗召见丘处机都是别有用心的。

明太祖大肆诛杀功臣目的何在

明朝开国皇帝朱元璋当过和尚的事众人皆知，然而，鲜为人知的是这个"出家人"出身的皇帝不以"慈悲为怀"，反而对杀人有着极大的兴趣，在建国之后，大肆诛杀功臣。

据说，官吏们在上朝之时，都要观察朱元璋把所佩带的玉带放在哪个位置。如果朱元璋把玉带高高地贴在胸前，那么这一天杀的人及遭处罚的人就会少些；当玉带被他低低地放在肚皮之下，那就意味着今天要杀很多人。当时在京的官吏，每天早晨入朝之前，必先和妻儿诀别，以备不测。当上完朝平安回到家中时，全家就开始庆祝，因为自己又幸运地过了这一天。时间一长，有些人就受不了这种日子了，于是装疯卖傻的事就出现了，御史袁凯就是一例。

袁凯，字景文，松江华亭县人氏，他在元末的时候做过府吏，洪武三年（1370）被荐授为御史。他是一个博学多才的人，而且口才很好，善于观察问题，提出问题，很让其他官员敬佩。但有一次，刑部报审一批案犯的判刑名单，朱元璋审批后主张全部处死。后来又派袁凯将这些名单送到皇太子朱标那里去复审，而皇太子却主张减轻刑罚，宽大处理。袁凯向朱元璋做了汇报，不料，朱元璋反问袁凯："我与太子的主张，哪个正确？"袁凯眉头一皱，计上心来，想了一个自以为十全十美的办法来，便回答道："微臣愚见，陛下主张全杀，这是执法；太子主张赦减，这是心慈，都有道理。"谁想到，朱元璋被这样的回答激怒了。他认为这是袁凯在耍滑头，于是就将他关进了监狱。袁凯在狱中绝食三天后才被释放。但当袁凯上朝时，朱元璋见了他就说："是持两端者。"袁凯发觉到事情不对劲，感到自己的末日就要到了，心里着实恐慌害怕，该怎么办呢？

于是，袁凯就装出疯傻的样子，朱元璋当然不相信会有这事，就要验一验这是否是真的。朱元璋叫人用木椎子椎袁凯，说疯子是没有感觉的。袁凯咬住牙，忍住痛苦，不叫出一声。这下朱元璋有点信了，以为袁凯真疯了，因此把他放回家。

御史严德珉是吴人，由御史提升为左佥都御史。洪武年间，他害怕杀身之祸，遂因病向朱元璋提出辞职。朱元璋极为生气，于是让人黥其面，也就是在严德珉的脸上刺上字并涂上墨，这就让严德珉的脸上一辈子都有这个耻辱的字迹。后来他被贬发配到广西南丹，几年后遇赦放还。从此，严德珉穿上布衣，甘愿做一个普通老百姓，竟活到了宣德年间。一次，由于某件事他被御史逮到公堂。他跪在堂下，说自己曾在御史台当过官，通晓那些法规制度。御史问他任什么官，严德珉回答说洪武中台长严德珉就是他。御史听了大吃一惊，马上向前把严德珉从地上扶了起来。严德珉回到了家中，害怕朝廷再叫他做官，于是收拾家当，离开了那里。果然，第二天御史到他家中探访，但发现已人去楼空。后来，有位国子监教授与他一起吃酒，见他脸上有刺字，还戴了顶破帽子，就问他犯了什么罪受到这种处罚。严德珉向教授讲了自己的亲身经历，接着又说以前国法如何严厉，做官的人经常是不能保住自己性命的，这顶破帽子是很难才戴住的啊！说完还向北方作揖拱手，连称："圣恩！圣恩！"

袁凯、严德珉等辈，都是被逼成这样的，也都是被冤枉的，很是无奈，但固执的朱元璋却一意孤行，在惩治贪官污吏的同时枉杀了不少好官。而他究竟出于何种目的，我们无从知晓。

明建文帝生死之谜

明朝开国皇帝朱元璋死后，由于皇太子朱标已于洪武二十五年（1392）先他而死，乃由皇太孙朱允炆即位，这就是建文帝，后世也称为明惠帝。然而，在惠帝刚即位不久，燕王朱棣就夺取了帝位，以讨伐齐泰、黄子澄为名，起兵北平（今北京），发动了历史上有名的"靖难之役"。1402年，燕兵攻陷了京师（今南京），燕王即位，是为成祖。就在朱棣攻入南京时，皇宫已是一片大火，建文帝下落不明。此后，有关惠帝已经出逃的传闻颇多，明成祖对此总是不放心，这件事也几乎成为他的一块心病。数百年来，建文帝的下落也是一桩争讼不决的历史悬案。综合各家说法，主要有"焚死"说和"逃亡"说。

一种说法认为建文帝是自焚而死的，据永乐年间修撰的《明太祖实录》中记录，燕王朱棣发动历史上有名的"靖难之役"。经过四年的征战，燕王获得全胜，建文四年（1402）六月十三日，燕王统领大军开进南京金川门。当燕王军队开进皇宫时，宫中已是一片火海，建文帝也没了踪影。与此同时，建文帝所使用的宝玺也毫无踪影。正史记载建文帝死于宫中的大火中。《太宗实录》卷九记载："上（即明成祖朱棣）望见宫中烟起，急遣中使往救，至已不及。中使出其尸于火中，还白上，上哭曰：'果然，若是痴骏耶！吾来为扶翼不为善，不意不亮而遽至此乎！'……王申，备礼葬建文君，遣官致祭，辍朝三日。"仁宗朱高织御制长陵后碑也说，建文帝殁后，成祖备以天子礼仪殓葬。成为明成祖的朱棣后来在给朝鲜国王的诏书中说：没想到建文帝在奸臣的威逼下纵火自杀。但是，太监在火后余烬中多次查找，找到马皇后与太子朱文奎的遗骸，建文帝是死是活无从得知。燕王为让天下知建文帝已自焚，曾作有祭文，但其坟墓处于何处，无人可知。明末崇祯帝就曾说过：想给建文帝上坟，却不知在何处？

另一种说法认为在南京攻破之时，建文帝曾想自杀，但在其亲信说服下，削发为僧，从地道逃出了皇宫，隐姓埋名，浪迹江湖。明成祖死后，他又回到京城，住进西内，死后葬于京郊西山。朱棣登位后，感到建文帝对他有一种无形的压力，因此多次派心腹大臣到处访问。永乐年间郑和下西洋的陪同官员中，有锦衣卫士，这显然就是用于暗中察访建文帝的。明成祖曾向天下寺院颁布《僧道度牒疏》，将所有僧人名册重新整理，对僧人进行了一次全方位的调查。从永乐五年（1407）起，还派人以寻访仙人张邋遢为名到处查找，涉及大江南北，前后共20余年。民间流言中，在许多地方都有建文帝的踪迹与传说。有的说建文帝逃到云贵地区，而且辗转到了南洋地区，直到现在，云南大理仍有人以惠帝（建文帝）为鼻祖。也有现代学者认为，当年建文帝潜逃后，曾藏于江苏省苏州市吴中区鼋山普济寺内，接着隐匿于穹隆山皇驾庵，于永乐二十一年（1423）在此病亡，埋于庵后小山坡上。

至于建文帝的下落到底如何，以上两种说法都无法提出令人满意的答案来。

明万历帝数十年不上朝之谜

1584年，即万历十二年，明万历帝终于摆脱了张居正和冯保二人在政治上对他的威胁，抹去了一切留在心中的昔日暗影，从此以后他真正感到自己是个名副其实的皇帝，他要堂堂正正、正大光明地去亲政，去施展自己的权力。

按照常理，曾经有过宏伟抱负的万历帝应该继续坚持张居正的改革，使10年来的成果发扬下去，促进明朝经济发展，建功立业。可是自从他亲政以后，这种情况却发生了逆转，他废除了所有张居正的改革，而且凡是对皇上、对政体有制约作用的规章制度，也都尽行罢弃，曾被革除的冗官冗费得以恢复。此外，万历帝还亲自谋划自己的生活用度，以养帝王之尊。

亲政后，他更加沉溺于酒色之中，变本加厉。据说后宫已有美女数以千计，但他还觉得不够，让太监、大臣们为他从民间广罗美女，以供他享乐。从此，日夜纵酒成为癖好，而且酒后必醉，醉后必怒，怒则打人。宫女、内侍稍有不如意处，便遭责打，重的常常被打死。他还逐渐学会了抽大烟、玩花鸟，在宫中常常以掷银叶为戏进行赌博，随着他年龄的成长，贪婪秉赋也在与日俱增。

玩物丧志，这是个定理。万历的生活开始极度堕落，少年时在母后严教下的寒窗苦读，雄心壮志，早已荡然无存了。他非常厌倦每日处理政务，批改奏章，于是常常把奏折留下来不作处理，也就是所谓的"留中"，这样时间长了也就不了了之了。及至后来又将日讲、经筵和早朝也一概停止了。大臣们长时间无法面奏皇上，便上疏央求万历，哪怕每月能临朝三四次也行。可是万历竟然觉得好笑，他认为天下是自己的天下，他自己都不着急，旁人何故着急。当时有个任职一年多的京官雒于仁看到皇上如此懒散荒怠，很是不安，于是就写给万历一份上疏《酒色财气四箴》，历数万历日夜饮酒、贪财好色等劣迹，希望皇上幡然悔悟。万历看到上疏，勃然大怒，非治雒于仁死罪不可，后在大臣们劝解下才令其归家为民。从此以后，万历更是不理朝政，直到万历四十三年（1615）发生了"梃击案"，他才召见过一次群臣，使得满朝文武有幸得瞻天颜。这时，他已25年不临朝了，这也可称得上中国封建社会历代皇帝中的奇迹。

崇祯帝究竟如何死去

天启七年（1627）八月，熹宗病危，召信王入宫受遗命。不久熹宗撒手归天，年仅17岁的信王朱由检即位，大赦天下，次年改为崇祯元年（1628）。年轻气盛的崇祯皇帝面临的是一种风雨飘摇的局面。这位明朝最后的一位皇帝很想凭借自己的一腔热血力挽狂潮，重建太平天下。他即位后铲除阉党魏忠贤、一心想要中兴，但是最终李自成的农民起义军冲破了京城，明朝覆灭了，他自己也落了个自缢的下场。崇祯帝朱由检生性懦弱、无主见，而且他继位时的明朝已是政治腐败。崇祯皇帝也回天乏术，大臣们个个明哲保身，少有为社稷着想者。而且崇祯为人极易猜疑，大臣们更是小心翼翼、很少发言。就是到了起义军进逼京城的时候，也没有主动站出来为崇祯分忧的大臣。

当李自成的起义军猛烈进逼，崇祯帝惊慌得完全失了主见，处处寄希望于大臣们，希望他们能提供妙计良策，甚至替他决断，但是危急之中，大臣们又能有什么办法呢？

崇祯十七年（1644）三月，每天崇祯帝都要召见大臣，有时候竟达到一日三次。起初大家都认认真真地替崇祯帝谋划，提出"南迁""撤关"等，可崇祯帝总是拿不定主意，大臣们也渐渐没招了。召见中，大臣总是惶恐地说："为臣有罪，为臣有罪！"然后就不再说话，实在被问急了，只是用些"练兵""加饷"等话来应付崇祯帝。每次召见，崇祯帝都非常不满，常常是中途拂袖离去，回宫后痛哭并且大骂："朝中无人！朝中无人！"

　　大明灭亡的前三天上午，崇祯帝来到东左掖门，召见了新考选官32人，问他们以急策。崇祯帝本想能从新臣中寻找到良策，可一见答卷，也全是些套话。召见未及一半，忽然有一太监送进一个密封，崇祯帝拆视后脸色突然大变，原来这是昌平（今北京市昌平区）失守的总报。李自成军已经攻到昌平。但是惊慌的崇祯帝仍无法从众大臣那里得到一计良策。

　　次日早晨，崇祯帝再次召见文武诸臣，半晌大家都沉默不语。崇祯帝流着泪恳请大臣们想办法，大臣们也是泪流满面地回应。忽然有位大臣大梦初醒一般，凑向前欲奏对，崇祯帝一见，马上将泪水收住，准备细听，只听这位大臣说："当务之急为考选科道。"原以为是什么良策，不想又是老套话。可这位大臣一开头，许多大臣也跟着说这人当起，那人该用。崇祯帝早就不耐烦了，俯首在御案上写了七个大字："文武官个个可杀。"起身示意退朝。

　　关于崇祯的死，历来众说纷纭，计六奇《明孝北略》卷二十记载道："丁未五鼓，上御前殿，与二人手自鸣钟集百官，无一至者。遂散遣内员，手携王承恩，入内苑，人皆莫知，上登万岁山之寿皇亭，即煤山之红阁也。亭新成，先帝为阅内操特建者……遂自尽于亭下海棠树下，太监王承恩对面缢死。"又有《明史》卷三百零九《流贼传》说："十九日丁未，天未明，皇城不守，鸣钟集百官，无至者。乃复登煤山，书衣襟为遗诏，以帛自缢于山亭，帝遂崩。"而《明之述略》中却说："丁未，内城陷，帝崩于西山。"可见，对崇祯究竟怎么死，死于何地至今还是个谜。一个力图中兴的君主竟落得如此凄凉的下场，令人深思。最后一次上朝时，大臣们还是一副唯唯诺诺、支支吾吾的样子，出的计策无非是什么巡街闭门、不许出入等。这时候守城者来报，守城军队不敌。见城陷就在眼前的崇祯帝，不禁大哭，边哭边道："诸臣误朕至此！"自己拿不定主意，却要埋怨大臣。大臣们见形势"不可为"，便俯首同崇祯帝一起恸哭，哭声响彻大殿，甚为悲惨。到了中午，崇祯又召见大臣，此时大臣们已彻底看透了这位年轻且毫无主见的皇帝,干脆以沉默来回答崇祯帝,崇祯帝不禁大吼道:"既然这样!不如大家一起在奉先殿统统自尽吧!"此话倒是说中了,19日晨,崇祯帝在走投无路中自尽身亡。

顺治帝出家之谜

在清朝第二位皇帝顺治短短的一生中,他一共娶了19个妻妾,差不多是每年一个,但是最讨他欢心的,只有董鄂妃一人。

在顺治眼里,董鄂妃就是他的心。虽然两人不曾有过任何誓言,但是,那种难舍难分的感情的确能感天地、泣鬼神。顺治十七年(1660)八月十七日,皇贵妃董鄂氏因病去世,顺治痛不欲生。为哀悼董鄂妃,他5天不理朝政。没过多久,他又亲自给礼部下了一道圣旨,特意采用追封的方法,给董鄂妃加封谥号:孝献庄和至德宣仁温惠端敬皇后。至于追加皇后应举行怎样的大礼,他命礼部要认真、详细、迅速商讨并递交他审议。

董鄂妃死后,顺治的心也随之而去,正如元稹所写的那样:"维将竟夜长开眼,报答平生未展眉。"他不仅辍朝5日,而且将她晋封为皇后。在蔡东藩的《清史演义》里写道:"顺治帝经此惨事,亦看破世情,遂于次年正月,脱离尘世,只留重诏一张,传出宫中。"此外,还有《清稗类钞》《清代野史大观》等书中均有关于顺治帝因董鄂妃去世而削发出家的故事。

顺治帝的离家出走,令清宫上下惊慌失措。他们为了不引起世人的非议,只得向外宣布:顺治皇帝驾崩。但是,这种谎言也瞒不了多久。很快,堂堂的大清皇帝为了一个女人而削发为僧的事就在民间广为流传了。

顺治一向好佛,宫中奉有木降忞、玉琳琇二禅师,印章有"尘隐道人""痴道人"等称号。他对木降忞曾说:"愿老和尚勿以天子视朕,当如门弟子旋庵相待。"他早有削发为僧的念头。临宣布他去世前几天,他还叫最宠信的内监吴良辅去悯忠寺削发为僧,因此一些人认为顺治出家之因是与孝惠皇后不合,所以宠爱的董鄂妃一死,他就以此为借口皈依了净土。据说清圣祖康熙亲政后,曾经以进香为借口,多次到五台山看望顺治,希望顺治能回到宫中,但是顺治不为所动。康熙帝有诗哀悼:"又到清凉境,巉岩卷复垂。芳心愧自省,瘦骨久鸣悲。膏语随芳节,寒霜惜大时。文殊色相在,惟愿鬼神知。"语气十分悲恸。又传说在康熙年间,两宫西狩,经过晋北,地方上无法准备供御器具,却在五台山上找到了内廷器物,这似乎又是一个顺治出家的证据。但民国时,明清史专家孟森的《世祖出家事考实》举出《东华录》等史书的记载,认为清世祖死于痘疹,没有出家;又认为吴梅村诗中"房"为天驷,"房里竟未动"是指顺治将幸五台山而忽然去世,后几句诗孟森认为是自责之词。所以顺治出家与否,仍然是一个谜。

康熙帝是怎样擒拿鳌拜的

顺治十八年(1661)正月初七日,顺治帝福临病故,庙号世祖。遗诏由8岁的皇三子玄烨即位,次年改元康熙(和平之意),即大清圣祖仁皇帝。但因其年幼,故由索尼、苏克萨哈、遏必隆、鳌拜四大臣辅政。康熙六年(1667)七月初七日,康熙正式开始御门听政。一切大权皆掌握在辅政大臣鳌拜手中。

鳌拜,姓瓜尔佳氏,满洲镶黄旗人。据史书记载,鳌拜"有膂力,尝挽强弓,以铁矢贯正阳门上,侍卫十余人拔之不能出",又因他"从征屡立战功,历封公爵""国初勋旧,无不知有鳌拜者",在任辅政大臣后更是"专权自恣,擅作威福"。在辅政的四大臣之中,索尼由于年老多病,于皇上亲政不久后就死了;遏必隆为人圆滑,为避开鳌拜的气焰,从不发表意见,总是畏首畏尾,随声附和,唯鳌拜意见行事;只有苏克萨哈遇事常与鳌拜分庭抗礼,最后因斗不过鳌拜,于康熙六年(1667)七月被害致死。从此,鳌拜更加肆无忌惮,凡是起坐班行,自动列于遏必隆之前。一切政事先在私下议定，然后施行，又将各部院启奏官员，带往自己家私下搞阴谋活动。诸多劣迹，不一而足。

年轻的康熙皇帝知道鳌拜人多势众，不能和他生拼硬撞，只能智取。于是康熙帝上演了一场智擒鳌拜的历史幽默剧。

为使鳌拜失去戒意，康熙把自己扮演成一个天真烂漫、不问政事而又贪于玩耍的孩童。他每天和一群同自己年龄相近的顽皮子弟，其中包括身强力壮的卫士们，在一起摔跤打拳。而实际上这是康熙在暗中训练捕捉鳌拜的卫队营，即善扑营。

康熙八年（1669）五月十六日，康熙帝亲自向善扑营做动员，部署具体方案。他面向众人说：你们都是朕的左右老臣，然而你们害怕皇上，还是畏惧鳌拜？众人齐声回答说：我们当然畏敬皇上！于是康熙当众宣布鳌拜罪过，随后召鳌拜进宫。鳌拜一到，四壁早已埋伏好的武士、摔打能手一拥而上，鳌拜徒有招架之功，无还手之力，只好束手就擒。同时被捉的还有另一辅政大臣遏必隆和一等侍卫阿南达等。

清末文人李伯元在《南亭笔记》中曾对康熙擒鳌拜的过程进行了记载："诛拜日，康熙帝在南书房，召鳌进讲，鳌入，内侍以椅之折足者令坐，而一内侍侍其后。命赐茗，先以碗煮于水，令极热，持之炙手，砰然坠地，持椅之内侍乘其势而推之，乃扑于地。康熙帝呼曰：'鳌拜大不敬！'健儿悉起擒之，交部论如律。"

事后鳌拜等人被交付刑部审判。鳌拜罪状30条，本应处死，因其是世祖老臣，故软禁终身。其余重要党羽，全部处死。康熙取得了对守旧势力斗争的初次胜利。

康熙掌握实权后，紧紧依靠宿臣老将，如索额图、杰书、图海等人，采取了一系列革新朝政的措施，深得人心，同时医治战争的创伤，逐步恢复和发展社会经济，改变了生产倒退、民生凋敝的不安定局面，使久困于战乱和饥荒的人民得以休养生息。

雍正帝嗣位之谜

清康熙帝驾崩以后，第四皇子胤禛在激烈的皇位争夺中登上了皇帝的宝座，这就是历史上有名的雍正帝。但雍正帝究竟如何嗣位至今仍是一个谜，是按遗诏之言登位还是篡位，众说纷纭。

官书中记载，康熙六十一年（1722）十一月冬至（初九）前，胤禛奉命代祀南郊。当时，康熙患病住在畅春园疗养，"静摄"政权。胤禛请求侍奉左右，但康熙因祭天是件大事，命他应在斋所虔诚斋戒，不得离开。到了十一月十三日，康熙的病情突然恶化，这时才不得不破例把胤禛召到畅春园来。而未到之前，康熙命胤祉、胤祐（七阿哥）、胤禩、胤禟、胤䄉（十阿哥）、胤祹（十二阿哥）、胤祥和理藩院尚书隆科多至御榻前，向他们宣布："皇四子胤禛人品极好，令人敬重，与朕很相似，因此他肯定能够继承大统，继承皇位。"此时，恒亲王胤祺因冬至奉命在东陵行祭典、胤禄（十六阿哥）、胤礼（十七阿哥）、胤禑（十五阿哥）、胤祎（二十阿哥）等小皇子都在寝宫外候旨。当胤禛来到康熙面前时，康熙还能够说话，告诉胤禛他的病情日益恶化的原因，但是到了夜里戌时，康熙就归天了。隆科多即向雍正宣布"遗诏"。胤禛听后昏扑于地，痛不欲生，而胤祉等其他兄弟则向胤禛叩头，并劝他节哀顺变，因此雍正就履行新皇帝的职权，主持康熙的丧葬之事。雍正曾特别强调：当日情形，"朕之诸兄弟及宫人内侍与内廷行走之大小臣工所共知共见者"。

从上面的情况来看，雍正的即位是由父皇康熙的寿终正寝后才开始的，是属于正常并且合乎法理的。对此，清代官书众口一词，都是同一个口径。后世有人根据雍正在品格、才干、年龄和气质上的众多特点以及雍正本人在皇宫中深藏不露、暗自修炼多年的特征，康熙对雍正的认识和父子感情基础，当时诸子争储互斗的背景，还有康熙在死之前留下遗诏的在场人物、地点、时间以及情节等来综合分析，认为雍正根据皇父"仓促之间一言而定大计"，是合法即位的，可信的。

但是民间传说中，雍正即位却是非法的，是篡位夺权。

早在雍正帝在世时，社会上就盛传：康熙帝要将皇位传给胤禛，在他患病的最后几日，曾经下旨要召胤禛回到京城，但是胤禛的死党隆科多却隐瞒了谕旨。致使康熙去世当日，胤禛不能赶到。隆科多于是假传圣旨，拥立胤禛为皇帝。此所谓"矫诏篡立说"的由来。另外有一种说法讲，康熙原来就有了手书，要把皇位传给十四阿哥胤禛，是胤禛把"十"改成了"于"字，于是遗旨明明传位于胤禵，却变成了传位于胤禛，此所谓"盗改遗诏说"的来源。那么，是谁来盗改了这个遗诏呢？有传说是雍正本人改的；有的说康熙把遗诏写在隆科多的掌心，而隆科多将"十"字抹去了；也有的说是由一些雍正府中所收养的武林高手所改写的；又有的说是雍正的亲生父亲卫某参与改的……

还有人认为，康熙原本要在胤禛和胤禵两人中选立皇储，而最终胤禛被选中，胤禵被任命为抚远大将军，确实说明康熙选择皇太子时他是候选人之一，而胤禛在康熙四十八年（1709）晋封为亲王，在皇子中的地位日益提高，先后22次参与祭祀活动，次数比其他皇子都多。此外，康熙对胤禛之子弘历宠爱有加，称赞其母是"有福之人"。由此可见，雍正是后来居上的皇太子候选人。也有人认为，临终时康熙本想让胤禵继承皇位，但他远在边疆，若将他召回再宣布诏书，在空位阶段必定会引发皇位纠纷，无奈之下只好传位于雍正。

总而言之，雍正继承皇位有着种种让人难以理解的疑点。这些问题使一些清史专家耗费了很多的精力，直到现在也没有能够得到很好的解释。可以说，在没有获得新的可靠材料之前，雍正的即位是否合法，仍然是个谜。这不仅仅是因为雍正在继承皇位上有很多令人费解的问题，而且他即位后的很多言行，尤其是与大肆诛戮贬斥功臣、兄弟、文人等事连在一起，更令人感到扑朔迷离。

乾隆帝身世之谜

看过金庸小说《书剑恩仇录》的人对书中的一个说法一定很好奇，因为书中说乾隆是陈家洛之兄。其实，小说中的说法并非空穴来风，是有一定来历的。

清末，上自官僚缙绅，下迄妇孺百姓，几乎人人皆知这么一个传说，清初的某个皇帝是浙江海宁陈家的儿子。这个皇帝是谁呢？有人便说是乾隆皇帝弘历。这一传说也见于一些私家所写的稗官野史之中。《清朝野史大观》卷一《高宗之与海宁陈氏》一文有这样的记叙：雍正帝胤禛当皇子时，与海宁陈氏很好，两家来往频繁。这一年恰巧两家在同月同日同时辰生子，只是胤禛家为女孩，陈家为男孩。胤禛命人抱来看看，但却偷偷把孩子换了。陈家发现孩子被换，大惊失色。但迫于对方权势，不敢追究，也不敢声张。不久康熙去世，传皇位于胤禛。胤禛即位后，陈氏一门数人也都官至显要。以后乾隆帝即位，对陈氏更是礼遇有加。乾隆六次南巡江浙，其中四次都到过海宁陈家，最后一次临走时步至中门，对陈氏说："以后若非皇帝亲临，这门不要轻易打开。"从此这座门就再也没被打开过了。

持上述观点之人还提出另外一些证据，海宁陈氏的宅堂中有两方皇帝亲笔书写的匾额，一方题为"爱日堂"，一方题为"春晖堂"。"爱日"一词，是从汉辞赋家扬雄《孝至》一文"孝子爱日"中来的，后世把儿子侍奉父母之日叫爱日。"春晖"一词是从唐代孟郊《游子吟》"谁言寸草心，报得三春晖"的诗句中来的。后人常以春晖来比喻母爱。这两方匾额的题词内容都有儿子尊敬和孝顺父母的意思。后来，与海宁陈氏的儿子相交换的那个女孩便在海宁陈家成长，到了婚嫁年龄便嫁与江苏常熟蒋氏，蒋氏专门为她筑了一座小楼，后世称之为"公主楼"。这些史料更让人坚信乾隆是汉人之子。

然而，也有人提出了反对的意见。

雍正帝有皇子10个，公主6个。乾隆帝是其第四子，推及情理根本没有把别姓的孩子换来当自己孩子来继承皇位的必要性。这是最有说服力的论证。

其次，从清代皇帝与海宁陈氏的关系来看，纯是君臣友谊。陈氏是清初的名门望族，在康熙、雍正、乾隆三朝，陈家历代都仕途通达，官居高职，煊赫一时。雍正初年，为了满足钱塘江下游经济发展和人民生活的需要，大举修建浙江海塘。但雍正帝忙于政务，而且海潮冲刷堤岸的危害还未到十分严重的程度，因此未能亲自前往。乾隆即位后，对这项工程非常重视，数次南巡，有4次来到海宁勘察，那么既到海宁，总得有个合适的住所，而陈氏是康、雍、乾三朝宰辅，其家园是海宁名胜，亭台楼榭，花木扶疏，自然就成为接驾驻跸之处。这个园子本叫"隅园"，乾隆帝把它改名为"安澜园"。"安澜"即水波不兴之意，由此也可以看出，乾隆帝临视海宁，是为了巡视海塘工程，而不是为了探视父母。

至于那两块匾额，据史学家孟森考证，清国史馆编纂的《陈元龙传》中说：康熙三十九年（1700）四月，康熙在便殿召见群臣，说："你们家中各有堂名，不妨当场写给我。我写出来赐给你们。"陈元龙奏称，父亲年逾八十，故拟"爱日堂"三字。《海宁州志》还提到，康熙五十四年（1715）六月，因陈元龙胞弟陈维坤的妻子黄氏寡四十一年，便御书"节孝"两字赐之，又赐以"春晖堂"匾额。这就是说，两方匾额的题词是康熙帝根据臣下的请示书写的，与孝敬父母的意思根本没有任何联系。因而，说乾隆是汉人之子只是无稽之谈。

《清宫词》中有一首词说："冕旒汉制终难复，曾向安澜驻翠蕤。"词中暗指乾隆与海宁陈氏关系。然而，这其中关系究竟怎样，乾隆身世究竟如何只能成为未解之谜了。

天花还是梅毒——同治帝死因之谜

清入关后第八代皇帝同治帝载淳,是叶赫那拉氏(慈禧)于咸丰六年(1856)所生,同时也是咸丰皇帝的独子。同治6岁时即咸丰十一年(1861)登基称帝,同治十二年(1873)亲政。但他于同治十三年十二月初五日即病逝,此时距其亲政日期不到两年。

对于同治帝的死因,众说纷纭,有的说是死于天花,有的说是死于梅毒。

近来,在清代档案中发现了属于清代皇帝脉案档簿(以下简称"脉案")的《万岁爷进药用药底簿》一份。

据记载,同治帝于同治十三年十月三十日得病卧床。当天下午,太医院判李德立和御医庄守和诊断,结果是:"脉息浮数而细。系风瘟闭来,阴气不足,不能外透之症,以致发热头眩,胸满烦闷,身酸腿软,皮肤发出疹形未透,有时气堵作厥。"御医只请第一次脉就能做出上述的明确诊断,主要是因为载淳之病来势很凶,"疹形"表发得较显著。御医对此开出了用生地、元参、牛蒡子、芦根等十二味药配制的"益阴清解饮",进行避风调理。同治仅服了一次药,效果便显出来了。第二天早上,夹杂着瘟痘的疹形即透出,也不似昨日那样烦闷堵厥了。但是,疹痘初发,未至出透,致使"瘟热熏蒸肺胃,以致咽喉干痛,胸满作呕,头眩身热,气颤谵言"。御医议用"清解利咽汤"对此进行调理。已初三刻服药后,效果明显,是日午刻即"脉息浮洪,头面周身疹中夹杂之痘颗粒透出"。

这样,经御医们精心医治护理不足两天,痘颗虽然开始表发了,有些症状也有减退的迹象,但是由于瘟热毒滞过盛,以致头面、颈项发出的痘粒很稠密,而且痘颗颜色紫滞,又有咽痛作呕,身颤口干,便秘溺赤之内症。很明显,痘料透出后过盛的毒滞并没完全随之表发出来,最后用药无效,以至于身亡。

根据这些记载,有人便认为同治是死于天花,但这些记载只是宫廷里的片面记载,而民间的大多传闻却说同治帝是死于梅毒。

在一些正规学术著作里都记载着同治帝微服出宫,嬉戏游乐,甚至出入烟馆妓院的故事,如萧一山所著《清代通史》中就有同治因出游而患梅毒终致死亡的记载。

据记载,同治帝与皇后阿鲁特氏相亲相爱,但慈禧太后不喜欢阿鲁特氏。慈禧开始常命皇后等人陪她看戏。但皇后文静、不爱热闹,每次看到男女私情,则面壁而坐。慈禧本来对皇后就不满意,这样就更加不喜欢她了。皇后多次受责怪,依旧我行我素,慈禧便觉皇后故意不给她面子。而皇后对同治帝则是笑脸相迎,慈禧更认为她狐媚惑主,于是限制同治帝宠爱皇后,强令其移爱慧妃。而同治偏偏讨厌慈禧所喜欢的慧妃。于是,同治帝与太监佞臣常常微服外出寻花问柳。但同治怕臣下看见,不敢去京中较大的妓院名楼,专门找隐蔽的小妓院、暗娼等处。起初,人们对他的身份毫无所知,后来知道了也佯装不知。

一些王公大臣注意到同治帝微行纷传于内外,屡次劝谏同治帝而毫无成效。一次,同治帝对醇亲王奕𫍣当面劝谏一再抵赖,醇亲王只好把时间、地点一一指明,同治帝却一再追问他消息的来源。

虽然这些传闻的真实性还有待考证,但这些传闻传扬甚广,而同治帝又死得可疑,因此许多人怀疑他死于梅毒也就不奇怪了。

据说,同治帝从烟花巷院染上梅毒,开始时毫无察觉,后来脸面、背部显出斑点,才召太医诊治。御医一见大惊,不知如何是好,因此请命于慈禧。慈禧传旨,向外界宣布说皇上只是染上天花。于是,御医们按照出痘的医法开药,没有效果。皇帝大怒,责问:"为何不按我的病医治我?"太医回奏:"太后命之。"而且《翁同龢日记》中记载说:"风声过大,且非两宫圣意。"同治愤恨不已。梅毒在当时是绝症,以天花治之,显然是为了掩盖丑闻,以免丢皇家脸面。所以同治后来就日益病重,下部溃烂而死。

同治究竟是死于天花还是死于梅毒,这两种说法各有各的来源,而且都能找出各自的证据,让人难以辨明,遂成清宫又一疑案。

光绪帝之死探秘

和同治帝一样,光绪帝正当盛年时却突然死去,成为慈禧垂帘听政之下的第二个牺牲品,而且他的死与慈禧的死仅相差一天。因而,关于他的死因也就引起了世人的种种猜测。

第一种观点认为光绪是患重病而死。在废立风波中,光绪依旧做他的皇帝,但他的实权却丢了,精神也倍受打击。光绪帝重重的顾虑极大地影响了他的健康。另外光绪帝自幼孱弱,脾胃素来虚弱。光绪虽贵为天子,却连一个孤儿也不如。据宫中太监寇连材日记说,当时宫中人受各种限制,不能亲近光绪。唯有西太后可以亲近他,而她当时骄奢淫逸,对光绪的生活根本不管。小皇帝每天有数十种菜,但菜皆不能入口。光绪要加菜,御膳房必先告知太后,慈禧必然责备他铺张浪费,不懂节俭,光绪只好从小挨饿。

光绪在这种情况下,很容易患上重病。《清德宗实录》《清史稿》《光绪朝东华录》等都说光绪久病体虚,至光绪三十四年(1908)病入膏肓,最后驾崩,但这些均为官方文件,可信度不一定高。

第二种说法最为流行,说是慈禧谋害了光绪帝。持这种观点者认为光绪虽然长期被囚,保皇党却极依靠他。慈禧自己身体健康,能执政时,百般折磨光绪。晚年,她力不从心了,便想害死他。当时因担任起居注官而能接近光绪的恽毓鼎,写了一部《崇陵存信录》(又名《光绪外传》),记录了光绪临死前的状况:光绪三十四年(1908)秋忽然传出病重消息,召京外名医入宫诊视。诊脉时,光绪静静地把双手置案上,自己写出病情。入诊者都说光绪身体尚健。十月初十,逢慈禧万寿节(生日),光绪出瀛台，替太后祝寿，有人看见他为准备跪拜而活动筋骨。十九日，宫廷大乱，增加侍卫，稽查出入，传言光绪驾崩。次日，宫中恢复了宁静，午后，传载沣监国、溥仪入宫教养之命。二十一日，皇后入瀛台探视，光绪早已气绝身亡。太后闻此，仅叹息几声。

在这则记录里，恽毓鼎实际上暗示慈禧害死了光绪。而且，慈禧宣布光绪病重，和百日维新后废立风波之做法一样。恽氏长期任起居注官，他的话具有一定的可信度。

而曾在宫中担任女官的德龄女士，则在《清宫二年记》等书中，明确地指明正是李莲英下毒害死了光绪。

以上三种说法都是言之凿凿，但是清宫太监回忆录《清宫琐谈》则说光绪实则死于饥饿。据载，光绪本无大病，诸医开方皆以平和之剂为药，然而，太监们在光绪死前已得到光绪驾崩的消息。当时，在瀛台侍疾者共六名，其中二人饿死，剩下几人食不果腹，"因饿失血者又凡三人"。光绪死前，在床上召唤医生周某，他两眼瞪大，四次用手指口，周某知帝饿急，但实在是没有吃的，就连他本人也三天未进食了。后来，光绪便渐无声息了。不久，醇亲王入见，周报告说皇上已去世，醇亲王用镜子试皇上气息，确信其已死亡，于是匆匆而去。一会儿，皇后赶来探视，随后便把皇上驾崩的消息公之于世。

经现代医学技术对光绪帝遗存头发等检测后证明，光绪帝为中毒身亡，他头发中含有浓度极高的砒霜。但光绪帝如何服进砒霜的，目前还是一个谜。

后宫秘事

历史的演绎和文明的进步是多元化的,如同男女两性的相互依存。帝王政治的主流离不开后宫政治的映衬和补充,男性占绝对主宰的历史舞台,因为女性的加入而更加精彩,也更加充满了悬疑。

夏桀的爱妃妹喜是"间谍"吗

有施国是与夏朝同时期的一个小国,它的国内有一位叫妹喜的美女很有胆识,商便是在其帮助下灭掉了夏,她被认为是中国有史以来的第一位女间谍。

有施国在与入侵的夏朝作战时战败。作为战败国,有施国国王为了复仇,将国中最美的美人妹喜送给了夏桀。据明代钟惺的《夏商演义》中说,妹喜是山东蒙山国君施独的女儿,其父母想把她进献给夏桀来实施复仇计划。

美貌绝伦的妹喜常常像男子一样佩剑戴冠,具有深不可测的多变性格。来到夏朝后,好色的夏桀很快就为其神魂颠倒,终日饮酒作乐。直至半月之后,外间击鼓奏事甚多……而桀即忙命罢朝。诸臣免朝,国事尽托太师。他整天抱着妹喜对其言听计从,昏乱失道。但国力不强的有施国,尚无能力打败夏国。此时,强大起来的商国也派来一位名叫伊尹的间谍。伊尹是商国的一名厨师,商汤非常赏识他的有智有谋,因此派他去夏朝从事间谍活动。为了不让夏桀怀疑,汤施用了苦肉计,亲自追射伊尹,以示伊尹有罪逃亡。果然,夏桀非常信任伊尹。伊尹的真实意图被妹喜知道后,与他配合行动。妹喜主要从事破坏和离间活动,刺探夏的机密,调查中原地形;及时通风报信则是伊尹的任务。

妹喜在取夏的时机成熟后,又让伊尹向商和各诸侯国传播谣言,说夏桀曾做了这样一个梦,梦见西方和东方都出现了一个太阳,两个太阳搏斗,东方的太阳战胜了西方的太阳。东方的太阳代表的就是位于夏的东边的商朝。迷信的商朝人认为这是上天的旨意,于是大肆宣扬,最后率领诸侯消灭了夏朝。

在商灭亡夏朝的过程中,妹喜作出了重要贡献,但她不但没有受到赏赐，反而连同夏桀一道被流放到南巢。这可能是由于商汤怕自己受不住过于妖艳的妹喜的诱惑而走夏桀的老路吧。

汉武帝后宫巫蛊之乱新探

在中国古代史上，秦皇汉武被相提并论。汉武帝一生大有作为，但在他在位时又上演了一幕幕巫蛊闹剧，致使皇后、太子、丞相和无数大臣都成为巫蛊的牺牲品，史称"巫蛊之乱"，它成为汉武帝一生洗不清的污点。

公孙贺是当时汉朝丞相，为了替儿子赎罪，他答应为汉武帝捉拿阳陵大盗朱安世。朱安世被捉后，为了报复，向汉武帝写了一封揭发公孙贺的信。朱安世在信中写出了公孙贺的种种罪行，甚至说公孙贺密谋要取代皇上；在皇上经常出入的甘泉宫路下埋下木偶，巫蛊皇上。很快，这封信便转到武帝刘彻手中。

本性猜忌多疑的武帝看了这封信，雷霆震怒之下下令火速查究，查究的大事由江充负责。江充派手下罗织罪名，趁机把公孙贺的人马一网打尽。公孙贺与儿子公孙敬声一同被捕入狱，严刑拷打，蔓引牵连，使得很多人无端获罪。最终，公孙贺父子惨死狱中。江充还不过瘾，还要灭公孙贺全家，甚至皇后的姐姐卫君儒也未能幸免。

这一巫蛊案使武帝更加疑神疑鬼，总怀疑有人用巫蛊术来暗害他。因此，这种迷信猜忌之心又被江充利用了。江充除去了公孙贺后，把矛头指向别的手握重权的皇亲国戚。诸邑公主、阳石公主、卫青的儿子长平侯卫伉也都受到牵连，并全部被杀。江充非常得意，又把仇恨的利剑指向曾得罪过自己的太子刘据。

一天，武帝神思恍惚，隐隐约约看到几千个木人，手拿着兵器，凶神恶煞般向他袭来。他惊醒后，便觉得浑身酸软，毫无力气，锐气精力荡然无存。此后的武帝，精气散佚，身体一天不及一天。武帝认为此乃巫蛊所致，命江充从速查实。

江充和心腹按道侯韩说、御史章赣率领大量爪牙进入后宫，对每一个宫都掘地三尺，搜查木偶，甚至武帝御座下的地面也被挖掘了。太子东宫和皇后中宫，也要挖地三尺。

太子刘据和皇后卫子夫恼怒万分，但有圣旨在，太子、皇后也只能听之任之。江充分部挖完之后，奏报武帝，声称在东宫和中宫挖出的木偶为数最多，并且每个木偶身上都写了许多咒语，诅咒武帝，言辞不堪入目。武帝龙颜大怒，可仔细想想又不至于此，便召太子入宫，想要问个究竟。

太子得知自己被江充诬告，非常恐惧。太子清楚武帝偏信江充，打算出城面见父皇，解释清楚。他又有些畏惧，唯恐武帝不问是非曲直，就置自己于死地。

太子真的无计可施，在万般无奈的情况下采用了少傅石德的计策，派人佯称天子使者，收捕江充，一举把江充及其死党杀死。

江充被杀死后的当天夜里，太子派心腹假称天子使者，进入皇后居住的未央宫，告知皇后大祸临头，情况危急万分。太子调用皇后御厩车马、射士，私自派人打开长乐宫中储备武器的仓库，紧急调用长乐宫卫士，大肆搜捕江充党羽。京师长安乌烟瘴气，宫中血雨腥风，一时天下大乱。

太子刘据最终战败，带着残兵败将逃出京城长安。丞相刘屈耗率军占领京师后，把这次叛乱的主谋全部缉拿，太子宾客和太子少傅石德以及太子家小全部被杀。皇后卫子夫感到脱不了干系，也自杀身亡。

不久太子的行踪被发现，太子被迫自缢而死。

太子刘据全家死亡殆尽，但武帝想不通，依然派人调查此事。一年后，此事才真相大白。太子真的是无辜，皇后也是冤死，这纯粹是由佞臣江充策划的一场宫廷巫蛊冤案。史书记载，汉武帝时期的这些巫蛊案使两位太后被杀，两位丞相被腰斩，太子刘据和两位公主、皇孙罹难，加牵连的人前后超过10万人。晚年时汉武帝已感到巫蛊术的危害，了解到太子被巫蛊所害，遂诛灭江充家族，继而筑"思子台"，并在太子蒙难处筑"归来望思台"。武帝在思子台上老泪纵横，品尝自己一手酿成的苦果。

武则天后宫面首知多少

武则天（624～705），自取名曌，并州文水（今山西文水）人，身世并不显耀。公元689年（唐永昌元年十一月），武则天下诏改用周历，改诏为制。公元690年（武周天授元年九月九日），武则天登基，改国号为周，改年号为天授，自称圣神皇帝。武则天是中国历史上第一个也是唯一的一个女皇帝。人们说到皇帝，常常会首先想到"三宫六院""佳丽三千"。那么作为女皇帝是否也需要"三宫六院""俊男三千"呢？据资料记载，武则天称皇帝后，后宫养了很多面首，面首就是供武则天享乐用的漂亮男人。其中武则天较为宠幸的有张易之、张昌宗兄弟以及沈南璆、薛怀义等。但风流的武则天一旦有了性自由以后，她是不可能只拥有几位面首就满足的。她开始大胆放纵自己，嗜欲无度，通过各种渠道为自己搜罗面首，那么武则天究竟有多少面首呢？

史书称武则天有面首三千，可与男性皇帝匹敌。但这种说法的传说成分较多，不可轻信。不过，我们可以从武则天通过种种手段来搜罗面首的有关记载中来推断武则天究竟拥有多少面首。

武则天面首的来源有很多渠道，其中最重要的就是太平公主所献。常言道："饱暖思淫欲。"平民百姓尚且如此，何况有帝王之尊且永不服输的武则天呢？她认为历代皇帝可以有三宫六院七十二妃嫔，难道女人就应该从一而终吗？长长黑夜，孤寂一人，这哪里像个女皇呢？于是她为自己平反，广选"妃嫔"，当然这些"妃嫔"都是一些高大英俊的男人。武氏大权在握，至高无上，文武百官无一敢抗命。一些朝廷大臣为讨好女皇，自荐为武氏广择"美男"，如挑选美女一样，挑选貌美体健的男子，结果被选入宫中的，个个貌比潘安。然而选嫔妃有姿色就够了，但作为面首，光有英俊的外表是不够的。武后虽年过花甲，但养生有道，再加脂粉钗环,真是姿色不减当年,但人的生理变化是不能够改变的。绣帏之间,武后不能够随心所欲,动不动就大发雷霆,可怜那班徒有其表的俊男儿,进宫不出三五天就被侍卫捆了手脚,扔在御苑中的万生池中,喂了蛇蝎。作为武后的女儿,太平公主独具慧眼,一眼看穿母后的苦楚,于是亲自出马,以身试验,终于物色到难得的"宝物",送于母后,真是雪中送炭,大解武后之饥渴,真是知母莫若女。张易之、张昌宗、沈南谬、僧惠范这些以"阳道壮伟"而受武则天宠爱的人物,基本上都是经过太平公主亲自体验、细心挑选的。唐朝享乐事件中,母女共用一男,大家共享,也成为时尚。

还有就是那些自我感觉很好的男子向女皇"毛遂自荐"。据《旧唐书》载,柳良宾是由自己的父亲推荐的,同时被荐的有侯祥云,"柳良宾洁白美须;左监门卫长吏侯祥云阳道壮伟,过于薛怀义,专欲自进奉宸内供奉"。除了自己的女儿推荐、官僚推荐、男宠自荐,武则天还经常密派宫廷内的官员到民间秘密搜罗。据说当时宫中女才人上官婉儿就曾接受过这样的任务。上官婉儿出发前,武则天还就如何挑选男子向她面授机宜:男子鼻子大、隆直,必阳道壮伟。经过这众多途径,武则天的后宫自然"面首三千"了。

为了对这些面首加以管理,公元698年,则天女皇成立了控鹤监。控鹤监是则天朝所独设的一种机构,它的设立,大概是与则天女皇的崇道思想有关。公元699年初月,则天女皇又设控鹤监丞、主祭官。到了公元700年初,则天女皇又将控鹤监改为奉震府,由张易之、昌宗二兄弟管理,俨然与过去"三宫六院"无异,张氏兄弟就像是东西宫的"皇后""贵妃"。

由上可见,说武则天"面首三千"虽无实据,但她的面首肯定很多是不会错的。

太平公主在寺庙淫乱之谜

唐朝太平公主是唐高宗李治与武则天的女儿,深受高宗及武皇的宠爱。

与其母武则天一样，太平公主也是风流成性，对于男女之情贪餍不足。但是，武则天可以设置一个用来供养情人的"控鹤监"，太平公主就不能像她母后那样设置这么一个面首机构。不过，她可以畅通无阻地出入。所以从母后那里"讨些佳肴"也是家常便饭。在这方面，武后母女从不因为同吃一饭而争风吃醋。武后最钟爱的薛怀义、张易之、张昌宗等面首，在不辞辛苦地为武后提供性服务的闲暇之余，对太平公主的"服侍"也是无微不至。

太平公主对此并不满足，在她的"驸马府"中，也别有一番天地。此外，她还借佛场道院播云兴雨。这要从她对惠范和尚的钟情开始。

在太平公主众多面首中，最让公主满意和最讨公主欢心的，要数浮屠惠范。这惠范和尚自称朝拜过天下的所有寺院，并且亲自拜访过得道成仙的活佛，所以修练了一身极高的佛法，如今已200多岁，可是看上去容貌、体态如20多岁的少年郎君。这和尚修炼于本愿寺中，顿时引起京城妇女的一阵骚动。一开始前往朝拜的是几个黎民百姓，后来竟然引得那些高官家眷轰动，纷纷筹备香烛厚礼，前去瞻拜活佛。有的女子拜惠范做了师父，有的拜惠范做了干爹。这些女子都施展自己的手艺为和尚刺绣袈裟和帐幔，并心甘情愿地照顾和尚的起居，把个和尚的卧房打扮得好似富贵小姐的绣房一般花花绿绿。

惠范和尚也是个好色之徒，每有女人来朝拜，便要她跪在面前，用手摸摸脸蛋或揉揉发鬓，说是赐福。这些被摸过的女人便以此为荣，到处宣扬自己被活佛赐福了。

太平公主是何等聪明之人，闻听此事，心里暗想天下还有这样的活佛，肯定是骗取钱财的好色之徒；但又想既然有那么多女人都竟相朝拜，可见这流氓骗子一定长得讨女人喜欢。于是，太平公主一定要亲自去看看这活佛究竟是何等人物，有这等魔力？如只是个相貌平平的人，便给他立个罪名，结果算了，免得女人想入非非。如果真的是得道高僧"佛法无边"，那太平公主不免要以身敬"佛"，也不枉走这一遭。

得知太平公主驾临，顿时，那些想要和尚"赐福"的女人们都躲避得无影无踪。本愿寺周围布满了士兵，任何人都不能入寺，寺内戒备森严。太平公主只带了贴身侍女去会惠范。想不到公主竟然"朝拜"了整整一天。这是何等的"赐福"，真让那些女人们好生羡慕。

太平公主并没有放手，第二天索性派人延请惠范和尚到她的驸马府中"讲经布道"，学起了她的母后。惠范和尚长得极为高大魁梧，且力大无比，真是男人中的佼佼者，看了就让人心动。更加上他伺候女人有自己的一套本领，床笫本领可堪称一绝，要远远超出他的"佛学"根基。惠范本是胡人，其性器亦足可观，而唐代一些僧人对夫妻房事及壮阳药物都很精通，所以太平公主得此"宝物"，极为满意，怎肯轻易放他出去。但让他久住在驸马府是不行的，于是太平公主在隔壁建造一个壮观的寺院，叫圣善寺；任惠范为住持。为了出入方便，寺后修一条暗道，通向驸马府的后园，太平公主随意进出，有时竟留宿在寺中，把那本应念佛吃斋的佛教圣地变成了男欢女爱的淫荡场所。

上官婉儿为何不记武则天灭族之仇

上官婉儿是一代才女。在唐高宗时，上官婉儿一家被武则天抄没，然而上官婉儿一心服侍武则天，她为何就不记武则天的灭族之恨呢？

据说婉儿尚在母腹中时，其母梦中见大秤一杆，于是请教相士，相士掐指一算，惊呼："此子日后当称量天下。"待到婉儿出生，竟是一个女孩，大家都很失望，说相术骗人，无非为钱财而已，也就不再在意。等到婉儿祖父上官仪被武后杀害后，童年的婉儿与母亲郑氏被没入宫中为奴，本以为会暗无天日，可是等婉儿长成，她的才华开始在宫中显露出来。她博古通今，诗词文章犹为出色，甚至书法、数术、弈棋等无所不精。她的才名很快传到了武后的耳中并召见了她。当场面试时，小婉儿聪明伶俐，从容不迫，一挥而就，写了一首七言诗，其文辞精美，比起朝廷大臣们的腐儒酸调，可谓天上人间。尽管诗的字里行间不时透出对武则天的愤恨之情，可武则天并不计较，并感叹道："此女才智非凡，赛过须眉！"随后，她命上官婉儿离开掖庭，到她身边来当秘书。

上官婉儿接到诏命，心里非常复杂，这个权力至上的女人，曾是杀死自己家人的仇人，害得自己和母亲沦落为奴；现在，她又要将自己从困境中解救出来，委以重任，而且是随侍身边的贴身秘书，憎恨、感激、恐惧各种滋味涌上心头，烦恼无比。但是一个月以后，她就成了武后最信任的贴身女官。武后讨厌批阅表奏，起草诏命，便把这些事都给婉儿处理，由此也正应了"称量天下"的预言。朝廷大臣们也竞相奔走其门下。从此，上官婉儿对武则天由仇视慢慢转为拥护。到中宗李显即位，上官婉儿更是大被信任，中宗被婉儿的才貌所迷，便将婉儿召幸，册封为婕妤，封其母郑氏为沛国夫人。

但此时婉儿并不高兴。因嫌中宗懦弱无能，在武后晚年时，她开始与武三思私通，并在诏命封旨上推举武氏，抑制唐中宗。此时的上官婉儿已变得心机重重，她为了讨好皇后韦氏，将武三思让给了韦氏。

景龙四年（710），韦后和安乐公主毒死中宗，立中宗年仅16岁的幼子李重茂为帝。韦后称太后，临朝听政，并派上官婉儿商请太平公主，想得到她的帮助。此事未果以后，韦后自当朝政，后来还想杀少帝李重茂和相王李旦。此事被相王第三子李隆基得知，他与太平公主合谋，联络御林军冲入皇宫杀死韦后和安乐公主。李隆基后来诛其逆党时，上官婉儿受此牵连被杀了。"称量天下"的一代才女从此香销玉殒。

杨贵妃未被立为皇后之谜

杨贵妃，名玉环，号太真，弘农华阳（今陕西华阳东）人。杨玉环出于世代官宦之家，从小没有衣食柴米之虞，可以无忧无虑地抚琴吟唱，尽情歌舞，自幼就受到了良好的艺术熏陶。杨玉环天生丽质，被誉为我国古代四大美人之一，深得唐玄宗李隆基的宠爱。为博得她的欢心，唐玄宗对其要求千方百计地加以满足，不仅让她享尽荣华，连她的家人也都地位显赫，真可谓"一人得道，仙及鸡犬"。

但是为什么如此宠爱她的唐玄宗，只封她为贵妃，而不册封她为皇后呢？这一点比较奇怪，而且皇后的位子已虚悬多年了。而杨贵妃又为什么不恃宠向唐玄宗提出册立皇后的要求呢？

对此，有的学者认为，这是因为唐玄宗看中的是自己儿子寿王瑁的妃子，唐玄宗为得到她，先让她做了一段时间的女道士，但毕竟是公公娶儿媳妇。在重视礼制的封建社会，这种败坏伦常的妇女哪有资格做"母仪天下"的皇后呢？唐玄宗不能封，杨也不好提。因而直到死，杨贵妃也未被立为皇后。

但也有学者持异议，认为这是宋朝以后的看法，思想较开放的唐朝并没有这种伦常观念，它的婚姻关系也比较自由随便。唐高宗李治便以唐太宗李世民的妃子武则天为皇后，他这是"儿子娶后娘"。儿子能娶后娘，公公当然也可以娶儿媳妇了。所以以上说法是不成立的。

还有一种说法认为，唐玄宗之所以不封杨贵妃为皇后，是从寿王身上考虑。杨贵妃被夺走，给寿王留下了感情上的创伤，同时也埋下了一颗不定时的炸弹。再加上杨贵妃长期没有生子，皇后的位子很长时间没有人选，一旦发生重大变动，很可能引发宫廷政变，因而，考虑到多种因素，唐玄宗在过完61岁大寿的时候，就将册立杨玉环的诏书公布天下，立其为妃，而不是册立其为皇后。

尽管杨贵妃未被立为皇后，但宫中称她为"娘子"，礼仪与皇后相同。以其当时的地位来看，实际就是六宫之主，对于"集三千宠爱于一身"的杨贵妃来说，恐怕立不立皇后都是一样的。

杨贵妃真的被缢死了吗

杨贵妃是中国家喻户晓的一位绝代佳人。她那传奇的一生曾触发无数骚客文人的才情，为之吟诗作赋。然而，这位国色天香的美女究竟归宿如何呢？史书记载天宝十五年（756）六月，洛阳沦陷，潼关失守，盛唐天子唐玄宗狼狈地与众臣逃跑，其爱妾杨贵妃死于马嵬驿。可是，文人赋咏与史家记述是相差十万八千里的，因此杨贵妃的最后归宿，至今还留下许多疑问。

一种观点认为，杨玉环或许死于佛堂。《旧唐书·杨贵妃传》记载：禁军将领陈玄礼等杀了杨国忠父子之后，以"后患仍存"为由，强烈要求赐杨玉环一死。唐玄宗无奈，与贵妃诀别后只得下令，杨贵妃"遂缢死于佛室"。

也有人认为，杨贵妃也可能死于乱军之中，这可从一些唐诗中的描述看出。杜牧的"喧呼马嵬血，零落羽林枪"、张祐的"血埋妃子艳"、温庭筠的"返魂无验青烟灭，埋血空生碧草愁"等很多诗句，都认为杨贵妃被乱军杀死于马嵬驿，而不是被强迫上吊而死。

一些人称，杨贵妃之死存在其他的可能，比如有人说她实际上是吞金而死。这种说法只出现在刘禹锡所作的《马嵬行》一诗。刘禹锡诗中有段写道："绿野扶风道，黄尘马嵬行，路边杨贵人，坟高三四尺。乃问里中儿，皆言幸蜀时，军家诛佞幸，天子舍妖姬。群吏伏门屏，贵人牵帝衣，低回转美目，风日为无晖。贵人饮金屑……平生服杏丹，颜色真如故。"从此诗来看，杨玉环是吞金而死的，陈寅恪先生曾对这种说法颇感新奇，因而在《元白诗笺证稿》中提出质疑。陈氏怀疑刘禹锡听作《马嵬行》一诗，是流于"里中儿"，所以会有很多说法。可是，陈氏也没有排除杨贵妃在被缢死之前，也有可能吞过金，所以"里中儿"才一传十，十传百。

还有一种说法是，杨贵妃没有死在马嵬驿，只是被贬为庶人，并被下放于民间。俞平伯先生在《论诗词曲杂著》中对白居易的《长恨歌》以及陈鸿的《长恨歌传》作了考证。他本人认为白居易的《长恨歌》、陈鸿的《长恨歌传》之本意，蕴含着另一种意思。假设以"长恨"为篇名，写到马嵬就不写了，何苦还要在后面假设个临邛道士和玉妃太真呢？从而俞先生认为，杨贵妃并未死于马嵬驿。当时军中正乱，贵妃不明去向，只有金银散落一地。诗中详细说明了唐玄宗"救不得"之因，因此正史所载的赐贵妃一死，当然绝不会有。陈鸿的《长恨歌传》所言"使人牵之而去"是说杨贵妃被使者牵去藏了起来。白居易《长恨歌》说玄宗回长安后要为杨贵妃重造陵墓，结果是"马嵬坡下泥土中，不见玉颜空死处"，连尸骨都找不到。这就更证实了贵妃也许是被人救出。令人深思的是，陈鸿作《长恨歌传》时，恐怕后人不明其故，所以重点突出"世所知者有《玄宗本纪》在"，而"世所不知"者，今传有《长恨歌》。这分明是暗示杨贵妃没有在马嵬驿死去。

还有一种说法认为，杨贵妃最后逃亡到日本。1984年出版的《文化译丛》第五期，张廉译自日本《中国传来的故事》一文说，当时马嵬驿被缢死的，乃是个侍女。禁军将领陈玄礼为贵妃美色所吸引，不忍杀之，遂与高力士谋，以侍女代死。杨贵妃则由陈玄礼的亲信护送南逃，大约在今上海附近扬帆出海，经海上漂泊，辗转来到日本久谷町久，最终在日本安度晚年。

但其生死情况究竟如何，至今仍令人难解。

花蕊夫人倾倒两帝王之谜

花蕊夫人，五代时后蜀君主孟昶的妃子，这有着芳香四溢名字的女人在历史上相传曾倾倒两朝帝王，一位后蜀君主孟昶，一位北宋开国君主赵匡胤。

明初学者陶宗仪在他的《辍耕录》一书中说："蜀主孟昶纳徐匡璋女，拜贵妃，别号花蕊夫人。意花不足以喻其色。"

花蕊夫人聪慧贤淑，风情万种，不但貌比天仙，而且才华出众，擅长诗词。她的诗风清丽婉转，且多咏叹宫中琐事，与王遂的《宫词》有异曲同工之妙。她有百首词流传于世，这就是有名的《花蕊夫人宫词》。难怪况周颐在《蕙风词话》里说她才调冠时，非平常女子。

花蕊夫人生不逢时，红颜薄命。相传后蜀君主孟昶少年风流，为寻找不到美女而闷闷不乐。后来，有一心腹太监在青城探访到一位美女。这位美女风姿绰约，淡施粉黛，容颜绝世，给人一种空谷幽兰、自然淡雅之感。孟昶如获至宝，立即将其留在宫中，封为慧妃。慧妃喜欢芙蓉花和牡丹花，孟昶投其所好，马上为她修建了一座牡丹苑，还下令在城墙上种满芙蓉花，就连寻常百姓家也要家家栽种。每到芙蓉花开时节，成都城上花团锦簇，争奇斗艳，红如火，白似雪，远看如朝霞绚烂，近旁则花香沁人，孟昶感慨万千："你真美呀！这芙蓉不足以形容你的柔媚，这牡丹不足以形容你的明艳，你是人中之花，花中之蕊。啊，朕封你为花蕊夫人。"至此，她便有了"花蕊夫人"的美称。

花蕊夫人的诗作，虽然大多描写宫廷生活杂事，但写得清新脱俗，灵巧生动，既没有脂粉气，也没有富贵俗气。

诸如：

龙池九曲远相通，杨柳丝牵两岸风。
长似江南好风景，画船来往碧波中。

又如：

殿前宫女总纤腰，初学乘骑怯又娇。
上得马来才欲走，几回抛鞚抱鞍桥。

还如:

罗衫玉带最风流,斜插银篦慢裹头。
闲向殿前骑御马,横边模过小桥头。

然而,由于孟昶整日游乐,不理朝政,公元964年,宋太祖赵匡胤发兵南袭后蜀,蜀军不堪一击,很快就被攻破。孟昶只得自缚请降,成了北宋的阶下囚。花蕊夫人也成了囚徒,与孟昶一起被押解进京。

一路上颠簸跋涉,苦不堪言,花蕊夫人在一处驿站的墙壁上就曾提笔写道:

初离蜀道心将碎,
离恨绵绵。
春日如年,
马上时时闻杜鹃……

写到一半时,她已是泣不成声,写不下去了,只得弃笔掩面而去。

到了汴京,宋太祖假意安抚孟昶,把他封为检校太师兼中书令、秦国公。

宋太祖一见花蕊夫人,喜爱不已,便将她收入宋宫。7天之后,孟昶竟无缘无故暴死于宅第。花蕊夫人悲痛欲绝,在宫中挂上了孟昶的画像,以示纪念。后来,花蕊夫人怀着对孟昶的刻骨怀念和别离之悲在宋太祖面前口占一绝道:

君王城上树降旗,妾在深宫那得知?
十四万人齐解甲,宁无一个是男儿!

宋太祖听了，非但不恼怒，反而击节称赏，连声赞道："卿真可谓是锦心绣口了！"后来，宋太祖死，赵光义继位，他早对花蕊夫人垂涎三尺，此时就想逼她就范。花蕊夫人哪肯再度失身偷生，因此宁死不从，竟被恼羞成怒的赵光义一箭射死。

关于她的死，还有一种说法。她被宋太祖纳入后宫后，依然怀念前夫孟昶，把孟昶的画像供奉在内宫，骗宋太祖说是《张仙送子图》（据说后人盛行供奉《张仙送子图》就是由此而来）。后来，她年老色衰，最后郁郁而死。

明代"壬寅宫变"之谜

自古以来，防备森严的地方不是监狱，而是皇宫。皇帝为防人行刺，日日夜夜命人巡逻守卫。明朝也不例外。

明朝皇帝的寝宫是紫禁城内的乾清宫。除了皇帝和皇后，其余人都不可以在此居住，妃嫔们也只是按次序进御，除非皇帝允许久住，否则当夜就要离开。

嘉靖年间的乾清宫，暖阁设在后面，共9间。每间分上下两层，各有楼梯相通。每间设床3张，或在上，或在下，共有27个床位，皇上可以从中任选一张居住。因而，皇上睡在哪里，谁也不能知道。这种设置使皇上的安全大大加强了。然而，谁又能防备那些守在他身边的宫女呢？

就是这群宫女，干出了惊天动地的大事，这就是历史上的"壬寅宫变"。"壬寅宫变"发生在嘉靖壬寅年（1542），当时史料曾有如下记载：

嘉靖二十一年（1542）十月二十一日凌晨，十几个宫女决定趁嘉靖帝熟睡时把他勒死。先是杨玉香把一条粗绳递给苏川药，这条粗绳是用从仪仗上取下来的丝花绳搓成的，川药又将拴绳套递给杨金英。邢翠莲把黄绫抹布递给姚淑皋，姚淑皋蒙住嘉靖帝的脸，紧紧地掐住他的脖子。邢翠莲按住他的前胸，王槐香按住他的上身，苏川药和关梅秀分把左右手，刘妙莲、陈菊花分别按着两腿。待杨金英拴上绳套，姚淑皋和关梅秀两人便用力去拉绳套。眼看她们就要得手，绳套却被杨金英拴成了死结，最终才没有将这位万岁爷送上绝路。宫女张金莲见势不好，连忙跑出去报告方皇后。前来解救的方皇后也被姚淑皋打了一拳。王秀兰叫陈菊花吹灭灯，后来又被总牌陈芙蓉点上了，徐秋花、郑金香又把灯扑灭。这时管事的被陈芙蓉叫来了，这些宫女才被捉住。嘉靖帝虽没有被勒断气，但由于惊吓过度，一直昏迷着，好久才醒来。

事后，司礼监对她们进行了多次的严刑拷打，对她们逼供，但供招均与杨金英相同。最终司礼监得出："杨金英等同谋弑逆。张金莲、徐秋花等将灯扑灭，都参与其中，一并处罚。"

从司礼监的题本中可知，嘉靖帝后来下了道圣旨："这群逆婢，并曹氏、王氏合谋弑于卧所，凶恶悖乱，罪及当死，你们既已打问明白，不分首从，都依律凌迟处死。其族属，如参与其中，逐一查出，着锦衣卫拿送法司，依律处决，没收其财产，收入国库。陈芙蓉虽系逆婢，阻拦免究。钦此钦遵。"刑部等衙门领了皇命，就赶紧去执行了。有个回奏记录了后来的回执情况："臣等奉了圣旨，随即会同锦衣卫掌卫事、左都督陈寅等，捆绑案犯赴市曹，依律将其一一凌迟处死，挫尸枭首示众，并将黄花绳黄绫抹布封收官库。然后继续捉拿各犯亲属，到时均依法处决。"圣旨中提到了曹氏、王氏，曹氏、王氏是谁呢？据人考证，她们是宁嫔王氏和端妃曹氏。因此，有人根据这道圣旨得出结论，是曹氏、王氏指使发动了这场宫廷政变。

司礼监题本中记录了杨金英的口供："本月十九日的东梢间里有王、曹侍长（可能指宁嫔王氏、端妃曹氏），在点灯时分商说：'咱们快下手吧，否则就死在手里了（手字前可能漏一个"他"字，指嘉靖帝，或有意避讳）。'"有些人便以这一记载作为主谋是曹氏、王氏的证据。

然而有人则不以为然，认为如果主谋是曹氏和王氏，那么史料上应该记载宁嫔王氏和端妃曹氏的情况，而在以上所述的行刑过程当中，却从未见到过对曹氏和王氏的处置的描述,因此主谋是谁尚不能断定。

"深闺燕闲,不过衔昭阳日影之怨",是明末历史学家谈迁对此案的看法,但事实究竟如何,无人知晓,因此成为又一桩宫闱之谜。

孝庄太后为何下嫁夫弟多尔衮

1644年,皇太极驾崩。一场激烈的皇位之争展开了。有实力的竞争者有三个人:长子肃亲王豪格、皇太极十四弟睿亲王多尔衮和第九子福临。其中豪格和多尔衮都是拥有实力的亲王,得到八旗部队中半数的支持。这时福临的生母博尔济吉特氏看中了两红旗旗主礼亲王代善的辈分和威望具有能够左右大局的力量,便紧紧拉住代善,使两红旗长支持福临。然后又将镶蓝旗拉至麾下。最后,使多尔衮改变初衷,拥戴福临。幼主福临即位后,多尔衮把持国柄,成为摄政王。

《清朝野史大观》这样记载:多尔衮还以顺治的名义向天下颁布诏书:皇叔摄政王现在是单身,他的身份、地位和相貌,皆为国中第一人,太后非常愿意放弃自己的地位嫁给他。因此"太后下嫁"之说自明末清初即已流传,清末排满时重又复炽。

至于太后下嫁皇叔多尔衮,一直以来,史学界有着各种不同的看法。有的根本就不承认此事;有的说这件事是千真万确,也是符合满族传统的。满族入关前由奴隶制向封建制迅速过渡,但还保留着兄死则妻其嫂等遗俗,而且博尔济吉特氏既然要为自己的亲生儿子谋皇位,扩大政治势力是其必由之路,因此用新的联姻来扩大自己的势力还是符合情理的。至于下嫁时的规模怎么样,有没有向天下颁发诏书,这还需要进一步的考证。一些颇具历史价值的史书确切地记载了这件事。清蒋良骐在《东华录》中记载说,多尔衮"自称皇父摄政王,又来到皇宫内院"。假如太后没有嫁给他,假如他没有以皇父的身份对待顺治帝,那么,他经常出入内院,恐怕是皇室宗亲所不能答应的。而且,多尔衮死后,朝廷破格追封他为诚敬义皇帝。

朝鲜《李朝实录》对此事也有记载。书中说，顺治六年（1649）二月，清廷曾派使臣到朝鲜递交国书。朝鲜国王李倧从见国书中将多尔衮称为皇父摄政王，便问道："贵国咨文中有皇父摄政王的称法，这是什么意思？"使臣回答："去掉'叔'字，是朝中可喜可贺的事啊。他和皇帝就成了一家人。"

《清圣祖实录》记载说，康熙二十六年（1687）十二月，孝庄文皇后得了重病，即将死去时，孝庄文皇后对康熙说："太宗文皇帝梓宫安放在那里已很长时间了，不可因为我而去打扰太宗皇帝的安息。我迷恋你父皇、皇父及你，不忍远去，所以在附近选一块地安葬了就行了。这样，我也没什么可以遗憾的了。"清朝讲究帝后合葬，显然，孝庄文皇后是觉得下嫁皇叔多尔衮，愧对太宗，于是就借口说不愿葬得太远，单独就近安葬。孝庄文皇后的要求不合情理，但作为孙子的康熙是亲耳听到孝庄文皇后的遗言的，当然得遵守，于是他把孝庄的灵柩停放在东陵。到了雍正继承皇位时，才将灵柩葬入东陵地宫。

南明弘光政权的兵部尚书张煌言在《建州宫词》中也讲述了这样一件事实："上寿称为合卺樽，慈宁宫里烂盈门；春宫昨进新仪注，大礼恭逢太后婚。"这事在当时很可能是尽人皆知的，否则，张煌言也不会这样撰写。四川师范学院图书馆收藏着一部《皇父摄政起居注》，注后有刘文兴写的跋。跋称：清宣统初年，内阁库坦妃家君刘启瑞当时是阁读，奉命检阅库藏，得顺治时太后下嫁皇父摄政王诏。于是，这件事便在整个朝野传开了。

另一方面，20世纪30年代，明清史大师孟森著《太后下嫁考实》，力辩此事全无。也有学者认为张煌言诗，不能作为太后下嫁确证。其诗系远道之传闻，故国之口语，诗非信史，不足为凭。而蒋氏《东华录》所记"皇父"，是清君主对某个臣下的尊称，或是清世祖封多尔衮为"皇叔父"后以其定鼎功勋显著，无可晋爵，乃以"皇父"为封。"皇父"之于皇帝仍为臣下。而满族旧俗有直呼尊者为父之例，多尔衮前封"皇叔父摄政王"，满文直译为"汗（君）的叔父父王"，因此这并不表明多尔衮为福临的皇父。

综上所述，"下嫁"是否确有其事，目前难以作出定论，只待新的材料发现和新的研究工作展开，才能解开个中之谜。

清孝贤皇后去世之谜

清乾隆皇帝写过一篇《述悲赋》，这篇赋是为追悼其孝贤皇后而写的，写得感人肺腑，然而以后谁又能知道孝贤皇后的去世与乾隆之间的关系呢？

在一个偶然的机会，乾隆看见了美貌非凡的皇后的嫂嫂傅夫人，然而，却无法见面。有一次，乾隆以皇后生日为名，要见傅夫人。到了中秋节这天，坤宁宫内外非常热闹。宴饮开始后，大家热热闹闹行起酒令来，你一句，我一言，你一盏，我一杯，闹成一片。这位傅夫人向来不胜酒力，连饮了几杯之后，脸颊微微泛红，连坐都坐不稳了。乾隆见她已经醉了，把侍宴的宫娥叫了过来，叮嘱几句，叫她们把她扶进宫中休息。

大家休息了一小会儿，重新入席喝酒。只是忽然不见了皇帝，皇后命宫人去找，未找到，但也没有时间管那么多了，只好继续招呼客人。等到酒尽人散，仍不见皇帝的踪影。皇后心下奇怪，又命宫人去看看傅夫人怎样了。过了好长时间，才见这名宫人回报说："傅夫人所住房门关得紧紧的，不方便打扰。"皇后联想前情，心中明白了几分。

第二天早上，乾隆帝仍照常坐朝，傅夫人起来后去坤宁宫向皇后辞谢。皇后意味深长地看了她一眼，微笑着说了一句："恭喜嫂嫂！"傅夫人一下子面红耳赤，急急忙忙告辞离开了。

自从那天之后，皇后对待皇帝也有了一些转变，不像以前那样温情脉脉了，有时竟向皇帝投来一种幽怨的目光，使皇帝心中很难受。因为羞愧，他不像以前那样时常去坤宁宫了，皇后也就更加怀疑皇帝对她冷淡了。皇后本来有个儿子永琏，已由皇帝按家法秘立为太子，但不幸生病死了，乾隆帝千方百计地安慰她，并劝她再生嫡子，并一定将之立为皇储，并追封永琏为端慧皇太子。几年过去了，皇后又生下一子名永琮。刚好皇后的情绪处于低潮之际，永琮又因得天花死了。皇后受不了一次又一次的打击，哭得死去活来。

于是，乾隆帝为了安慰皇后才以东巡为名，带了皇后出京游玩，谁能料到就这样与皇后永别了。

乾隆带着皇后灵柩马不停蹄地赶回京师，在长寿宫设立灵堂，丧礼特别隆重。乾隆除为皇后服缟素12天外，还亲自撰写了祭文《述悲赋》，抒发了自己对皇后的思念之情。乾隆把自己的才华充分发挥出来，写得十分哀婉，读了之后令人肝肠寸断。然而有谁能知道帝后之间的这段纠葛呢？

皇后生前曾为自己向乾隆讨过谥号，那是皇贵妃高佳氏死时，乾隆以谥号"慧贤"追谥，皇后便说："我死后，以'孝贤'二字为谥号，可以吗？"因此，乾隆帝便按照她的遗愿，追谥为"孝贤纯皇后"。乾隆十七年（1752）将她葬于孝陵（清世祖顺治帝陵寝）西侧胜水峪后面。随后乾隆在此处为自己建造陵寝裕陵。另外，还格外加恩于皇后母家，封皇后的大哥富文为公爵，傅恒为保和殿大学士兼户部尚书，可谓"全家恩泽古无伦"，达到了顶峰。然而，却无人知晓乾隆、傅夫人、孝贤皇后三者之间的三角关系了。

东太后慈安死因之谜

在清朝的历史上，作为两宫皇太后之一的东太后慈安是与西太后慈禧一样举足轻重的人物，然而光绪七年三月初十（1881年4月8日），一向健康无病的东太后慈安在12小时内竟突然发病及暴卒，实在出人意料。从此，慈安之死成为清宫的一件疑案。

东太后慈安，姓钮祜禄，谥孝贞显皇后，为满洲镶黄旗人，于道光十七年七月十二（1837年8月12日）出生，其父穆扬阿，曾任广西右江道。咸丰为皇子时，钮祜禄氏就已经是他的侧福晋。由于他的嫡福晋（萨克达氏，后上尊号孝德显皇后）于咸丰即位前已经去世，钮祜禄氏遂于咸丰二年（1852）二月被封为贞嫔，五月晋贞贵妃，十月又册立为皇后。1861年11月咸丰帝死后，她被尊为母后皇太后，上尊号慈安，与慈禧太后共同"垂帘听政"，众人称她为"东太后"或"老佛爷"，与西太后慈禧相对应。

慈安与慈禧形成鲜明的对比，她是位德高望重的好皇后，因此众人痛惜其暴崩，并对其死产生了怀疑。东太后当时45岁，小西太后慈禧两岁，"体气素称强健"（孔孝恩、丁琪著《光绪传》），而当时西太后慈禧正病卧在床。所以听到噩耗，很多朝臣都以为是"西边出事"了，等得知结果后惊诧不已。许多官员提出怀疑，尤其是左宗棠，立即大喊有鬼。翁同龢的《翁文恭公日记》中记载说："则昨日（初十日）五方皆在，晨方天麻、胆星，按云类风痫甚重。午刻一按无药，云兴脑混乱，牙紧。未刻两方虽可灌，究不妥云云；则已有遗尿情形，痰壅气闭如旧。酉刻一方天脉将脱，药不能下，戌刻仙逝云云……呜呼奇哉！"仅12小时便由发病至死，岂不"奇哉"？

据说，慈安太后在暴卒的当天还曾经视朝。

而当时枢府王大臣奕䜣、大学士左宗棠、尚书王文韶、协办大学士李鸿藻等觐见慈安，都见慈安面无病状，仅是两颊微红，犹如醉色，没有什么特别之处。午后，军机诸臣退，内廷忽传孝贞太后驾崩，命枢府诸人速进议，诸大臣惊诧不已。因为以往帝后生病，总是在军机检视之下传御医用药。而此次忽然传太后驾崩之消息，确实非常奇怪。诸臣入至慈安宫，见慈禧坐矮椅，目视慈安小殓，十分镇静地说："东太后素来健康，怎会突然死去？"语时微泣，诸臣皆顿首慰藉，均不敢问其症状。最后草草办完了丧事。

根据慈禧以上的表现，人们便认为是慈禧毒死了慈安。而且，传说咸丰帝留给慈安一封密诏，要她必要时处死慈禧。慈安在慈禧的哄骗下焚毁了密诏，把自己对抗慈禧的一件最大的武器也毁了，慈禧便毒死了她。

对慈安太后暴卒的具体原因至今还存在着争议，除中毒之说外，还有自杀、自然死亡等说。"自杀"说来自《清稗类钞》，书中说："或曰：孝钦实证以贿卖嘱托，干预朝政，语颇激。孝贞不能容，又以木讷不能与之辩。大恚，吞鼻烟壶自尽。"《清朝野史大观》里又用"或曰慈禧命太医以不对症之药致死亡"来说明慈安为用"错药致死"。

不管是"毒死一说"还是"自杀"或"错药致死"说，都有一个共同点，即慈禧害死了慈安。不过也有学者认为慈安为"自然死亡"，徐彻的《慈禧大传》则倾向于"病死"说。首先，作者认为慈安不善理政，例如召见臣子时说的话分量不足，只会询问其身体状况、行程远近等等，所以她根本不会妨碍慈禧在政治上的权力，慈禧也没必要害死她。

徐彻提出了《翁同龢日记》中的关于慈安发病的两则记载作为证据。一则是慈安太后26岁时曾经患了"有类肝厥"疾病长达24天，甚至达到"不能言语"之程度。另一则是同治八年（1869）十二月初四，慈安太后"旧疾发作，厥逆半时许"。"厥症"主要表现为突然昏迷、不省人事、四肢厥冷，轻者昏厥时间较短，重者则会一厥不醒甚至死亡。

但这也只是徐彻的一家之言，至于慈安太后暴卒的真正原因，只能是作为清宫的疑案成为人们茶余饭后的话题。

珍妃坠井之谜

"金井一叶坠，凄凉瑶殿旁；残枝未零落，映日有辉光；沟水空流恨，霓裳与断肠；何如泽畔草，犹得宿鸳鸯。"这首著名的《落叶词》就是清人恽薇孙描写清朝光绪帝妃子珍妃之死的。关于珍妃坠井而死的传说，自民国初年至今，一个世纪以来，不断有野史、小说、诗词及口头资料流传于世。例如《清季野史》《西太后演义》《清史演义》《清宫秘史》等均有记载。珍妃,姓他他拉氏,满州镶红旗人,才色并茂,颇通文史,光绪十四年(1888)进宫,后晋封为珍妃。光绪帝与珍妃感情甚好,但慈禧与珍妃一直有嫌隙,后因珍妃支持光绪戊戌变法,因此受到慈禧太后怨恨,最后在光绪二十六年(1900)七月八国联军进攻北京、慈禧仓皇出逃前夕,将珍妃溺死于宁寿宫外的玻璃井中,但珍妃是否坠井而死,一直众说纷纭。据《清朝野史大观》记载:"庚子七月二十日,英军陷京师,翌日联军继之,两宫黎明仓皇乘民车出德胜门,甫出门,白旗遍城上矣。太后御夏衣,挽便髻,上御青绸衫,皇后、大阿哥随行,妃嫔罕从者。濒行,太后命崔阉自三所出珍妃(三所在景运门外),推坠井中。"《景善日记》光绪二十六年七月二十一日记载说:"晨,老佛爷……匆匆装饰,穿一蓝布衣服,如乡间农妇……妃嫔等于三点半钟齐集,太后先下一谕,此刻一人不令随行。珍妃向予太后反对者,此时亦随众来集,胆敢进言于太后,谓皇帝应该留京。太后不发一言,立即大声谓太监曰:'把她扔到井里去!'皇帝哀痛已极,跪下恳求。太后怒曰:'起来,这不是讲情的时候,让她就死吧,好惩戒那些不孝的孩子们,并叫那些鸥枭,看看它到羽毛丰满的时候,就啄它母亲的眼睛。'李莲英等遂将珍妃推于宁寿宫外之大井口。皇帝怨愤已极,至于战栗。"

《清稗类钞》曾载西太后"召帝与妃嫔齐集,将行,珍妃昂然进曰:'皇帝一国之主,宜以社稷为重,太后可避难,皇帝不可不留京。'太后怒甚,视之以目,忽后声顾命内监曰:'可沉彼于井中。'内监即取毡裹妃,欲持去,皇帝哀痛已极,长跪恳求,谓彼年幼无知,幸太后恕其生命。此时太后怒不可遏,曰:'速起勿言,此时尚暇讲情理乎?彼必求死,不死反负彼。天下不孝之人当知所戒,不见鸥鹗乎,养得羽毛丰满即啄其母之眼,不杀何待?'盖此语明斥光绪帝戊戌之事也"。黄在《花随人圣盦摭忆》中也说:"珍妃之死,全在'帝当留京'一言,此语含义至多,故后必死之也。"黄还不无惋惜地说:"妃之死,自在发言不择时。"但又说:"然而时戎马崩腾,间不容发,妃若不言,又安可得也。"

两种说法都认为珍妃的死是由于她干预朝政，支持变法，惹怒了慈禧，才使慈禧在八国联军进京前西逃西安时，将其除掉。

但是也有人说珍妃并未讲过"皇上留京"一语，珍妃坠井是西太后用封建的贞节观诱逼所致。《控鹤珍闻》说："太后又曰：'预示不欲挈之行，途中见之生恨，若留此，则拳众如蚁，彼年尚韶稚，倘遭污，莫如死之为愈。'……内监知太后意已决，遂持毡推之宁寿宫外大井中。"

近年又有太监小德张过继孙张仲忱在《我的祖父小德张》一文中记述了珍妃死时的情形：当年八国联军攻到京郊廊坊时，宫内一片混乱，大太监命众太监全换上便装，"老祖宗（慈禧）也来到御花园房，在养性斋前换上了青衣小帽。这时老祖宗把珍妃叫来，让她换好衣服一齐走。不大一会，珍妃说："皇阿妈，奴才面出天花，身染重病，两腿酸软，实在走不了，让我出宫回娘家避难去吧！"老祖宗仍叫她走。珍妃跪在地上还是不走。老祖宗回过身来大喊一声，叫崔玉贵把她扔在井里，崔玉贵立即把珍妃挟起来，不几步就是那井口，头朝下就扔了下去，随即便把井口堵上了。

综上所述，种种说法各持一端，至今也是个谜。但珍妃死后，引起了人们对她的无限同情，一批正直的士大夫知识分子纷纷托词为悼，例如开篇的那首《落叶词》，这些词章即是对西太后暴逆无道的抗议，也算是对珍妃芳魂的一片慰藉吧。

名人谜团

中国历史每走到关键处,总会出现几颗璀璨的星。他们或成就了惊天动地的盛世伟业,或留下了可歌可泣的千古传奇,或咏叹了大千世界的波澜壮阔,或展现了世间的人情冷暖、世态炎凉。因为他们的出现,中国的历史才被演绎得如此的丰富多彩。

名人自然而然地受到世人的关注,名人背后的谜团也为人津津乐道。世事的变幻和岁月的沧桑依然掩盖不住那些谜团所散发出来的魅力,被历史尘封了的古籍卷宗中透露着揭开谜团的蛛丝马迹。人们不会因为年代久远就失去了追寻真相的兴趣,相反,那些充满了传奇与神秘的往事正等待着人们去探求,去阐述。

伏羲、女娲兄妹通婚之谜

中国古代"三皇五帝"的传说,一直流传至今。伏羲和女娲都位居"三皇"之列,他们是传说中人类的始祖。

伏羲、女娲兄妹通婚的故事,在中国古代传说中也流传得较广。据传,伏羲和女娲是一对兄妹。天降洪水,他们在一个大葫芦里躲过了劫难,然后兄妹结婚,人类便是他们的后代。这个故事是真是假,没有太多的历史记载。唐末李元的《独异志》中有这样详细的记载:"昔混沌初开之时,有娲兄妹二人于昆仑山咒曰:'天若遣我兄妹二人为夫妻,而烟悉合。若不,使烟散。'于是烟即合,其妹即来就兄。"

河南唐河曾出土了一幅《伏羲女娲图》,其前均有两朵烟,这是夫妻可以结合的象征。

还有的汉墓画像石上有作交尾状的伏羲、女娲像。伏羲被画成鳞身,女娲被画成蛇躯。他们被比喻成人格化的蛇神和女神。有的汉墓画石上有分别手捧着太阳和月亮的伏羲和女娲。这就是说伏羲是太阳神,是阳精;女娲是月亮神,是阴精:取阳光雨露滋育着万物生长之义。

如今,在陕西省西安市临潼区骊山有一座人祖庙,庙里面仍供奉着女娲。这里每年要举行两次祭礼,一次在农历三月三日,一次在农历六月十五日。当地的人们又把这两次庙会称为"单子会"。很多不育的妇女往往趁庙会之时,夹着床单,怀里藏着布娃娃,先到骊山的人祖庙给女娲烧香许愿,然后再偷偷地夜宿附近的树林中。附近各村的青壮年男子在晚饭后也多上山,遇到这些不育的妇女,便可就地同居。次日清晨,这些妇女回村时,只能低头走路,不可回顾,否则会"冲喜"。

这种奇异的"野合"风俗,恐怕也是从远古伏羲、女娲兄妹通婚的传说中遗传下来的。

中国远古时，兄妹为什么可以通婚呢？人类最原始的婚姻状态可以对此做出一定的解释。婚姻和家庭观念最初并不存在于人类的头脑之中。当时人类之间是一种杂乱的两性关系。采集、狩猎经济发展起来后，古人们在劳动中开始按照男女、年龄进行分工。随着人类思维的进步使父母开始不愿与自己的子女发生两性关系。最后杂乱的两性关系终于被人类摒弃了。比较固定的血缘群团，又称"血缘家庭"或"血缘公社"发展了起来。作为一个生产、生活单位，它同时又是一个内部通婚的集团。在这里面，祖辈与少辈之间、双亲与子女之间发生两性关系是不允许的，而兄妹之间互相通婚并没有被禁止。这种血缘群婚在人类发展史上经历了以百万年计的漫长岁月。据人类学家考证，在我国发现的云南元谋人、陕西蓝田人均属于分类学上的直立人阶段，大致都处于血缘公社时期。

在我国的少数民族中，如纳西族、傣族、苗族、侗族、壮族、黎族和高山族等，现在还都流传着兄妹通婚的神话。此外，在一些少数民族地区，现在还或多或少地保留着血缘婚的残余。

现代的历史学家至今还不能断定出伏羲和女娲的年代距今有多长时间。但是，他们一定是生活在原始社会的血缘公社时期，这一点是可以肯定的。而这一时期距今有百万年之久。伏羲和女娲究竟是否兄妹通婚，现有的史料还无法充分证明。

马克思曾说："在原始时代，姊妹曾经是妻子，而这是合乎道德的。"这样看来，伏羲和女娲兄妹通婚似乎更有存在的可能。

黄帝是传说中的人物吗

古书中有"三皇五帝"的说法，其中"五帝"是指东方太皞、南方炎帝、西方少昊、北方颛顼和中央黄帝。而传说中，黄帝是中华民族的祖先。然而，他究竟是人还是神？为什么被称为"黄帝"？现在仍然众说纷纭，没有统一的说法。

有学者认为，黄帝是神话传说中的雷电之神，后来才崛起而为中央黄帝。相传他长有四张脸，能同时顾及到东、西、南、北四个方向。无论什么地方发生了事情，总逃不过他的眼睛。后来，他战胜了东、西、南、北四个天帝，建立了自己的神国。

黄帝和炎帝停战言和后组成的统一的部落联盟，成为中华民族的祖先。所以，今天的中国人自称"炎黄子孙"。

也有学者认为，黄帝实有其人，他应该是原始社会末期一位部落联盟的首领。《史记·五帝本纪》记载："黄帝者，少典之子，姓公孙，名轩辕。生而神灵，弱而能言，幼而徇齐，长而敦敏，成而聪明。轩辕之时，神农氏势衰，诸侯相侵伐，暴虐百姓，而神农氏弗能征，于是，轩辕乃习用干戈，以征不享，诸侯咸来宾从。"

这些记载似乎说明历史上的黄帝实有其人，是中华民族的形成与发展的创始者。因此，说他是人更有道理。那么，他又为什么被称为"黄帝"呢？

据说，黄帝在五个天帝中，是管理四方的中央首领，又因专管土地，而中原的土地是黄色的，故名"黄帝"。学者们认为，这反映了上古时期，人们对黄土地的崇拜。古史称他为"以土德为王"。后世之人以此而崇尚黄色，把黄色演变成一种权力和尊贵的象征。历代帝王穿的"龙袍""马褂"都是黄色，就是由此引发而来的。

在中国的历史典籍和神话传说中，都有许多关于黄帝的记载，但因年代久远，许多说法都已经无法考证。然而，黄帝作为中华民族的始祖却是不容置疑的。

周公为什么没有取周成王而代之

西周时期，周武王驾崩，太子成王年纪尚小，关于周公作为叔父如何处理当时朝中政治局面的这一问题，从春秋时期到现在，一直是众说纷纭。《左传·僖公二十六年》称，周公曾"股肱周室，夹辅成王传"；《左传·定公四年》又记，成王在武王之后继位时，"周公相王室以尹天下"；《史记·周本纪》也载，由于天下刚刚稳定，成王还在少年时期，"周公……乃摄行政，当国"。从这些可了解周公只是"夹辅"或"相"成王，"摄（代为）行政"，并没有篡夺王位的意思。《孟子·万章》说得更为详细，"周公尔有天下"。

然而有些史料中记载，周公的所作所为并不是这样的。

《荀子·儒效》和《淮南子·记论训》都说，周公想要夺取天下。清代王念孙《读书杂志》解释说，周公想要得到天子的皇位。《礼记·明堂位》和《韩诗外传》卷三又称：周公想要坐上天子的位置。《尚书·大传》更明确指出，周公身居要位，管理着天下的国事。据今所考，《尚书·大诰》中的"王"把文王称为"宁王"，也称作"宁考"。"考"，是对已故父亲的称呼。文王的儿子是周公，文王的孙子是成王，所以只有周公才能称文王为"考"。《尚书·唐诰》又载："王若曰：孟侯，朕其弟，小子封。"周公的同母弟是康叔，"封"即为康叔之名。《康诰》中的王对康叔称"弟"，显然这个"王"又是周公。据上述条件可知，身居王位的周公的确自称为王。

为什么周公会僭位称自己为王呢？根据《尚书·金縢》的记载，周公曾对太公、召公说："我不管理国家，我没有办法告慰我的先王。"众所周知，武王死后，国家还未统一东方，这就有待于让自己的子嗣完成统一大业。由于成王尚年少，不能担负起这个重任。周公经过深思熟虑，觉得如果自己不称王，则各诸侯就会造反，先王的统一大业将毁于一旦，自己死后无法向先王交待。《荀子·儒效》也说，周公"履天子之籍"的原因是"恶天下之倍（背叛）周"。的确，由于刚创下基业，政局不稳定，成王年幼无知，还没有治理国家的能力；如果想巩固新生政权，就需要经验丰富的君主。其实，武王在临死前也想把王位传给周公。《逸周书·度邑解》记武王曾称赞周公为"大省知"，认为只有周公"可瘳于兹"，能稳定周初的政局，因而主张"乃今我兄弟相为后"，应该由弟来继承王位。当武王把自己的想法告诉了周公时，周公"泣涕共手"，即感激又害怕，并说自己不能这么做。这足以证明，周公并不是想篡权夺位。故《韩非子·难二》说："周公旦假为天子七年。"他也只是代替成王打理国事，等成王长大再主动交出权位。《汉书·王莽传》载，群臣上奏说："周公掌握大权，那么周朝就有道，且王室安稳，如若不然，周朝就有灭国的危险。"正因如此，周公才以天子的身份，对众多的大臣发号施令，常常称为天命。很明显，周公是为整个江山社稷作打算，才会"假为天子"。

但是，有些史料对此还有另一种说法。《荀子·儒效》记载说，周公屏除成王而继接武王来治理天下，有人说"偃然固有之"，这怎么不是想篡位呢？《史记·燕召公世家》又记当时"召公疑之"，《鲁周公世家》也记载周公对太公、召公解释过这个问题。召公、太公都是贤明之人，如果当时周公安分守己，怎么都怀疑他呢？特别是管叔、蔡叔他们都害怕周公的所作所为对于成王会有很大的威胁，所以才会发生暴乱。看着管、蔡的表现，足以证明他们对周王朝的忠心。关于管叔、蔡叔"受赐于王""开宗循王"之事，在《逸周书》中的《大匡》《文政》等篇中都有记载。所以顾颉刚曾说："他们二人确实是武王的好助手。"周公运用计谋让他的哥哥按照"兄弟相为后"应该继位的管叔到京城以外的地方做官，又在管、蔡发动暴乱起兵东征时杀死了他。

鲁班与公输般是同一个人吗

鲁班是我国古代杰出的民间工艺家，是木工、石工、泥瓦工等工匠的共同祖师爷。他大约是春秋末期人。关于鲁班的传说，先秦时期形成一部分，汉唐时代也记载了一部分，直到宋、明才有了较完整的资料。

一般书刊上，都把鲁班和公输般视为一个人，姓公输氏，名般。因为他是鲁国人，所以也叫鲁班或鲁公输般。我国古语中盘、般、班三字通用。

据《墨子·鲁问》记载："公输子削竹木以为鹊，成而飞之，三日不下。"这大概就是后来民间的风筝。《墨子·公输》记载："公输般为楚造云梯之械成，将以攻宋。"墨子就在楚王面前与公输般较量了一个攻宋的打算，结果墨子赢了，楚国就停止了攻宋。

山东济南千佛山（原称历山）有鲁班庙，人们把他当作神人供奉，目的是纪念他为人类所作出的贡献。

东汉赵岐注《孟子》时说："公输子鲁班，鲁之巧人也，或以为鲁昭公之子。"这说明，鲁班可能是鲁国国王昭公的儿子。桓宽《盐铁论·贫富篇》说："公输子能因人主之材木，以构宫室台榭，而不能自为专屋狭庐，材不足也。"这又说明公输般不是鲁昭公的儿子，他只能为富贵者建筑宫室台榭，自己却穷得连简陋的草房也盖不起来。

《礼记·檀记下》记载：季康子之母死了。这时还很年幼的公输若就提出对敛尸下葬的办法进行改革。守旧的公肩假极力反对改革，因而公输若的改革方案不能实行。有人说这个公输若就是公输般或鲁班，般为名，若是字，也有人不同意这种看法。

还有另外一种说法：唐代段成式《酉阳杂俎》记载："鲁般者，肃州敦煌人，莫详年代，巧侔造化。于凉州造浮图，作木鸢，每击楔三下，乘之以归。"这个鲁班，可能就是古代的鲁班传说，也可能是一个学鲁班的人，同时又是一个巫师，是敦煌人。

卢南乔教授主张鲁班、公输般是一个人，他根据有关鲁班、公输般、公输若的13个传说故事所涉及的人物——季康子、鲁公、楚王、宋公、墨子，推定鲁班是春秋战国之交即公元前510年～前440年左右的人（见《山东古代科技人物论集》）。

也有人认为鲁班、公输般是两个人。晋人葛洪《抱朴子·辩问篇》说："班（鲁班）、输（公输般）、倕（黄帝时巧人）、狄（墨翟）机械之圣也。"葛洪在这里把鲁班、公输般视为两人。《古乐府》诗："谁能为此器，公输与鲁班。"因此，他们主张不能将公输般的发明创造记到鲁班的头上。

《世本·作篇》记载："公输作石硙。"石硙就是磨。这是说公输般发明了磨。丁山在《中国古代宗教与神话考》一书中，对这种说法提出质疑。因为春秋战国时期，还没有磨，我国人民只能吃粮食粒或捣碎的少量的面，而不能大量地吃面食。

明代罗欣《物源·器原篇》说，鲁班作砻、磨、碾子，饰门窗以铺首。公输般作铠、钻、隐括。两千年来，生产、生活和作战所用的器具，都传说是鲁班发明的，这不能作为信史。

有人认为鲁班造了赵州桥、卢沟桥。据说鲁班曾与妹妹比赛，在一夜之内（以鸡鸣为限）要修三座桥。鲁班将赵州桥、卢沟桥修好以后，正在修第三座桥，妹妹怕他累坏了，就学着鸡叫。鲁班以为真的鸡叫，就停了工。这座未竣工的桥，就是鸡鸣驿的石桥（见中国民间文艺研究会、北京文联合编《北京传说故事资料》第3集）。

据说，五台山的悬空寺、绍兴的北海桥、桂林的花桥、北京天坛祈年殿等都是鲁班修的或鲁班指导修建的。有些地方的自然名胜，也说是鲁班的遗迹，如长江上的瞿塘峡岩穴间露出一块匣子样子的石头，传说是鲁班的风箱。

古书记载把很多发明创造都集中到鲁班这一历史传说人物身上。这些，只能算是民间传说而已。

由此看来，鲁班、公输般到底是一个人还是两个人仍是一个悬案。

孔子身世之谜

孔子是我国历史上伟大的思想家、政治家、教育家，儒家创始人，孔子本人也被称为"圣人"，是历代统治者所尊崇的对象。他的卓越思想，是我国乃至世界思想界宝贵的财富，让人们推崇备至。然而由于史籍记载的模糊和理解史籍的不同，致使孔子的出身问题，千百年来纠缠不清，以至于后世有这样一个看法，就是认为孔子是"私生子"，这是以史书中对孔子"野合而生"的记载为依据的。

大史学家司马迁在《史记·孔子世家》里记载：孔丘生而其父叔梁纥死，葬于防山。防山在鲁东。孔子问他父亲的坟墓在什么地方，但是母亲颜征在不愿告诉他。为什么颜征在不愿告诉孔子？这是因为"叔梁纥与颜征在野合而生孔子"。换句话说，孔子是"私生子"。汉朝时候的郑玄为《礼记·檀弓》作注时也认为，孔丘的父亲和颜氏野合而生下孔子，颜氏感到可耻而没有告诉孔子，孔子后来也对自己的出生情况讳莫如深。"孔丘疑其父墓处，母讳之也。"

圣人孔子竟然是"野合"而生？这不是有些不可思议吗？有人持反对的态度。他们认为，产生这个看法的原因即是读这句"不知其父墓殡于五父之衢"的时候在"墓"字的后面断句了。古文断句是不打标点的，那么同样一段文字就会产生不同的看法。清朝雍正年间的一个举人在《檀弓》中，把"不知其父墓殡于五父之衢"连起来念，"墓"字后面不断句，这样就产生了第二种看法，即孔丘在三岁的时候父亲就死掉了，后来孔母也去世了。孔子想将父母合葬，但是不清楚埋在鲁城外东南部的父亲墓是"丘"葬，还是安葬深埋的。所谓"丘"葬就是浅埋的，它是一种过渡性的坟墓，可以改葬，而深埋的坟墓则是正规的坟墓，不能改葬了。对于这样一个大事，孔子自然十分慎重，他为此特地拜访了一位老人，打听到父亲的坟墓是"浅埋的"，孔子这才把父亲的骨殖迁过来，和自己的母亲合葬在防地。因此，在整个事件中，根本就不存在"母讳之"的问题。孔子是正式婚姻的结晶，不是私生子。这个举人认为，自从司马迁以来，读者都把"不知其父墓"断为一句，因此才造成了后世这样大的疑案。

也有说法认为，孔子父母正式结过婚，但是年龄差距太大了，所以被时人称为野合。《孔子世家》记述，叔梁纥原来的妻子是鲁国的施氏，生的9个孩子都是女孩，所以他又娶妻，生下男孩孟皮。但是孟皮的脚有毛病，于是他就求婚于颜氏。颜氏在姊妹中最小，她遵从父亲的命令，与叔梁纥完婚。既然颜氏与叔梁纥成婚是明媒正娶，为什么还会有野合的现象呢？唐朝司马贞写的《史记索隐》说："今此云'野合'者，盖谓叔梁纥老而征在（颜氏）少，非当壮初笄之礼，故云野合，谓不合礼仪。"也就是说，当时男人30岁称"壮"，女子15岁及笄，头发上首次戴簪，才准许结婚。叔梁纥老了，颜征在还年少，并不是壮年初笄，所以叫"野合"。

有人认为，古代婚嫁时的礼品很多，一样礼也没有，就被别人说成是私奔野合。梁玉绳在《史记志疑》一书中则认为这种说法是有破绽的，《孔子世家》已经说得很明白，颜征在是听从父亲意见后而出嫁的，既然是从父命的正式婚姻，怎么会产生六礼不备的情况呢？（当然，孔子父亲当时是否因为经济原因而缺礼，世俗是否因为其礼未备遂起流言，"孔丘是野合而生"，我们无从得知。）梁玉绳进一步认为，所谓野合是因为这对夫妇曾经"祷于尼丘而得孔子"，因而被演绎成"野合"。

颜征在向尼山祷告，祈求神灵降福给她儿子，当时叫"野合"，这种现象在后代也有，例如安禄山的母亲向轧荦山祷告生安禄山。"春秋公羊学家，所谓圣人皆感天而生，此即野合而生也。"根据现在存在的尼山以及孔子"生而首上圩顶"，如尼山之形的说法，乃至庙内至今还供奉着的叔梁纥、颜征在、孔子、孔子之子孔鲤、孔子之孙孔伋的牌位。崔适在《史记探源》中写道：此文疑作"纥与颜氏女祷于尼丘，野合而生孔子"。也就是说颜征在在尼山扫地为祭天之坛而祷之，遂感而生孔子，因此被称为野合。

关于"野合"，现代学者从婚姻制度方面进行考察得出下面的看法。他们认为，孔子所处的时代虽然早已经是男权的社会，但是原始社会所遗留下的偶婚制对当时社会还有一定的影响。野合之风不仅在春秋时代没有消失，实际上在战国时代也时有发生。这反映了时代的婚姻痕迹。或许，孔子对这种野合风俗很不提倡，感觉这是很不文明的，所以他才千方百计地将自己死去的父亲母亲合葬在一起，作为一夫一妻的标志。这种行为与孔子提倡"礼教"以及其他的倡导文明的思想是相一致的。

性学家们则从另一个角度来看待"野合"的现象。他们认为,原始的性风俗是允许"野合"的,它本来就是远古人类的一种婚配形式。远古的人类(甚至包括现代社会的一些地区的人们)认为,野合实际上更合乎天道,是吉祥、美好的象征,并不是淫秽的、丑陋的。所以,孔子的父母"野合而生孔子",有什么值得奇怪的呢?

孔子的身世到底怎样?大多数人都将孔子乃"野合而生"看作是可信的,但是更具体的,迄今仍众说纷纭,还有待于史学家的进一步研究。

纵横家鬼谷子有无其人

据传,我国战国时代纵横家的鼻祖鬼谷子为楚国人,姓名传说不一,曾经在鬼谷隐居,因以鬼谷子自号,人们也这样称呼他。

第一种说法否认鬼谷子其人的存在。乐一在注《史记·苏秦列传》时说:"苏秦欲神秘其道,故假名鬼谷子。"他认为鬼谷子就是苏秦。清朝人翁元圻在注《国学纪闻》时说法更为明确:"秦仪,即鬼谷子。"有人认为鬼谷子是对隐士的泛称,唐朝人李善注《文选》说:"鬼谷之名,隐者也,通号也。"既然认为鬼谷子只是泛称隐者,实际上也就是否认鬼谷实有其人。现在学术界也有人认为鬼谷子非历史人物。1984年,湖北人民出版社出版的《湖北历史人物辞典》列了很有名的慎子、鹖冠子,但未列鬼谷子。《古今伪书考补证》讲到鬼谷子时说:"史记所记,得之传闻,本不足据。"又说:"其人无考,况其书乎?"《宗教辞典》也称其是"中国古代传说人物"。

第二种说法认为鬼谷子是神。据《仙传拾遗》记载,鬼谷子"疑神守一,朴而不露,在人间数百岁,后不知所之"。杜光庭《录异记》也认为:"鬼谷先生者,古之真仙也……自轩辕之代,历于商周,随老君西化流沙周末复还中国。"

第三种说法对鬼谷子的有无半信半疑。清朝人秦恩复以为"或云周时豪士，隐于鬼谷者，近是"（四部备要本《鬼谷子》）。所谓"近是"即接近正确，并没有完全肯定。现在也有学者认为"欲证鬼谷子真有其人，终不可得其确"，同时认为"鬼谷其人，又不全虚"（《古籍整理论文集·鬼谷子研究》）。新版《辞海》《辞源》在介绍鬼谷子时，前面都冠以"相传"二字以示不作确切肯定。

第四种说法认为鬼谷子是战国时楚国人。现在介绍鬼谷子的文字不系统，不完整，也不可靠，但根据大量见于古籍中的资料，历史上确有鬼谷子其人。

《史记》最早记载鬼谷子，司马迁与鬼谷子生活的年代相隔较近，根据苏秦、张仪谢世的年纪推测，最多也就一两百年，因此司马迁所记应当是比较可靠的。《史记》虽无鬼谷子传记，但是在《苏秦列传》中太史公记曰："苏秦者，东周雒阳人也，东事师于齐，而习之于鬼谷先生。"在《张仪列传》中也说张仪是鬼谷子的学生。另外，司马迁在《史记·太史公自序》中有一段引文："故曰，圣人不朽，时变是，虚者道之常也，因者君之纲也。"司马迁未注明出处，但是唐朝人司马贞在《索引》中指出："此出《鬼谷子》，迁引之以成其章，故称'故曰'也。"可见司马迁与司马贞都曾见到过鬼谷子的著作。

许多鬼谷先生遗迹尚在湖北当阳鬼谷洞附近。据《舆地纪胜》记载，此洞"即鬼谷子隐处"。今鬼谷洞外石壁上嵌有3块石碑，均系清光绪五年（1879）重修大仙洞的石碑记，其中有一段曰："清溪寺山后五里许，有大仙洞，系战国时鬼谷大仙披门仙师修真之所……残碑隐隐有字迹，（鬼谷庙）大约始于晋。"在鬼谷洞东南2千米处有棋盘山，亦名云梦山，据《当阳县志》称"传鬼谷子对弈处"。

综上所述，历史上究竟有无鬼谷子其人尚无定论，要揭开谜底，还需要充足的证据和深入的研究。

屈原为何投汨罗江

"长太息以掩涕兮,哀民生之多艰""路漫漫其修远兮,吾将上下而求索"——这些都是伟大的政治家、文学家屈原留下的光辉诗句。屈原是中国历史上第一位杰出的浪漫主义诗人。他忠君爱国,忧国忧民,一生都在与邪恶势力做不屈不挠的斗争。然而,当时楚王信任奸佞小人,屈原一次又一次地受到迫害。最后,楚都被攻破,屈原自沉汨罗江,谱写了中国历史上爱国主义的可歌可泣的诗篇。历史上一向认为屈原是殉国,然而关于其死因,后世除了这一看法外,还有许多其他的看法,所以屈原自沉汨罗江的原因也就成了一个让世人争论不休的谜。

清代的王夫之认为屈原自沉是为殉国。屈原哀叹自己的国都被攻破,国家被灭亡,人民颠沛流离,无家可归。昏庸腐朽的顷襄王又不能抵御强秦。眼看着自己的国家即将被灭掉,屈原无比的痛苦,于是便自己投进了汨罗江以殉国难。现代人郭沫若也坚持并发展了这种说法。他说,"屈原活到了六十多岁,他的流窜生活已经过了好久,然而他终究是自杀了。自杀的动机,单纯用失意来说明,是无法说通的。屈原是一位理性很强的人,而又热爱祖国,从这些推断来说明,他的自杀应该有更严肃的动机。顷襄王二十一年(公元前278)的国难,情形是很严重的。那时,不仅郢都被破灭了,还失掉了洞庭、王渚、江南。顷襄王君臣朝东北避难,在陈城勉强地维持了下来。故在当年,楚国几乎遭到了灭亡。朝南方逃的屈原,接连受到迫害。一定是看到了国家的破碎已无可挽救,故才终于自杀了。"

而姜亮夫等人则认为屈原之所以自杀是为了自己光明磊落的道德理想。诗人在自己的绝命词《怀沙》中庄严地说:"世界混沌没有人了解我,人心不能说啊。知道死亡是不能躲避的,因此希望不要吝惜它。明白地告诉君子，我将成为他们这一类人。"正是在这种"举世皆浊我独清，举世皆醉我独醒"的黑暗世界中，屈原才愤而投江，捍卫自己的高洁。不仅仅如此，坚持屈原自杀为"洁身"的人还强调，尽管屈原不是因为白起攻破楚郢都而"殉国难"，但他是激愤于昏君佞臣的不识忠良、祸国殃民才愤而投江的。这样的死，不是怯懦，也不是想要逃脱责任，而是以死来表明自己对邪恶势力的抗议。虽然他的死同样是出于对楚国前途和命运的担忧，但从最实质的意义上讲，他是为了自己的道德理想而死。

第三种说法是认为屈原在奸佞横行的楚国受到严重的迫害，不断被流放，但是他的忠君爱国之心，从来不曾泯灭。他没有办法使楚王觉悟，只好投水而死，希望以自己的死来唤起楚王的觉悟。这就是有些人的"尸谏"的看法。

当时楚怀王已死掉，顷襄王继位后变本加厉。屈原一直主张联合齐国抵抗秦国。但是这个时候的顷襄王早已忘记国土沦丧、父亲被骗客死异国的国耻家仇，反而与齐国断交，认秦国为好友；内部则骄奢淫逸，任凭奸佞弄权。就这样，全国上下内无良臣守备，百姓离心，外有虎狼之秦国，楚国已经面临着亡国的大祸。满怀救国济民之志的诗人受谗言而遭受罢黜和放逐，欲报国而无门。顷襄王最后一次放逐屈原时，屈原感到自己的报国之梦已经完全绝灭。诗人身心交瘁，他怒斥了楚王的昏聩，并写下了"不毕辞以赴渊兮，惜壅君之不识"的诗句，决心以死谏来震醒无能的庸君。

为了证明这一点，还有人在"尸谏说"的基础上，增加了屈原效法彭咸一说。屈原《离骚》中有"愿依彭咸之遗则"一句。据说彭咸是殷朝的贤良大夫，他劝谏君王而不被采纳，于是便投水而死。屈原既"愿依彭咸之遗则""将从彭咸之所君"，则暗示了自己最后在衰志不堪时，将选择投江道路，以死作最后的一谏。

除了以上3种分析，后世乃至当今文学界历史界还有人从屈原的心理倾向、政治人格等方面来讨论屈原死因。前者认为屈原充满了悲剧性的双重人格，这种人格精神必然使他发狂，从而必然走向悲剧。后者认为屈原崇圣和忠君的政治人格酿成了他自杀的悲剧，因而他的死实际上是一种"殉道"行为，也就是对理想的坚持。这些说法更多地吸收了西方精神分析的方法，与其说是分析屈原投江的原因，更多的不如说是现代人的一种文学上的分析，所以不足为后世广泛流传。

伟大的诗人投江自尽了，留给后世的是无尽的叹息。今人以各种形式纪念这位具有伟大情操的人物，因此无论从哪个角度分析屈原自沉汨罗江的原因，无论屈原自沉之谜何时能够解开，这位高尚诗人永远都是不朽的，亦将鼓舞更多的人。

李广为何难封

"但使龙城飞将在，不教胡马度阴山！"这是唐朝著名边塞诗人王昌龄的诗。诗中的"飞将"是指汉朝的将军李广。李广是一位颇具传奇色彩的人物，他一生征战无数，为汉王朝立下了累累战功。然而不知为什么，这样一个优秀的军事将领，又在那样一个帝王开疆拓土、以封侯赐爵奖励军功的年代，却始终没有得到封侯，后世遂有"冯唐易老，李广难封"一说，文人亦用以慨叹自己的命运。

李广为何终不能得封侯？

一说认为李广之所以不得封侯乃是因为"杀已降"。李广在世的时候，眼看着身边的大大小小的将领都已经封功授爵，而自己身经百战却始终身居下僚，心里感到十分疑惑。于是他找到"操望气之业"（相面）的王朔，请教说："自汉击匈奴而广未尝不在其中，而诸部校尉以下，才能不及中人，然以击胡军功取侯者数十人，而广不为后人，然无尺寸之功以得封邑者，何也？岂吾相不当侯邪？"王朔问李广平生可有憾事，李广自言说任陇西太守时，曾杀过已经投降的八百名羌人，这是自己最后悔的事。针对此，王朔说："祸莫大于杀已降，此乃将军所以不得封侯者也。"这个看法在日本史学界得到了相当多的人的赞成。但是这一说法明显带有强烈的唯心论色彩，且王朔不过是以李广之憾事来消除李广心中不得封侯的怨气罢了。国内持此说法的人不多。

明人董份认为，"广不能忘一尉之小憾，乃知功名不成，非特杀降也，亦浅中少大度耳，其不侯故宜"，认为李广是一个心胸狭窄的人，因此不得封侯。此说是以李广"杀霸陵尉"为依据的。史料记载李广曾因兵败而丢了将军的职位，被贬为庶人的李广一天夜晚回家路过霸陵亭。霸陵尉不予放行，李广手下的人说情道："这是过去的李将军。"酒醉的霸陵尉轻蔑地回敬道："当今的将军尚且不能夜行，何况过去的将军！"后来李广复职，很快就借故杀了霸陵尉。董份以此认为李广乃"少大度"之人，所以功名不成。

宋朝人黄震则以为："李广每战辄北，因踬终身。"即认为李广是一个常败将军，因此自然得不到封赏。司马光也持这种说法，认为当时的将军程不识虽然没有功劳，但是也没有失败，而李广却经常使军队陷于覆亡之境地，既然如此，当然不能封侯。但是这种说法显然是不合理的。做出此说的依据多是《史记》，但是司马迁写《李将军列传》的时候仅仅记载了李广一生中的几次战事，而不是说李广大小七十余战，一无战功。倘若李广屡战屡败，司马迁何以称他为"名将"，匈奴兵何以敬畏地称之为"飞将军"？

一说认为李广"治军不严"，所以受此冷遇。宋朝人何去非认为："自汉师之加匈奴，广未尝不任其事，而广每至败衄废罪，无尺寸之功以取封爵，卒以失律自裁者，由其治军不用纪律。"这种说法显然也经不起推敲，因为何去非显然忽略了李广本人小事上可能不拘一格，但是对征战大事还是肃审慎严的，并且他的部下也个个愿意为之冲锋陷阵。并且，所谓李广"治军不严"的说法，不过是和程不识的治军整严相对而言。而司马迁明确指出，李广和程不识一样都是好将军，不过是治军方式不同而已。

还有一种说法认为李广的不公平待遇乃是由于汉武帝的偏见和卫青的压制。李广数次征战失利，使汉武帝对他产生了偏见，觉得他"数奇"（即不吉利），不胜重任。所以李广最后一次出征时，汉武帝就嘱咐统帅卫青，不让李广居前夺首功。卫青也出于私心，让好朋友公孙敖出任前锋，代替了身为前将军的李广，致使李广失道触犯军律，遂自刎而死。这种说法从汉武帝时代的政治、军事上探索原因，视野较为开阔，但是依然有很多的疑点。

李广自杀前慨而言"岂非天哉！"王维亦在诗中感叹"卫青不败由天幸，李广无功缘数奇"，然而真的是一句"天意"就能解释了吗？李广悲剧的一生，犹让今人唏嘘着。"李广难封"之谜的揭开，也许能让人稍微释怀吧。

王昭君为何出塞

"千门万壑赴荆门，生长明妃尚有村。一去紫台连朔漠，独留青冢向黄昏。"这是大诗人杜甫写王昭君的著名诗句。王昭君是历史上的四大美人之一，西汉时出塞到匈奴。有关昭君出塞的史料，《汉书·匈奴传》和《后汉书·南匈奴传》等正史中都有所记载，但是，关于昭君出塞的原因，却一直是个众说纷纭的话题。

昭君出塞首见于《汉书·匈奴传》。该传记载说："竟宁元年，单于复入朝……自言愿婿汉氏以自亲。元帝以后宫良家子王嫱字昭君赐单于。单于欢喜……王昭君号宁胡阏氏，生一男伊屠智牙师，为右日逐王……复株累单于复妻王昭君，生二女，长女云为须卜居次，小女为当于居次。"昭君出塞后大约460多年，范晔在其《后汉书·南匈奴传》中又对此事做了进一步的说明，解释了昭君出塞的原因，说她入宫后多年未受召幸，因而心生怨愤，正当此时匈奴呼韩邪单于到汉宫求亲，于是昭君就向元帝求行，自愿合番。临行前，"昭君丰容靓饰，光明汉宫，顾景裴回，竦动左右"。元帝被昭君的美貌震惊，非常后悔，但是又没办法失信于匈奴，所以只好让她去了匈奴。范晔的这种说法基本上是一个完整的故事，指出昭君出塞的原因是她多年不得见幸于皇上，在怨愤的情况下自愿合番的。而后代文人在此记载和民间传说的基础上添枝加蔓，逐渐演化成一个个情节丰满的昭君出塞故事，而各种故事关于昭君出塞的原因又不尽相同。

比较常见的说法是昭君受奸人陷害不得不去匈奴。据说，汉元帝有很多的后宫佳丽，因此不可能常见到每个宫女。于是他让画工给各个宫女画像，按照画像选召宫女。宫女们为了能被皇帝召幸，不惜重金贿赂画工，希望把自己画得漂亮些。初入宫廷的昭君未得此道，又自恃貌美，不愁皇帝不召见。所以当画工毛延寿给自己画像的时候，她不仅没有贿赂毛延寿，相反还对毛的暗示加以讽刺。毛延寿很生气，所以就把昭君画得很丑。就这样昭君在后宫消磨了几年青春。

恰好这时候匈奴呼韩邪单于来朝，要求娶汉家女子为妻。元帝正愁无法抵御匈奴的侵犯，见呼韩邪单于来朝求娶，觉得正是开展和亲外交的好时机，立刻就赐其五名宫女。昭君久居深宫，寂寞冷清，积怨很深，于是她主动要求远嫁匈奴。汉元帝见有如此主动的宫女，马上就答应了她的请求。

辞行的大会上，昭君将自己盛装打扮，她的明艳动人令满庭佳丽黯然失色。元帝见到昭君惊叹不已，非常后悔，但是既然已经将她许给匈奴王，自然君无戏言，所以只好忍痛割爱，让她出塞和亲。但失去如此绝代佳人使他大为恼火，于是杀掉了索贿作弊的画工毛延寿。

据史载，昭君的和亲使汉匈关系从此和睦，边境安宁，百姓安居乐业。昭君本人也很受呼韩邪单于的宠爱，称其为"宁胡阏氏"，意思是说通过这次和亲，将与汉家建立永远和好安宁的关系。汉元帝也很高兴，下诏改元为竟宁元年，表示取得永久和平相处的局面。

这个故事描写了一个弱女子牺牲个人以保护国家，并且是在满怀怨愤的情况下远嫁塞外，因而昭君赢得了后世的同声叹息。但是这个带有唯美倾向的故事往往被认为是文人骚客抒发自己对君主不满的方式。并且有人查证，这个故事中的一些情节与史实是有出入的。

首先，匈奴经过汉武帝时期的征讨以及内部的纷争，势力已经大减。到汉宣帝时，呼韩邪单于曾两次到长安觐见汉皇，决心归依汉朝，协助汉朝征服保护边境，因此这个时候边境形势已经趋于和平安宁。等到汉元帝即位的时候边境已经安宁，这才是改年号竟宁的原因。并且正是竟宁元年时呼韩邪单于来朝求亲，说明并不是因为昭君的出塞使边境安宁。

其次，毛延寿索贿不成报复王昭君的说法，很可能源于笔记体小说《西京杂记》。这本书是由晋代好事的文人缀合而成的，成书时间距昭君时代有300多年。画工丑化昭君而被杀的故事本来是小说家言，而后世又将《西京杂记》中所列六名画工之首的毛延寿当作导致昭君悲剧的罪魁祸首，更是有附会的嫌疑。

第三种说法更为浪漫，颇似后来唐玄宗痛舍杨贵妃的情节。

这个说法说，才貌双全的昭君与汉元帝一见钟情，恩爱无比。而画工毛延寿获罪朝廷后逃窜到匈奴，向单于献上昭君的画像，并盛赞昭君之美貌。单于于是向汉朝强索昭君，并欲发动战争。元帝最后迫不得已，割爱送昭君出关。单于得到昭君后，对昭君宠爱有加，并主动与汉室和善，送解毛延寿归汉，为元帝所斩。后元帝因思念昭君，恹恹成疾，当年就死去了。两年后，昭君因不愿改嫁而保节自尽。后人对昭君出塞对边境安宁所作出的贡献推崇备至，写诗赞道："为救苍生离水火，甘教薄命葬烟尘""将军杖钺妾和番，一样承恩出玉关。战死生留俱为国，敢将薄命怨红颜"等，高度赞扬了昭君的忠君爱国精神。元代散曲家白朴曾有《汉宫秋》传世，大致采用此说，只是写昭君在去匈奴的途中，投水自尽，更为悲壮。

关于昭君出塞原因的说法，民间传说和史籍记载各不相同，有些不乏为后世杜撰的东西，因此可信度不高。但是由于史料没有对此作出明确记载，所以昭君出塞的原因依旧是一个谜。杜甫说"一去紫台连朔漠，独留青冢向黄昏"，也许，昭君的青冢只能在历史中继续诉说自己的故事了。

"闭月"之貌出谁家——貂蝉身世之谜

在古代四大美人中,最迷人的当属貂蝉了,因为她竟让英雄豪杰为之神魂颠倒;也数她最不可捉摸,因为人们至今还没有弄清楚她的本来面目。关于她的身世,主要有以下4种观点。

第一种观点认为她是王允的歌妓。王允,东汉太原祁县(今属山西)人,字子师。初为郡吏,灵帝时,任豫州刺史,献帝登基后任司徒。王允为了铲除董卓,想用美人计来达到目的。于是他想到了貂蝉,王允对她说明了其中情由及利害关系,并要求她助一臂之力。貂蝉按王允的要求,以她的美色挑起了吕布和董卓之间的矛盾,最后,利用吕布杀了董卓,为王允排除异己立下了汗马功劳。事成后,貂蝉在花园里为王允祈祷拜月,正巧此时有一片彩云遮月。王允见之曰:"貂蝉美色使月亮躲到云后面去了。"据此,后人都传说貂蝉有"闭月"之容。

第二种观点认为她是董卓的婢女。董卓,东汉陇西临洮(今甘肃省岷县)人,字仲颖。本为凉州豪强,灵帝时,任并州牧。昭宁元年(189)率兵入洛阳,废少帝,立献帝,专断朝政。曹操与袁绍等起兵反对,他挟献帝西迁长安,自为太师,后来为吕布所杀。据《后汉书·吕布传》载:"卓以布为骑都尉,誓为父子,甚爱信之。常小失意,卓拔戟掷之,布拳捷得免。布由是阴怨于卓。卓又使布守中阁,而私与侍婢情通,益不自安。"这段记载的就是凤仪亭掷戟之事。由此可知,貂蝉是与吕布情通的董卓婢女。

第三种观点认为她是吕布之妻。据《三国志·吕布传》注引《英雄记》载:"建安(汉献帝年号)元年(196)六月,夜半时,布将河内郝萌反,将兵入布所治下邳府,诣厅事阁外,同声大呼攻阁,阁坚不得入,布不知反将为谁,直牵妇,科头袒衣,相将从溷上排壁出,诣都督高顺营。"又载:"布欲令陈宫、高顺守城,自将骑断太祖(曹操)粮道,布妻谓曰:'宫、顺素不和,将军一出,宫、顺必不同心共守城也,如在蹉跌,将军当于何自立乎?妾昔在长安,已为将军所弃,赖得庞舒私藏妾身耳,今不须顾妾也。'布得妻言,愁闷不能自决。"这里描述的这位科头袒衣的妇人,就是吕布之妻貂蝉。

还有一种观点认为她是吕布部将秦宜禄之妻。据《三国志·关云长传》注引《蜀记》曰:"曹公与刘备围布于下邳,云长启公:'布使秦宜禄行求救,乞娶其妻。'公许之。临破,又屡启于公,公疑其有异色,先遣迎看,因自留之。云长心不自安。"从这段记载中可知秦宜禄的妻子是很有姿色的。另外,因为关羽先想娶其为妻,可是由于曹操"自留之",所以引起关羽的妒忌。他妒火中烧,一刀便把秦宜禄的妻子给杀了。元人杂剧《关公月下斩貂蝉》就是以此事创作而成。因此,秦宜禄之妻也成了传说中的貂蝉。

貂蝉作为四大美女之一,其红颜薄命委实令人悲叹。

曹操为何至死不称帝

"往事越千年,魏武挥鞭,东临碣石有遗篇",曹操是毛泽东笔下的风流人物。看一下曹操的一生,不管他自己怎么说,他是由不自觉到自觉地在一条通向帝王的道路上一步步前进着。如果说建安元年(196)前曹操在这方面的努力还只是一种不动声色的铺垫,那么从建安元年起,他就开始在这方面迈出了坚实有力的步伐。建安元年八月,曹操亲至洛阳朝见汉献帝,随即挟持汉献帝迁都许昌,将献帝变成了自己手中的一个傀儡和一张王牌,取得了"挟天子以令诸侯"的优势。献帝任命曹操为大将军,封武平侯,后来因为袁绍不满,曹操才将大将军的职位让给袁绍,自己改任司空,兼车骑将军,并从此开始主持朝政。

随着实力的增强,曹操对于朝政的控制也越来越严密,献帝的傀儡化程度也就越来越深了。

建安二十二年（217）四月，献帝诏令曹操设置只有天子才可使用的旌旗，外出时像皇帝那样，左右严密警戒，不让行人通行。五月，曹操修建了诸侯有权享受的学宫泮宫。六月，曹操任命军师华歆为御史大夫。十月，献帝诏令曹操像天子那样头戴悬垂有十二根玉串的礼帽，乘坐专门的金银车，套六马。同时，封长子五官中郎将曹丕为魏国太子。

就这样，曹操完成了夺取帝位和世袭权力的所有准备，在通向帝王的道路上，几乎已经走到了终点。曹操不但早已在事实上控制了朝廷的一切大权，使自己成了一个实际上的皇帝，而且在形式上，他也同皇帝没有什么两样了。曹操唯一没到手的，只不过是一个皇帝的名号而已。

事实上，曹操的代汉意图早就昭然若揭，但至死他也没有迈出最后的一步。他要把这最后一步让给自己的儿子完成。曹操为什么自己不称帝呢？主要考虑到以下几个方面：

其一，孙权劝他称帝是从自己的利益出发的。首先，孙权认为这样做可以获得曹操的信任，从而实现吴、魏之间的和解，自己就可以专心对付蜀汉。襄樊之役中，孙权为了从刘备手中夺回荆州，从背后袭击关羽，帮了曹操的大忙，但却得罪了刘备。吴、蜀之间长达十年的联盟关系就此结束，这时他比什么时候都更需要缓和同曹魏的矛盾，否则会陷入腹背受敌的不利境地。其实，孙权认为曹操如果真的称帝，拥汉派将会强烈反对，曹操因此陷入困境，减轻对吴国的威胁。因此，孙权阳奉阴违，曹操看穿了孙权的意图，不肯轻易上当。

其二，从当时形势看，如果贸然称帝，确实会给政敌和拥汉派势力一个舆论上的借口，使自己在政治上陷入被动。综观曹操的一生，内部的反对和反叛大都发生在他被封为魏公、魏王之后，就是最好的证明。因此，继续维持献帝这块招牌，对于安抚拥汉派，巩固内部，仍有不可忽视的作用。

其三，至少从建安十五年（210）起，曹操一再"自明本志"，说自己绝对没有代汉自立的意图，言辞恳切，说了差不多十年，现在如果突然改变主意，否定自己，对自己的声誉名节必然会造成不利影响，不如坚持把戏演下去。

其四，更重要的是，曹操是一个讲求实际的人，只要掌握了实权，虚名并不重要，"施于有政，是亦为政"一语，是他内心想法的真实写照。

此外，建安二十四年（219）曹操已65岁，年纪大了，估计自己将不久于人世了，这也可能是他不愿称帝的一个原因。

总之，曹操不当皇帝，是从策略上全面权衡得失后所作出的决定，是一种周密而明智的谋虑。

诸葛亮娶丑女为妻探秘

诸葛亮的名字家喻户晓，成为智慧忠贤的化身，他辅佐刘备共图大业，最终使蜀汉政权成了三国鼎立的一极。他的一生，奇闻逸事很多，"孔明择妇"便是其中之一。

诸葛亮不仅有才，而且相貌俊伟，据《三国志·诸葛亮传》记载，诸葛亮"身高八尺，犹如松柏"。但他却选了一位"瘦黑矮小，一头黄发"的丑女阿丑为妻，诸葛亮为何要娶丑女呢？传统观点认为，诸葛亮重才不重貌，是注重人的内在美。阿丑自幼才识过人，颇有心计，诸葛亮早在成婚前就有所耳闻。这不无道理，但并非全部。其实，诸葛亮娶阿丑，是出于一种政治上的考虑。《三国志·诸葛亮传》裴松之注所引《襄阳记》记载："黄承彦者，高爽开列，为沔南名士。谓孔明曰：'闻君择妇，身有丑女，黄头黑色，而才堪匹配。'孔明许，即载送之。时人以为笑乐，乡里为之谚曰：'莫作孔明择妇，正得阿承丑女。'"

另一种说法是诸葛亮家境贫寒，出身卑微，自幼丧父，少年时代便过着流离转徙的生活，吃尽军阀混战的苦头，深受强宗豪族的压迫。后来跟着在南昌做豫章太守的叔父诸葛玄生活。14岁时，叔父因官被削而投靠了刘表；17岁那年，叔父死了，他从此没了依靠，就在襄阳城西20里的隆中定居。他虽然住在乡下，但他不想无声无息地隐居一辈子，他时刻关心着国家的盛衰，有着为国家尽忠的抱负，怀着如此壮志雄心，他立志要登上政治舞台而建功立业。

这种政治上的考虑无疑会影响到诸葛亮的婚姻大事，甚至还牵涉到了家人的婚事。这也是为在上层站稳脚跟，以便今后一展宏图。为此，他在家庭婚姻方面，做了3件事：第一，他把姐姐嫁给了在襄阳地区颇有名望的首领人物庞德公的儿子，庞德公对其赏识备至，称他为"卧龙"，从此，他就在荆州站稳了脚跟。第二，诸葛亮为弟弟娶了在南阳地区数得着的人物林氏之女为妻。第三，也是最重要的，他自己择妇结亲，当然要服从既留荆州又能结交望族这一政治目的，这也就是诸葛亮在荆州而不到其他地方去的原因。所以，诸葛亮娶了那个丑女黄氏。

诸葛亮为何不怕众人耻笑，而娶丑女黄氏呢？换作别人也许他会犹豫，但是黄氏之女他就娶定了，一是因为黄承彦在当地有相当声望；二是因为黄承彦之妻蔡氏和刘表的后妻是姐妹关系，做了黄家的女婿，就攀上了刘表这门皇亲。

据《诸葛亮新传》记载：当黄承彦当面问及诸葛亮时，他当即"拜谢泰山"，一锤定音，把从未见过面的阿丑要了过来。他是无论如何也不会放弃这个"进身之阶"的。

从封建历史文化来说，贤妻、美妻、正妻要相夫教子，帮助丈夫治理家业，诸葛亮深受传统文化的熏陶，在自己的婚姻上，自然遵循"贤妻美妻"的风俗，而据《三国志》记载，诸葛亮其后确实又娶过一妾。但诸葛亮娶丑妇的动机仍有争论，待后人再研究探寻吧。

红拂女夜奔李靖之谜

关于"红拂女夜奔"一事，《虬髯客传》中有详细记载。

隋炀帝游幸江都,令司空杨素留守京城,全权负责京中的事务。一天,当时还只是一个穷书生的李靖来杨府求见,准备献给杨素一条治邦安国的策略。杨素一如既往,很傲慢地接待了李靖。李靖很恭敬地对杨素施礼,说道:"现在天下大乱,英雄豪杰纷纷造反,您是朝廷重臣,应时刻考虑如何收罗天下英雄,不应如此接待来客。"杨素这才严肃地起身,开始认真地与李靖交谈,非常高兴,仔细地听取了李靖的意见,然后退下。

在李靖侃侃而谈的时候,杨素身边一位非常漂亮的侍女,一边手执红拂,一边专注地看着李靖,当李靖告辞时,这位侍女靠近窗户急忙命人去打听一下来人叫什么名字,住在何处。李靖一一作了回答,侍女口中念叨着离开了。回到旅馆,当天夜里刚到五更时,李靖忽听有低低的敲门声。李靖起来问是谁,原来是位身穿紫衣、头戴帽子的人,还用手杖挑着个包袱。李靖忙问:"客人是谁?"那人回答说:"我是杨素府上执红拂的侍女。"李靖忙将她请进屋里。来人脱去衣帽,竟是位十八九岁的漂亮女子。她脸上没有脂粉,衣着华丽,对着李靖下拜,李靖惊讶地回拜。她对李靖说:"我伺候杨素已有很长时间了,见到的人也很多,可没有人能与你相比。常言说,菟丝、女罗附着于大树,才能生存,我一个弱女子,只能和它们一样,所以才跑来投奔你。"李靖说:"杨司空在京城权势无人可比,倘若让他得知,那怎么得了?"红拂女说:"他已经没有什么可怕的了,只是比死人多一口气而已,侍女们知道他不会有什么作为,很多人都已偷偷跑掉了,他知道了也不怎么追查。我行动得很周密,你就放心吧。"李靖问她姓什么,她回答说:"姓张。"问她排行第几,她说:"老大。"李靖这才仔细地端详这位女子,她的相貌,她的仪态,她的气质,她的言语,是那样的完美和谐,真是仙女下凡。他没想到会得到如此佳人,很是高兴,但转念一想,又有一阵恐惧袭上心来,心里焦虑不安,不断地窥视窗外,担心有人追来。

过了几天,已听到一些杨府查找红拂女的消息,但并不很紧急,红拂女仍然扮成一个男子,与李靖一起乘马冲出城门,奔往太原。

这便是一段著名的关于唐朝名将李靖的风流韵事。历史上倒是流传着一部《李靖问对》的军事著作，在宋朝元丰年间此书被列为武经七书之一。但关于此书的真伪历来争论不休。学者胡应麟、汪宗沂等人就说："《李卫公问对》，其词旨浅陋猥俗，兵家最亡足采者，而宋人以列《七经》，殊可笑。"（见于胡应麟的《四部正伪》）而又有学者马端临在《文献通考》中提出不同看法。他说："唐《李靖兵法》世无全书，杂见《通典》，离析讹舛……然晁、陈二家以为取《通典》所载附益之，则似即此书。然神宗诏王震等校正说既明见于国史，则非逸之假托也。"看来关于李靖兵书的著者问题至今还是个谜。

骆宾王下落之谜

以一句"试看今日之域中，竟是谁家之天下"而让武则天赫然变色的骆宾王，是初唐诗坛的活跃人物，为"初唐四杰"之一。这位四杰中年辈最长、阅历最多之人，其遗闻也最富有传奇色彩，其中他的下落至今仍旧是一个谜。

骆宾王一生壮志飘零，沉沦下僚。唐高宗仪凤四年（679）时，他被升任为侍御史，又因屡次向武则天上书言事而被诬下狱。在狱中，他写下"露重飞难进，风高响易沉"的千古名句抒发自己的悲愤。武则天称帝后，大肆斥逐李唐王室旧臣，并大量起用武氏家族成员。光宅元年（684），对武则天政权极为不满且自身仕途失意、郁郁不得志的骆宾王参加徐敬业发动的扬州兵变，被辟为艺文令。这其间，他起草著名的《讨武曌檄》。该檄文历数武则天的秽行劣迹和阴谋祸心，备述起兵的目的，申明大义。结尾处"试看今日之域中，竟是谁家之天下"，气势非凡，极富号召力。据说武则天看了檄文后，赫然变色，连忙询问檄文为谁所写。被左右告知是骆宾王后，十分惋惜，并说："这个人有这么大的才能，却流落到这个地步，这是宰相的过错啊。"惜才之心溢于言表。但是由于徐敬业武略不够，所以扬州兵变才三个月就遭到失败。唐人郗云卿在《骆宾王文集序》中记载道："文明（唐睿宗年号，684年）中，与敬业于广陵共谋起义，兵事既不捷，因致逃遁。"后来《新唐书·骆宾王传》沿用这个说法，也用"宾王亡命，不知所之"来描述骆宾王的下落。骆宾王的下落之谜由此而始。

在众说纷纭的说法中，流传较广的大体有以下几种说法：

第一种说法是说兵败后骆宾王被杀，《旧唐书·骆宾王传》《资治通鉴》《新唐书·李传》等书都如此记载。此说法认为，徐敬业兵变失败后，骆宾王等人准备入海逃往高句丽，抵达海陵时，遇到风浪受阻于遗山江中，骆宾王被徐敬业的部将王那相所杀，传首东都，并牵连家族。具体记载如《资治通鉴》说："乙丑，敬业至海陵界，阻风，其将王那相斩敬业、敬猷及骆宾王首来降。"另外，骆宾王的世交宋之问曾写过一篇《祭杜审言学士文》在这篇文章中，宋之问也说骆宾王"不能保族而全躯"，看来骆宾王不仅自身未保，而且家人乃至族人都遭到牵连而被杀。

第二种说法认为骆宾王在兵败后逃脱隐居，也有人说他是削发为僧。郗云卿在《骆宾王文集序》中所谓"兵事既不捷，因致逃遁"就是骆宾王并未被杀的证明。根据这种说法，兵变失败后，官军没有捕获徐敬业和骆宾王，他们害怕武则天会治他们的罪，因此以假乱真，杀了两个面貌酷似徐、骆的人，将其首级报送京师。事实上骆宾王和徐敬业二人均逃脱并在后来落发为僧。最早说骆宾王出家为僧的人是唐朝人孟棨，根据他的《本事诗》记载，宋之问有一次在杭州灵隐寺玩月赋诗，吟出两句："鹫岭郁岧峣，龙宫锁寂寥。"然而苦于没有佳句可续。正在这时，走来一位老僧，听罢宋之问的诗后，立刻说道："何不云：楼观沧海日，门对浙江潮？"并接着连吟十句诗完篇，句句精妙非凡，令宋之问惊叹不已。老僧吟罢一去不复见，宋之问再去拜访也没有找到他的影踪。后来宋向人打听这位老僧，得知此人竟是骆宾王。

还有人说骆宾王是逃匿于今天的江苏南通一带。根据明代人朱国祯《涌幢小品》所记载，明朝正德年间在南通城东发现了骆宾王的墓，墓主衣冠如新。这座墓后来被迁到了狼山，至今遗迹犹存。清人陈熙晋的《骆临海集笺注·附录》中还记载说，雍正年间有自称是李十七世孙的李于涛，他说他们家的家谱中记载说，扬州兵变失败后，骆宾王与徐敬业的儿子一起藏匿于邗之白水荡，后来骆宾王客死崇川，据说骆宾王的陵墓就是徐敬业的儿子修的。

第三种说法是说骆宾王投江水而死。唐人张鷟在《朝野佥篇》说："骆宾王《帝京篇》曰：'倏忽抟风生羽翼，须臾失浪委泥沙。'后与徐敬业兴兵扬州，大败，投江水而死，此其谶也。"就是说，骆宾王最终死于江水中。不过这种说法加入谶语之说，且没有资料加以旁证，所以并不广为流传。

现世对骆宾王下落的争论主要集中在前两种看法上，即兵败后骆宾王究竟是被杀死还是逃脱得生。主张骆宾王被杀的人认为，除了《新唐书·骆宾王传》说骆宾王"不知所之"外，其他所有的正史记载都说他是兵败被杀。而宋之问说骆宾王"不能保族而全躯"的那句话，则更是有力的证据，因为凭宋之问和骆宾王的亲密关系，宋的话是足可信的。至于孟棨《本事诗》所言宋之问与骆宾王在灵隐寺月夜联句一事，被指斥为荒诞不经。因为宋之问和骆宾王本是熟识的密友、世交，相逢时怎么可能会不相识？

与之针锋相对的，主骆生者认为，《本事诗》固然存有缺漏，但是这并不排除官军为邀功请赏而用假首级报送朝廷的可能性。同朝人郗云卿是奉诏搜缉骆宾王的遗文，他说骆宾王"因致逃遁"，必定是有所根据的，不可能信口雌黄。至于宋之问的"不能保族而全躯"，并不能作为骆宾王被杀的证据。因为宋之问是骆宾王的好朋友，他自然是熟悉骆宾王的，那么他可能是在辨认出报送京师的乃是假骆宾王的首级后才说的那句话。他可能说出真话吗？一来他要帮好友活命，肯定不能说真话；二来恐怕他也不愿意得罪送交首级的官军。所以，用宋之问的一句话作为骆宾王兵败被杀的证据，是难以站住脚的。

由于这些关于骆宾王下落的史籍记载的相互矛盾，这桩公案一直争论不休。何时能有定论？恐怕要等新的、确凿的材料出现后才可能知道。

李白死亡之谜

集诗仙、酒仙于一身的唐代诗人李白是杰出的浪漫主义诗人，关于他的死，后人有多种说法。概括起来，一种说法认为他是死于疾病；另一种说法则带有浓厚的浪漫色彩，那就是认为他死于"揽月落水"，即溺水说。

李阳冰为李白诗集写的《草堂集序》说李白是病死的，以后的碑碣著述多沿用此说。范传正的《墓铭》中即有"至今尚疑其醉在千日，宁审乎寿终百年"的文字。李白嗜酒成性，特别到了晚年，"狂饮"更是他生活中的一个重要组成部分，所以醉而致疾极有可能。晚唐诗人皮日休作《李翰林诗》（《七爱诗》之一），其中有"竟遭腐胁疾，醉魄归八极"的说法，明白地指出李白因醉得疾。郭沫若考证说，61岁的李白曾游金陵，往来于宣城、历阳二郡间。李光弼东镇临淮，李白曾决定从军，到了金陵发病，只得半途而返，此时李白处于"腐胁疾"之初期，估计当为脓胸症。郭沫若又说，他62岁在当涂养病，脓胸症慢性化，胸壁开始穿孔，成为"腐胁疾"，十一月卒于当涂。

《旧唐书》上则说，李白因为饮酒过度，引发疾病，而死于宣城。这种说法也有一定的道理，纵观李白一生，坎坷流离，经历曲折。爱酒，爱月，恃才而狂，傲视权贵。他才气冲天，却命运多舛。晚年穷极悲苦却又不甘寂寞，常感慨自己的一生。他胸怀大鹏之志，却只能听任命运之神的安排，发"中天摧兮力不济"的不堪、"白发三千丈"的幽怨，没奈何，只得呼酒买醉，可惜"举杯消愁愁更愁"，大量的酒精已经使他的肌体受到侵蚀损害，但他仍贪杯，直至病入膏肓而不可救药。推断其死因，人们认为他族叔李阳冰的话应该是可信的。

李白"溺死"说也有一定的依据。五代王定保《唐摭言》说："李白着宫锦袍，游采石江中，傲然自得，旁若无人，因醉入水中捉月而死。"宋代洪迈《容斋随笔》中记载类似，不过在前面加了"世俗言"三字。"世俗言"的意思是这是民间的一种出于美好的想象而产生的传说。值得一提的是，这种带有浪漫色彩的民间传说的出现，是在李白去世不久，而不是在王定保或洪迈的记述之时就已广为流传了。到了元代，王伯成编《李太白流夜郎》杂剧，其中有李白落水的说法。虽然艺术无法与现实等同，但其出处也有一定的真实性。

对于李白诗歌的爱好者来说，他们更愿意相信李白是"揽月落水"而死。因为他有许多诗是写月的，他把月亮看成是高尚皎洁的象征。所以人们愿意接受他的死与月亮有关之说。但李白究竟是因"揽月落水"而死，还是发病而死，只有诗人自己知道了。

李师师是否流亡到江南

李师师是北宋末年冠盖满京华的名妓。据说她不仅色艺双绝，而且柔肠侠骨，慷慨仗义。

与李师师有密切关系的当然是大宋皇帝宋徽宗。宋徽宗虽然治国无方，却是个工于琴棋书画、喜欢寻花问柳的风流天子。他久闻李师师芳名，就打扮成常人模样混出宫外，去一睹李师师这位旷世佳人的风采，从此一发不可收拾，成了李师师那里的常客，弄得汴京城内满城风雨，路人皆知这位风流天子的丑事。据说后来徽宗不满足于与李师师偷偷摸摸的情人关系，干脆公然接李师师入宫，"名正言顺"地册封为李明妃和瀛国夫人。李师师的"幸福生活"直至徽宗后来禅位给钦宗，她被逐出宫，废为庶人为止。

徽宗宣和七年即1125年冬天，金兵分东西两路南下，东路军直驱汴京，惊破了皇帝的美梦。软弱的宋徽宗连忙下诏书禅位给儿子钦宗，自己则顾不上他的李师师，躲进太乙宫，号为"道君教主"，过休闲生活了。第二年正月，金兵包围汴京，据说李师师献出了自己的家资给朝廷，以助饷抗击金兵。但钦宗继位后，为满足金人索取巨额赔款的要求，派人到处搜寻市民的钱财。靖康之年，尚书省奉圣旨曰："赵元奴、李师师，曾经抵应倡优之家，逐入籍没，如违并行军法。"就这样，李师师等京城名妓家产被"籍没"，李师师从此一贫如洗。这些在《三朝北盟汇编》上有明确记载。此后，金兵第二次围攻汴京，将徽宗、钦宗二帝及其后宫嫔妃俘掳北去，北宋于是终告灭亡。宋亡后，对于李师师的下落，各家的记载就大相径庭了。

一是殉节说。有一本佚名的《李师师外传》是对此叙述最为详尽的一篇。在这篇传中，说金人攻破汴京后，主帅扬言曰："金主知其名，必欲生得之。"后来，大汉奸张邦昌费了好大的周折，终于帮助金兵找到她，献给金营。宴席之上，李师师慷慨陈词，自称"告以贱妾，蒙皇帝眷，宁一死无他志"。又痛骂张邦昌等汉奸："你们这些人享受着高官厚禄，朝廷有哪些地方亏待了你们，反而做每件事都是为了斩灭社稷！"说完，用金簪刺喉自杀，没有死，又将金簪折断吞而死之。对于这一记载，清代曾有人表示相信，并且称赞李师师"慷慨捐生一节，饶有丈夫概"，清人黄廷鉴也称誉道："师师不第色艺冠当时，观其后慷慨捐生一节，饶有烈丈夫概，亦不幸陷身倡贱，不得与坠涯断臂之俦，争辉彤史也。"但是，大多数学者对这个说法不以为然或表示怀疑，认为不过是后人写的一个传奇故事。鲁迅也将这篇《李师师外传》编于"唐宋传奇"之列，且认为是南宋人所作。

二是出嫁说。有的书中说，李师师在汴京失陷后落入金兵手中并被俘虏北上，被迫嫁给一个年老军士为妻，耻辱地度过了一生。但是有的人认为，此说也不可靠，因为李师师在宋徽宗禅让后就被驱逐出宫。金兵攻破汴京掳走二帝和后宫的时候她已经当了道士，并不在金人求索的范围之内。

南宋时候，关于李师师下落何处，有另外一种说法，并且此说流传甚广,诸书所载也比较相近,这就是"南渡说"。《青泥莲花记》记载说,靖康之难后,师师辗转南渡,有人在"湖、湘间"见到过,已是"衰老憔悴,无复向时风态";《墨庄漫录》则说,李师师是流落到浙江一带,"士大夫犹邀其听歌",同样是"憔悴无复向来之态"。后来流落到湖、湘间,为商人所得。此说已经为学术界许多人接受。

然而,李师师其人到底结局如何呢?红颜自古多薄命,李师师到底只是一个贫贱的女子,她留给后世的,除了那些风流韵事,还有一个凄楚未解的归宿之谜。

抗金英雄岳飞死因探秘

岳飞(1103~1142),字鹏举,相州汤阴人,出身贫苦农民之家。联金灭辽时应募从军,曾在张所部任统制,并与王彦一起抗金。后随宗泽守东京,任都统。宗泽死后,他投身张浚部,并逐渐成为南宋重要的抗金将领,立下赫赫战功。建炎四年(1130),收复建康(今江苏南京);绍兴四年(1134),大败刘豫齐军,收复襄阳等六郡,封清远军节度使,后封为武昌开国侯,联络两河义军,部署北伐。绍兴八年(1138)底,他反对高宗与秦桧的议和,并上表提出"金人不可信,和好不可恃"。绍兴十年(1140),郾城一战,大败兀术统率的金兵主力,收复颖昌、郑州、洛阳等重镇。在抗击金兵的战斗中,岳飞率领的"岳家军"常常以一当十,勇往直前,声威大震,甚至金军中都流传着"撼山易,撼岳家军难"的悲叹。可是,就在收复中原即将实现的大好形势下,宋高宗赵构却连发十二道金牌,下令收兵。岳飞挥泪含恨退兵,不久以"莫须有"的罪名和他的儿子岳云及部将张宪被毒死于"风波亭"。

直到孝宗即位,冤案平反,岳飞墓才迁至景色秀丽的栖霞岭下。岳飞墓前铸有四个跪着的铁人,其中就有当时南宋的宰相秦桧夫妇。几百年来,到此悼念岳飞的人们都要唾骂奸臣秦桧。岳飞为秦桧所害,这似乎已成为不容置疑的铁案。

但是，事实上杀害岳飞的元凶并不是秦桧，秦桧只不过是这个元凶手下的一个鹰犬！

第一，秦桧没有杀岳飞的权力。有人指出，当时秦桧虽然很受高宗的信任，但还没到摆布高宗地步，因此也不能为所欲为地恣意铲除异己。绍兴九年（1139），秦桧正积极对金议和，枢密院编修官胡铨上书反对，并请求皇帝"斩秦桧之头挂诸街衢"。秦桧对此人恨之入骨，但也不敢任意杀害他。由此可知，对战功赫赫的岳飞，他更不可能擅自处置了。

第二年，金兵违背和议，一举攻占了河南地区，秦桧惶惶不可终日，生怕高宗因此迁怒于自己的议和政策，他此时惶恐不安，正是自保不足的时候，因此，他没胆量背着高宗杀害岳飞。需要说明的是，岳飞的狱案又称作"诏狱"，程序严密，外人无法插手。这样，即便秦桧权力再大，公开"矫诏"杀人也是不合情理的。

第二，秦桧及刑部主审岳飞一案，曾上书定岳飞、张宪死罪，但并没有定岳云死罪。可上书高宗后，岳云也没能幸免于难。由此可见生杀大权还是在高宗之手。

第三，秦桧死后，高宗为秦桧制造的许多冤假错案平了反，但唯独对岳飞一案不肯昭雪，而且对许多大臣申请为岳飞平反的奏折不予理睬。

这一切都足以证明，高宗才是杀害岳飞的元凶。

高宗出于什么原因要害死自己倚为军事支柱的岳飞呢？而且宋太祖赵匡胤曾传下秘密誓约，规定后世子孙"不得杀士大夫及上书言事人""子孙有逾此誓者，天必殛之"。在北宋历朝，这条誓约执行得非常严格，高宗为何敢违约破例？这在认为高宗是杀害岳飞元凶的学者中存在着争议。

有的学者认为"帝之忌兄，而不欲其归"。高宗眼见岳飞一心要"迎二圣"，而徽、钦两帝一旦回来，自己的皇位就不保了。他害怕中原光复，因而杀了岳飞。

另一部分学者则认为并不是"迎二圣"。高宗杀岳飞，主要原因是怕他在外久握重兵，跋扈难制，危及自己的统治，对武将的猜忌和防范，是赵宋王朝恪守不渝的家规。只要武将功大，官高而权重，就意味着对皇权构成威胁。岳飞个性刚强，"忠愤激烈，议论不挫于人"，不容易与人合作，绍兴七年（1137），他上书奏请高宗立储："乞皇子出阁，以定臣心。"同年，他又因守母丧，未经高宗批准便自行解职，把兵权交给张宪。这两件事犯了高宗的大忌。再加上高宗曾在金营做人质，又有从扬州南渡等惊险经历，对金兵始终心存恐惧。对战争前景，他既怕全胜，又怕大败。胜则怕武将兵多，功高而权重，败则怕欲为临安布衣而不能。他想当个安安稳稳的太平皇帝，因此一心求和。所以，秦桧利用岳飞部下的告密来证明岳飞的跋扈，正好迎合了高宗害怕岳飞立盖世之功、挟震主之威的心理，加上岳飞又是反对和议最强烈的主战派，故而下令杀了岳飞。

陆游与唐琬爱恨离愁之谜

　　陆游是南宋的爱国诗人，在文学创作上的成就一直受到后人的高度赞誉，那首《示儿》中"王师北定中原日，家祭无忘告乃翁"的爱国情怀和悲愤至今还让人唏嘘不已。因为陆游一生坚持抗金主张，因此也屡次遭到统治者集团投降派的打击，政治上郁郁不得志；同时，陆游的感情经历也很曲折，他早年的那首《钗头凤》词背后的凄婉的爱情故事一直被后人传诵着。

　　"红酥手，黄縢酒，满城春色宫墙柳。东风恶，欢情薄，一怀愁绪，几年离索。错！错！错！春如旧，人空瘦，泪痕红浥鲛绡透。桃花落，闲池阁，山盟虽在，锦书难托。莫！莫！莫！"

　　《钗头凤》是陆游写给表妹唐琬的。绍兴十四年（1144），不满20岁的陆游与舅舅的女儿唐琬结为夫妻，婚后两人的生活甚是美满。然而让人疑惑不解的是，陆游的母亲竟然对自己的内侄女非常不满，先是百般挑剔和刁难，最后甚至蛮不讲理地逼陆游和唐琬离婚，硬将一对恋人拆散。接着，陆母又让陆游另外娶了自己所中意的王氏女，唐琬也迫于家长之命改嫁给同郡的赵士程。

时隔10年，这个春天陆游到故乡禹迹寺南的沈家花园游玩，恰好唐琬和后夫赵士程也到此游玩。陆游看到了唐琬，想起了别后10年来消息的隔绝和人事的变迁，难以消散的伤痛又在心中涌起，于是提笔在墙上题了那首悲痛绝伦的《钗头凤·红酥手》。"错！错！错！"和"莫！莫！莫！"的悲叹中包含着多少心酸！唐琬看到这首词后，心中的愁苦也是不言而喻的，回到家以后，也和了一首词，不久就郁郁而终。

这一幕婚姻悲剧，成为诗人心底不可平复的创痛。即使后来时过境迁、一切已是旧迹，但陆游总是无法忘掉它。即使是在晚年时，每当年底，陆游总还要登上禹迹寺的楼上眺望，并写了很多诗抒发自己心头的隐痛。比较著名的是陆游75岁时候写的诗："池上斜阳画角哀，沈园非复旧池台。伤心桥下春波绿，曾是惊鸿照影来。梦断香消四十年，沈园柳老不吹绵。此身行作稽山土，犹吊遗踪一泫然！"此时已经距离唐琬逝世40余年，陆游却依旧如此伤感！读来犹让人潸然泪下。

面对这样一个悲剧，人们不禁猜疑：既然陆游与唐琬志趣相投、婚姻美满，陆游母亲为何反而会逼着儿子离婚？最早的一则记载陆游、唐琬悲剧史料《耆旧续闻》中只是简单地记载二人的婚姻悲剧，并没有明确说明陆母不喜欢唐琬的原因。在这之后，刘克庄在《后村诗话》中说，陆游的父母担心陆游因沉溺儿女情而荒废学业，所以才逼迫儿子离婚。但是这种说法仅仅是一种推论，没有实际的证据加以证明。

陆游第一次应考失败，当时是18岁，还没有和唐琬结婚。如果陆母果真有那么崇高的精神境界，为什么要让儿子年纪轻轻、且刚刚落第时就急急忙忙地娶妻？陆游第二次应试本来是名列第一的，但是当时权贵秦桧弄权，陆游因为触怒了秦桧而被贬黜落榜。这时陆游是29岁，唐琬早已经被离弃，甚至陆游与续娶王氏所生的长子已经有5岁了。可见，陆游科场不利，与唐琬的婚姻没有任何的关系，唐琬在这方面是不应该受到任何指责的。由此说陆游的父母是为了国家、民族的利益、为了陆游的前途和事业而逼自己的儿子离婚，是不足以服人的。

陆游曾经有一首诗名为《夏夜周中闻水鸟声甚哀，若曰"姑恶"，感而作诗》。有人根据此诗推测说，唐琬婚后一直都没有生孩子，而老夫人弄孙心切，又听信了别人的谗言，于是便逼迫儿媳离婚。但是单纯地从陆游的诗词中的某个字句来推断陆游夫妻二人被逼分散的原由还缺乏充分证据。

另外有一种说法认为，唐琬嫁到陆家后，由于不通人情世故，礼节不周，因而使老夫人对她很不满意。后来陆游考试落榜，陆游的父亲也因为主张抗战而触怒了秦桧被革职，悒郁而死，这都给了陆游母亲以很大的刺激。而唐琬是一个心胸豁达的人，对公公的死没有行诸于颜色，陆母当然很不高兴。而一个偶然的机会让陆母老夫人遇见了王氏女，王氏女的端庄孝顺让陆母非常满意，归来后她便强迫儿子与唐琬离婚，以"不孝翁姑"为理由休弃了唐琬而娶王氏。当然这种说法也是有很多疑点的。比如说陆游和王氏结婚的时候在二十三四岁，而陆游父亲去世是在这之后，这时候唐琬早已经离开了陆家，怎么可能有前文所说的"遇见公公死不行诸于颜色而得罪婆母"之事？

不管怎么说，在这个婚姻悲剧中，陆母的责任是不能推卸的。在那样一个讲究"孝道"的社会中，陆母可以行使自己封建家长的威严命令儿子，那么所谓"欲加之罪，何患无辞"，她的目的是达到了。至于她究竟为何硬要拆散儿子和唐琬，陆唐二人的悲剧之因究竟为何，还有待于后人根据史料进行进一步的研究。从这样一个谜案，人们也看到了封建社会婚姻制度的残酷，陆唐二人悲悲切切的爱情，有情人终不能成眷属，犹令今人感叹。

明代名臣刘基死亡之谜

刘基，字伯温，明朝开国功臣，朱元璋认为他能与张良、诸葛亮、王猛相比。当群雄角逐之秋，朱元璋如鱼之不可离水一般信任刘基。1367年朱元璋建立政权机构时，便任刘基为御史中丞。洪武元年（1368），朱又在《御宝诏书》和《御史中丞诰》中说他有经天纬地之才，能决胜于千里之外。

但是，当朱元璋当了皇帝以后，刘基在朝中时常受到排挤和打击，尤其受到李善长、徐达等淮河西集团的打击，屡受挫折，处境艰难，后来又被"钦赐"还乡，最后竟暴死于家中。

早在洪武三年（1370）七月，朱元璋在给刘基的《弘文馆学士诰》中，用极不客气的话讥讽刘基在这么大把年纪的情况下，不回家抚育儿女，却仍恋恋不舍地留在他身边，想激他引退，显然这时朱元璋已厌弃刘基。这年十一月，朱元璋大封功臣，只封刘基为诚意伯，食禄只有二百四十石，而李善长则封为韩国公，食禄四千石，其中的分歧之大，显而易见。

洪武四年（1371）正月，朱元璋任命汪广洋为右丞相，胡惟庸为中书左丞，同时赐刘基告老还乡。二月，刘基第二次回到青田。

可是，刘基在家仍不得安稳。当初，刘基请求在浙闽之间一片名叫"淡洋"的空旷地带设立巡检司，恰好碰到逃军造反。刘基派长子刘琏入京报告朱元璋，没有先通知中书省。胡惟庸以左丞掌中书省大权，心中一直怨恨刘基以前反对自己做丞相，此时遂乘机报复。他指使刑部尚书吴云派人陷害刘基，说淡洋之地有王气，刘基想占为己有作为墓地，百姓反对，他便请设巡检司，结果激成事变。这无异于谋篡，于是朱元璋削夺了他的俸禄。从朱元璋后来的《钦赐归老青田诏书》来看，朱元璋对胡惟庸深信不疑，认为刘基不可饶恕。

刘基明白，沉默是金就是最好的选择。为了消除朱元璋的疑忌，他立即回到京师，不作任何辩解。

洪武六年（1373），丞相汪广洋被贬广东，胡惟庸为相，独掌中书大权。刘基对此感到忧愤不已，还因此得了一场病。

正在这时，据《诚意伯刘公行状》载，洪武八年（1375）"正月，胡（惟庸）丞相以医来视疾，（刘基）饮其药一服，有物积腹中如拳石。公遂白于上，上亦未之省也，自是疾遂笃。三月，上知公且不起，御制文遣使驰驿送之归"。不久，刘基便含恨去世。

5年以后，御史中丞涂节揭发左丞相胡惟庸与御史大夫陈宁谋反时，刘基暴死的秘密才公开。原来，是胡惟庸指使他带的医生在药中下了毒。刘基死后不久，他的长子刘琏在江西参政任上也被胡惟庸的党羽所逼，跳井自杀，死时只有32岁。洪武二十一年至二十三年间，刘琏之弟刘璟按父亲说的进京，朱元璋曾多次当面对他说，是胡惟庸一党害死了他的父亲和哥哥。

胡惟庸正月探视刘基，刘基三月病重还乡，四月死去，可知胡下的是慢性毒药，以此不被别人察觉。但此事是否与朱元璋有关，不得而知。因为，朱明知胡、刘二人如水火不容，却仍要派胡去看望刘基。刘基服药病得更重，向朱元璋反映情况时，他为什么不加以调查？朱赐刘基归老青田的诏书中为什么又说"君子绝交，恶言不出"，并把刘比作恋恋不舍旧巢的鸡？刘基死时，朱为何不加怀疑而后又说得这样肯定？胡惟庸探病，本为朱元璋所派，为何《明实录》和《行状》于洪武八年条内却对这一情况不加记载，莫非有所忌讳？所以钱谦益以历史学家的笔触暗示朱元璋有授意或者怂恿胡害刘基的意思。

也还有人认为刘基长期体弱多病，40岁时便已"齿脱头童"（见刘基的《落郑子亨问齿》）了，因此刘基"寿终正寝"的可能性很大。

不论刘基死因如何，总有一点是可以肯定的，他死于明初统治集团内部的斗争。

郑和为何下西洋

郑和，我国乃至世界航海史上最出色的航海家之一。明朝永乐三年（1405）至宣德八年（1433）的29年间，他奉明成祖朱棣之命，7次下西洋，先后到达非洲、亚洲两大洲的30多个国家和地区，最远到达非洲的东海岸，创造了远程航海史的壮举。可惜当年郑和航海的全部档案都被当时的兵部侍郎刘大夏付之一炬，后人难以对郑和航海的史料加以详细考证，于是就有了关于郑和航海的诸多谜案，其中一直让后世学者疑惑不解的是郑和下西洋的动机。人们的问题是：郑和为何下西洋？朱棣称帝后为何忽然将目光转向了茫茫大海？

关于郑和下西洋的第一种说法是认为郑和远航乃是奉明成祖朱棣之命，寻找建文帝。

众所周知，明成祖朱棣是通过谋反登上皇位的。当初建文帝朱允炆为了巩固皇权，相继废削了握有军政大权的周王、齐王、代王、岷王等藩王的职权。燕王朱棣唯恐自己被废，并且他对皇位觊觎已久，早就不甘心让自己的侄子为帝，所以就借口"朝无正臣，内有奸恶"，起兵谋反，号称为"靖难"。战争持续了4年之久，朱棣取得了最终胜利，登上了皇位，随即将都城迁至北京，称明成祖，改年号为永乐。就在朱棣大军攻破南京城时，建文帝朱允炆在一场大火中下落不明。虽然朝廷宣称建文帝已经在大火中丧命，但是朱棣心里明白这只是为了安定民心的做法，建文帝实在是"不知所终"，甚至他一直怀疑建文帝已经出逃。这种推测自然让有"篡位"之名的朱棣不得心安，为了彻底除去建文帝卷土重来的可能性，他多次派人四处秘访建文帝的下落。郑和就是朱棣派出寻找建文帝下落的一支。近年来，有学者考证说，为了寻找建文帝，郑和不但下西洋，而且3次东渡扶桑，到日本去过。

第二种说法说寻访建文帝最多不过是郑和远航的一个附带任务，说他是"专程"寻找建文帝踪迹则不合情理。他们认为郑和的远航有军事目的。如《明史·郑和传》说郑和远航"欲耀兵异域，示中国富强"；近代学者梁启超说，郑和下西洋是"雄主之野心，欲博怀柔远人，万国同来等虚誉"；尚钺在《中国历史纲要》中也指出，郑和下西洋"大概是想联络印度等国抄袭帖木儿帝国的后方，牵制它的东侵"，从而保证明朝的安全。而以郑和航海时的巨大规模，势必也能够实现这个目的，因为在郑和远航的15世纪，世界范围内还少有如郑和船队那样大的规模和气势，船队所展示出的强大的军事实力足以震慑异域。

第三种说法认为郑和航海以经济目的为主。明成祖为了增加财源，弥补财政亏损，派郑和出海远航。史实表明，郑和的船队与其所到之处的居民开展了很多的经济贸易，不仅满足了明朝官方对外贸易上扩大市场的需求，而且沟通了西洋大国对明朝的"朝贡贸易"，收效甚好。并且有史料表明，明代的中国已经被纳入世界贸易体系，与亚洲、非洲的几十个国家都有贸易往来，不但明朝官府、周边国家，甚至连沿海官绅、百姓都从中获得了巨大的经济利益。鉴于这样总体的经济环境，说郑和远航是出自经济目的是有一定根据的。

第四种说法认为郑和航海以政治目的为主。朱棣知道自己有篡位的坏名声，所以在他登基后积极采取各种措施来塑造一个好君主的形象。郑和下西洋的巨大规模向外界展示了自己所统治的国家的恢宏气势，这正是朱棣造成万国来朝的盛世局面以稳固政权的方式，并且也借此瓦解政敌势力。学者根据史料分析，郑和前三次航海，与东南亚、南亚沿海诸国建立了友好关系；后四次则向东亚以西的未知世界探访，开辟了新航路，使海外远国都"宾服中国"。也就是说，郑和远航已经达到了朱棣的既定目标。此外也有人说，郑和下西洋是政治和经济的双重目的，是"一箭双雕"的行为。

第五种说法则认为上述的诸种说法都有失偏颇，他们认为郑和下西洋是有阶段性的目的的。前三次的目的大致有三：一是追寻传说中逃往海外的建文帝的下落；二是镇抚海外的臣民，同时也是为了炫耀国威；三则是为了扩大海外贸易，沟通与南洋诸国的联系，保持南部海疆的和平。之后的四次下西洋，更多的则带有探险和猎奇的性质。朱棣是一个雄心勃勃的人，对南亚以西的未知世界很感兴趣，同时也想让他们对自己所统治的明王朝有更多的认识，因此派郑和开辟新航路，让海外诸国"宾服中国"。

尽管有这么多关于郑和远航原因动机的推测，但是至今并没有真正的结果。一个大陆国家为何要进行如此大规模的远程航海，也就在刘大夏对史料的"付之一炬"中成了千古难解之谜。

唐伯虎点秋香之谜

明代吴中才子唐寅，字伯虎，号六如居士。他恃才孤傲，放浪不羁，每每遇到开心之处，则纵情开怀，放浪形骸。民间就流传有"唐伯虎点秋香"的故事。

唐伯虎的确曾为一个女子隐名为佣。这在《中国野史大观》中有记载，但只不过这位女子并非叫秋香，而叫桂华，是当时锡山华虹山学士府中的一名女婢，深得华夫人喜爱。唐伯虎对她一见钟情，因而以一才子屈身为佣，最终赢得了美人归。所以说，"唐伯虎点秋香"可能就是唐伯虎赚妻桂华这一故事的演变，唐伯虎没有点秋香，但是点了桂华。

一天，唐伯虎出去游玩，碰见了在华府为奴的桂华，对她一见钟情。从此唐伯虎怎么也摆脱不了那个漂亮女婢的身影，最终想到一个办法，就是到华府隐名为佣，改名华安伺机而动。

他到华府先为伴读。结果一手好文章让华学士对他刮目相看，将他留为亲随，掌管文房。一应往来的书信，均令华安处理，没有不合华学士心意的。因此，华学士对华安更加器重，恩宠有加。

不久，掌管华府典铺的主管不幸病逝，华学士便让华安暂时先代管其事，掌管典铺。华安不负所望，典铺的出纳账目有条有理。华安的工作也特别小心谨慎，秋毫无私。

华学士非常满意华安的工作，意欲将其升任为典铺的主管。但唯有一点使华学士不很放心，华安眼下尚是孤身一人，没有妻室，万一哪一天他一走了之的话，委任其主管这样的事务，岂不是有点儿用人不当？

华学士觉得眼下这样还很难对华安委以重任，必须等到华安有了妻室，心真正安定下来才好，于是找媒婆，商议起为华安择偶婚配的事情来。

最终，华安和桂华终于在华学士及其夫人的鼎力帮助下，拜过花堂，适时完婚。婚后二人情投意合，恩爱日深。

其实，早在20世纪80年代就有人指出唐伯虎并没有点过秋香，如苏州市文联段炳在《光明日报》上写过：唐寅并未自称过"江南第一风流才子"，未点过秋香。唐在29岁时的科场冤案过后，本想以"功名命世"的他变成了一个"春光弃我竟如遗"的感伤者，变成了一个"猖狂披髦卧茅衡，万里江山笔下生"的失意者。在这种潦倒落魄的窘境里，曾经自谓"布衣之士"的唐伯虎决不会说出"江南第一风流才子"之类自大之语的，更无心去干什么三笑点秋香之事。

因此到底真相如何，也就不得而知了。

戚继光斩子了吗

"封侯非我愿，但愿海波平"，这是明朝著名的军事将领戚继光的诗。人们永远都不会忘记这位将领在反抗倭寇的历史中的光辉业绩。

戚继光出身将门，世袭登州卫指挥佥事，长期在山东、浙江一代担负抵御倭寇的重任。从小就目睹倭寇对沿海人民残酷蹂躏的他，对倭寇充满刻骨仇恨。他立志要荡平倭寇，拯救黎民于水火之中。那句"封侯非我愿，但愿海波平"正是他非凡抱负和坦荡胸襟的真实写照。

明朝历史上的倭寇，不同于一般的海盗，他们往往都是有着严格纪律的军事组织。要战胜这些倭寇，只有更加严格的纪律才行。戚继光就是一个以严于治军而闻名的军事将领。他经常以岳家军为榜样，对士兵进行教育，并且坚持与部下同甘共苦。历史记载，戚继光的军队号令严，赏罚信，因此所向披靡，威震四方。"戚家军"对于倭寇来说，无异于让他们丧魂落魄的"丧钟"，却是国家和百姓的救星。

这样的一支钢铁军队哪里是一朝一夕就能铸造成的？戚继光必然要为此付出沉重的代价。最为典型的，就是浙江、福建一带盛传的戚继光斩子的种种传说。

关于戚继光斩子的说法史籍多有记载。如福建《仙游县志》记载："戚公至莆田，将出师，烟雾四塞，其子印为先锋，勒马回，且求驻师，公怒其犯令，杀之。"年代比戚继光稍晚的沈德潜也曾说过："戚继光斩子……此军法所不贷，不得已也。"清代《四库全书总目提要·子部·兵家类存目》中还收录了戚继光自己所写的《纪效新书》，其提要曰："第四篇中一条云，若犯军令，便是我的亲子侄，也要依法施行，厥后竟以临阵回顾，斩杀长子，可谓不愧所言矣，宜其所向有功也。"

看来戚继光斩杀自己的儿子是因为此子在战场上临阵回头，违反了戚继光制定的军纪，所以戚继光怒而杀之。连自己的儿子违纪也毫不例外地受到严惩，如此严明的纪律，也无怪乎戚家军屡战屡胜了。

深究其细节，史籍记载说戚印"临阵回顾"，对戚印如此做法的原因，除《仙游县志》中所说的"烟雾四塞，其子印为先锋，勒马回，且求驻师"外，后人还有多种其他看法。有人说，戚印原本奉命诈败，以诱敌深入，但在战场上看到形势大好，杀敌心切的他便不肯诈败，与敌人进一步交锋。虽然最后大胜，但是他的自作主张还是违反了戚继光的命令，因此被戚继光斩杀。有人说戚印奉命出征，途中得知敌军数倍于己，恐怕寡不敌众，决定暂时回军，此举为戚继光所不能容许，因而被斩。还有人说，戚继光有军令，不许在战斗中回顾或退回，但此次战斗中戚继光因为战马中流矢而落马，戚印担忧父亲的安危，回马探视，结果乱了行列，差一点使战斗失利，因此戚继光回到军营后依法斩子。

戚继光斩子之说在民间有很大的影响，浙江省临海市至今还有纪念戚印的"太尉庙"，福建省福清市也有"思儿亭""相思岭"等古迹。

但是，有人认为戚印是否真的存在还是一个问题，认为所谓戚继光斩子很有可能是被后人杜撰出来的，是为了赞扬戚继光严明的军纪。郭沫若就持这种看法。

首先，查证正史，至今没有发现戚继光斩子的记录。所有对戚继光的事迹有明确记载的正史如《明史》、尹璜《罪惟录》、董承诏的《戚大将军孟诸公小传》、汪道昆的《孟诸戚公墓志铭》等书都没有提及过此事。《明史·戚继光传》说"继光为将号令严，赏罚信，士无敢不用命"，但此书虽然认为戚继光与同为当时名将的俞大猷相比"操行不如，而果毅过之"，但是也同样找不到戚继光斩子的痕迹。而戚继光斩子是严明军纪的表现，绝非是见不得人的，所以这些典籍不予收录的原因当不是为了隐讳什么，而是根本就不存在这个故事。

其次，此事与戚继光的《年谱》有颇多不合之处。天启壬戌年（1622），戚继光的几个儿子编订了年谱。这本年谱对戚继光的事几乎是有闻必录，但是却没有有关斩子的蛛丝马迹。从《年谱》中还可以了解到非常重要的一点：戚继光于嘉靖二十四年（1545）与王氏结婚，即使婚后立即得子，到他于嘉靖三十四年（1555）赴浙江抗击倭寇时其子也不会超过16岁，16岁或许可能随父从军，但是怎么可能充当先锋？史载，戚继光在他死前半年之时，还曾经建立孝思祠祭祀其历代祖妣，在他自己撰写的《祝文》中，有"今有五子一侄奉承蒸尝"的话。这"五子"是指祚国、安国、昌国、报国、兴国，此五子中长子祚国也是在1567年出生的，当时戚继光在闽、浙的抗倭已经结束有一年左右的时间，即戚继光在南方抗倭的过程中是没有儿子的。还有史料记载，戚继光在福建抗击倭寇时，曾在1563年到兴化九鲤湖祈祷九鲤仙，祈祷的内容之一就是"续嗣之忧"。如果当时他已经有可当先锋的长子戚印，又怎会有此祈祷？这一条史料也可以证明当时确实戚继光确实没有儿子。

从以上的分析无疑可以得出结论，即戚继光并没有戚印这个儿子。从"戚印"这个名字与戚继光诸子的显在区别也可以看出，戚印最多也不过是戚继光的一个义子。

戚继光斩子一事真耶？假耶？此谜还需更多的史料来求证。但毫无疑问地，无论真假，人们对戚继光将军的怀念是真的，人们对这位被"父"斩杀的"戚印"所寄托的也并不是谴责，而是对其的同情，所以后世才有"思儿亭""相思岭"等古迹的产生。

袁崇焕被杀之谜

袁崇焕是明朝末年主持抗击后金的著名将领。明朝末年，后金军队进攻明朝，袁崇焕率领部队东征西战，曾一度收复辽东失地，沉重打击了后金军队，为保护明朝立下了汗马功劳。然而就是这样一位杰出的军事将领，却在崇祯二年即1629年的十二月被崇祯皇帝逮捕下狱，第二年的八月被杀害。袁崇焕为什么会被崇祯帝杀死？他究竟犯了什么罪使得崇祯帝如此发怒？这一直是历史上被人关注的问题。

一般的看法都认为，有功之臣袁崇焕之所以被崇祯帝所杀，是因为崇祯帝听信了阉党余孽的诬告，中了皇太极的反间计。也就是说，袁崇焕是被崇祯帝误杀的。明朝与后金军队开始作战的时候，后金军队在关外两次被袁崇焕军击败。后金军队领教了袁崇焕的厉害后，于崇祯二年避开了辽东防线，转而绕道进攻北京，这就是历史上的"己巳之变"。袁崇焕闻讯快速回京师援助，在北京城下再一次痛击后金军队。后金军再次吃了袁崇焕的苦头后，皇太极深知，如果不除掉袁崇焕，进取中原是不可能实现的，于是他心中顿生一计。这就是"反间计"。

早在后金军进攻北京的时候，朝中就有人散布流言诬陷袁崇焕，说袁崇焕是有意引金兵深入，目的是为了结城下之盟。这些流言使崇祯帝疑心大起。关于皇太极施行的反间计，蒋良骐《东华录》有详细的记载，文中说，开始的时候后金军队抓获到明朝的两个太监，命人严密看守。这时候副将高鸿中和参将鲍承先遵照皇太极的计谋，故意坐在离两太监不远的地方，假装做耳语状说："今天我们撤兵，不过是个计谋……袁巡抚有密约，事情马上就能大功告成了。"当时姓杨的太监在那里仔细地窃听两人的谈话。时辰到庚戌时，后金军将两个太监放了回去。杨太监回到皇帝身边后急忙将袁崇焕与后金有密约的事告诉了崇祯帝，至此崇祯帝对袁崇焕背叛自己的事情深信不疑，"遂执袁崇焕入城，磔之"。袁崇焕的兄弟和妻子也受到株连，被流放到几千里外的边远省份。据说，后金军队的这个反间计得益于皇太极对《三国演义》的喜欢。皇太极平素经常读《三国演义》，对其中的奥秘非常清楚。这个计划就是他巧妙用《三国演义》中的"蒋干中计"策，借崇祯帝之手剪除劲敌袁崇焕。崇祯帝不幸中了敌计，将忠臣误杀。这种自毁长城的举动使东北防备受到了极大的影响，从而直接导致了明朝的迅速灭亡。

　　但是有人对这个说法提出了疑问：皇太极固然熟知兵法计谋，难道崇祯帝就是个无知的庸才吗？历史记载证明显然并非如此。一些研究者认为，崇祯帝杀袁崇焕根本是蓄意杀戮，而不是清朝后来津津乐道的因中"反间计"而误杀。袁崇焕被杀的真实原因，是崇祯帝担心袁崇焕及其东林党人妨碍他的专制皇权，袁崇焕是皇权与大臣之权冲突的牺牲品。

　　明朝年间太监专权是很常见的现象。崇祯帝即位后，为了除掉阉党对自己的威胁，起用东林党人，有效地削弱了阉党对皇权的威胁。但是当阉党对皇权的威胁减弱时，崇祯帝又开始削弱大臣的势力，即从依靠东林党转而回归到依用阉党群小。袁崇焕正是在这个环境下崛起的，自然成了阉党余孽倾陷的对象。袁崇焕耿直、豪放，敢说敢为，这正是阉党余孽所畏惧的，也是所有的皇帝所不喜欢的。同时袁崇焕又主持整个对后金的战局，有很大权势。自古以来臣子权势稍重必然容易遭到皇帝的猜忌，偏偏崇祯帝的猜忌心又是极强的，他之所以开始起用东林党人又继而起用阉党就是为了实现自己旺盛的专权欲望。这个时候的袁崇焕无疑是走在钢丝上，稍有不慎就会惹上杀身之祸。然而也很不幸的，袁崇焕是一个好的军事将领，却不能洞察君主的心思，他先斩后奏杀了明辽东悍将毛文龙就是一大不慎，崇祯帝"骤闻，意殊骇"。尽管事后袁崇焕亦悔悟道："毛文龙是大帅，不是像我这样的臣子所该擅自诛杀的。"但是这件事让崇祯帝心中杀袁崇焕的想法已经坚定。明末史学家谈迁就说，袁崇焕擅自杀死毛文龙，"适所以自杀也"。

崇祯帝开始时之所以不杀袁崇焕，一方面是缺少足够的借口，更主要的原因是那时崇祯帝对袁崇焕"五年复辽"充满了期待，因此暂时容忍了袁崇焕目中无君的举动，只是在暗中采取了很多监视和牵制的措施。"己巳之变"之后，后金兵大举入犯，继而围攻北京城，这时的崇祯帝对袁崇焕复辽已经不抱希望，至此君臣之间脆弱的依存关系不再存在，杀袁崇焕就是必然的了。而正在这个时候，皇太极施行了反间计，内廷阉党也捏造了袁崇焕引敌协和、擅主和议、专戮大帅三大罪状，崇祯帝立刻借此机会将袁崇焕投入监狱。

说崇祯帝是中了皇太极的反间计，这是不能服人的。因为人们可以根据史料得知，从袁崇焕的入狱到被杀戮，前后共有八九个月，这么久的时间里，崇祯帝是有足够的时间来辨明是非的。同时还有史实表明，反间计、诬告并不能瞒过崇祯帝，也就不足以置袁崇焕于死地。崇祯帝决定杀袁崇焕，是从巩固皇权、防止大臣结党、彻底摧毁东林党势力这些目标出发的，反间计只是为促成崇祯帝逮捕袁崇焕下狱制造了一个合适的借口而已。

自古"信而见疑，忠而被谤"，忠臣们的下场果真都是这样的吗？袁崇焕究竟是为何被杀？是君主昏庸不能识别敌人的诡计，还是君主猜忌不能留下权臣？谜的破解还需要后世的进一步考究。

李自成真的当了和尚吗

李自成，明末农民起义军的著名领袖，号称"李闯王"，他所领导的农民起义直接推翻了明王朝的统治。就在他已经率领军队进入北京城，准备登基称帝的时候，由于明将吴三桂迎清兵入关进攻起义军，李自成迎战失利，被迫退出北京向西撤退。此后，这位领袖的结局——死于何时何地，因何而死，直到今天仍然是众说纷纭、莫衷一是。

目前，流传较广的说法有两种：一是削发为僧，圆寂而终；一是兵败后被杀。

关于李自成出家为僧的说法，最早见于乾隆年间澧州知州何璘《澧州志林·书李自成传后》。他认为，李自成兵败后，"独窜于石门夹山为僧"，法名"奉天玉和尚"。所谓夹山，即夹山寺，该寺内遗有与此说相关的一些碑记塔铭、诗文残板，以及奉天玉和尚的骨片和包括宫廷玉器在内的许多遗物，寺西南15千米有遗冢岗，岗上有传为闯王疑冢的墓40余座。何璘说自己到夹山进行考察时曾见到一位口音似陕西人且服侍过奉天玉和尚的老僧，此僧对何璘出示了奉天玉和尚的画像，特别像史书所记李自成的模样。又，李自成曾自称为"奉天倡义大元帅"，"奉天玉"即"奉天王"多一点，恰好用以隐喻奉天王。此外，1681年所作的《梅花百韵》木刻版中，有"金鞍玉镫马如龙"和"徐听三公话政猷"等诗句，说话口吻和气势显然与一般的和尚迥然。其弟子野拂所撰碑文及有关文物，又都可与何璘的文章互相引证，显示出奉天玉和尚应该就是李自成。

至于李自成出家为僧的动机，人们分析说这是形势所逼。当时农民起义军的敌人是清军，抗清已经成为当务之急，因此，必须联合国内的其他武装力量来对抗清军。根据当时的形势，李自成可以联合的力量，只有湖南何腾蛟拥立的唐王朱聿键部。这就面临着一个问题：联合何腾蛟，部队就必须交何腾蛟指挥，但是何是唐王的，李自成已经是皇帝，皇帝怎能听从宰臣？这在情理上是难以接受的。并且，李自成逼死崇祯皇帝，深恐唐王不能谅解他。所以，李自成就采取了假死、隐居等做法避开矛盾，让他的妻子高氏和李过出面与何腾蛟联合，从而实现自己抗清的夙愿。

有人否定李自成出家为僧的看法，他们认为何璘的记述并不可靠。如奉天玉和尚的画像与史书记载李自成"状况狰狞"的面目有出入；根据《梅花百韵》中诗歌的口气就下结论过于武断；如此等等。

那么，李自成的结局是什么？他们认为，通山县九宫山才是李自成的最后归宿。

《清世祖实录》记载说："被俘贼兵俱言，自成窜走时，携随身步卒二十人，为村民所困，不能脱，遂自缢死。因遣素识自成者，往认其尸，尸朽莫辨。"另一种记载说，清顺治二年（1645）五月初二，李自成东征途中转战江南，为清军所挫，折向湖北，兵败单骑脱逃至九宫山，曾于黄土洞中躲藏，后来误入圈套，被程九伯手下的寨勇包围而战死。

假使李自成真地被杀死在九宫山，那么就有了一个新的问题，即他是死在湖北的九宫山还是湖南通城的九宫山。三百多年来，在史学界占主导地位的说法是后者。

今天通城九宫山附近居住的续、廖、杨、姚等百姓中间，还流传着一种说法，这在同治《通城县志兵事》有所载，说李自成被害后，他的侄子李过夺回李自成的尸体，以衮冕葬在罗公山下（通城九宫山的又一名），并灭了一个村子而后离去。这也可以证明李自成是死在湖南通城的九宫山。

关于李自成的归宿，依旧是一个难解之谜。

清代名将年羹尧为何被雍正赐死

提起年羹尧，人们就会想起血淋淋的血滴子，因为在传说中，年羹尧总是用血滴子残酷地杀死其对头。在为雍正除掉许多对头之后，年羹尧也没有得到好下场，最终为雍正所杀。但雍正为什么要杀掉年羹尧呢？人们众说纷纭，莫衷一是。

年羹尧，字亮工，康熙三十九年（1700）中进士。为人聪敏，豁达，娴辞令，善墨翰，办事能力亦极强。后受到雍亲王的重用，各皇储争夺皇位时，他利用自己的精明才干，时时向主子雍正出谋献策，奔波游说，深受青睐。更使主子高兴的是，年氏将自己的亲妹妹献给了他，以示忠诚。那时，主仆二人曾发誓，死生不相背负，从此交情更加深厚。君有情，臣有意，再加上年氏的才能，官阶越升越高，不到十年即升为四川巡抚。接着，又升为川陕总督，独掌军政大权，成为雍正心腹。

年氏受到雍正的宠信是在雍正二年（1724）十月年氏来京陛见以前，具体地说，在七月中旬以前，即平定西海叛乱以后。年氏手握重权，荣立青海大功，君臣之间，无猜无疑，如雍正所谓"千古君臣知遇榜样"。但七月中旬后，尤其是陛见抵署以后，即十二月初，雍正使出浑身解数开始置年氏于死地，雍正为什么转变得这么快？年氏的死因究竟是如何呢？

有人认为年羹尧的死与雍正帝夺嫡有关。学者孟森的《清代史》、王钟翰的《清世宗夺嫡考实》等持此说。据说康熙帝临终时指定十四子胤禵嗣位。四子胤禛串通年羹尧、鄂尔泰、隆科多，矫诏篡位。其时，十四子胤禵在西北为抚远大将军，原可挥兵争位，然受制于川督年羹尧，遂无能为力。胤禛即位后，改元雍正，为酬报年羹尧拥立之功，大加恩赏。然而这不过是灌"迷汤"，雍正帝实已对这些知情者存有杀心，最终还是找借口除掉了他。

有些人不同意此说。他们认为雍正初年年羹尧受宠，并非是雍正帝为他灌"迷汤"，而是皇帝对他效忠辅弼的奖励。雍正帝继位之时，年羹尧尚在四川平乱，并未参与其间，所以不可能知情，故上说不能成立。《清史稿》《清代七百名人传》等作者，都认为年羹尧是恃功自傲而致被杀。《清史稿》载："羹尧才气凌厉，恃上眷遇，师出屡有功，骄傲……入觐，令总督李维钧、巡抚范时捷跪道送迎……公卿跪接于广宁门处，年（羹尧）策马过，毫不动容；王公有下马问候者，年颔之而已。世宗前，亦箕坐无人臣礼。"《清代轶闻》作者说"年挟拥戴功，骄益盛"，且年羹尧残暴对待部下，任人唯亲，乱劾贤吏，引起公愤，也为雍正帝所不容，故被杀。

年羹尧成败之速，异于寻常，对于其死因的种种说法，人们到现在还是难辨真假，难怪被史学家列为"雍正八案"的首案。

和珅受宠之谜

清以来，明君屈指可数，乾隆帝是其中较为突出的一个。但令人奇怪的是，在这样的一个贤君身边，竟时刻跟随着一个奸臣，这个奸臣就是和珅，民间有"和珅扳倒，嘉庆吃饱"一说。然而为什么这样的奸臣会受到乾隆的无比宠信呢？

有人认为，是因为和珅善于揣摩乾隆的心思。有名的"乾隆下江南"就是和珅鼓动而成的。一次，主仆二人说起江南秀丽风光，繁华都市，乾隆帝道："朕也想重游江南。但顾虑南北迢遥，劳命伤财，朕所以未决。"和珅道："圣祖皇帝六次南巡，非但未招致民怨，反而被颂为圣君。古来圣君，莫如尧舜，《尚书·舜典上》也说'五载一巡狩'，可见自古巡览就是胜典。但凡圣君，道本相似，何况国库殷实，金银充足，区区巡游不会耗费多少库银。"和珅这一席话，正好逢迎了皇上仿效先祖、学尧舜的喜好，乾隆遂降旨预备南巡。和珅亲自为皇上监督龙舟等南巡的设施，华丽奢侈之极，库银由和珅流水般地挥霍掉了。和珅也因此更加得到皇上的宠信，被升为侍郎。

这种观点认为，和珅论文论武，都没有什么才能，但因为他善玩心理战术，逢迎皇上，才受皇上的恩宠。乾隆五十五年（1790），有个叫尹壮图的官员向皇上呈奏，各省库金银亏空。和珅对其怀恨在心，上奏请皇上命尹壮图再去查实，暗中派了自己的亲信前往。结果尹壮图被降职，原因是所奏不实，和珅更得宠信。官库虽然空虚，但和珅却以各种名目进行搜刮，所以皇帝不愁没银子花，而和珅也更加受宠。

然而，关于和珅受宠的原因，还有另外一种说法。据记载，在乾隆帝还是宝亲王的时候，曾钟情于马佳氏，而这马佳氏正是雍正皇帝宠爱的妃子。宝亲王时年17岁，情窦已开，常在没人的时候和马佳氏调笑。一天，不知为何，马佳氏误撞到宝亲王的眉际，被皇后钮祜禄氏看见，以马佳氏调戏皇子为名，下令将马佳氏拉到月华门勒死。宝亲王听后，流着泪到月华门前，此时的马佳氏已奄奄一息，宝亲王便放声哭道："我害了你。"便咬破自己的指头，滴一点血在妃子的颈上，说："我今生无力救你，来生以红痣相认。"话至此，马佳氏淌了两行眼泪便魂归西天。宝亲王又仔细端详了马佳氏的脸面，吩咐用上好的棺木盛殓，并买通宫女把马佳氏贴身的衬衣脱下来，日日同眠。他登基后，这件事渐渐淡忘了。而和珅酷似马佳氏，那颈上也有一颗鲜红的血痣。因此，和珅被乾隆认为是马佳氏在世，开始受到万千宠爱。御书房是他和皇上同榻而眠的场所。和珅做出百般娇媚的样子，使皇帝更加相信他就是第二个马佳氏。

而且，据考证，和珅所居住的恭王府中有一条地道可直接通往皇宫。据说和珅每次就是通过这条地道，直接到达宫中与皇帝幽会的。

事实的真相究竟如何？和珅到底由于何种原因受到宠信？这些君臣之间的故事只能留给后人评说了。

洪秀全死因之谜

太平天国运动是中国历史上一次规模宏大的农民起义，洪秀全则是这次农民起义的杰出领导，但到了1864年6月1日，太平天国处于生与死的边缘。那天，清军几十万大军已包围天京城，太平军在京城外的防御工事几乎全部崩溃。祸不单行，此时洪秀全又突然去世！

关于洪秀全的死亡，历来众说纷纭。主要的说法有两种，一是说他因病而死，另一种说法认为他是绝望自杀。离豫明在《洪秀全》一书中认为洪秀全是因病而死。该书说由于长期的劳累与斗争，再加上太平天国国内棘手的事务使他健康状况不断恶化。据书中记载，洪秀全5月中旬病倒，6月1日病死。钟文典著《太平天国人物》中则说当天京被围，"性情激烈而又不肯失志"、极其自负的洪秀全，日夜焦躁，但又无计可施，卧病三日，终于在1864年6月1日逝世。

一般近代史教科书基本上持"病死说"，如曾作为大学历史系教材的《中国近代史》（中华书局1979年版）就明确写道："天王洪秀全因病逝世。"但20世纪60年代出版的不少历史书，如郭沫若的《中国史稿》、范文澜的《中国近代史》、牟安世的《太平天国》、束世澂的《洪秀全》等均说洪秀全是"服毒自杀"。

洪秀全在5月30日即他死的前日发布了一条诏令，说："大众安心，朕即上天堂，向天父兄领天兵，保固天京。"这可看做他不愿被俘，决心以身殉国的临终遗嘱，而且自杀选择比较符合他一贯的性格特点。洋人富礼赐曾在《天京游记》上说："天王五十一岁，身材高大，体格健壮。但待厌倦尘世之时，将有龙车自天下降，彼将乘之上升。"这种说法也在一定程度上附和了自杀说。在天京危急之时，洪秀全曾写一首诗明志，说："神爷试草桥水深，为何吃粥就变心？不见天兄舍命顶，十字架上血漓淋。不见先锋与先导，立功天国人所钦！"有人认为在这首诗里，反映了他要以耶稣舍身上十字架和先烈萧朝贵、冯云山为榜样，献身于革命理想和事业的决心。另外，太平天国的军事总统帅李秀成在《李秀成自述》中说："九帅之兵处处地道近城。天王斯时焦急，日日烦躁，即以四月二十七日服毒而亡。"洪仁玕在《洪仁玕自述书》中也说："在我们之中其享福最久者，首推天王。起自广西田间首事诸人，惟彼存留至最后，而其结局并非丧在妖军之手，却在自己之手。"另外曾国藩给朝廷的奏稿也为自杀说提供了依据。另一份奏折里，有一个来自掩埋洪秀全遗体的人的口供：洪秀全于"四月二十七日，因官军攻急，服毒身死，秘不发丧"（见《曾文正公全集·奏稿》卷二十）。此外，在一些史料中还有对洪秀全自杀细节的说明。在李秀成部下任职多年的英国人吟唎在《太平天国革命亲历记》一书中写道:"敌人逼得太平王吞金自尽。"赵烈文在《能静君士日记》同治三年六月十九日（1864年7月22日）的记述说:"昨日擒伪松王姓陈,浔州人,言伪天王实于四月内死,或言知事不谐,吞金而绝。"

"病死说"的支持者认为,像洪秀全这样一个伟大的农民起义领袖不可能服毒自杀。"自杀"是阶级敌人和封建文人的"诬蔑"之词。白寿彝主编的《中国通史》中说,天京被围后,"城中被困缺粮,饿死者日增,洪秀全命'合城俱食甜露,可以养生'。甜露是《旧约》圣经神话中上帝从天降下的一种食物,洪秀全这里所指的是一种草。他自己久食此草,因而得病",最终去世。因而"病死说"论者认为,20世纪60年代,曾国藩后人公开的李秀成自供"手迹"不一定是李秀成亲笔所为。而且《李秀成自述》中的"天王斯时（四月）已病甚重,四月二十一日而故"与洪仁玕说的"卧病二旬升天"、幼天王说的"老天王病死了"说法相似,可作为病死说的证据。

持这两种说法者双方各执一词,针锋相对,而洪秀全之死这一疑案还是没有彻底解开。

李莲英死亡之谜

清朝末年,在人们心中留有深刻印象的除了"老佛爷"慈禧外,恐怕就是大太监李莲英了。这位幼年家境贫寒的小太监,因为善梳新髻,加上在慈禧与八大臣夺权时立下了大功,从此一跃而成为慈禧太后最宠信的太监以及同治、光绪两朝的太监大总管。

慈禧死后,李莲英再没了靠山,于是托词年老体衰而出宫。1911年3月4日死去,年64岁。这位昔日红极一时的李莲英,在他得势的年月里,不知道有多少冤魂丧命在他的手上。他自己的下场如何？是寿终正寝,还是死于非命？

历史上对李莲英的死亡情况有较明确记载的是《清稗类钞·阉寺类》一书。该书记载说，李莲英在"孝钦（即慈禧太后）殂后，不意又为隆裕后所庇……殆其病卒，隆裕后特赏银2000两"，也就是说，慈禧太后死后，李莲英又受宠于隆裕太后。后来在李莲英病死之后，隆裕太后还特意赏赐2000两银子。李莲英的后人也一再宣称："我祖父是善终，享年64岁。"又说："我祖父因得急性痢疾，医治无效而病故。由得病到病终仅四天时间。"在《李莲英墓葬碑文》中也写道，李莲英"退居之时，年已衰老，公殒于宣统三年二月初四日"。正是据此，才有李莲英宣统三年（1911）病死的说法。

但是世人对此一直持怀疑的态度。李莲英果真是病死的吗？要确定他的死亡之因，必须确定其墓葬情况。只要能找到李莲英真墓，就能对李莲英是否善终作一个结论。

那么，李莲英到底葬在哪里呢？有人以为李莲英墓在北京海淀区恩济庄。这里本来就是清代太监的茔地，慈禧太后生前曾赐给李莲英一块高敞之地，因此，李莲英应该是葬在这里。民间还有传说认为李莲英墓是在清东陵慈禧墓旁，但是有人提出否定看法认为，清东陵是清代帝王嫔妃安葬的地方，李莲英再怎么红极一时，毕竟也只是个奴才，不可能有资格葬在这里。此外还有说其墓在永定门外大红门李家墓地。总之，众说纷纭。

1966年的一天，有人砸开了坐落在北京海淀区恩济庄六一学校校园内的古墓，这座古墓相传就是李莲英的真墓。走进墓里，人们不意间发现了一个极大的秘密。人们发现，李莲英的墓极其考究，里面有很多的陪葬品，每一件都是稀世珍宝。棺材完整无缺，里边一具尸身盖着被子躺在那里，然而在整个尸体部位只有一颗已经腐烂干净的拖着三尺长辫子的骷髅头，还有一双鞋底，此外都是空荡荡的，连一节指骨都没有找到。

人们推测认为，既然李莲英墓里所有的宝物没有任何被盗的痕迹，并且从他1911年的死亡到1966年的掘墓，前后仅55年，尸骨怎么可能腐烂到"颗粒无存"？

李莲英墓的初见天日，使李莲英"得善终"的谎言就不攻自破了。但是真相又到底如何呢？于是关于其死亡的原因又有了多种说法。

在民间有"李莲英被人暗杀于河北、山东交界之处"的说法，但是说法也各异。有人说李莲英手中有大量的财产，连他自己也说过"财大祸也大"，说明他早就预感到自己会因财产问题而招致祸害。最后果然是他身边的人密谋他的财产而杀了他。另一说是说李莲英有个侄女，嫁在山东省无棣县，李莲英偶然来了兴致前去探望她，途中经过山东和河北的交界处被人杀死。当时两个随从吓得魂飞魄散，只拾起一个血淋淋的人头，用包袱一裹，马不停蹄地逃回北京。等到再派人返回李莲英的尸身时，早已不见踪影。

也有人说李莲英是在回自己所住的南花园路上被人暗杀的。慈禧死后，李莲英退居南花园。他知道大势已去，因而终日郁郁寡欢。这一天他怀念故主，于是自己来到东陵拜谒慈禧陵寝，结果在回来时的路上被人杀死。

说李莲英被暗杀，无论是为财还是为了其他，都是可以成立的。李莲英生前权倾朝野，与慈禧狼狈为奸，坑害了很多人，当然人人为之切齿。慈禧死后，李莲英尚受隆裕太后眷顾，退居南花园养老，再次让人们恨之入骨。所以一旦他失去靠山，成为众矢之的就是必然的了。

还有一种说法是认为李莲英被小德张所杀。小德张是隆裕的亲信，经常鼓动隆裕查办李莲英。李莲英为此急忙向袁世凯的亲信江朝宗求救，在江朝宗的周旋下，总算暂时转危为安。小德张不甘心，于是也去结交江朝宗。江朝宗见小德张是当今太后身边的红人，当然不会拒绝。一次，江朝宗下帖请李莲英在什刹海会贤堂吃晚饭，一向轻易不出门的李莲英因为对江朝宗感恩，破例准时来到会贤堂。席散后，李莲英路经后海时就被土匪杀害了。

至此，人们基本可以断言李莲英不得善终，死于非命。至于他为什么被杀、在何处被杀、为何人所杀，这仍然是一个未解之谜。

军事之谜

军事无疑是人类历史不可或缺的一个重要组成部分。在中国军事史上,许许多多的关键细节已经因为年代久远、资料缺乏或是某种其他原因而湮没于往昔沧桑的岁月之中,而诸多军事史上的玄机往往正隐藏在这消失的细节里。这些扑朔迷离的军事疑案极富传奇和神秘色彩,吸引着人们好奇的目光。

中国是何时开始建立军队的

关于我国的军队诞生于何时，一直难以确定。

唐代杜佑编撰的《通典》第一百四十八卷记载："三皇无为天下以治，五帝行教兵由是兴。所谓大刑用甲兵而陈诸原野。于是有补遂（有的书作斧遂，传说中的古代部落）之战，阪泉之师。"最近出现的《中国军事史·历代战争年表》也收录了这次战争，并根据南宋罗泌的《路史·后记三》改为"神农伐斧遂"。银雀山汉墓出土的《孙膑兵法》"见威王"一段中也有"神农战斧遂"的记载。因此上古的神农时期是史书记载中建立军队的最早时间。这些记载说在神农时期已建有军队，而且还因斧遂对神农不臣服，神农领兵去讨伐，但研究者多数认为，传说中的神农伐斧遂，很可能是一次部落冲突（战争）。因为那时还没有国家，没有阶级。从当时的社会生产力看，也还没有建立军队的条件，而部落中是否有少数人员从事军事工作的问题，由于缺乏当时的文字记载，无法进一步考证。

另一种记载是汉代司马迁撰写的《史记·五帝本纪》："炎帝欲侵陵诸侯，诸侯咸归轩辕。轩辕乃修德振兵……与炎帝战于阪泉之野……蚩尤作乱，不用帝命，于是黄帝乃征师诸侯，与蚩尤战于涿鹿之野。"以上这段文字中，"修德振兵"的"兵"字，"征师诸侯"的"师"，指的都是军队。这段文字说明军队出现在原始社会末期，也就是公元前26～前22世纪黄帝时期，那时不仅皇帝有军队，而且诸侯也有军队。

再有一种记载是《尚书·甘誓》，记述了夏帝启与有扈氏"大战于甘"。战前，夏启召集了六军的统领——六卿，进行了动员。《史记·夏本纪》也有载："有扈氏不服，启伐之，大战于甘。将战，作甘誓，乃召六卿申之。"这指出军队是在公元前21世纪，我国第一个奴隶主专政的夏王朝。现行的历史教材认为奴隶社会的起点就是夏朝，奴隶主贵族为了统治奴隶阶级的平民，开始建立军队，制定刑法，修造监狱。但如果仅是根据《尚书·甘誓》论证军队，那是不够的，因为这篇文章也还有争议，不能作为信史，有的认为它是后人伪记或假托之文。

还有一种看法认为，军队的出现是在公元前16～前12世纪的殷代。从河南安阳殷墟出土的甲骨文中已有"哎"（国）字，字意是用武力保卫人口，这个武力意味的是军队。甲骨文中还有"王乍三自右中左"的记载。师的简写便是"自"，"乍"是"作"字，创立的意思。总的意思为：王创立了右、中、左三支军队，这三支军队均以师为编制单位。甲骨文还记述了商代的军队，由徒兵和车兵组成，每个师约有一万人。军队使用铜制兵器，有百人团体和千人团体采用十进制编组，车兵使用的战车，编有驾马两匹或四匹。车上有甲士三人，一人御车，一人持戈矛，一人操弓箭。徒卒跟随车后。从这些资料看，商代的军队无论在数量上、组织装备上、作战方式上都达到了一定的水平。这显然不是最初军队的原生状态。那么，军队究竟建立在什么时候，看来还有待于大家进一步探讨。

中国文官武将是何时分开的

国家体制的一个重大变革就是文武分离，这是社会政治、军事发展的必然结果。文武官员分开，是指有了专门指挥作战的武将，文官不再作战，史学界均是这样认为的。但是，人们对他们分开的具体时间持有不同的观点。

《史记》《淮南子》称：黄帝时已设立"司马"等军事首领官职。《今文通典·尧典》《古文通典·舜典》称：夏王朝设立了"司徒、司马、司空"等文武官职。《尚书·洪范》称：商王朝有"司徒、司空、司寇"和"马、亚、射、戎、卫"等文武百官。从上述古籍看，夏商体制一直沿袭到西周，虽然文官武职已分门别类地设立，但卿、大夫既管理政事，又受王命率兵出征，司马只主管平时军事行政，而无统兵之权，战时统帅由天子临时任命，征战结束即将统兵之权上交天子。根据以上所述，文官武将在西周以前是不分的。

但周王室在春秋时已衰落，各诸侯都有自己的军队，据《史记》《国语》记载，军队的最高统帅是国君，天子常亲自率兵作战，也有不少文官武将去领兵作战。例如《左传·隐公五年》中记载周桓王二年北制之战，郑庄公派大夫祭足、原繁、泄驾、公子伯和子元率兵抗击燕军，而那时大夫便是文武一体。又如《左传·僖公二十二年》记载，周襄王十四年（公元前638），宋楚泓水之战，宋襄公统率宋军，太宰子鱼和大司马公孙固辅助；楚成王派成得臣、斗勃等军将统率楚军。再如《左传·昭公二十七年》记载，楚昭王元年，吴军包围潜城，楚王派王麇（主管宫廷）、王尹寿（主管营造、手工业），统帅救兵增援。《左传》中的详细史实证明，文官武将直到春秋时也未分开。

战国时期，地主阶级兴起并逐步掌握政权。由于以前不分国家的文武官员、卿、大夫等贵族平时管理政务，战时统兵作战，集军事政治权力于一身引起君权旁落弊端，于是统治阶级采取文武分职的办法，以相、将为百官之首。这样，几千年的封建君主专制体制得以确立。相似的记录还可见于《尉缭子·王霸篇》《吕氏春秋·举难篇》。所以，战国才出现了专职将军和独立的军事系统。这一点是得到公认的，并记载于《中国军事史》《中国政治制度史》中。

战国时期，战争规模扩大，士兵总量不断增加，军队指挥成为一种艺术。一支军队的指挥必须要有军事方面的专业知识，富有管理、训练和指挥作战的经验。《韩非子·显学》称："明君之吏，宰相必起州郡，猛将必发于卒伍。"《史记》《吕氏春秋·异宝》中，还有战国取消分封制、授给爵位的标准是看作战成果的大小、许多将帅都从军中选拔的记载。一批名将例如吴起、孙膑、乐毅、白起、廉颇等，正是遵循这个原则选拔出来的。这时，在朝中管理政事的只是文官，而且他们也不再率领军队出征。例如，著名的马陵之战和长平之战，庞涓统率魏军，田忌（孙膑为军师）统率齐军，王龁（后为白起）统率秦军，廉颇（后为赵括）统率赵军，而他们都是专职武将。

综上所述，史学界普遍认为，战国是文官武将分开的具体时期，而且一直延续至今。但是，也有人认为它始于春秋。至于到底是什么时候，也只能等考古发现来澄清了。

古代战争中所用的弩是怎样发明的

弩是在我国古代比较流行的一种狩猎工具，它在我国武器发展史上地位非常重要。历来许多学者都对它产生于何时发生了兴趣。我国学者早在解放前就开始深入研究，但由于当时客观条件的限制和研究方法的不同，所以得出的结论也各不相同、难以一致。一种说法认为，在中华民族形成之时就发明了弩，《古史考》记载"皇帝作弩"。但很多学者认为这种说法依赖于传说，不足为信。徐中舒在《弋射与弩之溯源及关于此名称之考释》一文中提出，弩在商代就已出现。在甲骨文中有一"弘"字，这"弘"字就是弓上有一臂，与弩的形象比较一致，这可以说明商代已经使用弩。但是，也有一些学者认为"弘"字的解释并不是这样。

后来，史学界又把这一尚未解决的问题提了出来，并展开了一番争论。1961年，郭宝钧在第二期《考古》杂志发表了《殷周的青铜武器》一文，他说："发矢的漆弓和木弩（弓有臂者）长沙也有发现（指长沙战国墓中的发现），唯铜制的弩机在战国还未制作。"他的这种说法很快便引起了异议。

不久，《考古》杂志又发表了周庆基《关于弩的起源》一文。周庆基认为战国时铜弩已经出现，因为在《贞松堂集古遗文》与《三代吉金文存》等文章中均有战国铜弩之记载。而且，我们从《墨子·备高临》及《南越志》等记载中看，战国时代我国人民制造铜弩机也完全是有可能的。《南越志》记载："龙川有营涧，尝有铜弩牙出水……父老云：'越王弩营处也'。"周庆基在考证郭宝钧文章中的不足后，提出了弩应该是春秋时期楚国人发明的观点。首先从文献记载来看，《吴越春秋》曰："陈音对越王道：'弩生于弓，弓生于弹……（楚）琴氏以为弓矢不足以威天下……乃横弓着臂，施机设枢，加之以刀，然后诸侯可服。'"其次从考古发掘来看，在长沙战国墓中已出土了木弩，说明楚国人最早普遍使用弩。后来，随着互相交流与发展，中原的韩（《战国策》载）、魏（《荀子·论兵篇》载）等国家也开始制造弩，到了战国末年，又发明了"连弩之车"。刘仙洲《中国机械工程发明史》一书也同意周庆基的这一看法。

近几年来，一些学者从民族学角度入手，提出了一种与众不同的观点。宋兆麟、何其耀等通过对纳西族的地弩、独龙，鄂伦春族的地弓等少数民族的手指弩进行深入研究之后，发表了《从少数民族的木弩看弩的起源》一文。他们认为过去研究者把铜弩机的出现作为弩产生的标志是不准确的，而弩发明的标志应该是木弩的出现，这样一来，他们便把弩的起源追溯到原始社会晚期。

牧野大战究竟发生在哪里

发生于公元前11世纪的牧野大战，是周灭商的一次决定性战役。周是我国一个古老的姬姓部落，到第十五世先王周文王时，周已经成为商朝西方的一个强大方国。那时候正是商王纣统治时期。

商纣荒淫残暴，沉溺于美女酒色，不理朝政，却又喜欢发动武力战争，于是造成了整个国家民生疾苦，商朝统治摇摇欲坠。周文王这时也被商纣囚禁。获释返国后，与姜尚等人秘密策划以周代商的策略，决定表面上继续臣服于商，暗中则整顿政治和军事以扩大势力。文王死时，已是"天下三分，其二归周"了。文王的儿子姬发即位，这就是历史上著名的周武王。武王九年，在盟津大会诸侯，愿意从周伐商、自动而来的诸侯达八百之多。两年后，商朝统治集团内部出现了空前的分裂，商纣听信谗言，杀死了王叔比干，囚禁了箕子，微子逃到别的国家，商朝分崩离析，纣已经无法再维持他的统治了。

周武王认为攻打商朝的时机已经成熟，于是率领兵车300辆，虎贲（周王的近卫军）3000人、甲士4.5万人，联合了庸、蜀、羌、卢、彭、濮等方国部落，向东讨伐商纣。当武王率领大军从盟津渡过黄河，到达距离国都朝歌仅70里的牧野（今河南淇县西南）时，商朝的军队主力还在东南战场，一时难以调回。纣王只好把大批奴隶和从东夷抓来的战俘匆忙武装起来，驱上牧野战场。商朝军队虽然有70万人之多，但军士都十分痛恨商纣，根本无心与周军作战，于是就在前线倒戈，引导周军，进攻商纣。当夜，商纣见大势已去，就在鹿台自焚而死。第二天，商朝百姓都立于朝歌郊外以迎武王，武王在群臣拥下率军进入商都。这就是历史上著名的牧野大战。

古籍上关于牧野大战的记载很多。《诗·大雅·大明》第七章、第八章歌咏了牧野大战的壮阔和浩大。那么这样一场规模浩大的战争，到底发生在什么地方呢？所谓"牧野大战"的"牧野"，又相当于今天的什么地方呢？历来学者对此说法并不一致。

古文献上关于牧野的位置也有很多记载。《尚书·牧誓》孔安国作的传说："牧野，纣近郊三十里地名牧。"许慎《说文解字》说："坶，朝歌南七十犁地，《周书》武王与纣战于坶野。"许慎所说的坶也就是牧，这两个字在许慎的年代是通用的。《通典·州郡》："郊野之地，即纣都近郊三十里即此也。"这些记载，都没有明确指出牧野的具体所在，只是指出了它的大体方位，这就导致了后人对牧野具体所在的推测与争论。

范文澜先生主编的《中国通史简编》认为："牧野在'河南汲县'"；郭沫若主编的《中国史稿》认为"牧野"在"今河南淇县南"，并且补充说"距朝歌只差七十里"；而翦伯赞主编的《中国史纲要》却说"牧野"在"今河南汲县北"。总起来说，关于"牧野"的位置，一说即汲县，一说在汲县北，一说在淇县南七十里。他们的说法，都有自己的依据。当然也有一些学者提出了另外的看法，孙作云在《商周之际的"牧野大战"的

"牧野"在哪里》一文中认为,牧野有广义狭义之分,广义的"牧野"包括河南地界中的黄河以北,北及辉县(今辉县市)一带的地方。这一片区域在商代曾是牧区,所以人们称为"牧野";狭义的"牧野"就是今天的河南新乡到汲县(今卫辉市)一带,直到今天河南新乡城北仍有一个村庄叫"牧野村",今天的河南师范大学就坐落在这,这里很可能就是古代牧野地名的遗留。范毓周同志的《"牧野"考》也认为"牧野"就是"今新乡师院所在地的牧野村"。不过他认为新乡师院所在地的牧野村,古为牧邑,"而武王伐纣,誓师及陈兵之处的牧野,则为牧邑之郊野,约在今新乡以北靠近淇县附近的一个比较开阔的地带"。这就是说,"牧野之战"不是在牧村(牧野村)展开的,而是在牧野村以北靠近淇县附近展开的。

20世纪80年代也有学者提出,"牧野"不是一个具体的地名,而应该是一个泛称的方位名称。人们所说的"牧野"应该是商朝都城周围区域的泛称。代夫在《"商郊牧野"辨》一文中举例说,《尔雅·释地》曾说:"邑外谓之郊,郊外谓之牧,牧外谓之野",因此,他认为《尚书·牧誓》中的武王"朝至于商郊牧野",应该读为"朝至于商郊、牧、野"。郊、牧、野指的是商朝国都外的四周,是由近及远的一个区域范围,而不是具体的地名。宋人夏撰在他写的《尚书详解》中曾明确地指出"牧野乃凡郊外之统名。"

所有的这些说法,只是今人根据文献记载和民间传说而得出的种种推测,牧野大战究竟发生在哪里呢?我们仍旧难以作出定论。

孙武到底有没有著《孙子兵法》

我国古代的军事文化十分灿烂,以《孙子兵法》为其杰出代表。《孙子兵法》又称《吴孙子兵法》,通称《孙子》,为中外人士奉为兵书之鼻祖,相传为春秋吴将孙武所撰。在中国古代,这部经典的兵法著作为军事家的必读书,在宋代官定的军事教科书《武经七书》中位居首位。只有熟读《孙子》、考试合格的从军行武者才能被授武职。《孙子》传入西方，也有数百年历史。据说拿破仑滑铁卢失败后，曾十分后悔没有早读此书，否则或许能免遭失败。今日经营工商企业的日本、西方企业家，常有使用《孙子兵法》而取得成功的。

然而对于吴国将军孙武到底是不是《孙子》的作者，却有一番争论。战国时《商君书》《韩非子》等提到过"孙吴之书"，指的是《孙子兵法》和《吴子兵法》，但并未说明作者即是孙武。

汉代司马迁《史记·孙武列传》正式记录了孙武的事迹："世俗所称师旅，曾道《孙子》十三篇，吴起兵法，也多有敌弗论。"他肯定地说《孙子》十三篇为孙武所著。此后千年之间，无人对《史记》之说提出怀疑。但到了宋代，又出现了疑问：历史上是否确有孙武其人？孙武真的写了《孙子》？持怀疑观点的有宋人陈振孙的《直斋书录题解》、叶适的《习学纪言》等。怀疑者们认为：第一，他的名字和事迹有可能是司马迁的误闻或是杜撰，《左传》未提及；第二，一些孙武所处时代不可能出现的名词、事件、状况出现在《孙子》中，例如春秋时代仅称大夫为"主"，臣僚以"主"称国君是三家分晋后的事，而《孙子》中称国君为"主"；第三，《史记》同时记载了齐将孙膑的事迹并有兵法理论，但并未专门说明有《孙膑兵法》，也许是太史公将一书误作二书，一人误作两人。因此，《孙子》或被说成是春秋、战国之时山村处士所写，或被认为是孙膑所撰，还有的说是秦汉时的人伪托。

但是，陈振孙、叶适的怀疑论遭到了许多学者的反对，如明代宋濂的《诸子辨》，清代的《四库全书总目提要》的撰者等。这些意见认为：严肃、认真的史家太史公在本传中所叙孙武、孙膑事明明白白、翔实可靠，《汉书·艺文志》明确提出古兵法有《齐孙子》（孙膑）和《吴孙子》（孙武），实无可疑。至于《左传》，本身也非完整之历史记录，也有可能出错，不能仅凭其中偶遗之记载即断定《史记》之文字为误谬。《孙子》原文定出自春秋之世，只是后代人在其中窜入了若干涉及后世名物之文字。先秦古籍常有此种现象，即便是《左传》本身，也不例外，《孙子兵法》核心内容的真实性、历史性和孙武的著作权不足以受到影响。

1972年山东临沂银雀山汉墓竹简本《孙膑兵法》和《孙子兵法》的出土，为解决这番争论提供了一些重要的资料，有可能揭开历史真相。因为已考订出墓葬年代是西汉初年，而且竹简《孙子兵法》恰好有十三篇，所以可以证明：第一，至少在西汉初年《孙子》已经存在，其篇目内容与今天基本一致，曹操整理《孙子》，并无大的改动。第二，确实有《孙膑兵法》这本书。第三，确有孙武、孙膑两人。第四，《孙子》并非孙膑著。第五，《史记》所记载史实基本可信。有一种意见认为，《孙子》的作者之争应该暂停，孙武肯定是《孙子》的作者。

由于竹简本的可信度还是一个疑问，因此不能证明《孙子》成书的具体时间，也无法证明《孙子》从成书到竹简抄录时，其间有无重大修改。不能直接证明《孙子》就是孙武所作，因而还有待于进一步的考古发现和研究，以解开《孙子》的作者之谜。

汉高祖在"白登之围"中是怎样脱身的

汉高祖刘邦建立汉朝后，让韩王信迁到代国，建都在马邑。匈奴兵攻打韩王，并用大军包围了马邑。韩王信因为受到汉朝猜忌，失去了信任，他害怕遭到诛杀，率领众军在马邑投降匈奴。

韩王信投降匈奴后，使得匈奴对汉王朝的实情了解得更加清楚，因而率领大军南进，越过句注山，向太原郡进发，不几日，便抵达晋阳城下。汉高祖亲自率领大军追击，当时正赶上天上降大雪，天寒地冻，士卒冻掉手指的十有二三。这时候冒顿单于假装败走，来引诱汉兵。汉军果然中计追击。冒顿把老弱残兵暴露在外，而将精兵隐蔽起来，于是汉高祖带领32万汉军乘胜追击。他率前队兵马首先到达平城（今山西大同市东北），由于汉军大都是步兵，大队人马尚未赶到。正在这时，冒顿单于令10万精锐骑兵突然出击，把汉高祖重重包围在白登山（在平城东）。汉高祖被包围七天七夜，汉军内外不能互相接济军粮，士兵们七天未能吃上饭。而匈奴的骑兵士气高涨，西方皆骑白马，东方皆骑青马，北方皆骑黑马，南方皆骑红马。

汉高祖身陷在匈奴骑兵的重重包围之下，又没有军粮的接济，粮食断绝，情势万分危急。

这时，陈平献给高祖一计。他让画家画了一名美女，连夜派人从小道将美女图送给了单于的后妃阏氏，并且告诉她："汉朝皇帝被困在这里，想把汉朝的这位美女献给单于。"阏氏害怕如此一来，自己便要失宠于单于，所以就对冒顿单于说："汉朝天子也有神灵保佑，即使我们得到了他们的土地，也不一定能够占有它。"于是，匈奴网开一面，汉军才能得以突出重围。更有一些人说，陈平用数百个傀儡做成美女登城的样子，阏氏看见之后，怀疑是汉军献给单于的，唯恐夺了自己的宠幸，因此才为汉军解了围。

这次大战是汉王朝建国后与匈奴大军的第一次全面的交锋，最后却以汉高祖的白登被围和用计脱险而告终。至此，汉高祖对匈奴非常忌惮，并屡次告诫子孙毋与其轻开边衅。

项羽为何不肯过江东

说到项羽，人们一定都会记得他的"力拔山兮气盖世"，也都还能想起楚汉战争中他的英勇和最后的悲壮。李清照曾写诗说："生当作人杰，死亦为鬼雄。至今思项羽，不肯过江东。"这首笔力千钧的诗热情讴歌了项羽不肯忍辱偷生的英雄行为，寄托了自己对时局的愤慨。但是，项羽究竟为何不肯过江东？古往今来，人们猜测纷纷，却并没有一致的看法。

在《史记·项羽本纪》中，司马迁认为项羽之所以自杀而不肯过江东，是"羞见江东父老"，这也是目前影响最大的说法。司马迁在《项羽本纪》中记载说，项羽被刘邦军队追赶，逃到乌江江边。乌江亭长停船在岸边对项羽说："江东虽小，地方千里，众数十万人，亦足王也。愿大王急渡。今独臣有船，汉军至，无以渡。"项王笑着回答道："天之亡我，我何渡为！且籍与江东子弟八千人渡江而西，今无一人还，纵江东父老怜而王我，我何面目见之？纵彼此不言，籍独不愧于心乎？"之后项羽与刘邦军作了最后的一拼，后自刎而死。司马迁以激昂悲凉的笔调记述了穷途末路中的项羽仍不失其壮士本色的光辉形象。这样一种英雄气概，多少年来一直为后世所歌颂。每每提到项羽的死，人们总会唏嘘不已。

还有一种说法出自宋人刘子翚的《屏山全集》，他认为项羽之所以说出那样一番话是怀疑亭长有诈。刘子翚认为，当时刘邦正悬赏千金邑万户侯购项羽的性命，而在项羽身处那样的困境之时，亭长说那样好听的话，项羽难免怀疑亭长在说谎骗自己。"羽意谓丈夫途穷宁死，不忍为亭长所执，故托以江东父老之言为解尔。"他还说，项羽之所以选择逃到垓下，是希望自己能够逃脱，但是受到农夫的诓骗而陷入大泽，因而知道"人心不与己"，他怎么敢再贸然地听信亭长的话？所以项羽才不再寄希望逃脱再起，而选择了与刘邦军死战到最后。这种说法虽然只是刘子翚自己的推测，但是也在历史上有一定的影响。

还有一种说法产生于20世纪80年代，该说认为项羽所以决然自杀是"为早日消除人民的战争苦难。"例如吴汝煜先生就认为，长期的内战给人们带来了极大的痛苦，项羽认识到这一点后，产生了尽早结束这场战争的想法。因此他放弃了乌江亭长劝他东渡为王的意见，毅然自刎而死。对此观点有人提出反对，认为项羽是一个很残暴的人，这一点可以找到充分的史料作为依据。《史记》中就记载了项羽在灭秦过程中屠襄城、坑杀20万降卒的行为。此外，楚汉战争爆发后，他依旧没有改掉滥杀恶习，"所过多所残灭"。这样的一个人，怎么可能以牺牲自己的方式来消除人民的痛苦？这显然不符合项羽"欲以力征经营天下"的性格特征。

吕仰湘还提出了独特的"敌生我死，成人之美"说。他认为，项羽一直信奉"非他即我"的斗争哲学。当他胜利的时候，他要把敌人彻底消灭，而受到阻碍时，他就甘愿把自己毁灭。乌江自刎，是这种品性的最后一次迸发，是一种既不委屈自己，又能成全别人的选择。因此，导致项羽不肯过江东的，是项羽独特的个性和奇特的心理因素，是他个性发展的必然结果。

张子侠先生则在反驳了一些看法后提出了自己的观点。首先他对有较大影响的认为项羽"羞见江东父老"的说法提出了质疑，认为此说看似有理，实则不然。项羽在自杀之前曾遭遇了多次失败：他的军队在垓下被刘邦大军包围，爱姬自杀而手下散落；因为受到农夫的欺骗而身陷大泽，狼狈不堪；还有身边只剩下二十八骑、"自度不能脱"。如果谈及项羽是因自己葬送了八千江东子弟而无颜见江东父老，那么如前所述的失败他为什么没有因羞愧而自杀？恰恰相反，从前的那些失败虽然也令项羽陷入了极端的窘迫之中，但是他却没有动摇东山再起的决心。而他被刘邦大军追赶时，由陈下到垓下，又南逃至阴陵，至东城，最后来到乌江边，这一系列的逃跑路线，表明他正是打算要退守江东。可是为什么终于来到乌江，并且有人愿意助他渡河时，他反而生出羞愧之心要与刘邦作决一死战？这显然与他一直以来的撤军计划不符，是不合情理、不合逻辑的。张子侠认为，司马迁是为了使史书的情节更为完善，所以才补充了这个结局，但是后人却将此当成了信史，并传之于世。

此外还有一种分析，认为项羽是楚国人，而楚人素有兵败自杀的传统。如春秋时期打了败仗的楚国将军子玉就在兵败后自杀，楚国大夫屈原也是投汨罗江而死。项羽当时已经弹尽粮绝，兵败至此，对于项羽来说是不能接受的，所以他决计不肯过江东，而只会选择自杀这样一种行动。

项羽究竟是不能过江东，还是不肯过江东，至今也没有定论。学术界的纷争并不能影响项羽在世人心中的壮士形象，他的英雄气概依旧为人们广泛地传颂着。

西汉大将军李陵投降匈奴之谜

李陵（？～前74）字少卿，陇西成纪（今甘肃秦安）人，飞将军李广的孙子。年轻时为侍中建章监。

天汉二年（前99），李陵向汉武帝请求攻打匈奴，收复国土。汉武帝很欣赏他这种勇气，就准奏了这次军事行动。

李陵于这年九月率5000人从居延出发，经过了30天的长途跋涉，到达浚稽山（约在阿尔泰山脉中段），在山下遇到了匈奴的军队。单于用8万大军包围了李陵军，李陵命令前队的人拿盾和戟，后队的人都持弓弩。他下令："听到鼓声就向前冲，听到锣声就停止。"匈奴见汉军少，就一直向前挺进。李陵指挥弓弩手，千弩齐发，单于的士兵顷刻间死伤一大片，匈奴兵顿时大乱，急急忙忙向山上逃跑。汉军乘胜追击，杀死匈奴数千人。

就在这节骨眼上，李陵军中有一个叫管敢的兵士，被李陵的校尉韩延年辱骂，一气之下跑去向匈奴投降。他还向匈奴讨好，对单于说："李陵的军队没有后备支援，弓矢也快用完了。"管敢还把李陵的排兵布阵告诉了单于。

由于单于洞悉了李陵的虚实，知道他是孤军作战，便放心大胆起来。他还按照管敢的主意，用许多骑兵攻打李陵。李陵率汉军向南走，还没有到鞮汗山，弓矢都用光了，汉军被单于困在峡谷中。单于乘机用垒石攻打，汉军死伤惨重。最后致使李陵被擒。此时，边关便报李陵降敌。

汉武帝听说这件事后，十分恼怒。朝中大臣也都大骂李陵。单单太史令司马迁对皇上说："李陵这个人诚实而讲求信义，他为国家常常奋不顾身。现在他处境不幸，我们应同情他。况且，李陵只带步兵5000人，面对匈奴8万大军，转战千里，弹尽粮绝，赤手空拳同敌人拼搏。这种勇往直前、无所畏惧的精神，即使古代名将也不过如此而已。他现在身陷匈奴，但是全天下的人都知晓他的战绩，他不死，估计是还想再为汉朝立功。"

司马迁的一番话，非但没打动皇上的心，皇上反而定司马迁"为陵游说"之罪，处以宫刑。从此，司马迁打消了仕进的念头，忍辱负重，专心致志撰写《史记》，以此来宣泄自己心中的愤懑。

那么李陵为什么向匈奴投降呢？事实是李陵在匈奴数年杳无音信，皇上派公孙敖带兵去设法抢回李陵。公孙敖去匈奴后无功而返，为了回复皇上、完成任务，他带回了关于李陵的消息，告诉皇上说："听说李陵在那边训练匈奴兵，要攻打汉朝。"皇上听到这个消息，大发脾气，命人把李陵母亲、李陵弟弟及李陵的妻儿都杀了。其实，替匈奴训练士兵的人是李绪，一位早年投降匈奴的汉都尉，公孙敖显然是张冠李戴了。

就在李陵投降匈奴的前一年，苏武出使匈奴被扣。后来，李陵宴请苏武，李陵给苏武斟满酒说："你不降匈奴，忍辱负重，名扬天下，功劳盖世。"李陵推心置腹地告诉苏武说："我投降的目的原本是想找机会劫持单于，为国家效劳。却不料汉皇不了解我的心志，杀了我的老母和妻儿，绝了我的归路。"苏武说："过去，我深知老友的为人处世的态度，但现在你的处境不同过去，是非功过，也只好由人们去评说。但是我决不能做对不起国家的事。"

李陵听苏武说完后，长叹一声："比起苏君来，我这个人真如粪土一般。"说罢，热泪纵横，起身吟唱了一首《别歌》：

"径万里兮度沙漠，为君将兮奋匈奴。路穷绝兮矢刃摧，士众灭兮名已颓。老母已死，虽欲报恩将安归！"

一曲歌罢，李陵朝着南方跪拜不起，苏武望着他，叹息不止。这就是李陵"身在异族心在汉"的故事。

曹操赤壁战败之谜

　　赤壁之战是中国历史上一次著名的以少胜多的战役，究竟是什么原因使曹操在赤壁之战中打了败仗呢？一般人认为曹军失败的致命原因是遭遇火攻。《三国志·蜀书·先主传》载："权遣周瑜、程普等水军数万与先主并力，与曹公战于赤壁，大破之，焚其舟船。"司马光在《资治通鉴》中也说，黄盖"乃取蒙冲斗舰十艘，载燥荻、枯柴，灌油其中，裹以帷幕，上建旌旗，预备走舸，纱于其尾。去北军二里余，同时发展，火烈风猛，船往如箭，烧尽北船，延及岸上营落"。曹军败在火攻上，证据确凿。可是，随着社会进步，近些年来，有论者提出了许多关于火攻论的质疑。他们认为曹操之所以会失败，是因为军队遭遇疾病瘟疫，导致战斗力丧失，而不是由火攻造成的，更为详尽的是，他们说是血吸虫病造成曹军赤壁战败的。

　　血吸虫论者也是根据史籍提出这一论点的。如陈寿在《三国志·魏书·武帝纪》中叙述赤壁之战时，并未提及"火攻"这件事。他说，曹公到了赤壁，与刘军大战，不占上风。后来发生瘟疫，士兵大部分都死了，于是带领部队回去。从曹军主帅曹操在战后写给孙权的一封信中可看出，他不承认失败是因为遭到火攻，其中写道："赤壁之战，有疾病侵袭，我烧船而退，使周瑜白捡了这个好名声。"而曹操所说并不是唯一凭证，《吴书·吴主传》中也有曹操自己烧掉战船一说："曹公烧剩余船而退败。"由此论者认为，火攻一说不足以取信。曹军失利主要原因就是瘟疫，即血吸虫病，其理由是：

　　第一，我国古代早已存在血吸虫病，远古医书中的周易卦象便有"山风蛊"之病症，在7世纪初的《诸病源候论》中也有关于血吸虫病一类的记载。现今，研究者在出土于1973年的长沙马王堆1号墓中的女尸肠壁及肝脏组织中也发现了大量血吸虫卵。由此可以看出，早在汉代，血吸虫病之患就在长沙附近存在着。大量调查资料表明，与赤壁之战有关的地区为血吸虫病发区，尤其是湖南湖北一带。

第二，论者根据赤壁之战的时间与血吸虫病的易感染季节推断，血吸虫病的流行季节正好是曹军迁徙、训练水军的秋季。曹军从陆地转战水中，是最容易染上此病的。血吸虫在人体中的潜伏期为一个月，它们在一个月以后才会使人出现急性症状。所以曹军在训练时期已经染上此病，个把月后，进入冬季决战时期，此病也已进入急性期，致使曹军遭受此痛折磨，不堪一击。孙刘联军也同样是水上训练和作战，为什么不会染上血吸虫病呢？关于这个问题，论者认为这要根据人免疫力的强弱来看。孙刘联军长期居住于南方疫区，具有一定抵抗力，即使得此病，也不会这么严重。曹军都是北方人，抵抗力差，所以患此病的症状严重，因而溃败。

然而，血吸虫病说也不可尽信，它比火攻论的争议还要多。《新医学》1981年11期与1982年5月25日的《文汇报》就这个问题相继载文展开争论，他们认为：

第一，曹操在邺而不是在疫区江陵训练水军，那里不是血吸虫病疫区，感染的可能性不是很大。

第二，史书确实记载曹操烧船退军一事，但烧船的地点不在赤壁而在巴丘，时间不在赤壁大战时，而在曹军兵败退到巴丘时。

第三，血吸虫病的潜伏期一般在一个月左右，少数在两个月以上，潜伏期越长，发病的症状也就越轻，所以即使曹军在秋季患上了血吸虫病，到大战爆发时才发病，曹军的身体状况也不会很糟糕。

第四，曹操的水军大部分是居于血吸虫病流行区的湖北人，跟孙刘联军的免疫力没有什么差别，除此之外，补充给曹操的刘璋军队也是来自疫区四川的士卒。所以，孙刘联军在免疫能力上与曹军没有高低强弱的分别。

火攻论不可尽信，血吸虫病说也有缺陷，那么，曹操在赤壁战败的原因，只能作为一个千古之谜留存于人们心中了。

诸葛亮写过《后出师表》吗

三顾频频天下计

两朝开济老臣心

这是后世对诸葛亮的赞颂。诸葛亮是在中国人心中有较高地位的政治家和军事家。当年刘备能在东汉末年那样一个群雄争斗的时代里建立蜀汉王朝,诸葛亮可谓功不可没。刘备死后,他的儿子刘禅即位。蜀汉政权在诸葛亮的主持下向曹魏政权发动了六次北伐。历史记载,公元227年"一出祁山"之前,诸葛亮向刘禅呈递了《前出师表》,第二年"二出祁山"前又写的《后出师表》,"鞠躬尽瘁,死而后已",就是其中最为著名的一句。

查诸史料,《后出师表》是南朝刘宋裴松之注《三国志》时引录东晋习凿齿《汉晋春秋》的,而《汉晋春秋》中的这篇《后出师表》又是出自三国孙吴张俨的《默记》。除此之外,当时较为著名的史籍中,都没有收录《后出师表》。

因此,人们不得不向传统说法提出了疑问:诸葛亮真的写过《后出师表》吗?

有人做出了否定的回答。他们的理由是:

第一,《后出师表》的立意完全不同于《前出师表》。在《前出师表》中,诸葛亮雄心勃勃,充满了对北伐必胜的信心,并明确地表决心说"愿陛下托臣以讨贼兴复之效;不效,则治臣之罪,以告先帝之灵"。而在《后出师表》中,语气则明显沮丧,竟有"然不伐贼,王业亦之;惟坐待之,孰与伐灵"。不仅没有了往日之雄心,而且还作了如此的自我贬低。凭诸葛亮一向的表现,自然不会如此。

第二，《后出师表》中说"议者谓之非计"，看似是为说服别人进行北伐。但是根据历史记载，当时蜀汉并没有人反对北伐，那么诸葛亮何必有如此一说？

第三，《后出师表》中提及了一些与史实明显不符的事情，还有一些人名错误。《后出师表》中说："自臣到汉中，中间期年耳，然丧赵云、阳群、马玉、阎芝、丁立、白寿、刘郃、邓铜等及曲长屯将七十余人。"但是此表上于建兴六年（228）的十一月，而《蜀志·赵云传》则说赵云"建兴七年卒"，并且阳群、马玉、阎芝、丁立、白寿、刘郃、邓铜等人，史书上都没有记载。可见，《后出师表》肯定有问题。

最后，从文辞风格上，前后《出师表》迥然不同。《前出师表》辞意恳切，风格高迈；而《后出师表》有大量的意义雷同、辞意庸陋的句子。两篇风格如此不同的文章，显然不是出自一人之手。

否定《后出师表》为诸葛亮所作的学者认为，《后出师表》可能就是张俨所作。但是有人提出，张俨其人对诸葛亮的北伐持有相当的乐观态度，这与《后出师表》中的悲观失望完全不同，因此不可能是张俨所作。又有人提出伪造《后出师表》的人可能是诸葛亮的侄子诸葛恪。诸葛恪在吴王孙权死后被任命为吴大将军。诸葛恪为了树立自己的威望和掌握兵权，打算发动对魏的战争，但是此举遭到了全国上下的一致反对。于是诸葛恪就伪制了《后出师表》，以使自己的伐魏主张有一个旁证，因此表中才有"议者谓为非计"一句。

对上面的观点，也有学者提出反对意见，认为《后出师表》确是诸葛亮所作。他们认为，由于诸葛亮和诸葛恪的亲戚关系，使诸葛恪完全可以得到诸葛亮的文字，因此《后出师表》确实是出自诸葛亮的手笔。

"出师一表真名世"——诸葛亮作完《前出师表》后，究竟有无写作《后出师表》？这还是一个谜。

淝水之战是以少胜多吗

淝水之战，是公元383年东晋与前秦在今安徽省寿县一带进行的一次大战。"风声鹤唳，草木皆兵"的历史典故即出于此。

公元316年，西晋王朝灭亡。当时，占据陕西关中一带的氐族统治者以长安为都城，建立前秦政权。公元357年，苻坚做了秦王，他采取一系列改革政治和发展经济、文化的措施，使前秦国力迅速强盛，并基本统一了北方。在南方，琅琊王司马睿在建康（今南京）称帝，建立东晋王朝。东晋占有今汉水、淮河以南的大部地区。这样，就形成了秦晋南北对峙的局面。

公元383年8月，苻坚发兵南下，三路进军，攻打东晋，共有步兵60余万、骑兵27万、"羽林军"3万余骑；百万大军从东到西，绵延千余里。在苻坚重兵压境下，晋孝武帝采纳了谢安、桓冲等人的主张，下令坚决抵抗。他派将军谢石、谢玄等率兵8万沿淮河西进，以拒秦军；又派将军胡彬率领水军5000增援战略要地寿阳（今安徽省寿县）。

同年10月18日，秦军前锋攻占寿阳。胡彬所部水军走到半路，得知寿阳失守，退守硖石（在寿县西北25里）。秦军为了阻挡晋军主力西进，又派兵5万进至洛涧（今安徽省怀远县以南之洛水），并在洛口设置木栅，阻断淮河交通。胡彬因困守硖石，粮食用尽，处境十分艰难，写信要求谢石增援。不料胡彬的求援信也被秦军截获。由此苻坚判断晋军兵力很少，粮食十分困难，应该抓紧进攻，遂把主力留在项城（今河南项城），只带了8000骑兵赶到寿阳。苻坚先派尚书朱序到晋军劝降。朱序原来是东晋防守襄阳的将领，襄阳失守时被俘。朱序到晋军以后，不仅没有劝降，反而透露了秦军情况，并且建议说，如果秦兵百万全部到达，晋军难以抵抗，现在应趁它还没有到齐，迅速出击，打破它的前锋，大军就会溃散。

听过朱序的建议，晋军将领谢石、谢玄于11月派猛将刘牢之率领精兵

5000进攻洛涧。刘牢之分兵一部到秦军侧后，断敌退路，亲自率兵强渡洛涧，夜袭秦军大营。秦军果然抵挡不住。主将梁成战死，5万秦兵大溃，抢渡淮水，淹死1.5万余人。洛涧的胜利，鼓舞了晋军的士气。晋军水陆并进，展开全线反攻。苻坚在寿阳城上，看到晋军严整，攻势猛烈，十分恐惧，竟然把淝水东面八公山上的草木都当成了晋兵。

洛涧失利后，秦军沿着淝水西岸布阵，阻止晋军反攻。晋军将领谢玄派人用激将法对苻坚的弟弟苻融说：如果你把军队稍向后撤，让出一块地方，使晋军渡过淝水，两军一决胜负。秦军诸将都认为不能让晋军渡河，但苻坚却说：可以稍退一步，等到晋军兵马半渡之际，再用骑兵攻击，一定可以取胜。于是苻融指挥秦军后撤。秦军本来内部不稳，这一撤，造成阵势大乱，不可遏止。晋军乘势抢渡淝水，展开猛烈攻击。朱序在阵后大喊："秦军败了！秦军败了！"秦军后方部队一听，争相逃命。苻融见势不妙，急忙驰马赶到后面整顿部队，结果被晋军追兵杀死。晋军乘势猛追。秦军人马相踏，昼夜溃退，听到风声鹤唳，也以为是东晋追兵。就这样，几十万秦军，逃散和被歼灭十之七八，苻坚本人也中箭负伤，逃回洛阳。号称百万的前秦军队，被七八万东晋军队打得落花流水，这在中国战争史上是罕见的。因此，淝水之战历来被当作以少胜多的典型战例载入史册。

就是这样一个人人称颂的经典战例，却有人提出了质疑。他们对双方兵力之比提出新的见解。首先，前秦的百万军队是虚数。从当时北方人口的估计数看，前秦全国有百万军队已是惊人数字，即使有，苻坚也不可能全部征调伐晋，至少要留一些驻守各地重镇。更重要的是，这虚数百万也没有全部赶赴前线，苻坚到彭城时，凉州、幽冀、蜀汉之兵均未到达淮淝一带，因而根本没有参加淝水之战。

其次，当时集结在淮淝一带的军队，是苻坚的弟弟苻融率领的30万，他们也没有全部投入战斗，而被分布在西至郧城、东至洛涧500余里长的战线上。驻扎在寿阳及其附近的军队，充其量不过10万。加上苻坚从项城带来的"轻骑八千"，也不过10多万人，况且战争发生时，这些军队也不会全部投入战斗。正因为寿阳一带兵力不多，苻坚才会在看到晋军严整的阵容时，心中无底，产生草木皆兵之感。

最后，晋军共8万精兵，除刘牢之所率5000人进军洛涧外，均参加了战斗。当时，晋军在长江中游地区布置的兵力，本来就较雄厚，再加上新投入的8万，因此当秦、晋双方沿长江中游至淮水一线交战的时候，晋方在前线至少有20万以上兵力。再考虑到前秦军长途跋涉、晋军以逸待劳；前秦内部意见分歧、晋军上下一心等各种因素，晋军占了一定优势。因此，不论从两军交战的时候，还是从整个战役情况看，淝水之战时双方投入的兵力，是大致相当的。

长期以来，秦晋淝水之战是以少胜多、以劣势之军打败优势之军的辉煌战例。如今又提出了秦晋双方兵之比的新见解，淝水之战是否以少胜多又成为未解之谜，有待进一步破解。

"安史之乱"究竟是谁引发的

唐代社会由治转乱开始衰弱的明显标志，无疑是安史之乱。那么"安史之乱"究竟是谁引发的呢？不外乎以下几个方面的原因：

第一，人君德消。

开元二十四年（736）冬，唐玄宗自东都回到西京，从此"不复东幸"。李林甫曾说"知上厌巡幸"。玄宗自此便开始"怠于政事"，这位刚刚经过数年"家事"烦恼的天子，这时已寻得精神上的寄托，终日沉溺在新的欢乐之中，整日与太真"娘子"如胶似漆，根本不会有太多的心思放在勤政上！

荒怠政事、思慕长生，随之而来的绝不会是厉行节俭，只能是崇尚奢靡，也就是所谓的"心荡而益奢"。

第二，宰相误国。

自开元末年开始，玄宗"渐肆奢欲，怠于政事"，这就给宰相专权造成了可乘之机。先是李林甫"在相位十九年，养成天下之乱"，后是杨国忠钩心斗角，取而代之，以聚敛而"终成其乱"。

杨国忠"终成其乱"一方面是其穷凶极奢，聚敛钱财；另一方面是千方百计欲"以激怒（安）禄山，幸其动摇，内以取信于上"。天宝年间，安禄山恩宠日渐加深，又握有兵权，"（杨）国忠知其跋扈，终不出其下，将图之，屡于上前言其悖逆之状，上不之信"。杨国忠还指使门客前去刺探安禄山"阴事"或"围捕其宅"，或将其安插在京官中的耳目贬官，使得"禄山惶惧，遂举兵以诛国忠为名"。

第三，天下势偏。

开元中期以来，良将精兵都戍守北方，使天下之势偏重。而且，节度使权重。每一节度使领若干州，是这个地区最高军事长官，功名卓著者往往可以入朝为相，所以节度使地位颇重。

时至开元中后期，"天子有吞四夷之志，为边将者十余年不易，始久任矣；皇子则庆、忠诸王，宰相则萧嵩、牛仙客，始遥领矣；盖嘉运、王忠嗣专制数道，始兼统矣"。

后来，安禄山得到宠信，势力膨胀，兼统三镇，封东平郡王。最终，杨国忠多次激怒安禄山，"欲其速反以取信于上"；安禄山则"决意遽反"，以"将兵入朝讨杨国忠"为借口，在范阳起兵，终于酿成大乱。

杨家将奋战抗辽是真是假

杨家将忠肝义胆，在抗辽保宋的战争中屡立战功，功勋卓著。其故事催人泪下，至今仍广为流传，尤其是杨家第一代英雄"杨老令公"的英勇事迹更是令人钦佩称颂。

辽国景宗在公元982年去世后，由12岁的辽圣宗耶律隆绪即位，他的母亲萧太后执政。这时，有人向宋太宗上奏章，认为辽国政局变动，正好可以趁此机会把燕云十六州失地收复过来。宋太宗借辽国"主幼国疑"的大好时机，就在雍熙三年（986）发动了第二次进攻辽国的战争。

但是，辽军勇猛异常，很快宋军就已失去战争主动权，宋太宗便令各路宋军后撤，但给西路军一个任务，那就是在放弃四州时，把当地居民迁往内地。当时应、寰二州已失守，想把四州百姓撤出来十分困难。杨业建议派兵佯攻，吸引寰州辽军，并且派精兵埋伏在退路的要道，掩护军民撤退。监军王侁反对杨业的意见，他认为有精兵数万，不怕辽军，主张沿着雁门大路，大张旗鼓行军。杨业却说，现在敌强我弱，要避敌锋芒。而王侁却讥笑他，主将潘美也支持王侁的主张。杨业只好带领手下人马出发。临走的时候，他伤心地流泪，指着前面的陈家峪对潘美说："我兵败之后，退到这里，希望你们在这个峪口两侧，埋伏好步兵和弓弩手。等我退到这里，您就带兵接应，两面夹击，也许能转败为胜。"

等到战后，杨业退到陈家峪，已经是太阳落山的时候。杨业退到陈家峪口，只见两边静悄悄的，见不到宋军人影。那么潘美带领的主力到哪儿去了呢？原来杨业走了以后，潘美确实也曾经把人马带到陈家峪。可是等了一天却听不到杨业的消息，王侁认为一定是辽兵退了。他怕让杨业抢了头功，就催着潘美把伏兵撤去，离开了陈家峪。等到他们得知杨业兵败，他们又往另外一条小道逃跑了。

杨业来到约定伏兵地点竟没有接应，非常生气，但却没有办法，只好带领部下转过身来，跟追上来的辽兵拼死战斗，兵士们也个个奋勇抵抗。但是后来辽军越来越多，及至最后，杨业身边只有100多个兵士。他含着泪，高声向兵士说："你们都有自己的父母家小，不要跟我一起死在这里，赶快突围出去，也好让朝廷得知我们的情况。"

兵士们听了这些话，再看看杨业浴血奋战的情景，都感动得流下了热泪，他们没有一个愿意离开杨业的。最后所有的兵士都战死了，杨业的儿子杨延玉和部将王贵也牺牲了。

杨业的结局是怎样的呢？民间广为流传的说法是杨业身负重伤，知道壮志难酬，在绝望中，一头撞死于李陵碑上。

岳家军为何没能直捣黄龙府

绍兴十年（1140），岳飞率领岳家军抵抗金人的进攻，一路乘胜追击，金人一筹莫展，很多人都准备投降。岳飞十分高兴，对将士说道："让我们继续努力，直捣黄龙府（今吉林农安，为金人都城），必与诸君痛饮。"众人也一齐欢呼："直捣黄龙！直捣黄龙！"

但是数日以后，形势大变。主和的秦桧打起了自己的小算盘，如果岳飞能以武力夺取中原，说明和谈的决策完全错了，他的决策就是错误的，那么他的宰相也就难以做下去。即使朝廷对此不说什么，他也应该主动辞职。对这种局面他怎么能坐视不管？所以，他先教唆言官向高宗奏请下令撤军，以免和谈破裂。此时此刻，岳飞当然不肯撤军，上疏说道："如今金兵锐气尽失，丢弃辎重军械，仓皇渡河北去。天下豪杰向风归顺，士卒用命。收复河朔，指日可待。这样千载难逢的机会，稍纵即逝，万万不可撤兵。"秦桧知道将在外君命有所不受，单凭一纸命令，岳飞绝不肯听，于是他采取措施，釜底抽薪，先从小处抽起。闰六月二十七日（己亥），他让刘锜暂领顺昌府事，而将顺昌知府陈规改任庐州，以后不久，又命刘锜为沿淮制置使，撤到淮河一线；二十八日（庚子），据说是因大雨淮西宣抚使张俊从亳州撤军还寿春（今安徽省寿县），淮西宣抚副使杨存中也从宿州（今安徽省宿县）撤到泗州（今江苏盱眙）。最后，秦桧上奏皇上说："岳飞孤军奋斗，不可久留中原，请朝廷下令班师。"于是朝廷连下十二道金牌召岳飞回师。

金牌的正式名称是金字牌，由递送文书的人佩戴，其作用就是使人一见就知道有紧急命令。金字牌本身并不含有班师回朝意义，主要只是表示事情紧急。它实际上只是紧急文书的一种标志，此后"声名大噪"，纯粹是"秦桧十二金牌召岳飞"这一故事影响的缘故。其实，在古代紧急文书中使用的标志并非单独由"金字牌"包揽，还有黑漆白字牌、黄漆青字牌、黑漆赤字牌等等，它们的作用与金字牌基本一样。

及至七月，金兵得悉宋朝大军已退回淮河一线，只余岳飞孤军战斗，便调集各路人马，集中对付岳飞。岳飞难以支持，于是派人向刘锜告急。刘锜遣统制官雷仲出兵太康（在今河南境内）以牵制金军。但是杯水车薪，无济于事。岳家军中部将杨再兴、王兰、高林先后战死。岳飞知道独力难支，只好于七月廿一日（壬戌）退军。岳飞撤兵后，中原州县很快又重新落入金人手中。

成吉思汗的骑兵为何能横行欧亚

蒙古骑兵向来所向披靡，百战百胜，攻城掠地，少有败绩。那么，他们为何能征善战呢？固然蒙古人打起仗来有许多办法，并且也善用策略，但是蒙古骑兵服从、骠勇、顽强的精神却是他们胜利的最重要因素。蒙古骑兵纪律严明，即使因小事违反军纪，也动辄受笞刑或受死。所以，蒙古骑兵打起仗来非常勇猛，快速灵活，当然所向披靡，无可匹敌。

骑兵的勇敢是从小训练出来的，他们从3岁大就被绑在马背上，从此一生几乎都在马背上度过。蒙古马气力、耐力也非常惊人，它驮着骑者，能日行120千米，而且途中只需要休息一次，喝水进食。这样使得蒙古军队占尽优势，他们能迅速集中兵力，从而可以造成人马众多、声势浩大的假象。

蒙古军队的组织异常严密，而且调起来灵活迅速。1万名战士分成10个千人队，1队分为10个百人队，这万名战士由大汗的一个亲戚或亲信指挥。2万人可组成一军。另外，大汗亲选1万名"体格矫健，技能好"的人，组成精锐的"护卫军"，在平时分为4班守卫，战时随大汗出征。

虽然全军的统一命令是由快马下达，但是将在外君命有所不受，个别将领在作战时享有极大自主权力。军队消息非常灵敏，在大军前面有斥候部队，随时将敌情送回军队总部。

而且在斥候部队前面还有大量敌后探子，他们潜入敌城打探情报，扰乱人心。蒙古人特别喜欢结交商人，并招募商人从事谍报工作，可能是大多数商人唯利是图，比较容易收买吧！

此外，蒙古大汗还有一种最有力的武器，就是计划周详、时时刻刻对敌人施行心理战术。如果大汗想攻取的繁盛城市不愿意投降，那么，他们最终一定逃不掉屠城的下场。当时最大而兴盛的撒马尔罕和内沙布尔两城，就由于这个原因先后被夷为平地，居民无一幸免。这个消息传开后，别的城市就不敢抵抗。但是有的即使投降也不一定能避过厄运。基辅城中的俄罗斯王公投降前虽得到宽大保证，但最后还是给扔在饮酒祝捷的桌下活活压死。阿富汗西北边境赫拉特城的居民在听到赦免消息后走出城外，却被全部杀死，整座城也被夷为平地。

蒙古人虽然有时候不免会杀伤无辜，有时还驱赶老百姓到阵前做挡箭牌，却并不轻视他们征服的民族，反而热衷于学习。但是最后，他们逐渐沉溺于养尊处优的生活中，失去了游牧民族的活力，这应该是导致其衰亡的一个原因。

抗倭名将胡宗宪缘何被历史遗忘

在明嘉靖年间众多的抗倭将领中，要把他们的事迹一一都作个介绍无疑是件很费力的事，比较熟悉的有戚继光、俞大猷，也有历史上出现不是很频繁的朱纨、张经、王忬、卢镗、汤克宽等人。胡宗宪也在抗击倭寇的斗争中有过很大贡献。其中，最突出的功劳便是诱杀倭寇中的中国籍大首领汪直（又作王直）、徐海等人。历史上的胡宗宪确是一个威风凛凛的伟岸男子，足智多谋且胆略过人，与倭寇作战时，每每身先士卒，冒着炮火羽矢，亲临战阵，指挥作战。虽然在他报捷请功的奏折中常常多有夸大，但与倭寇数十仗也确实是少挫多胜，是在戚继光以前对倭寇最具威胁的人物。

然而，国内有关胡宗宪的影视作品并不多，且常常是作为严嵩的党羽而以一个无足轻重的角色出现，而且一般也是以一个典型的颟顸官僚的形象出现。为什么多年之后，曾经叱咤风云的人物如今却被人们冷落，被历史遗忘了呢？

胡宗宪，字汝贞，号梅林，安徽龙川人。嘉靖十七年（1538）进士，初任山东益都县令，在任期内因为精明能干，政绩凸显，可能是在破案方面能力比较突出，声名在外，引起朝廷的注意，而屡获升迁。胡宗宪是个文官，在扳倒张经后，又扳倒张经的继任者杨宜，并取而代之成为兵部侍郎，总督东南军务，统领整个东南的军队，担任起平复倭患的重担。所以在他担任军队统帅指挥作战的时候，就不能再称之为文官了，而是一个将领，又因为他战绩彪炳，所以也不妨称之为"名将"。

赵文华也曾与倭寇作过战，但他被倭寇打得落花流水，溃不成军，还连带着让胡宗宪也吃了一场大败仗。不学无术的赵文华通过虚报战功升为工部尚书，又在严嵩的帮忙下取代了大臣沈良，兼任右副都御史，提督浙闽军务。赵文华之所以明知倭寇不好治理，还争着揽这个瓷器活，冲着的就是手里有胡宗宪这个金刚钻，他的目标就是私吞两浙、江淮、闽粤几省所征召的丰厚军饷。于是，他把除征发粮饷以外的所有军务很爽快地交到胡宗宪手上。

至嘉靖年间，江浙一带倭寇泛滥。嘉靖三十四年（1555），胡宗宪任浙江巡按御史，旋提为总督，总制7省军务抗倭灭寇，并联手时任工部侍郎的赵文华，得到明世宗的重用。胡宗宪召徐渭、沈明臣、茅坤、文徵明为幕僚；以俞大猷、戚继光、卢镗为大将。胡宗宪按察浙江，当时倭寇的主要首领徐海、陈东和麻叶在乍浦一带建立据点，四处抢掠。

胡宗宪对倭寇也并非一味没有章法的剿杀，他曾在外交上作过努力。他请旨朝廷派使臣与日本政府建立联系，约束本国海寇。但此时正是日本传奇英雄织田信长发动一统诸岛的大内战的时代，因此外交上的措施没起到什么作用。但从日本回来的使臣陈可愿却带来了一个倭寇中国籍首领汪直与其义子毛海峰有意归顺的消息。胡宗宪立即将此事上报，兵部的官僚们对此甚为谨慎，认为汪直希望明廷开市通贡的要求无异于是对朝廷的要挟，"其奸叵测"，对汪直颇为猜忌。于是，令胡宗宪严加防备，并令转告汪直，要表示诚意，就得先灭了舟山群岛一带诸倭寇的巢穴再说。

汪直等人要求招安做官，以冲州撞府来增加谈判筹码，就很有点当年梁山好汉逼招的味道。其实，如果能处理得好，这是个简单解决倭患的机会。中国历代就有招贼为兵的传统，如宋时的名将杨再兴。许多招降来的反政府武装到后来往往会成为国家支柱、朝廷干臣。但汪直等人要求"开市通贡"，就很可能是其最终悲剧的根源。

此后，胡宗宪得到兵部授予他的"便宜行事"的权限，便意味着他可以有很大的空间以实施他的对敌计划而不受过多的干涉。胡宗宪在徐海等海寇头子之间制造矛盾、挑起他们自相残杀，利用这一办法，各个击破。胡宗宪以战功获得殊荣，官至太子太保、兵部尚书，并加少保。

胡宗宪于戎马倥偬中还曾辑著《筹海图编》十三卷，书中收入浙江沿海地形、防务、战具、倭变、战事等情况，内容翔实，记载入《明史》之中。此外，还著有《三巡奏议》《督抚奏议》《忠敬堂汇录》等。

万历十七年（1589），胡宗宪孙胡灯奏准，御赐葬故里之天马山，谥号襄懋。

众所周知，他因为阿附奸相严嵩的义子——大明朝十大奸臣之一的赵文华，并曾伙同赵文华参与陷害抗倭功臣兵部侍郎张经，冒领张经抗倭的战功，而成为他人生的一个无可原谅的污点，人们称其为奸臣。因此在他活着时名声就不大好，死后更被当作严党的走卒成为士人与百姓眼中的另类，这也许就是他永久地失去与后来的抗倭功臣戚继光、俞大猷等人一起成为受人敬仰的民族英雄的资格的原因之一。

李自成的军队在清军面前为何不堪一击

17世纪40年代初，明朝终于在一系列农民起义中土崩瓦解了。

推翻明朝的英雄李自成雄心勃勃，他个性放荡不羁，坚信他就是人心所向。他不能容忍任何事情阻挠他的成功。

1644年春，通向北京城的大门终于向李自成的军队敞开了。这座由为数不多的宦官指挥军队防守的北京城，在势力浩大的起义军面前不堪一击。

当李自成的起义军入城时，京城的人们走出家门，拥上街头，欢迎这位英雄。"新皇帝万岁"的标语挂满了街头。但是，此后不久热烈的欢迎就被恐怖所取代，其部将腐化堕落，大肆饮酒作乐，烧杀抢掠，战斗力大大降低。

现在该是清军最后攻打北京的时候了。

清军即满州军，它的领导者是努尔哈赤。努尔哈赤16世纪末开始统一女真各部，并建都盛京，建立后金国。他创立了八旗制度，使得他拥有了一支英勇善战的军队。

占据北京的农民军领袖李自成为防清兵入关，曾多次派人招降明朝山海关守将吴三桂，但都没有成功。在这种形势下，李自成挥师东征，直奔山海关。

吴三桂得知农民军前来进攻的消息后，非常焦虑，立即派人向多尔衮求助。多尔衮接到了吴三桂的乞援信后，极为高兴，认为清军找到了一个理想的引路人。这样，满汉官僚地主阶级在共同对付农民起义军的目标之下相互勾结在一起了。

可是，李自成对满汉地主阶级的这种联合力量缺乏足够的认识，尤其对即将到来的大战认识不足，在思想上和军事行动上没有做任何必要的准备。这就注定了他在这场激战中失败的结局。

李自成失败后退出北京撤回西安，从此一蹶不振。

满族征服者于是宣称清朝是明的合法继承者，皇太极已在一年前去世，他5岁的儿子福临从而成为清朝定都北京的第一位皇帝，建年号"顺治"。他的叔叔多尔衮是主要的辅政大臣。

施琅是叛徒还是忠臣

人们常常遇到这样的疑问：说施琅背叛了明朝难道不是叛徒？他收复了台湾，推进了统一中国的步伐，怎么不是爱国的功臣呢？

施琅（1621~1696），字尊侯，号琢公，福建晋江人，自幼生长在海边，少年时代从师学剑，武艺超群。清顺治三年（1646），施琅与其弟施显投奔郑成功，参加了郑成功领导的武装。由于才干超群，没过多久施琅就成为郑成功最为得力的将领。不过，战功卓著的施琅不小心触怒了郑成功，结果父子3人都被扣押起来。后来，施琅用计得以逃脱，但他父亲和弟弟却惨遭杀害。1652年，施琅投降清廷，立志打败郑成功，收回台湾，以报家仇。

有学者认为，要评价作为明清之际历史人物的施琅，首先不能站在明朝的立场上，更不能充当明朝的遗老遗少，要客观地认识到清朝是中国历史上的一个重要王朝，满族是中华民族的一个重要成员。在此前提下，对施琅作出评价，就会比较客观，比较接近事实。

首先，来看看施琅叛变的大略经过。施琅青年时个性极强，常常与脾性相同的郑成功发生冲突。清顺治八年（1651），施琅因反对郑氏"舍水就陆"的战略方针和强征百姓粮饷的做法，与郑氏产生了尖锐的分歧。次年4月，施琅捕杀了手下一名改投郑成功的清兵曾德，然而曾德原在郑氏军中地位较高，虽一度隶属于施琅部下，无论犯法与否，也无论施琅是否已经解除兵权，施琅都无权擅自将他处斩。于是，郑成功盛怒之下便将施琅及其父施大宣、其弟施显投入牢中。施琅被捕后竟然奇迹般地逃到大陆，藏在副将苏茂家中，并请人从中调停。但郑成功非但不接受调解，反而派人前去刺杀施琅。行刺失败后，郑成功一怒之下于7月间竟把施大宣、施显处斩，将施琅逼上了投清之路。施琅得知消息后，遂死心塌地投靠清朝政府，一意同郑成功为敌。

施琅降清后任福建水师提督。他之所以力主收复台湾，目的是为了祖国的统一，认识到只有使"四海归一"，才能使"边民无患"。后来，他几经周折，拼力说服清廷不可放弃台湾，最终使清廷下决心在台湾设府建制。施琅为实现统一台湾的理想进行了不懈的努力，他的爱国思想和行动可以从如下三方面加以评价。

第一，清朝平定三藩之乱以后，那时郑氏政权已无恢复明室的可能，只想保住在台湾割据的局面。他们在与清朝的谈判中，多次要求"不剃发，执朝鲜事例""称臣纳贡""世守台湾""照琉球、高丽等外国例，称臣进贡"。他们的这种设想，从主观上看，未必意识到要分裂中国，但客观效果则不堪设想。如果清朝同意郑氏政权的要求，台湾这块自古以来的中国领土，就会在那时从祖国分割出去。而那时的康熙正好采纳的是大学士明珠的意见，决定先招抚，招抚不成，再用武力。于是，在遣使与郑氏代表谈判中，作出了很大让步，即郑氏归顺清朝以后，可以在台湾居住，"保境息民"，但郑氏必须成为清朝臣民，台湾必须成为中国领土的一部分。对于这样的让步郑氏政权依然没有同意。不久，郑经病死，郑氏内部彼此争权，政局动荡。这时力主乘胜收复台湾的福建总督姚启圣认为，征台的时机已到，就向康熙帝再次奏请进取台湾，并推荐施琅任福建水师提督。此奏很快得到康熙同意。

从以上史实不难看出，清朝用施琅征台，已不是民族战争的继续，更不是什么明清两个帝国之间的对抗（那时的明朝早已不存在，就连南明诸政权也早已相继结束），而是清朝要么统一台湾，要么允许台湾从中国领土上分割出去。

众所周知，清代奠定了现代中国疆域的基础，使统一的多民族国家得到进一步巩固和发展。施琅正是完成清初统一大业的重要历史人物之一，他在中国历史上的重要作用不言而喻。

第二，清军攻下澎湖以后，有人向施琅进言："公与郑氏三世仇，今郑氏釜中鱼、笼中鸟也,何不急扑灭之以雪前冤?"施琅却说:"吾此行上为国、下为民耳。若其衔璧来归,当即赦之,毋苦我父老子弟幸矣!何私之有与?"他还向郑氏手下的人声明,"断不报仇!当日杀吾父兄者已死,与他人不相干。不特台湾人不杀,即郑家肯降,吾亦不杀。今日之事,君事也,吾敢报私怨乎?"施琅的胸怀可见一斑。

第三,收回台湾后,清廷内部发生了一场对台湾的弃留之争。许多大臣对台湾的历史、地理缺乏认识,竟然认为台湾地域狭小,得到了不会增加领土面积,失去了也不会有太大损失,就连康熙皇帝也这么认为。

众大臣中只有少数人主张守而不弃,其中包括施琅。在台湾弃留之争中,施琅挺身而出,力排众议,坚决反对放弃台湾,并奏请朝廷设官兵镇守。为此,他还专门给康熙写了《恭陈台湾弃留疏》,反复陈述台湾的战略地位的重要性,指出台湾是关系到江浙、福建等地的要害所在,如果弃而不守,必将酿成大祸。更可贵的是他高瞻远瞩地指出,如果放弃台湾不守,无论是荷兰人还是叛徒,随时可能乘隙而入,而台湾如果再次被外国侵略者所侵占,那时恐怕后悔都来不及了。在施琅等人的力争下,康熙很快改变了原来的主张,决定对台湾设官治理。

在施琅的故乡福建省晋江市施琅纪念馆中,有这样一副对联:"平台千古,复台千古;郑氏一人,施氏一人。"这是对郑成功和施琅功绩客观、完美的写照。至于施琅究竟是叛徒还是忠臣自有后人评说。

外国人曾经担任太平军上校吗

1853年3月19日,太平军占领南京,改南京为天京,建立太平天国。清政府为了镇压太平天国革命,与外国反动势力相互勾结。美、英、法三国纷纷组织了洋枪队。清政府借助这些外国军事势力对太平天国将士进行疯狂的杀戮。太平天国面临着抗击中外反动势力的斗争。

在外国侵略者武装干涉太平天国革命的同时,一些外国人也参加了太平军。据史料记载，太平天国的外籍军人有数百人，忠王李秀成手下的洋人志愿军就有200人左右。这些人来自欧洲、美洲、澳大利亚、非洲。来自非洲的战士就有五六十人之多。来自欧美，有姓有名，其事迹可考的共有13人，其中英国5人，美国4人，法国2人，意大利1人，希腊1人。有6人在战斗中牺牲，这数字还不包括他们的家属，如英国人棱雷的夫人玛丽。太平天国的领导人称参加革命的外国友人为"洋兄弟"，现代史籍中称之为"洋将"。

洋人的参与，使太平军不再只靠冷兵器作战，西洋武器的使用使得这次大规模的农民起义显得有声有色，十分壮观。

棱雷是英国人，1840年2月3日出生于伦敦一个普通家庭。1859年夏，他乘"埃缪"号船来香港，在香港英军司令部当一名海军下级军官。到达香港后的第二年春天，太平天国在天京外围打垮了清朝江南大营，乘胜攻克常州、苏州和浙江的嘉兴，接着向上海进军。这一重大胜利，引起各方面的关注。棱雷决定辞去在海军中的职务，找一个不受拘束的自由职业，观察太平天国的情况。他在一艘中国商人的小轮船上当大副，船长也是他的一个辞去军职未久的同僚。这艘轮船要航行到上海附近的太平天国统治区收买蚕丝。

1860年秋，棱雷带夫人玛丽驾驶轮船进入太平天国辖境，防守边境的军士们彬彬有礼、严整肃穆的气氛与所见清朝官兵的凶残贪暴大大不同，生气勃勃的革命军给棱雷留下了良好的印象。

不久他就大胆地去苏州拜见名震一时的忠王李秀成。那时候，李秀成刚刚从上海受挫回到苏州，听说有一个英国人要见他，李秀成立即答应了，并让他享受最友好的款待。李秀成为棱雷介绍了太平天国的情况，通过了解，棱雷明白，欧洲社会中所宣传的太平军肆意破坏和杀戮的形象是被歪曲的。从那时起，太平天国革命已经深深打动了他，于是他向李秀成表示愿意加入太平军。李秀成随即颁发给他一个可在太平天国辖区内自由往来的通行证。

1861年夏，棱雷投效太平天国后，就向那些许多拥有欧式大木船、宁波船及其他江船的欧洲人宣传太平天国的宗旨，激发起他们对太平天国的同情，鼓动他们用行动来支持太平天国革命。尽管当时外国侵略者和清朝统治者正在封锁为太平天国购买武器和粮食的人，他还是亲自到了上海。

棱雷是一名军人，曾在太平军中带炮队出征，但他更多的时间是为太平天国训练军队。他把自己所知道的铸造炮弹、制造引信和炮位瞄准的全部知识教给荣王廖发寿的部下。

1863年5月，天京雨花台要塞失守，天王急诏李秀成率军赶回浦口。这时候，棱雷正奉命协助守卫九瞭洲要塞，接到李秀成前来支援的报告后，棱雷立刻把他所率领的船只开过去，为渡江的军队作掩护。

而九瞭洲要塞正是保卫天京和浦口两岸交通的关键。清军水师为了控制长江数千里的交通，断绝太平天国接济，集结成千的炮船与太平军展开恶战。眼看九瞭洲要塞失陷时，棱雷的夫人玛丽和战友埃尔中弹牺牲，他自己也受重伤昏了过去。

棱雷伤愈后又潜到上海去捕获敌人战船。棱雷仅带着6个人，利用自己外国人的身份假装记者登上了清军一艘叫"飞而复来"的轮船，当天夜里，在棱雷的策划下，终于把"飞而复来"号开回了太平天国。这艘船，船头架有一门32磅旋转炮，船尾架有一门性能良好的12磅榴弹炮，船中军火弹药极为充足。太平天国把它定名为"太平"号，由棱雷统领。太平军俘获这艘轮船，打乱了敌人进攻苏州的部署，在保卫无锡战役中，发挥了巨大威力。为此，棱雷也受到太平军的奖赏。

1863年11月底，棱雷和他的战友怀特取道嘉兴去上海。但是，他们抵沪不久，怀特就被英国领事拘捕入狱，以暗助"逆匪"的罪名监禁，入狱后几天他就死在地牢里。而此时清军大肆布置密探，棱雷也无法活动，同时因为积劳成疾，医生劝他转地疗养。最后，棱雷决定回英国。

1864年，棱雷回到英国。但是，他听到的都是英国人把干涉太平天国的侵略战争说成是"一种对于中国前途显得非常有利的政策"，把屠杀中国人民的刽子手戈登奉为"民族英雄",在英国人民中造成对太平天国的偏见。于是棱雷决定把自己的经历写成一本书,给人们一个太平天国的真实面目。1866年2月3日,棱雷的新书《太平天国革命亲历记》完成。棱雷称,他的《太平天国革命亲历记》是"遵照伟大的太平天国革命领袖的嘱托而写的",书的扉页上写着:"献给太平军总司令忠王李秀成——如果他已去世,本书就作为对他的纪念。"该书出版时,李秀成已被杀害,但棱雷对李秀成的尊敬和怀念已跃然纸上。

1872年9月14日,棱雷和他后来的妻子海伦结婚时,结婚证书上仍然署明自己是:"前太平军上校"。1873年3月29日,棱雷在他年仅33岁的时候,因左心房破裂在伦敦逝世。在死亡登记上,他的职业依然是:"前太平军陆军上校"。棱雷终生铭记着他与太平天国的关系,作为众多太平天国的"洋兄弟"中的一员,人们将从他身上找到一群人的身影,尽管他们已经淹没在历史的浩瀚烟海之中。

石达开兵败大渡河之谜

石达开在洪秀全领导的太平天国运动中,以其卓越的智慧、高超的军事指挥艺术,在反封建压迫斗争中建立了不可磨灭的功勋。然而,这么一个忠心耿耿的优秀人才,最后的结局却是率军远走,继"天京事变"后再次导致了太平天国的分裂,自己也在兵败大渡河后为全兵士而引颈就戮。那么石达开究竟为何要出走呢?

究其原因,有人说石达开出走的最根本的原因在于,农民领袖洪秀全的不能放弃一己私利而顾全大局。

1856年夏天,太平天国领导集团洪秀全、杨秀清、韦昌辉之间为争夺天国领导权力爆发内讧,史称"天京事变"。它的发生正值太平天国运动发展的全盛时期,给太平天国造成极其惨重的损失,断送了军事上的大好形势,破坏了队伍的团结。

"天京事变"后，在天国首义诸王中，除洪秀全和石达开两人外，死丧殆尽。洪秀全的威望已大大下降，无论从威望、才干来说，石达开确是辅理政务、统帅军队、安抚百姓的理想人物。

作为农民革命领袖的洪秀全，本应从"天京事变"中吸取教训，以大局为重，做好队伍的团结工作，但是，他为保住自己的帝王位置，任人唯亲：猜忌忠直，终于又发生了逼走天国重要领导人物石达开，造成太平天国力量又一次大分裂的严重事件。

刚经历过刀光血影的"天京事变"，谁不盼望有一个像石达开这样的人物来辅助国政，稳定局势？况且，在当时严峻的形势下，环视满朝文武，要找一个能力挽狂澜、收拾人心、重振危局的人来，除石达开外，再无他人。因此，从解救燃眉之急考虑，也不得不采取权宜之计，召石达开回京辅政。十一月，石达开带军从宁国经芜湖回到天京，受到天京军民的热烈欢迎，"合朝同举翼王提理政务"，洪秀全亦加封石达开为"电师通军主将义王"，命他提理政务。

石达开回京辅政，是他勇敢抗击韦昌辉滥杀暴行斗争的胜利，对洪秀全曾给他加以"反顾偏心罪"，下诏通缉，以"官丞相，金六百两"的赏金"购其首级"的错误做法，他亦不计较，显示出不计个人恩怨的宽阔胸怀和崇高品德，这就博得天京广大军民的尊敬。因此，石达开回京辅政，是他本人崇高的威望、品格和文武具备的才能为广大军民所信赖和拥戴的结果。

回京后，在他辅政的半年里，政治上安定人心，加强团结，重用人才，甚至连杀害了他全家的韦昌辉的父亲和兄弟都得到保护。他以正义的行为，竭尽全力，把天国从面临覆亡的危机中挽救过来。

天国的形势稍微有了转机，洪秀全又把斗争的目光转向内部。原来，洪秀全并没有从"天京事变"中吸取正确的教训，杨秀清独揽大权和逼封万岁的情景不断在他眼前出现，因而他时生疑忌。尤其是眼见石达开辅政，功绩卓著，又见石达开"所部多精壮之士，军力雄厚"，对其兵权的集中更为忌讳,再加上石达开为首义之王,威望极高,这都使洪秀全深为不安,他"时有不乐之心",日夜思虑,"深恐人占其国",使洪氏一家一姓的天下失之旦夕。他从维护洪氏集团的统治地位出发,对石达开进行限制、排挤。遂封其长兄洪仁发为"安王",又封其次兄洪仁达为"福王",干预国政,以牵制石达开。

洪秀全对安、福二王的封赏,由他自己直接破坏了太平天国前期"非金田同谋首义、建有殊勋者不封王爵"的规定。在挟制、架空石达开的同时,还要夺取他的兵权,"终疑之,不授以兵事,留城中不使出",甚至发展到对石达开有"阴图戕害之意"。石达开已然无法施展其聪明才智和匡国辅政的志愿,也对洪秀全及其集团能否继续保持太平天国和建立统一的"天朝"失去信心和希望,不禁发出"忠而见逼,死且不明"的叹息。

1857年6月2日,石达开离开天京,前往安庆,一路张贴布告,表明"吾当远征报国,待异日功成归林,以表愚忠耳"的原因,从此离京远征,一去不返。

在他出走后短短的时期,广大太平军将士们很快就纷纷离开洪秀全,投奔到他的麾下,很快聚集起了几十万人,成为太平天国最重要的一支军事力量。6年中,他转战江苏、安徽、江西、浙江、福建、湖南、湖北、贵州、广西、云南、四川11个省,除了宝庆、桂林两府外,一路都是战无不胜,攻无不克。1860年,他攻克南宁时,手下还有精兵20多万。他计划分兵三路,北上四川,效仿三国时的诸葛亮,占天险之利,退可以守,进可以攻,北与当时纵横中原的捻军紧密配合,东与天京遥相呼应,荡平群妖,夺取全国胜利。不料就在这以后的3年中,形势急转直下,先是20万精兵东归,接着是西征失利,最后竟然全军覆没在大渡河边的紫打地。导致这一悲剧结果的原因到底是什么?特别是大渡河边的全军覆没和翼王的自缚清营请死,实在令人难以理解,找不到任何令人信服的答案。英雄的末路的确令人惋惜,然而百年之后这神秘的谜团依然没有找到一个合理的回答。

甲午战争日军登陆之谜

甲午中日战争的失败是清政府的一个耻辱,当时,日军首先在山东登陆,然而,具体位置在什么地方呢?

一说荣成登陆。甲午战争时期的荣成在今荣成市崖头东北80多里的龙须岛西部。甲午战争期间在北洋舰队"定远"舰任职的陈兆锵持此说。

二说龙须岛登陆。持此说者较多。海军提督丁汝昌在日军登陆的当天,将日军活动情况电告李鸿章,电文中说:"两船向龙须岛驶,二十二船在灯塔处或二英里处或八英里游弋,必是倭船有登岸之举。"北洋海军覆亡时,《会陈海军覆亡禀》中有记载说:"至十二月二十五日(即1895年1月20日),倭以水陆劲旅自龙须岛登岸,破荣成县城,攻桥头等隘。"(《甲午战争有关奏折史料》,国家图书馆藏)另外,曹和济所撰写的《津门奉使纪闻》中亦持此说。

三说落凤港登陆。落凤港位于龙须岛南侧、荣成湾的北端。山东巡抚李秉衡在日军登陆的第二天电告清廷称:"昨调倭岛、里岛防营折赴龙须岛,尚未赶到,而倭人于落凤港登陆,径赴荣成县。"甲午战争期间曾一度上书言事的易顺鼎说:"二十五日,倭以运船四十艘,载陆兵由落凤港登岸,扑荣成县。"(见于《盾墨拾余》)池仲祐在《海军实记·述战篇》中亦持此说。当代史著,未曾采用此说。

四说金山嘴登陆。在日军登陆的第二天,当时镇守威海卫南帮炮台的总兵刘超佩将日军登陆和中国军队抵抗的详细情况电告李鸿章,电文中这样说:"二十五日早四点钟,倭船三四十只在龙须岛、倭岛、里岛游弋,嗣于龙须岛、倭岛交界之金山嘴水深处下兵……贼兵蜂拥而上,枪队不能存身,退回荣成。"

由此可见,日军登陆具体地点之说,众说纷纭,莫衷一是。

谁埋葬了北洋水师

众所周知，日本的联合舰队打败了北洋水师，慈禧太后挪用海军经费造船舫，致使邓世昌的炮弹打不响！北洋水师就此销声匿迹。似乎事情很简单明了，没有任何疑问。可是，《军人生来为战胜》的作者金一南却发出了质问的声音：史实证明，无论是经费还是硬件装备，北洋水师一点不比日本的联合舰队差，为什么却打了败仗，彻底消失了呢？

以往的说法往往把矛头指向动用了海军经费的慈禧和清政府，但是有学者对此进行了仔细的考察，作出了如下结论：北洋水师从1861年筹建到1888年成军27年间，清政府一共投入海军经费1亿两白银，年平均300万两。日本政府从1868年到1894年26年间共向海军拨款9亿日元，折合成白银才6000万两，每年合计白银230万两，日本政府的总投入只是同期清政府投入的60%！

就硬件装备方面，北洋舰队的装甲数量和质量都超过了日本联合舰队。铁甲舰方面，北洋水师与联合舰队的数量比是6：1，中国遥遥领先；非铁甲舰方面，8：9，日本略胜一筹。"定远"号、"镇远"号的护甲厚14寸，即使是"经远"号、"来远"号的护甲厚也达9.5寸。日本方面，即使威力最大的"三景"号舰，也缺乏北洋舰队这样较大规模的装甲防护。而北洋舰队的"定远""镇远"两艘铁甲舰综合了英国"英伟勒息白"号和德国"萨克森"号铁甲舰的长处设计而成，各装12英寸大炮4门，装甲厚度达14寸，堪称当时亚洲最令人生畏的铁甲堡式铁甲军舰，在世界也处于领先水平。就火炮而言，无论大口径火炮，还是小口径火炮，北洋舰队均占优势。200毫米以上大口径的火炮，北洋舰队与联合舰队的比例是26：11，中国遥遥领先；小口径火炮方面，北洋舰队与联合舰队的比例是92：50。只有中口径火炮方面，日本稍稍领先，中日比例是141：209。就平均船速说，日舰每小时比中国舰快1.44节，优势似乎不像人们形容得那么大。清政府正是基于这种力量对比，才毅然对日宣战。

然而就是在这样的前提条件下，庞大的北洋舰队全军覆没，日本联合舰队却一艘未沉。巨额军饷堆砌起来的一流的海军不经一战，原因何在？到底是谁埋葬了北洋舰队？

随着满族中央政权的衰弱，汉族官僚李鸿章等人纷纷崛起。清政府没落的专制体制，由此而产生的腐败政治，进而在军队中形成了不良风气：置民族国家利益于不顾，曲意取宠，一味迎合，追逐个人利益。久而久之，国家民族和军队的事情就蜕变成为个人获取利益的幌子招牌。以李鸿章为首的洋务派兴局厂、练新军，轰轰烈烈，在相当一部分满清权贵们看来，北洋水师就是李鸿章的个人资本。李鸿章兵权益盛，御敌不足，挟重有余，不可不防。因此，朝臣们为了削弱李鸿章，不惜削弱北洋海军。限制北洋海军就是限制李鸿章，打击北洋海军就是打击李鸿章。总理海军事务大臣奕譞醇亲王欲以海军换取光绪帝的早日亲政，会办海军事务大臣李鸿章则欲借海军重新获得一片政治庇荫。1888年北洋水师成军以后，军费投资就越来越少。海军只是他们各自政治角逐中的筹码，谁还真正为海军的发展考虑？

此外，多种资料证明，北洋水师1888年成军以后，军风被各种习气严重毒化。当时的《北洋海军章程》有规定，总兵以下各官，皆终年住船，不建衙，不建公馆。提督丁汝昌则在海军公所所在地刘公岛盖铺屋，出租给各将领居住，夜间住岸者，一船有半。而作为高级统帅的李鸿章，也对这种视军纪章程为儿戏的举动，睁一只眼闭一只眼。直到对日宣战前一日他才急电丁汝昌，官兵夜晚住船，不准回家。有备才能无患，而这样的军队如何打仗？

另外，在清政府兵部所定《处分则例》中明确规定，官员宿娼者革职。可一旦北洋封冻，海军岁例巡南洋，率淫赌于香港和上海。甚至在北洋舰队最为艰难的威海之战后期，"来远""威远"被日军鱼雷艇夜袭击沉的那夜,"来远"号管带邱宝仁、"威远"号管带林颖启就登岸逐声妓未归。

官员带头,规章制度形同虚设。这样,严明的表面掩盖着的是一盘散沙,全然没有集体凝聚力和战斗力。

等到临战迎敌的时候,北洋舰队首先布阵就陷入混乱。刘步蟾摆的是"一字雁行阵",而丁汝昌的命令却是各舰分段纵列,摆成犄角鱼贯之阵。等到实际战斗时的队形却又变成了"单行两翼雁行阵"。阵形乱变不说,即使如此勉强的阵形,待日舰绕至背后时,就再也没坚持住,各舰都是各自为战。

战争一开始,敌人尚在有效射距外清兵就慌忙开炮,"定远"舰刘步蟾指挥首先发炮,非但未击中目标,反而震塌前部搭于主炮上的飞桥,丁汝昌和英员泰莱皆从桥上摔下受了重伤。这一炮就先让北洋舰队失去了总指挥!命运攸关的4个小时的海战从始至终几乎没有统一指挥!再看刘步蟾、林泰曾二位总兵,竟然无一人挺身而出替代丁汝昌指挥。

除去以上这些原因,有组织、携船艇的大规模遁逃和部分人员不告而别,致使人员减少士气大减。面对这样一个全军崩溃的局面,万般无奈的丁汝昌"乃令诸将候令,同时沉船,诸将不应,汝昌复议命诸舰突围出,亦不奉命。军士露刃挟汝昌,汝昌入舱仰药死"。

官兵"恐取怒日人"而不肯沉船,使"镇远""济远""平远"等10艘舰船为日海军俘获,显赫一时的北洋舰队就此全军覆灭。

"如大树然,虫蛀入根,观其外特一小孔耳,岂知腹已半腐。"到底是谁埋葬了北洋水师恐怕真的不能简单地归结到某一个原因或某一个人的身上吧?

两千国民党官兵神秘消失之谜

抗战初期,南京保卫战中,曾有一个团的中国官兵在南京东南30余里外的青龙山山区神秘失踪,从此再无消息,至今谜团仍然没有解开。

1937年12月初,国民党集中20万军队在南京市周围,参加首都保卫战。但是,由于中国军队只有步枪、机枪、手榴弹及少量迫击炮,而乘胜进攻的日寇装备精良、训练有素,激战中,中国军队损失惨重,尤其是远道赶来参战的川军某师,他们的枪弹多为劣质品,不堪使用,官兵们的血肉之躯根本抵挡不住疯狂的日寇,几乎全军覆没。该师有一个团,因担任阵地侧翼对敌警戒任务,故一直未直接参战。防御战役失利后,为保住有生力量,该团2000多人急行军数十里,向森林茂密的南京东南部青龙山地区撤退。然而,部队进入绵延十几里青龙山地区后,就再也没有出来,2000多人竟然消失得无影无踪。

攻占南京的日军总指挥部在战事结束后统计侵略战果时,就发现中国守军有一个整团未被歼灭或俘虏,也未放下武器进入城内的由万国红十字会划出的难民区,而是转移走了。但该团似乎又没能突出日寇的两道包围圈。日酋们认为此事蹊跷。重庆国民党作战大本营于1939年统计作战情况时,也注意到这一咄咄怪事,列为"全团失踪"。抗战胜利后,国民党军政部、军令部都派出专人对此作专项调查,但仍查不清楚真相,最终不了了之。

后来有人推测这支部队是不是分散突围出去了,然而仔细分析一下日军当年的战役态势和兵力部署后判定,他们根本不可能突围成功。当时,中国守军只有邓龙光将军所指挥的93军幸运突围成功,此外再没有任何一支中国守军冲出日军密不透风的封锁圈。退一步说,就是全团突围出去,国民党军队应有一星半点信息。1939年,国民党军总部在统计作战情况时,发现了这个全团人马不知下落的奇怪事件,无奈之际,只能将此列为集体失踪案件。

抗战胜利后,国民党军总部曾组成联合调查组,对这一全团失踪悬案进行了专项调查,以期弄清原委,却一无所获,此案最终也不了了之。

此后,这一事件引起了英国媒体的关注,《观察家》杂志把此事与第一次世界大战中两个营的法国步兵在马尔登山地上的神秘失踪事件相提并论，引为世界军事史上的又一个谜。

古往今来，曾发生了无数失踪事件。可是，像南京青龙山这样整支部队的人员较大规模的集体失踪着实让人费解。半个多世纪以来，人们用常规的思维猜测，这支2000人的部队，可能躲进青龙山区某处一鲜为人知的巨大溶洞，由于某种原因，比如说敌机轰炸震塌了洞口，致使全体人员被困洞内，最终窒息而死；也许，当时这个团为突围逃生而主动化整为零，部分人逃出了封锁圈……

20世纪80年代以来，随着对UFO现象的关注，"外星人劫持说"也逐渐被人们提及。也许在地球之外的某个星球上，存在着比人类更高级的智慧生命。它们驾着飞行器从外太空闯入，经常劫持地球生物，作为它们研究的标本。

可是，许多专家学者在经过了长时间的研究分析之后，认为以上观点完全是无稽之谈，因为到目前为止，还没有找到一丝一毫站得住脚的、能真正证明外星人"光临"过地球的雪泥鸿爪。

此外，还有些人认为，时空隧道实际上就是宇宙中存在着的"反物质世界"。这正反两部分物质，在引力的作用下彼此接近。当双方接近到一定程度时，由此造成的"湮灭"作用又会产生巨大的能量，其巨大的反作用力又会将宇宙中这两大体系分开。据此认定，某些人的失踪正是这种"湮灭"现象造成的。

川岛芳子死刑之谜

有着双重国籍的日本间谍川岛芳子在中国可谓大名鼎鼎，直到1945年10月10日，她才在北京九条胡同34号被捕。但是，令人惊讶的是，直到被捕的那一刻，她才明白身边的家仆原来是重庆国民党派来的中统密探，自己是被出卖了。1947年2月8日，审判川岛芳子，同年10月22日，她被宣判为死刑。

1906年川岛芳子生于北京，她是清王室肃亲王善耆的第十四个女儿，纯正的满族血统，而且还有个好听的满族名字金碧辉。1913年也就是她7岁那年，父母把她过继给了父亲的盟兄、日本浪人川岛浪速。随后川岛芳子就跟随养父东渡日本，到了那里以后就改名叫川岛芳子了。

那时候政治联姻非常盛行，21岁的川岛芳子与蒙古独立运动主将、巴布扎布的长子、日本陆军士官学校毕业的甘珠儿扎布结为夫妇，并在中国旅顺度蜜月。她在中国的活动为日本提供了多次巨大的帮助，也为她自己赢得了殊荣。川岛芳子能说一口流利的英、法、日语及广东、上海、北京方言，甚至有"男丽人""金司令"的美誉，她还是"大东亚共荣圈"的活跃分子。

1945年日本投降后，第二次世界大战落下帷幕。全国被划为12个战区，国民党派徐永昌、商震受降，全国上下处于一片混乱之中，于是，对战犯、汉奸也就无暇顾及。等到失地光复后，全中国人的民族仇、亡国恨都不可避免地全记在战犯和汉奸的账上，比如东条英机、土肥原贤二、冈村宁次等人，大家盼着赶快惩办这些战争罪犯。又如大汉奸陈公博、储民谊、周佛海、王揖唐等人枪毙了没有，是否得到了应有的报应。一时间人们议论纷纷，这时对女间谍川岛芳子的关注也集中起来。

在各种压力下川岛被逮捕。之后，她先被关押在北京孙连仲十一战区司令部仓库内，后又转至北新桥炮局子胡同前日本陆军监狱内，不久又转到宣武门外第一监狱女监三号，每月审一次，但是全都是不公开的审问。

直到那年北京的深秋季节才开始公审川岛芳子，《民国日报》等报刊也分别刊登了公审川岛芳子的消息。出于好奇心人们如潮水般地涌向法院，热闹的人群把法院挤得水泄不通，宪兵苦苦在门口阻拦骚动的人群。上午9时，法官宣布开庭，法警拨开人群，将穿着白绒运动衣的川岛芳子带入法庭，法庭里人声鼎沸、影机转动。皮肤细白、身体矮胖的川岛看了一下旁听席后，坐在被告席面对法官，接着法官起诉，大意是：金碧辉，中国人，同日本勾结指挥"满洲国"军，日华事变中为在中国建伪政权，拉拢汪精卫并为日本当间谍，要求判死刑并出示3件证物。法官读诉后，川岛芳子进行了驳诉，并申述了己见。1947年10月22日，她被判处死刑。

1948年3月26日，各报都突出报道了大名鼎鼎的日本密探金碧辉被处死刑的消息。闻讯赶到的记者们为了拍到行刑现场，半夜就到第一监狱等待。到了凌晨4点，监狱门才打开，但是，只允许3个外国记者入内采访拍照。中午时分，川岛芳子的遗体从狱里抬出，人们揭开席看时，只见她蓬头散发，脸、脖子全涂有污泥，不像是川岛芳子，但是，很快就交日本和尚大川长老火化了。于是，群众纷纷向法院、报社质问：为何审问时拍纪录片，行刑神秘？为何只许外国记者入内，而中国记者被赶出现场？为何将面部搞成血泥难辨？为何行刑后封闭现场？在人们的责问声中，监狱一位女看守向人们展示了川岛行刑后的照片算作了交代，但这些做法，并没有消除人们对川岛芳子神秘之死的疑问。

不久，关于处死川岛芳子的事情就传出了很多种说法。有人说，是用了偷梁换柱的办法，花了10根金条买通第一监狱女囚犯刘凤玲当替死鬼。还有人说：川岛在上海进行间谍活动时，暴露身份被捕，是汪精卫找了个替身放了她。其他的说法是她从外蒙跑到苏联去或是被美国人带走了等。

唯一可靠的是川岛的亲哥哥宪立的说法，他说：肃亲王在蒙古和苏联交界处有领地，芳子处刑时间过后，肃亲王领地有人送信说，川岛芳子已平安到达，准备去北国。这就是说，川岛芳子不但没死，而且逃到不知是哪个"北国"避难去了。

川岛芳子天生丽质，但不幸的是误入歧途，最终以卖国、投敌、汉奸罪被钉在历史的耻辱柱上。尽管60多年过去了，川岛之死至今仍然是个谜。

文明探秘

　　一段段远古的文明在回望中逐渐展露出她神秘的笑靥。神秘的秦陵兵马俑、璀璨的三星堆文化、消失的楼兰古国……它们中有的涉及一时一事，有的扩及一国一族，更有的牵涉到一个失落的世界。人们已经解答了很多，就像一个成人一般追寻着自己儿时的记忆。可是解答的越多，无法解答的也就越多。

半坡遗址之谜

　　黄河，我们的母亲河，她孕育了众多的文明，创造了灿烂的文化。半坡遗址就是在她身边的村落，这个遗址告诉了我们太多的东西，又留下不少谜团。半坡遗址是1953年被考古队发现的，随后几年中，考古工作者进行了多次发掘，渐渐揭开了这沉睡了6000多年的原始村落的面目，它位于陕西省西安市东郊，当时林木繁茂，自然环境异常优美。发掘中考古工作者认识到这是一个典型的原始村落，有较高的发展水平。但村民们的生活状态具体如何，人们之间是什么样的关系呢？这些都有待于发掘材料的证明。

　　半坡村落遗址南北长300余米、东西宽200余米，呈椭圆形，南部为居住区，北部为公共墓地。东北角有烧陶窑址。居住区、墓地与烧陶窑址之间有一条大壕沟相隔。这条壕沟长70多米，宽深各约5~6米，向两边延伸，起防护的作用，被壕沟围绕的是居住区。居住区内，最显著的是中间有一座大房子，其结构和建筑方法是半地穴式的。所谓半地穴式，是指建造时先挖出一个平整的坑，然后再搭建房屋，以使房子一半处在地坑中，这种方法在技术落后的情况下易于使房屋稳定。大房子门向东开，中间为火塘，其作用应是村落成员们举行集体活动的地方，如商量大事，接待外族重要来客，可以称为全村的政治文化中心。北边有许多小房屋，小房子的房门都朝向大房屋，形成不甚规则的半圆形房屋群。

　　中小房子有半地穴式和地面建造式两种，从外表来看有圆形和方形之分。墙壁是用草和泥抹成的，房屋中心都有一个灶坑，是村民们做饭的地方。从房屋中灶炕附近的灰烬中发现有烧残的兽骨，没吃完成堆的螺蛳，可以看出半坡村人早已脱离茹毛饮血的蛮荒生活，过上了比较殷实且安定的日子。

　　半坡人已知道进行农业生产，使用石头、兽骨和陶片制造的工具。石器以磨制为主，但仍有少量的打制石器。有些磨制石器也只是在打制的基础上，仅对刃部稍加磨制。石器制作方法的改进对人类来说有重大意义，标志着人类具有了征服自然的能力。遗址中发现生产工具达600多件，有斧、铲、锄头。先民们就用这些工具焚树造田、种植粟等农作物，这是典型的"刀耕火种"。在一座房子下面还发现了一陶罐保存完好的粟，粟虽已碳化，但皮壳却清晰可辨。这是半坡人过上了农业生活的有力证明。

当然，渔猎还是村民们非常重要的食物来源，从遗址中发现许多的渔猎工具和残留的大量兽骨可以推测出来。打猎使用的工具丰富多彩，最重要的是弓箭，有不同的样式，仅箭头就有柳叶式、三棱形、扁平三角形、圆柱尖头式等。弓箭的使用，让人们的捕猎能力提升了一个台阶，可以更安全、快速地捕到猎物。

陶器也是村民生活中重要的物品，有各种形状的盆、罐用于储藏、煮食物、盛水等。村中有一个公有的制陶作坊，制陶技法已很发达。早期的制法以捏制法为主，到了中晚期开始出现用转速很慢的转轮加以修整的制法。彩陶是具有代表性的一种陶器，彩陶花纹是在制作陶坯过程中绘上去的，然后入窑烧制，这样彩绘可以经久不脱。彩绘多以红色和黑色为主，题材多样，色彩对比强烈。内容除了人物形象外，还有反映动植物、天文等各个方面的写实图案。其中尤其以鱼形纹居多，最具代表性。这些彩绘早已超出实用的范畴，而是先民们创作的文化艺术了。在一些陶器的彩绘上发现了较多刻画符号，有人认为是早期的文字。也有人认为只是随意留下的，并没有什么意义，也无法识读。究竟是不是文字，仅从这些符号是不能确定的，如果哪一天也能像甲骨文一样发现众多材料，说不定汉字史又要向前推了。

在居住区附近有氏族的公共墓地，排列有序，位于居住区之北。这里已发掘出成人墓170多座，各墓排列纵横有序，成人墓多为一人一墓，合葬的较少。随葬品为日常生活用的陶具诸如罐和壶之类。半坡人对成人和小孩是用不同方式埋葬的。小孩墓地发现有70多座，绝大部分就是葬在屋旁，用瓮装着，不入公共墓地。可能是夭折不祥不能入氏族墓地，也可能是由于灵魂观念及"亲子之情"，把幼儿留在身边。

随着发掘的不断深入，半坡村民的生活状态逐渐明了。整个村落，居住区是中心，四周有防护沟，沟北为墓地，东边为窑场，从这种统一规划可看出，人们过的是一种有组织的生活。房屋的大小相近，随葬品数量及质量上相似，所以人们之间并无贫富差别。总之，他们过的是一种集体而平等的原始村落生活。

华夏第一都到底在哪里

中华民族有悠久的历史，从早期的人类到原始氏族社会，这片土地上有过我们祖先的身影。随着生产力水平的提高，社会不断进步，尧、舜、禹三代之后，禹的儿子启废除统治权禅让的传统，夺权成立父子相承的国家——夏。"夏"也便成为我国历史上第一个国家政权，我们今天对于夏代的了解相当贫乏，只有少数文献中一些零星的记载。由于商都殷墟的发现，对商王朝的文明状况，我们有了较清楚的了解，而此前的夏代却仍是一片空白，几乎都要让人淡忘这个曾统治华夏几个世纪之久的王朝。如果能找到夏朝的国都遗址，我们就不会对夏代如此迷茫，但作为华夏第一都的夏都到底在哪里，长期以来一直是困扰历史学家的难题。

有人说是位于山西省运城市的夏县，据称，因我国奴隶社会第一个王朝夏朝在此建都而得名，号称"华夏第一都"。其历史悠久，为中华民族的发祥地之一。相传是嫘祖养蚕、大禹建都的地方，素有"禹都"之称。不过至今还没有在夏县找到有说服力的文化遗址。

有人说应该是在今许昌西部的禹州。禹州市是中华民族发祥地之一，大禹因治水有功曾在此受封"夏伯"。禹的儿子启继位后，于钧台大宴天下诸侯，建立了中国历史上第一个奴隶制国家—夏朝，亦被称为华夏第一都。夏都是在禹州吗？目前仍不得而知。

1959年夏，中国科学院考古研究所组织了一支考古队，开始了探寻夏都的田野考察。从传说中夏人活动的中心地区豫西开始，在拨开重重迷雾后，考古队将目光锁定在河南偃师二里头，集中对其进行考古发掘。以此为标志，中国考古学界开始进入了有目的、有计划地探索夏文化的时期。

　　早期奴隶制夏王朝的存在无可非议，但由于文献和考古资料的缺乏，夏代的文化面貌始终无法确认。20世纪60年代末，考古工作者在河南省偃师市二里头村发现了一些古文化遗址，出土陶器十分特殊，介于龙山文化与商代之间，引起了学术界的极大兴趣。二里头村，位于偃师县西南9千米的洛河南岸。古文化遗址包括二里头、圪当头、四角楼、寨后和辛庄5个村，面积375万平方米。1957年发现后，1959年开始进行发掘和研究工作，先后发掘面积达1万平方米。文化遗物的特征介于龙山文化晚期和商文化早期之间，尚属首次重要发现，命名其为"二里头文化"。这处遗址的最下层被确认为夏文化，出土有铜刀，为我国发现最早的青铜器。其上层为商代文化，发现有大型宫殿基址，面积达1万平方米。遗址中出土了大批工艺精良的青铜器与玉器，应为夏商时期的都邑遗址，在考古学上占有极重要的地位，对了解和研究夏商文化的历史有很大意义。

　　经过几十年的研究，可以确认二里头遗址是一座早期王城。但这座都城是属于商代的还是夏代却还不清楚。2003年，考古人员又在现已发现的中国最早都城遗址"二里头遗址"中找到了两座大型宫殿建筑。其中一座，呈缺了一个角的长方形，东西长为110米左右、南北宽100米，东北部折进一角。整个庭院范围都是建造在高于地面半米的夯筑平台上。庭院四周为走廊，除西廊是外有墙、内有走廊外，其余三面中间都是墙，内外皆有走廊，说明在庭院北、东、南三面可能还会有相邻的庭院。这座宫殿的样式，后代有许多建筑都沿用。新的宫殿建筑群的发现又吸引了人们的目光，无论从其规模，还是样式都是皇宫大院的建筑。

　　这两座宫殿遗址的特殊处和意义，不完全在于认定它们是王宫，更重要的是发现它们的位置。早先考查知道二里头遗址所处的社会，很大可能是处于夏商两代分界的时期，其上层是商文化遗留，其下层为夏文化遗留。而这两座宫殿初步考定是处于夏文化层，那岂不是说，我们可以确定这是夏代的都城了吗？有位考古专家激动地说，"这意味着人们几乎可以从中触摸到中国第一个王朝的脉动了"。

然而事实上，二里头遗址是不是夏都并未得到公认，首先就此遗址本身的时期争论仍在继续，有人说属于夏文化晚期，有人说属于商文化早期，更为普遍的说法是"界于夏商之间"。历史学家冷静地说，"二里头遗址本身还存在着许多未解之谜，作为都城的二里头，它的内涵布局及其演变过程、它的文化面貌及其社会生活与组织结构、它的族属国别以及人地关系等诸多课题，目前还只是粗线条的把握"。

殷墟是商代的古都吗

时间上推到1899年，那时还是清朝末年，当时的北京国子监祭酒王懿荣，因为患病而吃药。他随便翻看一包刚买来的中药，以检验药的成色，发现一块"龙骨"上有些奇异的刻划符号。他没有轻易放过这个发现，而是立刻去药店查探，得到更多的有字龙骨，综合这些材料他得出这些符号肯定是商代的文字。此后他就不断以高价收购这些甲骨，一些商人也投其所好。此事逐渐为人所知，很多人便纷纷加入收购的行列，从此甲骨身价倍增。因为有巨大的利益，知道甲骨文来源的商人便长期隐瞒真正的出土地点。10年后，著名甲骨文学家罗振玉终于得知出土位置——河南安阳小屯。

甲骨出土数量不断增多，古文字学者罗振玉在1910年解译出了十几位商王的名号和死后的谥号，这更加证实了小屯村就是湮没的殷墟。

公元前16世纪前后，商汤灭夏，在中原地区建立了商。在当时特殊的历史背景条件下，商王盘庚曾5次迁都，最后定都于殷。直到商纣亡国，273年间殷一直是商代晚期的统治中心。周取代商以后，殷民迁走，殷都也在漫长的历史变迁中沦为一片废墟。

甲骨的发掘工作也经历了几个不同阶段，大体分为：早期的滥采滥挖、中期的低水平集众发掘、前中央研究院的科学发掘、中华人民共和国成立后科学系统发掘。

1899年，甲骨文为世人所知后，其身价陡增，当地地主、农民、古董商等为牟取暴利集众挖掘。1904年冬，小屯村地主朱坤率先集众在小屯村北地、洹河南岸的农田中建起了挖掘工地，大肆挖掘甲骨达数车。同村人霍文元、刘金声等人见有利可图，也集众挖掘，双方为了争夺甲骨还发生了群体械斗。最后，安阳知县下令禁止私掘，但禁令并未维持多久，私掘现象依然严重。

后来，前中央研究院历史研究所成立之后，便派董作宾于1928年8月到安阳小屯村调查甲骨出土及保存情况。董作宾在小屯村一带多处调查走访，了解到近几年在小屯村仍有甲骨出土，便从村民手中收购了部分甲骨。经过这次调查，前中央研究院认为小屯村的地下还有甲骨出土的可能，遂从1928年10月至1937年先后进行了15次考古发掘。参加发掘的主要工作人员有李济、梁思永、董作宾、郭宝钧、石璋如等。这15次发掘中，第1至第9次以小屯村为重点，得甲骨6500余片；第10至第12次以距小屯村3千米远的洹河北岸的侯家庄为重点，挖掘了王陵墓葬，但没有甲骨出土；第13至第15次仍以小屯村为重点，得甲骨多达1.84万余片。其中收获最大的一次为1936年春开始的第13次发掘，出土甲骨1.7万片，并有完整和较完整的龟腹甲200多个。

通过这15次科学系统的发掘，他们不但发现了很多商代晚期的遗址、墓葬，同时还获得有字甲骨24918片。后来，前中央研究院从中选出近1.3万片辑成《殷墟文字甲编》和《殷墟文字乙编》。这10年的殷墟发掘是在考古专业工作者指导下进行的，出土的甲骨等文物也收归国有，因此这是甲骨学史上的极大收获。特别是后5次发掘，对殷墟建筑基础的遗留及墓葬的排列情况都做了详细研讨，为中国考古学的形成奠定了基础。

中华人民共和国成立之后，文化部设立文物局。从1950年春到1977年，文物局对殷墟进行了十几次有组织、有计划的科学发掘工作，共获得有字甲骨5000多片及商代青铜器等珍贵文物，并使商代殷都的面貌整体呈献在世人面前，获得了甲骨学史上的空前收获。

甲骨文并不是一种处于起源阶段的简单文字，无论从文字的形体结构还是史料证据上，都说明甲骨文是一种比较成熟的文字。在距今约6000年的西安半坡遗址出土的陶器上，有二三十种刻画符号，郭沫若和于省吾先生通过考证都认为其是汉字起源的简单文字。约距今五六千年的大汶口文化时期的文字，更被认为是处于发展阶段的早期文字，而且其形体与商周文字较为接近。因此，许多学者都认为，在甲骨文字出现之前，中国的汉字可能已经经历了两三千年的发展和演变。

甲骨文已经不是最初的简单符号，它是商代文明的标志之一，其发达与成熟在许多方面都有所表现。从已出土的甲骨文看，其句子的构成已经具备了现今汉语的表达方式的雏形。不仅甲骨文中的词句已经具备了后来汉语表意方式的基本特征，而且甲骨文中的单字也已经具备了后来汉字的主要特征。汉代许慎《说文解字》中提出包括象形、指事、会意、形声、转注、假借在内的"六书"，甲骨文字也已经大体具备了这"六书"所包括的内容。

从甲骨文中可以看出，商朝，人们对神的崇拜已经具有宗教意义。人们通过向神灵卜问来预测吉凶祸福，这在当时是非常流行的。甲骨文就记录了大量的占卜辞。

据研究发现，当时用于记录占卜辞的龟甲和牛胛骨是经过精心修饰的。在殷商时代，龟甲主要从南方进贡而来。据专家鉴定，出土于殷墟的龟甲多是取材于南方江淮、珠江流域的胶龟，其特大者则是产于我国近海的海龟。

学者们从一块已破译的甲骨上得知：商代武丁时期，一个雀地的诸侯一次向商王进贡"五百龟甲"。从其他甲骨文材料看，向殷王室进贡龟骨的人多为殷王之官或附属的方国之人。雀地的诸侯一次就送来500只龟，可见当时殷王室储存的龟甲数量是十分庞大的。

当时的社会，畜牧业已很发达，可以提供大量的卜骨。1973年在安阳小屯发掘的H99是当时存放骨头的一个窖穴，里面存放着大量未经加工过的牛胛骨。可见，卜骨也是预先收集，以备随时取用的。

从发现的甲骨看，它们都有被锯、削、刮、磨的痕迹。卜甲一般是将乌龟的甲壳分成凸起的背甲和较平的腹甲两部分。连接背甲与腹甲左右两边的甲片，就叫甲桥，其位置在乌龟的前后足之间。在锯开上下甲时，甲桥留在腹甲上。腹甲、背甲都要经过一系列的整治。要除去鳞片、胶质等，背甲一般从中间剖开，并将中脊凸起部分锯去，在上面钻一孔。卜骨主要用牛肩胛骨，不分左右。其整治方法是将骨的顶端骨臼的圆形削磨成月牙形，以使骨臼与骨面平整。

甲骨经整治加工以后，还要经过钻凿才能用于占卜。钻凿是在甲骨的反面加工出窠槽，由呈椭圆形的凿和呈圆形的钻作用而成。钻和凿都只加工到距甲骨最薄的地方而不透过骨面。钻凿大致有三种：一是有钻无凿，二是有凿无钻，三是钻凿并用。

甲骨钻凿完毕，即已完成了占卜前的所有准备工作。当时的占卜内容是十分丰富的。

占卜的起始程序叫"灼龟"。钻凿的第一种和第三种，都是在钻处进行烘烤，这叫"灼"。第二种则在紧挨凿的左边或右边施灼，称"单灼"。在甲骨反面施灼之后，它的正面就会出现裂痕，直裂的兆纹称为"兆干"，横裂的称为"兆枝"。占卜者就是根据兆枝的走向来判断吉凶祸福。

在占卜结束之后，把所问之事刻写于卜兆旁边，这就是卜辞。卜辞刻在甲骨的正面和反面的均有，但前者居多，这以武丁时期甲骨文为多。有的卜辞正面刻不完，就在反面接着刻。早期甲骨文中多见这种正反两面相衔接的卜辞。

殷人契刻卜辞有一定的格式。一篇完整的卜辞可以分为前辞、命辞、占辞和验辞四部分。前辞，也叫叙辞或述辞，记述占卜的时间和占卜者。命辞，也称贞辞、问辞，即命龟之辞，是向龟陈述要卜问的事。占辞，即根据卜兆而判断吉凶。验辞，即将占卜之后应验的事补刻下来。

甲骨上的卜辞除契刻以外，还有朱砂或墨书写的卜辞，这种书写的卜辞字形特别粗大，比同一版面上的刻辞字形大得多。

继发现甲骨后，大规模的发掘工作随之而来，于是，一座标志古代文明的都市遗址——殷墟遗址被发现了。

殷墟是商代后期的王都所在地。河南省安阳市西北2.5千米的小屯村是遗址的中心，洹水两岸的后岗、武官村、高楼庄、花园庄、孝民庄、侯家庄、四盘磨、大小司空村等10多个村庄都在遗址的范围内，总面积约24平方千米。

殷墟遗址从1928年开始共经历了15次发掘。抗日战争爆发后，发掘工作被迫停止。1949年，殷墟的发掘继续进行，直到今天尚未间断。从遗址上看，小屯村是当时的王宫所在地。到目前为止，已发掘出70多处房基遗址，其中有大型宫殿和宗庙基址，也有小型居住址，都排列有序。在房基附近还发现有700多个大小深浅不同的窖穴，这些窖穴大都用来储藏粮食、器具、甲骨，少数则作为居穴。在小屯村也发现有墓葬，它们集中分布在宗庙基址周围，多为人祭坑。另外，在遗址的东边曾发现包括有名的妇好墓在内的属于王室贵族的中型墓。

王陵区分布在洹水北岸的侯家庄和武官村一带。在这里共发现13座大墓和千余座小墓、陪葬坑，其中赫赫有名的商王大墓就在武官村。据推测，大墓多半是王陵，小墓和陪葬坑应该是附属于大墓的陪葬墓和人祭坑。

古代居民遗址和墓地在其他各村也有发现，但规模较之都略小，在小屯村东南的苗圃北地和小屯村西北的北辛庄分别发现了规模较大的铸铜和制骨作坊遗址。

殷墟是我国考古史上最早的、历时最长的、规模最大的考古发掘之地，所获实物资料也极为丰富，其中经科学发掘所得刻字甲骨将近3万片，青铜器多达几千件，以及不计其数的玉、石、骨、角、牙、蚌、陶等各类遗物。所有这些都是研究商代历史最珍贵的实物资料。

总之，甲骨文与殷都遗址是一个难得的文物宝库。甲骨文中还有许多内容没有破译，它们和许多历史问题联系在一起，形成一个个谜案。研究甲骨文字，将有利于揭开许多历史谜团。

三星堆文化之谜

三星堆遗址位于四川省广汉市南兴镇北，这里有一条古河道叫"马牧河"，河道北岸的阶地形似月牙，人们便给它起了个美丽的名字——"月亮湾"，而三星堆则得名于河道南岸的3个大土堆。三星堆遗址的最初发现，是非常偶然的。1929年2月的一天，家住今广汉市太平镇月亮湾的燕氏父子在浇灌农田的过程中，锄头锄到了一块石板，他们满怀惊奇地撬开石板，竟发现了满坑光彩夺目的玉石器。不懂文物的他们却肯定这是宝物，于是燕氏父子便在深夜偷偷将一共300多件玉石器取出，搬回家中。过了一年，燕氏父子见周围并无异常反应，为了牟利，他们便携带这些玉石器到城市的少城路——以前最大的古董市场去卖。据说这些被他们变卖的玉器至今仍下落不明。如此多的罕见之宝涌入市场，一时间，广汉玉器在古董商和古玩家之间炒得沸沸扬扬。大批所谓的"淘金者"纷纷涌向月亮湾，去寻觅宝物。

三星堆遗址能以真面目示人也得益于一个机缘，就在燕氏父子出卖那些玉石器的时候，也带了一些送给当地驻军旅长陶宗凯。此人乃一介武夫，对古董一无所知，但他找到了当时在华西大学地质系任教的葛维汉先生，请他帮助鉴别。葛维汉先生来自美国，对古董有所研究，他看到这些玉石器后，眼前为之一亮，没想到如此精美的玉石器也会出现在西南地区，他初步认定了这些玉器是周代礼器，是稀世珍宝。就在1933年秋，葛维汉先生与同是华西大学教授的林铭钧先生、戴谦和先生等人组成了对三星堆遗址进行考察的考古队。考古队在发掘中，发现了许多陶器、石器、玉珠、玉圭等稀世珍宝。1936年，考古队将发掘所获加以整理分析，在《华西边疆学刊》上发表了《汉州初步发掘报告》的文章。在报告中，把有关遗址文物称之为"广汉文化"。不幸的是，第一次发掘工作仅仅持续了4年，就被1937年开始的日本侵华战争阻断了。

第二次正式的发掘工作开始于20世纪50年代初期。为配合宝成铁路的建设，考古学家们又一次来到了月亮湾进行考古调查，继续10余年前对遗址的勘探。他们采集了大量石器和陶器标本，根据初步考证，他们确定该遗址可能是西周时期的古遗址。1963年的一次规模较大的发掘是由四川大学历史系考古学教授冯汉骥先生带领他的学生进行的。他们来到月亮湾的高地上，极目远眺，顿感这是一个不凡之地。冯先生深有感慨，他认为这里极有可能是古代蜀人的"都城"。后来的考古发掘证明了他的预言是正确的。

1980年，在全面发掘条件成熟的情况下，由四川省文物管理委员会组织的对三星堆遗址抢救性的发掘全面展开了。这次历时3个月的发掘，收获颇丰，不仅出土了不少的陶器、玉器、石器，并且还发现了大量的房屋基址和4000多年前的墓葬。这些陶器、石器让人们了解了4000多年前古蜀人的文化特点，从而也从它们身上见识到了古蜀文化和古蜀人的生活方式。在这次成功发掘的激励下，考古学家们锲而不舍、继续前进，试图进一步揭开古蜀王国之谜。1986年7月23日凌晨2时30分，他们又有了一个重大收获。考古学家以竹签为工具，在谨慎的挑土过程中，发现了一小点在灯光照耀下闪闪发光的黄色物体，他们耐住性子，继续挑土，不一会儿，黄色物体显露的面积越来越大，还显出花纹来。先是一尾雕刻逼真的鱼映入眼帘，接着人们又发现了一只振翅欲飞的小鸟。这弯弯曲曲的黄色物体不断地延伸，竟长达一米多，令人惊奇的是，上面除了刻有鱼、鸟纹外，竟然还刻有一个王者之像。考古人员将这一发掘物称为"金腰带"。意识到此发现非同小可，他们立即向政府请派军警保护现场，局面得以控制后，考古人员才公开了发现古蜀王"金腰带"的消息。一时间舆论哗然，三星堆又一次成为世人关注的焦点。继"金腰带"之后，大量的玉器、象牙、青铜器及金器也被陆续发现，尤其是青铜器中的各式人头像和黄金面罩是中国考古史上的首次发现，具有十分重要的意义。

在考古人员不知疲倦的奋战下，一具具神奇的青铜面具，一件件晶莹剔透的玉器，闪闪发光的金鱼、金叶，离开了它们沉睡的泥土，发出了熠熠光辉。尤其是1986年发现的两座祭祀坑，是三星堆遗址的代表，它们的发现令世人瞩目。其中一号祭祀坑位于三星堆土堆南侧100米左右，坑是一个口大底小的长方形，坑内大概有400多件文物出土；二号祭祀坑位于一号祭祀坑东南，相距大概20米，是一个坑壁稍微有些倾斜的长方竖穴，从这个坑里出土了439件青铜器，131件玉石器，此外还有骨、象牙等器物。这些3000年前的青铜人像雕塑，在中国古代文明史上十分罕见，在东方乃至世界艺术史上都占有十分重要的历史地位。其中一件大型青铜立人像的发掘，填补了美术史上商代大型雕塑的空白，它总体身高将近3米，是目前为止发现的几尊最大的青铜铸像之一。人像面部的器官雕刻得栩栩如生，头上还戴着用羽毛装饰的发冠。它手臂的动作好像是在进献贡品，人像身着饰有巨龙、云雷、人面花纹的衣服，看上去十分华丽。无论是从它的面部表情、身体动作，还是衣着来看，都体现了浓厚的宗教色彩。因此，有的专家推断这个青铜大立像可能是一个象征着王者的"司巫"。在二号祭祀坑还出土了41件铜人头像，它们的大小、面部比例、神色与真人非常接近，大概也是巫师的形象。

在这两座祭祀坑中，人们还发现了一种被专家称为有"不死"或"通天地"功能的神树，那就是用青铜器制作的铜树。其中最大的一棵，高近4米，由树座、主干和三层树枝组成，体态挺拔，装饰十分精美。树下底盘为圆环形，上有一个描绘着云气状花纹的山形树座。高大的树干一共有3层，一层向外伸出3根枝条，每一根枝条上都站立着一只鸟，枝端挂着一个桃形的果实，十分精巧。除此之外，更让人称奇的是，在树座下面背朝着树干跪着3个人像，他们的表情十分威严庄重，愈发使神树显得神圣无比。这棵神树是目前世界上发现时代最早、形体最大的一株，据推测，后世兴起的"摇钱树"可能就是在此基础上发展而成的。两座祭祀坑中除了青铜立人像和铜树外，还有玉石器和青铜礼器也是颇为重要的。出土的玉器，其中一部分像斫、斧、凿、刀、锄、舌形器、椭圆形穿孔附饰等，具有浓厚的地方特色，很明显是当地人制造的、蜀人本来就有的玉器；而另一部分像玉璋、玉琮、玉戈、玉瑗等，它们的制造则体现出中原文化的影响。

三星堆遗址重新出现在世人面前，它的社会影响和学术意义是十分重大的。英国《独立报》曾以《中国青铜像无与伦比》为题发表文章，称三星堆青铜像是"古代最杰出的艺术制品"，而这次大量的青铜文物的出现，也将使人们对中国金属制造的认识上升到一个新的高度，让我们感受到了一个高度发达的早期蜀王国文明的无穷魅力。从对三星堆遗址的研究来看，商的势力和商文化的影响确已达到了成都平原。虽然过去专家们在研究殷墟卜辞时也曾发现有"征蜀""伐蜀""至蜀"的记载，然而遗憾的是，由于人们怀疑商王朝根本无力攻入像四川这样的遥远之地，所以这些记载以前并没有引起人们足够的重视。至于商文化是如何从遥远的中原地区传入四川的，专家们提出种种推测，著名历史学家李学勤先生经过考察三星堆出土的若干青铜器，认为商文化可能是在向南推进的过程中，经由淮河流域，穿过洞庭湖，沿着长江流域逐步发展到四川地区的。

历史渐渐离我们远去，唯有在对这些遗迹和遗物的考察中，我们才能探寻到过去的信息。当然，我们从中所感受到的只是一个早期蜀王国灿烂文明的物质表现，至于它那深厚的文化底蕴和神秘的青铜艺术则需要我们慢慢地去品味、去欣赏。

我国铜和铁的冶炼开始于何时

中国古代的许多矿冶技术曾在世界遥遥领先，而有关我国古代这方面技术的记载以明代科学家宋应星的《天工开物》记载得最为完备最为系统。不过，这本书也是仅限于作者个人的见闻和经历，所以里面的内容都很简略，不可能全面反映我国古代在矿冶技术上的成就。实际上，我国古代的矿冶技术的成就远远超出了我们现代人的想象，近二三十年来的考古发掘就证明了这一点。

在距离湖北省大冶市区3千米的铜绿山上发现了一处2000多年前的古铜矿遗址，该时期相当于我国春秋末期至战国初期。铜绿山，据《大冶县志》记载，"山顶高平，巨石对峙，每骤雨过时，有铜绿如雪花小豆点缀土石上，故名。"其奇特的地貌和遍地盛开的莹蓝色铜墙铁壁草吸引着历代矿工来这里开发铜矿资源。铜绿山古铜矿遗址是迄今为止已经发掘的古铜矿中生产时间最长、规模最大的一个。

在这个遗址中，考古工作者发掘出大量用来支护井壁的圆木，采矿用的铜斧、铜锛、铜凿、木槌、木铲、铁锤、铁锄以及运载工具藤篓、木钩、麻绳等，另外还发现了少量陶罐等生活用具。

在距离开采地不远的东北坡，考古工作者们又发现了古代炼铜遗址。"共发掘出了外形、结构基本相同的炼铜炉九座，炼铜炉上还设有炉基、炉缸和工作台。炉基用沙石、黏土等细细夯筑而成，台基内还设有风沟；炉缸在发掘出来的时候已经残破不堪，据鉴定，为高岭土等耐火材料筑成；而炉身经历千年都已坍塌；工作台用黏土、矿石垒筑在炉侧，台面高于炉缸底部。"在这些炼铜炉内残留着数量不等的炉渣，而附近的渣坑中的炉渣堆积竟高达1米多，据有关专家粗略估计，此矿区遗存的炉渣至少在40万吨以上！对这些炉渣中的含铜量进行测验的结果更是让有关专家大跌眼镜！因为在三号炉西侧发掘出的粗铜其含铜量为93%以上，而炉渣的含铜量仅为0.7%！对大冶湖边出土的铜锭进行铜含量测定，竟为91.86%，在距今2000多年前的古代，提炼铜的技术已发展到如此高超的地步！

在我国春秋战国时期开采冶炼技术已如此发达，说明我国古代劳动人民对金属的认识更为久远。事实也是如此，古代奇书《山海经》就已经比较详细地记载了战国以前矿业开发的情况，书中曾经明确提出当时的产矿地有167处，其中有铜矿52处。春秋战国时期进一步发展，其规模不断扩大，如《管子·地数》记载道："凡天下名山五千二百七十二，出铜之山四百六十七"。从这两组数据中，我们可以真切地看出这时矿冶业发展得多么迅速！

江西瑞昌铜岭古铜矿遗址是我国迄今为止发现的年代最早的采矿遗址。在这之前，人们一直认为西周晚期开始出现冶铜业，而瑞昌古铜矿遗址的发现使我国采铜历史往前推进了数百年。

瑞昌古铜矿遗址面积约1平方千米，采矿区约有二十多立方米。发掘出竖井53口，平巷6条，斜巷3条，露采坑一处，木溜槽1处。由于这个采矿遗址开采的时间比较长，所以经历了好几个时期，所幸的是其地层叠压关系清晰，出土的遗物比较多，对其中的一件木制滑车进行测定，结果为商代中期的遗物，从而有力地证明了早在商代我国已经有了较发达的采矿业。除此之外，遗物中还有"陶制的鬲、罐、豆、盆、纺轮等；木制的滑车、锹、铲、水槽、瓢等；竹制的筐、盘、签等；铜制的斧、凿、锛等"。

其中出土的木溜槽也同样改写了我国冶炼技术的历史。这个木溜槽长3.5米，据有关专家鉴定，为分节水冲法选矿用的一种原始装置。而这种分节水冲法人们一直以为产生于宋代，在这之前文献资料中并没有记载。瑞昌铜岭选矿槽的发现，把我国的这种选矿技术往前推了2000年！

就目前的考古发现来看，我国铜的开采与冶炼技术最早出现在商代，那么，以后还会有新的考古发现推翻这个结论吗？由于考古本身的随机性，谁也不能保证。

我国人工冶铁开始于什么时候也同样是一个悬而未决的问题。地质学家章鸿钊认为是在春秋战国之间；历史学家范文澜力主东周时期已经有了铁器，并从古体铁字的一种写法推猜东方的夷族最早掌握了炼铁技术；而另一历史学家李亚农则认为早在西周就已经有铁器了，赞成这一观点的还有郭沫若先生。

值得一提的是，在驰名中外的北京周口店龙骨山山顶洞人的遗迹中，考古工作者发现了很多串最原始的项链，这些项链是用红线把一颗颗青鱼上眼骨穿起来制作而成的。让人奇异的是，线之所以是红色，那是因为线是用赤铁矿粉染成的！在十多万年前，人类就已懂得利用金属铁锈做"染料"，这究竟是偶然的利用，还是已掌握了这门技术呢？

放眼世界，人类掌握冶炼技术的年代更是扑朔迷离。据说，在苏联的瓦什卡河岸上发现了一块稀有金属的人造合金，制造年代为距今10万年前！在秘鲁高原考古学家发现了一件铂制装饰品，要知道，熔化铂必须要有1800℃的高温熔炉！

这些现象该如何解释呢？有志于此的人可以去进一步探索。

古滇国之谜

两千多年前，在我国美丽的滇池沿岸曾有过一个古老的王国，这就是有着灿烂文化的古滇国。上个世纪末，考古工作者在江川李家山、晋宁石寨山及昆明羊甫头等地区进行考古发掘，出土数千件精美青铜器和滇王印，让世人更加关注曾经极度辉煌的古滇国。人们不禁要问：古滇国的王城或都城究竟在哪里呢？有着高度灿烂文化的古滇国又为何突然消失呢？

据考古资料证实，战国末至西汉初为古滇国的全盛时期，大约是在西汉中期古滇国开始衰落，由于国力的不断衰落，西汉末至东汉初被中原王朝的郡县制所取代，古滇国走到了它生命的终点。它在地球上存在了大约500多年。我国历史上有关滇国的最早记载是司马迁的《史记·西南夷列传》，"西南夷君长以什数，夜郎最大；其西靡莫之属以什数，滇最大；自滇以北君长以什数，邛都最大。此皆魋结、耕田、有邑聚。其外西自同师以东，北至楪榆，名为嶲、昆明，皆编发，随畜迁徙，毋常处，毋君长，地方可数千里。"在司马迁生活的西汉时期，云南以滇池区域为中心是古滇国人们的聚居区，滇国的东面是夜郎国，北面是邛都国，西面以洱海区域为中心即昆明国。其中滇和昆明在历史上有着重要的地位，它们是云南古代的主要部落，都有着悠久的历史和灿烂的文化。

西汉时期，滇池地区的主要居民是滇、劳浸、靡莫等"同姓相扶"的各部落组成的联盟，称为"靡莫之属"，其中以滇为最大。滇又称滇僰，意为滇地的僰人。僰人为"羌之别种"，分布于今四川西部的称为邛僰或西僰，在滇池周边地区的称为滇僰。司马迁在《史记·西南夷列传》中有过重要的记载，大约在公元前339～前329年间，楚国欲将势力范围扩展到西南，派楚将庄蹻入滇。不久，秦国灭巴蜀，庄蹻失去了与楚国本土的联系，于是，"以其众王滇，变服从其俗以长之。"这便是历史上著名的"庄蹻入滇"，庄蹻也是史料中明确记载的一代滇王。在他之前是否已经有滇王存在，就无从得知了。

公元前1世纪左右，古滇国走到了它生命的终点。汉武帝时期，曾派使者前往滇国，当时一位称雄滇池的滇王，好奇地问汉朝的使者：汉朝与我谁更大？由于地处边疆，地势险峻，没有道路与外界相通，他们消息闭塞，如同井底之蛙。在他的眼里，世界不会比滇国的地域大多少。就在这之后不久，这位无知的滇王连同他的国家，便在历史上销声匿迹了。西汉元封二年（前109），汉武帝出兵攻打滇国，滇王无力抵抗，举国投降，并请求汉武帝派官吏入滇国。汉武帝赐给了滇王王印，让他继续治理他的子民。这枚纯金铸就的滇王印，两千多年后，出土于石寨山。此后，汉武帝在云南设置了益州郡，滇王的权力被郡守取代了，从此受制于汉王朝的郡县制度。古滇国正式宣布退出历史舞台。

那么古滇国的王城或都城究竟在哪里呢？有着高度灿烂文化的古滇国又

为何突然消逝呢？这个千古之谜，人们在做着各种假设和猜想。

考古工作者经过多年的考察研究，他们认为："可以肯定地说，澄江、江川、呈贡、晋宁、昆明这一片相邻和相连的广袤区域，是古滇国政治经济文化的中心地带；也可以说澄江在古滇国历史上一定扮演过不可或缺的重要角色。"他们推测澄江在历史上并非"蛮荒之地"，而是有着很发达的经济和辉煌灿烂的文化。还有学者推测，5000余件古滇青铜器物是在抚仙湖南岸玉溪市江川区李家山墓葬出土，而滇王印出土于与抚仙湖北岸相连的晋宁石寨山，按照一般的考古规律推测，古滇国的王城或都城就在附近。

还有一些学者从李家山出土的大量青铜器的造型、图案及近水居的干栏式建筑推测，认为李家山青铜文物所反映的生活环境应该是有山林可以打猎，有田地可以耕种，有湖泊可以打鱼，当时的人们过着闲适富足的生活。而这样的生存环境也正好吻合了澄江的地理生存环境。所以这里应该是古滇王国都城的所在地。那么古滇国又是为何突然消失的呢？有的学者认为地理环境灾变是导致古滇国消失的重要原因。他们认为世界各地都曾发生过辉煌一时的文明古国被突然而来的灾难湮没，之后经历几百甚至上千年又被发现的史实。例如世界著名的庞贝城和赫克兰尼城的消失和发掘。

然而，这一切只是人们的推测和猜想，仅仅是一种有根据的假设。我们期待着考古工作者的进一步发现，为我们揭开古滇国这个千古之谜。

长城的两端到底在什么地方

长城是中华文化的瑰宝、人类文化的财富。"不到长城非好汉"这句话更是每个中国人耳熟能详的名言。现在长城不但是中国人心中的圣地，而且世界各地的人也对它敬仰不已，只要提到中国，便会想起中国的万里长城，只要来到中国，就一定要去万里长城。中国的长城号称万里，实是当之无愧，并无疑义，但长城的两端到底在什么地方却有着不同的说法。因为长城的修筑前后历经2000多年、很多长城并不是绵延不绝连在一起，以及早期修筑的颇多损坏，以致对长城两端所在地的认识出现了不同的意见。

第一种说法是据《史记·蒙恬列传》载："秦已并天下，乃使蒙恬将三十万众北逐戎狄，收河南（今内蒙古河套以南），筑长城，因地形，用险制塞，起临洮，至辽东，延袤万余里。"这句话表明了秦始皇修建长城的两端，即临洮和辽东。秦始皇修的长城其实包括三段，东段起于现在内蒙古自治区化德县内，向东基本上是沿着今内蒙古和河北交界处蜿蜒东行的。进入辽宁以后，折向东南，一直延伸到朝鲜境内的平壤大同江北岸，其终点即是所谓的"辽东"。秦始皇长城的中段，从东至西由内蒙古自治区兴和县，北依阴山，南靠黄河河套，西抵乌兰布和沙漠北缘。西段长城，经考察西起甘肃省岷县，循洮河东岸向北至临洮县、兰州，再东折至榆中县。

专家认为今天的岷县就是秦朝时期的临洮县，是秦万里长城的西边起点。现在其遗址旁树立着一块碑，写的却是"战国秦长城遗址"，原来在春秋战国时期各诸侯国都修过长城，秦国也不例外。这一段从临洮起点的长城就是秦昭王时修建的，后来秦始皇加以修缮。可惜的是，经过时间的侵蚀，我们很难相信西起临洮的这一段长城是否存在过，因为几乎看不到绵延于山川田野的城墙。为了探访秦朝是不是在这修过长城，有人几十年来走遍这里的每一个角落，寻找昔日的长城，并且找到了很多秦代遗物，不过这并不能证明修长城之说，因为这一带本来就是秦朝活动区域，找到一些秦遗物并不能说明问题。

第二种说法是万里长城东端到辽东，西端为现在新疆罗布泊地区。此种说法是基于汉代所修筑的长城之上的。汉朝时期，北方游牧民族匈奴强大起来，不断在汉朝边境滋事，为此，汉高祖刘邦亲征匈奴，但却以惨败结束，被围困了七天七夜，后来用谋士陈平的策略，才得以逃脱。在匈奴威胁下，汉初国力衰弱，只得年年给匈奴交纳大量贡品，以求平安，但边境的骚乱并没有完全停止。经过汉初几代皇帝的休养生息政策后，汉武帝时国力空前强盛。于是汉王朝不再唯唯诺诺，而是主动出击，派遣大将卫青、霍去病等率军多次给予匈奴巨大的打击。经过一系列战争，打通了甘肃经河西走廊到新疆罗布泊的交通要道，并使西域各王国臣服于汉朝的统治。

汉武帝在军事进攻的同时，还着手另一项工作即是大规模修筑长城。汉武帝有四次大规模的修筑，第一次在公元前127年，在击溃盘踞在此地的匈奴后，将防御匈奴的北方边界推进到今内蒙古阴山南麓的原秦始皇长城一线。第二次在公元前121年，夺得被匈奴占据的河西走廊，而后几年修筑了由今甘肃省永登县至酒泉的长城，东面与秦始皇所修长城相接。第三次在公元前111年，用了两年时间，修筑了酒泉至玉门关段的长城。最后一次修筑长城是在公元前104年到公元前101年，修了玉门关至新疆罗布泊段的长城。

那么，长城的西端是否应该认为是在罗布泊呢？汉代在河西走廊到罗布泊的这段长城和我们一般概念中的长城不同，只有相隔的城墩、烽火台，而它们之间缺少相连接的城墙。不过其功能却是相同的——驻防，互相通报敌情。如果认为不是长城，那么这条千里屏障又如何称呼？

第三种说法是长城分别是东到山海关，西到甘肃的嘉峪关。这两座雄关修建得气势磅礴，至今保存完好，又经过多次修复，一东一西相互对峙，所以被认为是万里长城的两端。此说其实是明长城的两端。明代是最后一个大规模修筑长城的朝代，在其统治的200多年中几乎从没停止过长城的修建，因为明朝有着更为严重的边患。在周边众多实力强大的政权的压力下，明朝为求得安宁与和平，只得年年用大笔银子在崇山峻岭中铺就一条坚固的防线。朱元璋建立明政权，占领北京，推翻元朝的统治。此时的元政权并没有被消灭，而是退出了北京，回撤到今长城以北，仍有东至呼伦贝尔湖，西至天山，北抵额尔齐斯河及叶尼塞河上游，南到现在长城一线的广阔地域。而且元政权的统治者并没有完全死心，而是时时不忘收复失地，重主中原。在陕西、甘肃、辽东都有不服从明政权的规模庞大的军事政权,时刻让明朝统治者寝食难安。明代中后期,北方女真族政权兴起,更是成为明朝廷的心腹大患,这时修建长城的工程也更为浩大。

还有人认为万里长城的东端并不是山海关,而是辽东鸭绿江畔。只是因由山海关到辽东一线修筑比较简陋,到现在基本被损坏,所以认为万里长城是明代修筑得比较精良的嘉峪关与山海关之间的一段,其两端是这两座雄关。

万里长城的两端到底在什么地方,以什么时候的为标准来定,众说纷纭,至今尚无定论。

阿房宫为何取名"阿房"

秦始皇灭六国、完成统一大业之后,自以为功德盖过三皇五帝,于是在首都咸阳大兴土木,建宫筑殿,供自己享用。所建的宫殿中规模最大的便是阿房宫。据《史记·秦始皇本纪》载,此殿"东西五百丈,南北五十丈,上可以坐万人,下可以建五丈旗"。

阿房宫汇聚了当时全国各地宫殿建筑的优点,规模空前,气势宏伟。其"离宫别馆,弥山跨谷,辇道相属,蔚为大观"。《汉书·贾山传》中记载:"起咸阳而西至雍,离宫三百,钟鼓帷帐,不移而具。又为阿房之殿,殿高数十仞,东西五里,南北千步,从车罗骑,四马鹜驰,旌旗不挠,为宫室之丽至于此。"

那么,这座宫殿为何取名"阿房"?历代记载说法不一。查考发现,主要有以下三种观点:第一种观点认为"阿房"一名是由于宫址靠近咸阳而得名的。《史记正义》引《括地志》云:"秦阿房宫亦曰阿城,在雍州长安县西北一十四里。按宫在上林苑中,雍州郭城西南面,即阿房城东南面也。"所以,颜师古说:"阿,近也,以其去咸阳近,且号阿房。"

第二种观点则是从阿房宫的建筑风格加以分析,认为"阿房"一名是根据"四阿旁广"的形状来命名的。阿,在古意中有"曲处、曲隔、庭之曲"的解释。杜牧的《阿房宫赋》中说此宫"五步一楼，十步一阁，廊腰缦回，檐牙高啄"，正体现了阿房宫"阿"的特点。所以《史记索隐》中解释此宫名 时说："此从其形命宫也，言其宫四阿旁广也。"

第三种观点认为，"阿房"一名是由于宫殿建筑在大陵上而取名。这一观点出自《汉书·贾山传》，传中注释为："阿者，大陵也，取名阿房，其言是高若于阿上为房。"意思是，阿房宫因宫殿建筑在大陵上而取名。考古发掘有力地证明了这一观点。古阿房宫的遗址所在地是西安市郊约15千米的阿房村一带。发掘的遗址表明，当年的阿房宫坐落在地势高峻的丘陵上，至今这里还有宫殿的高大地基。另外，在阿房村南附近，有一个宫殿遗留的大土台基，周长31米，高约20米；据考证在村西南还有一个是阿房宫前殿遗址的高大夯土台基，东西长约1200米，南北长500~600米，最高处8米左右。阿房宫就是建在这些高大的台基之上。

上面的三种观点都言之凿凿，很难判定孰是孰非。所以，这座千古留名的宫殿的取名之谜，只能等待后人的进一步发现了。

秦始皇陵兵马俑之谜

1974年3月，在陕西省临潼县（今西安市临潼区）秦始皇陵东面3里的西杨村，几位农民在奋力打井的时候发现了一个陶制人头。农民们十分泄气，因为据说挖井挖到人头是一件很不吉利的事。于是，他们悄悄把人头埋好，又换了个地方继续挖井。可是，没想到同样的情况又发生了，这次他们挖出许多陶制的身体和手。农民们感觉蹊跷，于是他们迅速地报告了有关部门。有关部门立即派考古工作者展开钻探和发掘工作。当地表层被掘开时，神话般的奇迹就展现在人们面前。在5米多深的深坑内站满了身披铠甲、手持兵器威武健壮的武士俑和拖拉木制马车的陶马俑。这就是举世震惊的一号兵马俑。1976年6月，第二号和第三号兵马俑坑又相继在一号俑坑的北侧20米处被发现。

秦始皇兵马俑共分3个坑，每个坑都是独立的一组建筑。这些建筑都是通过在地下挖坑的形式修建而成。

一号坑为步兵、车兵混合编组，坑四周是回廊，东西两端是守卫军队，南北两侧则排阵设防，中间9个过洞里，每个过洞四纵队组合，兵车相间，构成主体。二号坑在一号坑东端北侧20米的地方，总面积约6000余平方米，为步兵、车兵、骑兵混合编组。该坑平面布局较为复杂，分东、西两区。东区即"曲天"之首，东西长26.6米，南北宽38米，面积约1050平方米。东西两端各有一南北向长廊，中间是东西向过洞6条，洞、廊相通。全区陶俑分为跪射武士俑和步兵武士俑，这些武士俑均面向东方。西区共有14条过洞，其兵种主要是车兵和骑兵。三号坑位于一号坑西端北侧25米处，呈"凹"字形，东西长17.6米，南北宽21.4米，深5米左右，面积约520平方米。坑内有一辆绘满彩图的战车，车后有4件陶俑。正中两件，前为铠甲武士俑，后为武官俑。三号坑出土陶俑68件，地位十分重要，是秦俑坑的统帅部。

那么，这些威武雄壮、栩栩如生的兵马俑究竟是怎样造出来的呢？这里还有一个传说呢。

据说，虽然拥有一个宏伟壮观、巨宝无数的陵墓，但秦始皇仍不满意。他向丞相李斯降旨，让李斯征集4000对童男童女准备为他殉葬。李斯想：营造陵墓、修筑长城已是民怨沸天了，如若再征集4000对童男童女以备殉葬，岂不是等于火上浇油。到那时百姓万一起兵造反，秦朝江山覆灭了不说，自己也难逃一死。想来想去，他想出了一个好办法。于是，他赶紧上奏秦始皇说："启奏皇帝陛下，臣李斯冒死直言，征人殉葬，必将引起骚动，不如以陶人陶马殉葬，以壮皇帝声威。"秦始皇听了十分高兴，让李斯立即征集能工巧匠到咸阳烧制陶俑。

那么，这些陶俑和陶马是如何制作出来的呢？从目前发掘的兵马俑来看，其制作方法是先制造出不同的模具，然后利用模具分别制造出不同的陶俑，再烧制而成。陶俑的头与身躯的连接部和俑臂与肩部的连接部有明显的接痕，这说明这些部分是先单独制作出来的，然后，在烧制前，用泥条把各部分连成一个完整的陶俑，最后才进行烧制。足踏板是用单模制成，再粘接在陶俑脚下。俑的头、躯干、手臂中空，而脚、腿、手却是实心的。这说明当时制作时是自下而上，先做脚和腿，再用合模法制造躯干，最后再把各部分连接起来。最后，等胎干后，装窑火烧，出窑上彩。

陶马的制作比陶俑更为复杂细致，工艺水平更高。其制作方法是，先分别做出马的腿、躯干、头、颈、尾等，然后再把各部分套合粘接。连接后，再在初胎上涂一层细泥，雕塑刻画筋腱、肉褶纹、毛丝纹及马饰等。然后通体涂细泥一层，并打磨圆润光滑。

秦俑的造型，运用了模、塑、捏、堆、贴、刻、画等7种传统的泥塑技法，把体、量、形、神、色、质等基本要素表现得淋漓尽致。秦俑不仅体态丰盈、生动逼真，而且其身上各部位都涂上了不同的色彩，显得更加活灵活现、栩栩如生。因此，有人称秦俑艺术是"三分雕塑，七分彩绘"。

众所周知，世界上有七大奇迹，它们分别是埃及金字塔、巴比伦空中花园、土耳其月亮女神庙、奥林匹克宙斯神像、罗德岛太阳神巨像、小亚细亚摩孛拉斯国王陵墓、埃及亚历山大灯塔。不过，除了埃及金字塔外，这些古迹都因地震、火山和战争的破坏而永远地消失了。然而，当历史巨轮驶入20世纪后，世界上突然出现"第八大奇迹"，它就是已享誉全球的秦始皇兵马俑。

1974年春，陕西临潼县今西安市临潼区发现秦兵马俑的消息一夜间传遍世界各地。不久，《美国国家地理》杂志便以《神奇的兵马俑》为题向世界各国介绍了秦兵马俑的情况。1976年5月，新加坡总理李光耀来到秦俑坑，他是第一个以外国国家元首的身份来参观兵马俑的。李光耀参观后，激动地说："这是世界的奇迹，民族的骄傲。"第一个提出秦兵马俑是世界第八大奇迹的说法的是法国前总统希拉克。1978年他参观秦兵马俑后，说："世界上原有七大奇迹，秦俑的发现可以说是第八大奇迹。不看金字塔不算真正到过埃及，不看秦俑不算真正到过中国。"1980年9月，新华社记者王光麟在《新民晚报》上发表了一篇题名为《参观世界第八大奇迹——秦始皇兵马俑博物馆巡礼》的文章。这是秦兵马俑第一次以"世界第八大奇迹"的称号出现在报纸上。

随着兵马俑在世界范围内的声誉越来越高，秦俑开始走出国门。在短短几年时间里，它们先后到过十几个国家的40多个城市去参加展出。据统计，在展出期间，参观秦俑的观众共达到1000多万人次。每到一处，都会引起该地区的轰动。

堪称"世界第八大奇迹"的秦朝兵马俑，自1974年重见天日以来，一直深深吸引着世界无数的专家学者慕名而来。人们无不为其宏伟的气势、精湛的陶制技术所折服。

那么，如此气势磅礴的兵马俑的主人是谁？修建如此大规模的兵马俑坑其目的究竟是什么呢？

一直以来，人们坚信这兵马俑的主人不容置疑，就是历史上赫赫有名的秦始皇。因为只有秦始皇才能有如此魄力修造这么大规模的兵马俑，也只有雄才大略的秦始皇才配得上建造这么气势非凡的兵马俑！

确实，作为中国第一位统一全国的封建帝王，秦始皇杰出的政治才能与军事才能是无与伦比的。所以，不少人认为，统一全国后，为了表彰军功，宣扬其统一大业，秦始皇就下令塑造了这些兵马俑，并使之面向东方，"以示秦始皇坐西向东，吞并六国，统一全国的决心和气魄"。不过，也有人认为兵马俑是秦始皇为自己建造的陵园建筑结构的一个组成部分，象征着驻扎在京城内外的军队。不过，还有人认为秦兵马俑坑并不是秦始皇的陪葬坑，不属于陵园的组成部分，它仅仅是一种具有纪念碑性质的建筑物。其目的也是为了显示皇威，宣扬战功。

以上观点虽有差异，但都是基于一点，那就是承认兵马俑的主人就是秦始皇。事实真是如此吗？史书上对秦始皇统一全国后的一举一动，包括收缴兵器，统一文字，修筑长城、建造陵墓等等都记载得一清二楚，奇怪的是唯独对其建造兵马俑坑只字不提。这是否有悖于常理？

有人于是大胆提出，秦兵马俑的主人并非秦始皇，而是秦始皇的祖母宣太后。宣太后曾经参与过秦国的朝政，权力很大。因为她是楚国人，所以她死后，他的儿子秦昭王就命人塑造了这些兵马俑，象征着护送队，护送宣太后重返故乡。这种看法也不是妄加揣测的，理由如下：

其一，秦兵马俑坑位于咸阳（今陕西西安）以东，面向东方。宣太后的故乡是东方的楚国。所以如果真是宣太后的护送队，那朝向的方向应该是正确的。

其二，据有关专家研究，秦兵马俑根本不具战斗力。兵马俑坑虽然阵容强大，有马也有车，但其列队方式与战国时期的作战方式不符。据考证，在已发现的三个俑坑中，一号俑坑为右军，二号俑坑为左军，三号俑坑为指挥部，却唯独缺少最重要的中军。一直以来，人们是这样解释的，四号坑也许就是拟议中的中军，之所以没有建成，是因为这时爆发了历史上著名的秦末农民起义，大部分修建陵墓的刑徒都被调去镇压起义军了，后来随着秦的覆亡，这项工程也就不了了之。如果兵马俑坑是宣太后的，问题就迎刃而解了。既然不是作战用的，当然就没有必要存在中军了。

其三，秦始皇统一全国后，为让天下人手无寸铁，无法发动叛乱，曾收缴天下的兵器。这些兵器中很大部分都是铁制的。奇怪的是，兵马俑中发掘出来的兵器全是青铜器。以前只是认为既然兵马俑只是象征性的，就没有必要使用正式的新式武器，用已淘汰的青铜器就足够了。可是，我们想想，按秦始皇的个性，他会愿意屈就吗？但如果是宣太后的护葬队，问题就另当别论了。宣太后死时铁制兵器比较少见，那时还普遍使用着青铜武器，既然并非打仗，使用青铜器又有何不可？再说，即使有，那也是非常珍贵的，当时正值用兵之际，怎么可能大量花费在这里呢？

其四，第三号坑内，也是三个坑中地位最重要的一个坑内，有鹿角及动物朽骨一堆。以前认为"这是古代打仗前举行祭祀天地和祖先的仪式时遗留的迹象。是为祈求神灵保佑，并进行鼓动性誓师，称之为'祷战'"。也许这根本就不是什么"祷战"，而是一个普通的殡葬仪式呢。

其五，前面已提及，关于秦始皇建造兵马俑，史书上没有任何记载，这也就反证了秦兵马俑的主人是宣太后而非秦始皇。即使不是宣太后的，至少也不能说是秦始皇的。

秦兵马俑的主人究竟是谁？秦始皇，宣太后，还是另有其人？谁也说不清楚。不过，在3个坑中，二号坑正在发掘中，在这过程中能否发现新的证据，我们拭目以待。

秦兵马俑距秦始皇陵1000多米，共有3个坑，总面积达2万多平方米。在一号坑北侧约20米处，还发现了一个未建成的兵马俑坑，即四号坑，有学者猜测它可能是计划内要修的后勤部队俑坑，但也有人认为是象征中军的兵马俑坑。至于为什么突然停建，则很可能是秦末农民起义扰乱了修建计划。

可以看出，原来这些兵马俑是整齐有序地排列着的，但是，一号坑和二号坑的考古发掘现场却是一片残破的景象，一号坑的全部和二号坑的一部分有明显的因火焚烧而塌陷的痕迹。里面的兵马俑有的东倒西歪，有的身首异处，有的头破腹裂，有的臂断腿折。陶俑、陶马身上的彩绘经火焚烧后大都脱落，而坑上面架设的棚木、芦席、顶梁木等也都成了灰烬或者焦炭，坑周围到处是经过大火焚烧而成的赤红色的红烧土。如此景象不能不让人产生疑问，是谁焚烧了秦兵马俑坑呢？又是为什么要焚烧它呢？

对于这个难题，最流行的是"项羽、牧童焚毁说"。据《汉书》转引刘向的疏文："秦始皇帝葬于骊山之阿，……天下苦其役而反之，骊山之作未成，而周章百万之师至其下矣。项籍燔其宫宇，往者咸见发掘。其后牧儿亡羊，羊入其凿，牧者持火照求羊，失火烧其臧椁。"其他史籍中也有不少类似的记载。所以，不少学者认为秦兵马俑就是项羽和牧童烧的。但是，也有人反对此说。他们认为，刘向之所以这样写，是为了谏阻汉成帝营建奢华的陵墓，这是一种援古讽今的方式，并不一定就是事实。何况，细细品味此文可以发现，文中仅提到项羽、牧童焚烧秦始皇的陵墓而并没有明确提出焚烧的就是秦兵马俑。事实上，纵观全文，刘向只字未提兵马俑。

由于在三号坑中发现有一堆动物骨骼朽迹和一段残缺不全的鹿角，说明了在秦代卜战仪式依然存在。再以古代丧葬制度和民俗学的资料为据，有人提出，秦兵马俑的火不是别人而正是秦人在陵墓建成之后自己放的。在古代以及一些少数民族的丧葬礼仪中，放一把火来烧毁祭葬物品和墓前某些建筑物是一种很常见的风俗，认为只有这样，死者才能够在阴间继续享受。不过，这种说法也有说不过去的地方。既然要烧，为什么只烧一号坑和二号坑而独有三号坑幸免于难？就算是秦人自己放火烧的，那么从建成到焚烧的间隔时间应该不会太久，可奇怪的是，根据现场考古发掘来看，俑坑底下普遍都有二三十厘米厚的淤泥，这种淤泥层绝非是短时间内就能够积累出来的。这也说明了在秦朝灭亡之前兵马俑是安然无恙的。所以，这种"葬礼仪式自焚说"也是站不住脚的。

那么，秦兵马俑到底是怎么起火的，或者说究竟是被谁焚毁的？要解答这个难题，只能靠进一步的探索。

丝绸之路通向哪里

现在如果我们去西方，乘飞机最多不过一天就可顺利抵达。然而，在遥远的古代，我们的先民们在西行时，不论是走陆路，还是走海路，不知要克服多少艰难险阻，要花费多少倍的时间。我们的祖先早在距今两千多年前的西汉时期，就不断探索着外面的世界，经过不断的努力，终于走出了一条连接东西方文明的陆上通道，这就是著名的"丝绸之路"。

这条路由中原出发经过新疆一带，而后又通向更远的印度、西亚。最早开通这条道路是在汉代，张骞出使西域后，大规模的商贸活动就兴起了。出于研究的需要，人们给它取名，如"西域之路""中西古商路"等，但都没能通行。1877年，德国著名的地理学者李希霍芬在其著作《中国》里，首次将古代中国与中亚南部、西部以及印度之间的以丝绸贸易为主的交通路线，称作"丝绸之路"。而后1910年，德国历史学家赫尔曼在其著作《中国和叙利亚之间的古代丝绸之路》一书中，根据新发现的文物考古资料，进一步把丝绸之路延伸到地中海西岸和小亚细亚，确定了丝绸之路的基本内涵，即它是中国古代经由中亚通往南亚、西亚以及欧洲、北非的陆上贸易交往的通道，因为大量的中国丝和丝织品经由此路西传，故此称作"丝绸之路"，简称"丝路"。

近年中国各地的考古发现表明，在古代世界，只有中国是最早开始种桑、养蚕、生产丝织品的国家。古罗马帝国的显赫军事统帅和政治家恺撒大帝，有一次身穿一件丝绸制作的长袍，出现在罗马剧场，那轻柔光亮的质地、轻盈飘逸的效果让恺撒显得分外耀眼。剧场的人顿时对恺撒的这件长袍发生了浓厚的兴趣，他们认为这件衣服简直是"天堂上才有的东西"，因此称恺撒穿的衣服为"天衣"。没过多久，在古罗马贵族就以能拥有一件丝绸衣服而引以为荣。中国的丝织品流传广远，是中国人民对世界文明的重要贡献。所以把这条中西交通的商路称以"丝绸"为代称就得到了广泛的认同。

丝绸之路通向哪里？有许多说法，首先其起点就有两种不同观点。

第一种观点认为，丝绸之路的起点是西安。史书记载张骞出使西域是从西安开始，后来西汉与西域的交往都与当时的都城"长安"相关，因此说起点为西安有充分的证据。第二种观点认为，从商贸角度说，真正值得称为起点的应是洛阳。洛阳历史悠久，自古就是能与西安相媲美的繁华城市，在西汉虽然不是都城，但有繁荣的经济，是全国商品流转站，在这里交易而后路经西安再向西域进发。在东汉，洛阳成为都城，更是一个国际大都会。隋唐时期是丝绸之路最兴盛之时，当时洛阳已经是一个规范的经贸中心，其兴建有3个市场：北市、南市、西市。3个市场各有分工，其中以南市规模最大。南市以商品交易为主，最繁荣时有商户三四千家，除了小商品零售外，与百姓生活密切相关的丝绸、瓷器、皮毛、珠宝、金银等商品由此批发到全国各地乃至国外，因此南市不仅在国内占有重要地位，也是当时重要的国际商业贸易中心。河南省洛阳市考古工作者新近在发掘一批唐朝墓葬中，首次出土3个胡俑，这3个留大胡子、高鼻梁、着大开领胡服、腰挎皮水囊的胡俑，一个为牵驼俑，两个为立俑，个个颜色鲜艳，栩栩如生。这说明当时洛阳已有西来的商客络绎不绝，这为洛阳丝绸之路"起点说"提供了有力的佐证。

对于丝绸之路的终点有诸多观点。第一种观点认为是丝绸之路其实就是到新疆，这段路才是中国商人常走的路。到了新疆，即古西域，就把货物倒卖给西域诸国，而后返回中原。至于西域诸国又与西亚相互贸易就与我们不太相关了。第二种观点是丝路终点是西亚波斯湾附近。丝路是中西交流的路线，以商贸为主，中国商品两汉时就已经在西亚强国古罗马和其他国家通行，可见交流的密切。而且公元1世纪，东汉甘英沿着丝绸之路，率领官员代表东汉出使西亚各国，他就到了亚洲最西部，只因遇到大海阻隔没再向前进发，所以说丝路终点是西亚。第三种观点认为，丝路应该更远，其终点是北非。在北非考古中已经发现中国的古瓷器，中国的商品能到那里是无疑的。

历史苍茫，丝路已离我们远去，我们甚至连它的终点都不清楚，不过古老的丝路处处都是中国文明的遗迹，是中国文化西传的见证者。

夜郎古国在哪里

夜郎古国因"夜郎自大"这一成语而家喻户晓，千百年来无人不知。

公元前28至前25年，夜郎最后一个国王"兴"举兵与周边诸侯发生战争，汉朝官员仅派使者去劝说。但夜郎王兴并不买账，还杀了使者，于是汉朝发兵灭了夜郎。夜郎古国退出历史舞台，由于它的鼎鼎大名，现在许多地方争着说自己是夜郎古国的旧地所在，更使得这一问题迷雾重重。

首先是"贵州说"，认为夜郎国无可置疑的是现在贵州境内。《后汉书》中记录了夜郎国的产生："夜郎者，初有女子浣于月逐水，有三节大竹流入足间，闻其中有号声，剖竹视之，得一男儿，归而养之。"古夜郎民族以竹为图腾，贵州多竹，今境内的仡佬族、彝族、布依族等少数民族都有奉竹为神灵的习俗，不少地方还建有"竹王祠"。贵州省会贵阳简称"筑"，也是"竹"演变而来。从考古发掘来看，贵州也有众多证据。中华人民共和国成立后，在贵州境内不断有夜郎国文物被发现，考古工作者9次在赫章可乐发掘的200多座夜郎民族墓葬中的出土文物，足以支撑那里曾是古夜郎人居住中心区域之一的论断。

其次是"湖南说"，他们认为，史书中记载的夜郎文化均带有浓厚的楚文化气息，其国都应在楚地，并提出怀化西部属古夜郎发源地，而新晃侗族自治县就是夜郎古国的核心区域。

持"湖南说"的人认为，他们的观点并不否认夜郎国也包含有贵州的一部分地方，不过夜郎古国的核心和起源是在湖南湘西，那里现在的民风同样有夜郎古国的影子；还有人认为夜郎古国的中心在四川、在云南。夜郎古国在哪里？依然是个未解之谜。

楼兰古国是什么样子

楼兰，一个动听的称呼，犹如少女芳名。楼兰遗址在罗布泊西岸，今天新疆维吾尔自治区的若羌县。现在看来是满目凄凉、寸草不生之地，天上没飞鸟，地上没走兽。曾经在此地的楼兰古国有什么样的神秘，在其中发现的3880年前的"楼兰美女"是谁？让我们一起来探寻。

公元7世纪唐代高僧玄奘取经回来路经楼兰，所见为"城郭岿然，人烟断绝"。可知这时候，楼兰已经是个空城了，仅剩下雄伟的城郭。随着自然的变迁，7世纪楼兰古国所在的整个罗布泊都变成荒漠，楼兰古国也湮没在千里黄沙中，一度被人忘却，人们甚至怀疑历史上是否曾有过这个国度。时间一年又一年，尘封的王朝丝毫没有向世人展示她美丽容颜之意，不断地在身上累积厚厚的尘土。

1900年，瑞典探险家斯文赫定率领一支探险队来到塔克拉玛干沙漠的罗布泊一带。由于带路的向导爱尔迪克的迷路，他们在孔雀河下游偶然发现一座神秘的古城遗址。第二年，这支队伍再次来到这片不毛之地。这次探险，他们揭开了世界考古史上楼兰文明的序幕。经过数天的发掘，在古城找到钱币、陶器、丝织品、粮食，以及几十张写有汉文的纸片、100多片竹简和几管毛笔。通过与中国历代有关楼兰古城的文献作比较，考古学家认为这些文物都属于楼兰文明，从而确定这座被湮没的古城就是楼兰。埋在沙漠中的古城终于重现于世！

一个充满神秘色彩，并略带伤感的文明也由此向世人敞开心扉。通过那依然严整的古城建筑遗址，数量众多的石器，做工独特的铜铁器，充满异域风情的饰品以及饱经沧桑的古代文书，楼兰将昔日的繁荣昌盛再现于世。

令考古工作者费解的是：楼兰古国是如何从一个繁华的城邦湮没于沙漠中，并最终成为一所神秘的死城的？楼兰在消失了1000多年后，究竟发生了怎样的变化？"青海长云暗雪山，孤城遥望玉门关。黄沙百战穿金甲，不破楼兰终不还。"这是著名的唐诗《从军行》。在这首诗中，楼兰作为一个重要的军事目标出现。事实上，楼兰是汉代西域的一个小国家，它位于塔克拉玛干沙漠的东部。据说，它曾经是一个繁荣富庶的国家，地理位置优越，地处"丝绸之路"要道。中国古代文献中也有关于楼兰的许多记载，最早的是司马迁的《史记》。这些记载，大部分来源于张骞通西域经过楼兰回国后的叙述。汉代的一条丝绸之路要经过楼兰古国，楼兰也因此成为中原与西域各国交通往来的枢纽。到汉朝时，它改名鄯善国，成为西域重镇；三国时期，成为魏属国；西晋时期，封鄯善王为归义侯；到了公元4世纪，为零丁国所灭，至此，楼兰在历史上消失了。从1901年斯文赫定的初次发掘，到1980年中国考古学家的最新考察，这一系列活动都初步再现了楼兰古国的灿烂文明景象及其对沟通中西文化所起的重要作用。在遗址上发现的文物中，有许多古币，比如中国汉代的五铢钱，还有大量的器具用品，如丝织品、陶器以及漆木器。令人惊奇的是，竟然有公元初就已经被广泛使用的佉卢文，并且有古希腊、罗马的艺术品，还有流行在中亚撒马尔罕、布哈拉一带的用窣利文字书写的纸片残件，波斯的地毯残片，以及具有罗马、波斯风格的壁画等。所有这一切都无可辩驳地说明了楼兰古国在中西文化交流中的枢纽地位。

为了唤醒那沉睡已久的楼兰古城，开辟楼兰文明考古的新时代，1979年，我国新疆考古研究所组织了楼兰考古队，进驻楼兰古城。在这里，出土了3800年前的楼兰女尸，发掘出了古城的建筑遗址，以及大量的石器、铜铁器、饰物、文书等，往昔楼兰的繁荣仿佛又展现在人们的面前。

其中，最为著名的就是"楼兰女尸"。在通往楼兰的古老通道上，有一大批古墓，几具完好的女尸就排放在一座座奇特而壮观的古墓里。这些女尸脸庞不大，下颏尖圆，高鼻梁，大眼睛，双眼微闭，神态安详，几乎个个是年轻貌美的姑娘。她们赤裸的身体用毛织毯包裹，由起连接作用的骨针或木针点缀着，足下为做工精良的短筒皮鞋。她们头上戴着帽檐为红色的素色毡帽，几支色彩斑斓的雉翎点缀其上，其美貌可想而知。同时，墓中还出土了大量的器物，有木器、骨器、角器、石器、草编器等。其中木器还有盆、碗、杯和锯齿形刻木。为什么这些女尸在这里沉睡了千百年还保存得如此完好？这些女尸是些什么人？这都有待于人们去深入地研究和考证。

与此同时，楼兰古城的建筑风格和技术也引起了人们的广泛注意。古城遗址东西长335米，总面积10万平方米。城墙采用夯筑法建造，大概是由于地域相近的原因，它与敦煌附近的汉长城相似。城墙的四方还有城门，城内有石砌的渠道。城区以古渠道为中轴线，分为东北和西南两大部分。东北部以佛塔为标志，西南部以"三间房"为重点，散布着一些大小宅院。

其中，东北部佛塔的外形如同覆钵，与古印度佛塔有几分相似。在佛塔附近，考古队发现了木雕坐佛像和饰有莲花的铜长柄香炉等物品。同时，许多钱币以及来自不同国家和地区的物品也被发掘了出来。这一系列发掘从理论上验证了这里曾是"丝绸之路"上贸易的中继站，有过辉煌繁华的昨天。

西南部的"三间房"遗迹，是楼兰古城中用土垒砌的唯一现存的建筑遗址。考古人员在此清理出织锦、丝绢、棉布和小陶灯等物，还发现了一批比较完整的汉代文书。历史学界从文书的内容上判断，这里曾是一座官署。在三间房西南的宅院遗址里，考古队清理出了大量的生活用品，如木盘、木桶，以及许多家畜的骨头等。这些具有重要生产和生活作用的器物，都在无声地诉说着这里昔日的文明和沧海桑田。

无论楼兰留给了我们多少珍贵的遗迹，多少令现代人叹为观止的不可多得的美丽，那曾经水流清澈、水土肥美的可人绿洲，曾经令世代楼兰人眷恋的心灵家园，最终还是被无情的黄沙吞噬了。难道楼兰古城的消失真的是一个现代人不可推测的神秘力量所为？事实恰恰相反，从出土文物来分析这个问题，考古学家指出，这一问题应当和富有神秘色彩的罗布泊联系起来考察。古楼兰国气候湿润、植被繁茂，汉魏时期的罗布泊就位于古楼兰遗址附近，当时北面的孔雀河与南面的车尔臣河都汇入了塔里木河，然后经库鲁克河在楼兰城注入罗布泊，罗布泊湖水孕育了楼兰城的文明。但是，由于塔里木河流水携带大量泥沙沉积湖中，湖底逐渐淤高，终于使塔里木河无法流入而另择流道，从而导致了罗布泊的干涸。4世纪时，由于罗布泊向北移动，使得楼兰城水源枯竭、树木枯死，往昔兴盛的城邦面临着死亡的威胁，城内的居民们纷纷弃城远走，寻觅新的水源，而楼兰古国也随之渐渐消失。除了河流改道、罗布泊缩小以至迁移造成了楼兰古国的消失之外，也有不少研究者猜测人为因素与社会环境的影响也是一个重要原因。古楼兰的废弃以及城邦周遭的沙漠化产生，直接与当时的居民兴修水利迫使孔雀河、塔里木河南流进行灌溉，造成了孔雀河、塔里木河改流不再流入罗布泊相关联。由于中国历史上战争频繁，各民族的纷争不断，这也对当地人们生产生活产生了重大影响。或许出于这种原因，楼兰古城最终如同其他湮没在荒漠之中的城市一样，告别昔日的辉煌而消失了。

以上种种论述虽然提出了有关楼兰古城及其所代表的楼兰文明的一些假设，但是，关于楼兰王国的衰退以致湮没的谜底并没有真正揭开。楼兰古国的居民究竟是哪个民族？在楼兰衰落后，他们迁居何处？他们的后代又在何方？至今仍无人能够解答。

敦煌莫高窟之谜

敦煌坐落在甘肃河西走廊的西端、党河的绿洲上，是中国西部的一座边陲小城。汉武帝元狩二年（前121），汉朝在那里设置了武威、酒泉二郡，酒泉郡下辖敦煌地区。10年后的汉武帝元鼎六年（前111），汉朝又在此增设了张掖、敦煌二郡，这就是所谓的"河西四郡"。

前秦建元二年（366）对敦煌来说是一个具有特殊意义的年份。据史志记载，敦煌的第一个石窟就开凿在这一年，其建造者是一个名叫乐僔的和尚。乐僔和尚师徒四人来到敦煌城东南的三危山下时，看见了三危山上的奇景：夕阳照耀下，山峰发出灿灿金光，在乐僔的幻觉中，仿佛有千万个佛在金光中显现。虔诚的乐僔在三危山下顶礼膜拜，并立志要建造佛窟。他四处化缘，请来了一批工匠，在这沙漠的绿洲上开始了建造石窟的工程。

隋唐时期，敦煌莫高窟进入了全盛时代。隋王朝虽然在中国历史上的统治时间只有38年，但保留到现在的佛窟却有110个之多。在莫高窟现存的492个洞窟中，有一半以上建于唐代。安史之乱后，吐蕃乘机侵占河西走廊地区，统治敦煌长达70年。吐蕃也是一个信仰佛教的民族，莫高窟不仅没有因为统治者的改换而遭破坏，还增添了许多具有吐蕃风情的新窟。公元9世纪中叶，唐朝收复了河西走廊的东部。公元858年，敦煌世族张议潮领导河西走廊西部的人民起义，推翻了吐蕃贵族的统治，收复了敦煌及其附近地区，并遣使向唐报捷。不久，唐宣宗任命张议潮为归义军节度使，统领河西十一州之地。唐朝灭亡后，中国进入了五代时期。后唐同光元年

(923），后唐政府任命曹义金担任归义军节度使。中原地区虽然动荡不安、军阀割据，但河西走廊地区在曹氏家族的治理下，却呈现出一片繁荣昌盛的景象，莫高窟的佛洞也在持续地开凿着。

后来，党项族建立的西夏控制了河西走廊一带，这个政权统治敦煌达200年之久，这一时期仅留下了为数不多的小规模石窟。1227年，西夏被蒙古灭掉，蒙古族也是崇奉佛教的民族。在这一时期，元朝统治者在莫高窟又开凿了一些洞窟。1524年，明朝政府封闭了肃州（今甘肃省酒泉市肃州区）西面的嘉峪关，敦煌和内地完全隔绝，莫高窟就在中原文明的发展中被遗落了。

在1000余年的历史中，莫高窟的石窟在10多个朝代的众多统治者手中不断修缮、添新，也不断倾塌、毁损。总体来说，经历了以下几个阶段。

（1）初期。十六国时期是敦煌莫高窟石窟艺术的诞生期。公元366年，前凉的乐僔和尚在鸣沙山崖面上揭开了莫高窟艺术的第一页。这一时期的石窟内容以弥勒菩萨、禅定佛、说法佛为主要佛像。它们沉思俯视，垂悯下界，很具有时代特征。北魏时期是石窟艺术的大发展时期。公元439年，北魏灭北凉，统一河西地区，并设置敦煌镇。这一时期的主要窟型是有人字坡顶和中心塔柱的"塔庙"（或叫"支提"）窟，壁画内容除本生故事外，多以千佛为主要题材。西魏灭亡之后，北周统治敦煌20余年，其统治者宇文氏尊经重儒，宇文邕还曾经念佛，这使得敦煌的石窟艺术得到了很大的发展。现存北周时期的洞窟内容丰富，描写细腻，人物渲染艺术手法多样，在技巧上充满探索精神，为丰富石窟艺术的表达能力提供了许多有益的探索。

（2）鼎盛期。隋朝的两个皇帝隋文帝、隋炀帝都十分信佛，把佛教尊为国教。隋文帝杨坚还诏令全国凡破坏佛像者均以"恶逆论"，从而增加了石窟造像的威严，也使佛教迅速传播开来。唐贞观十六年（642），翟思远一家修造的今编第220窟建成，这是莫高窟艺术的一个里程碑。武则天时期，由于她笃信佛教，再加上不断对西域用兵，从上到下为佛教与石窟艺术的发展奠定了良好的社会基础，许多方面都超过了前代。从神龙元年（705）到建中二年（781）是盛唐时期，也是唐朝由盛转衰的时期。为了维持西北地区的安定，唐朝大大加强了河西的保卫力量，仅玉门、安西、敦煌三地就屯兵1.45万人。当时的将军、都护、军使出兵西域，都带着许多文士、诗人、歌童、舞女、医人、星相术士、画匠、织工等各类随军服务人员。于是，内地的新画风、新技法在莫高窟有了直接的体现。莫高窟的中唐时期称为吐蕃时代。吐蕃时代壁画塑像在精致细腻方面是盛唐艺术的发展，笔墨精湛，线描造型的准确、生动都应是唐代艺术向深度发展所取得的成就。晚唐开凿的莫高窟石窟现存60个，在形式上和内容上较吐蕃时代有一些差异。首先，出现了大幅的《劳度叉斗圣变》，这是沙州民众推翻吐蕃统治的喜悦心情的直接反映。其次，《维摩诘经变》中吐蕃赞普的形象从壁画中消失。再次，经变中以汉族世家豪族的夫人子女代替了蕃装人物，给人耳目一新的感觉。

（3）衰落期。五代时期莫高窟的艺术风格是晚唐的继续。五代的壁画比较粗犷，特别重视笔、墨、色彩的结合效果，所谓"焦墨其中略施微染"的画法被广泛应用。西夏在莫高窟的早期做法是改修前代洞窟，其画风受甘州和西州回鹘画风影响较大，壁画上的人物造型和装饰纹样，与伯孜克里克石窟的壁画十分相像。元朝统治者也笃信佛教，当时全国比较流行萨迦派的金刚乘。因此，莫高窟现存的元朝石窟几乎都属于风格迥异的金刚乘藏密画派。明朝推翻元朝的统治后，封闭了甘肃酒泉西面的嘉峪关，繁荣近1200年的敦煌莫高窟艺术宣告结束。

敦煌莫高窟是我国古代佛教文化的集大成者，是一座举世无双的佛学宝库。按其艺术形式可将敦煌莫高窟艺术分为彩塑壁画和佛教典籍两大部分。莫高窟前后历时1000多年，保留下来的彩塑多达2400多尊，皆出自历代能工巧匠之手，风格多样，千姿百态，所以它不失为我国最大、最系统、最为珍贵的一份雕塑遗产。

莫高窟最早的彩塑是十六国时期塑造的，其表现题材比较简单，人物形象带有一些印度人的味道，塑造手法也存在石雕的痕迹，没有充分发挥泥塑特有的自由伸展的性能。隋朝时候，彩塑的形式开始有了明显变化。佛与菩萨由北魏以来的"秀骨清像"变得雍容厚重。唐朝是莫高窟彩塑的极盛时代，艺术家们充分发挥他们的艺术天赋，创造出了丰富多彩、风格迥异的艺术造型，并使塑像更接近写实，使佛与菩萨"世俗化"，并最终成功地打破了"神"与"人"的界限，使莫高窟艺术更接近生活。

莫高窟壁画的总面积达4.5万平方米。它所反映的范围虽然没有包罗佛教所有的经典内容，但几乎涉及了佛教经典的各部类宗派历史。莫高窟的壁画内容按其性质大体上可分为经变、说法图、民族传统神话题材、供养人像、图案装饰等5大类，其中内容最多的是经变。经变就是佛经故事画，画这种壁画的目的就是向人们灌输佛教思想。它们描绘的内容都是庄严简洁、没有污浊烦恼的西方极乐世界。壁画构图一般都很严谨，描写细腻。说法图是供养们供养礼拜的形象。北魏晚期的说法图，场面宏大，人物众多。中间的佛庄严神圣，两侧的菩萨却生动活泼、绰约多姿。他们有的交头接耳、窃窃私语，有的手舞足蹈、翩翩而起，有的虔诚献花，有的挽臂游戏，已冲淡了宗教法堂的庄严气氛，增添了浓厚的人间情趣。隋朝时，壁画内容发生了很大变化，说法图已减少，单身菩萨增多。这时期把菩萨画得都很美，几乎不再受西域影响，他们着俗装，衣饰华丽，不受固定仪型束缚，和现实世界中的人物很接近。唐朝时说法图已经退到一些次要的、不引人注意的地方，但这一时期的壁画达到了最高水平。供养人像也叫宗教"功德像"，是当时造窟人或参与造窟的人的肖像。佛教传入我国之后，人们又把所谓的"前世""轮回"结合在一起，寄托在佛的世界里，希望"轮回"得到幸福。装饰图案主要绘于藻井，还有的画在龛楣、椽间和主体画的边上，它没有什么太大的意义，主要是起装饰作用。这时期的各式图案明显受西域的影响，有劲健和美妍之风，尤其是莲瓣式的龛楣，组织得更为精巧富丽。

现在敦煌被人们关注不是因为其悠久的历史，也不是因为辉煌的过去，而是因为莫高窟艺术宝库的发现，因为莫高窟藏经洞的发现。

一个世纪前的中国，正处在日渐衰弱的清朝末年，偌大一个莫高窟艺术宝库由一个云游而来的道士看管起来。这个道士就是那个一提起便让人切齿的"王道士"。王圆箓，原是湖北麻城的农民，因麻城连年旱荒，生活无着，他便逃到肃州（今甘肃酒泉），做了一名边防军卒。退伍后无事可做，就当了道士。王道士云游到莫高窟后，就在今天的第143号窟居住下来。此时，敦煌寺院住的多为红教喇嘛，诵的是番经，唯独王圆箓能诵道经，且说汉语。因此，当地人大都请他礼忏，他的生活状况得到了明显改善。

王道士有了些钱后，为积功德，聘请人改造佛窟。1900年5月26日，王圆箓早早起来，他要清扫莫高窟北端七佛殿下第16号石窟甬道中的积沙。他把这个7米长的甬道内的积沙清除掉后，甬道两壁露出了宋代人画的菩萨像，虽然画工并不精细，但保存得相当完好。王圆箓漫不经心地观瞧着墙上的壁画。这时，甬道的北壁忽然产生了一声巨响，墙上裂出一道缝隙。他吃了一惊，赶紧凑上前去，用旱烟管在裂了缝的墙壁上敲了几下。

结果让王圆箓吃惊不已，墙壁竟然是空的！王圆箓心里一阵激动，料想其中必藏有宝物。王道士轻描淡写地打发走了雇佣的人，耐着性子等到晚上，便悄悄地去打开了这道伪装的窟壁，找到了用泥封着的洞口。

王圆箓打开了这个洞口，一扇紧闭的小门出现了。他打开小门，里面是一个黝黑的高约160厘米，宽约270厘米，略带长方形的复室，室中堆满了数不清的经卷、文书、绣画、法器等等。王道士感到不知所措，他取出几份经卷，一路小跑来到县衙，送给县长汪宗翰。汪宗翰见多识广，知道这些古物的价值，便仗势向王道士索要了一批画像和写本。甘肃学台叶宗炽通过汪宗翰，也得到了不少藏经洞的藏品，其中有宋乾德六年（968）的水月观音像。他建议藩台衙门把这批文物运到省城来保存。昏聩的清政府觉得花高昂的路费运送这些"废纸"根本不值得，便没有采纳这项建议，只是发出了一纸命令，让王圆箓封起藏经洞，从此就不再过问了。

1900年5月26日，道士王圆箓的发现使已经十分荒凉的敦煌再次成为世人瞩目的焦点，许多"学者"慕名而来。

盗取莫高窟宝藏的始作俑者是俄国的勃奥鲁列夫。1905年，当他听说敦煌石室发现古代经卷写本，便于当年10月到了敦煌，以少量的俄国商品作交换，从王圆箓手中骗去一大批珍贵的文书经卷。勃奥鲁列夫将卷带回国后，对此秘而不宣，直到1963年世人才知道这一情况。

继勃奥鲁列夫之后来到敦煌的是斯坦因。他对于中国文化并没有什么认识，然而凭着冒险家追寻宝藏的本能，一听到这个消息便匆忙赶到中国，带着一个姓蒋的助手直奔敦煌，想办法结识王道士。

斯坦因想用金钱从王圆箓手中收买经卷，王道士看着斯坦因手中白花花的银子，虽然十分眼馋，但还不足以消除他对神灵及官衙的畏惧，斯坦因想用金钱收买的计划落空了。斯坦因常常光顾王圆箓住的洞窟，千方百计讨好王圆箓，想弄到宝物。一天，他忽然对王道士住处的壁画发生了兴趣，感到自己似乎找到了攻关的钥匙。原来，王道士住进这个佛窟后，剥去了原来的壁画，请人在上面重新画上唐僧西天取经的故事。斯坦因便决定由此突破。其实，斯坦因对玄奘事迹知道得并不多，他多方查找资料。经过准备之后，便和王道士谈起唐僧及其西游来。他装出一副对玄奘无比崇敬的神情，而且还说自己循着玄奘的足迹，历尽千难万险，从印度穿越峻岭大漠才来到了敦煌。他说得天花乱坠，让王圆箓对他无比崇拜。

深夜，王圆箓终于再次打开了密室的门，拿出一些经卷写本给这位"司大人"看。第二天，王道士又答应了斯坦因的请求，把他引进了密室。斯坦因首次获准进入藏经洞密室，初睹其中所藏丰富文物，简直目瞪口呆。他看见那小小密室里的物品，虽然不是井井有条，却是前所未见的经文卷帙。暗淡的油灯照明下，密密麻麻，一包包的手抄本堆在那里，几乎有3米高，后来经过测量，知道这密室容积近14立方米，几乎满是手抄本和书卷，密室内只留下仅能容两人站立的空间。

从那以后，王圆箓对这位洋大人放松了警惕，任由他进出密室，为所欲为。看到时机成熟，斯坦因告诉王圆箓说有成捆藏品要暂时拿出来作学术研究，而这样做绝非渎圣，因为抄本、书卷让诚心向道的人鉴赏等同宣扬佛法，功德无量。斯坦因还不断捐一点钱资助重修寺院，而且从来不提购买经卷的事，让贪心的王圆箓十分欢喜。斯坦因一边讨好王圆箓，一边利用中国助手屡次乘夜窃取大捆的珍贵文物背到营房。最后，这个以寻宝有功而被英国皇室封为爵士的家伙，共弄到24箱稀世奇珍，共计3000多卷经籍，另外5箱装着满满的绢帛以及200多部经书。

斯坦因盗宝成功的消息，极大地刺激了其他帝国主义者的贪欲，他们争相派"考察队"前往敦煌。

1908年，法国汉学家伯希和也来到了莫高窟，他凭着对中国文化的研究，在斯坦因没有挑走的经卷中挑走了更珍贵的6000多卷写本和一些画卷，装满了10辆大车，几经辗转运到巴黎。他还给带不走的塑像和壁画拍了照片，印出了6大本，名为《敦煌千佛洞壁画集》，又把洞窟编了号码。他还拿着极少的一部分汉文写本来到北京炫耀，他的行为引起了爱国学者的极大愤慨。1909年，北京学部才正式发布文告，并拨款到甘肃，命令敦煌县令陈泽把千佛洞所剩的古写本全部运到北京。然而这批宝贵的文化遗产在启运来京的途中被各地官吏层层盗窃，又因此受到很大损失。这批文物全部运到北京后只剩下8697卷了，经整理后保存在京师图书馆。

1911年10月，日本人吉川小一郎和橘瑞超率领大谷光瑞探险队也赶到敦煌，从王道士手中骗得古写本经卷四五百卷和两尊精美的唐代塑像。

1914年，斯坦因又来到中国，用500两银子从他的"旧友"王圆箓手中"买"走了600多卷古写本经卷。至此，他共骗得织绣品150多方，绘画500多幅，还有图书、经卷、印本、写本共6500多卷，成为敦煌艺术宝藏的第一盗匪。同年，俄国人鄂登堡也来到敦煌，盗走了不少文物和塑像，还剥去了一些壁画。

1924年，美国人华尔纳匆匆来到敦煌，他用事先准备好的特殊化学胶布剥离盗走26方唐朝洞窟中的壁画，还窃取了几尊唐代塑像，这些东西现在收藏在美国哈佛大学的福格艺术博物馆和波士顿博物馆。

帝国主义分子掠夺的敦煌莫高窟文物数量十分惊人，仅北魏到北宋的古写本就有两万多卷。内容包括佛经、道经、摩尼经、诗赋词曲、小说、方志、信札、户籍、账簿、借贷契约、历书、医书等等。除此之外，还有绘画、织绣等工艺美术品1000多件，其中有一件唐咸通九年（868）的一卷刻本经卷，卷头有一幅"佛说法图"，是世界上最古老的一件雕版印刷品，也是被盗文物中最珍贵的一种。

敦煌莫高窟的文物被劫掠后，莫高窟也随之名扬世界，国内外学者们从各种专门学科的角度，对以敦煌为研究对象的学术领域进行深入的研究，形成了独特的"敦煌学"（Tunhuangology）。

敦煌藏经洞经卷的发现，对人们研究历史、文化、佛教等都产生了深远的影响。当然，如同许多其他宝藏被发现一样，围绕敦煌经卷的谜团也随之而来——如此丰富的经卷是被谁封藏起来的？封藏这批经卷又是出于何种目的？这些问题从所藏经卷被发现到现在，一直悬而未解。有人认为敦煌各寺院把没有用途的书卷集中在一个洞窟中，形成了藏经洞，这种说法被称为"废弃说"。

主张"废弃说"的代表学者是盗取敦煌文物的第一大盗匪——斯坦因。日本学者藤枝晃也主张"废弃说"，他认为废弃的原因是随着中国印刷术的发明，印刷的佛经取代了卷轴装的佛经；图书馆的重新布置导致了原来的卷轴佛典遭到废弃，时间是在1002年以后不久。

有人对此提出了不同意见，认为洞中的经卷是因为躲避战乱而有目的地藏起来的。主张"避难说"的代表人是另一位盗取敦煌文物的名流——法国汉学家伯希和。伯希和认为唐代发生了"安史之乱"以后，驻扎在敦煌的军队被调入内地平定叛乱，吐蕃人乘机占领了敦煌，这一时期史书上称为吐蕃占领时期。1038年党项在敦煌建立了西夏政权的统治。藏经洞中的藏品却没有西夏文书，而且藏品的堆放也没有一定的顺序和分类，所以伯希和认为在第一次党项攻打敦煌时，为避免兵灾，当时僧人匆忙将这些东西堆入洞中，封了起来。中国有的学者也主张"避难说"，但他们认为经卷的收藏并不是发生在党项攻打敦煌的时候。有些中国学者认为北宋绍圣年间（1094~1097），黑汗王朝向北宋提出攻打西夏的请求，得到了北宋王朝的回应。当地僧人为了防止佛教典籍在战火中毁灭，主动采取了保护措施，将经典汇集一处，藏入洞中，并在外面画上壁画，进行了精心伪装。

究竟藏经洞中的经书是谁藏的，什么时候藏的，还是被抛弃的，至今还没得到完满的解答，仍是个未解之谜。

故宫为何称为紫禁城

故宫旧称紫禁城。明永乐四年至永乐十八年，明成祖开始修建故宫，明、清两代24个皇帝在此执政。

紫禁城为皇家宫殿，红墙黄瓦，金碧辉煌，为什么称皇家宫殿为紫禁城呢？大致有如下三种说法：

一种说法认为这与古时候"紫气东来"的这个典故有关。传说老子出函谷关，有紫气从东至，被守关人看见，不久，老子骑着青牛姗姗而来，守关人便知道这是圣人。守关人请老子写下了著名的《道德经》。因此紫气便被认为具有吉祥含义，预示着帝王、圣贤和宝物出现。由此可知紫禁城中"紫"大有来头。皇帝居住的地方，防备森严，寻常百姓难以接近，所以称为紫禁城。

另一种说法认为紫禁城的来历与迷信和传说有关。皇帝自命为是天帝之子，即天子。天宫是天帝居住的地方，也自然是天子居住之地。《广雅·释天》曰："天宫谓之紫宫。"因此皇帝住的宫殿就被称为紫宫。紫宫也称为紫微宫，《后汉书》说："天有紫微宫，是上帝之所居也，王者立宫，象而为之。"《艺文类聚》记："皇穹垂象，以示帝王，紫微之则，弘诞弥光。"

还有一种说法认为紫禁城的来历与古代"皇垣"学说有关。古时，天上星垣被天文学家分为三垣、二十八星宿及其他星座。三垣指太微垣、天市垣和紫微星垣。而紫微星垣是代称天子的，处于三垣的中央。紫微星即北斗星，四周由群星环绕拱卫。古时有"紫微正中"和"太平天子当中坐，清慎官员四海分"之说。

既然古人将天子比作紫微星垣，那么紫微垣也就成了皇极之地，所以称帝王宫殿为紫极、紫禁、紫垣。"紫禁"的说法早在唐代即已有之，王维《敕赐百官樱桃》诗曰："芙蓉阙下会千官，紫禁朱樱出上兰。"北京故宫占地1087亩，南北长961米，东西宽753米，周长约7华里，全部殿堂屋宇达9000多间，四周城墙高10余米，称这座帝王之城为紫禁城不仅名副其实，且含天子之城的意思。考察故宫中的建筑，象征着"天"的崇高和伟大的太和殿，位于故宫中极，是最高大突出的地方；象征着天和地的乾清、坤宁二宫紧密相连；它们两侧的日精、月华二门，象征着日和月；而象征着十二星辰的东西六宫以外的数组建筑则表示天上的群星。这些象征性的建筑群，拱卫着象征天地合璧的乾清、坤宁二宫，以表明天子"受命于天"和"君权神授"的威严。

故宫的旧称——紫禁城，从"星垣"学来看，其命名与建筑设计可以说是高度统一、珠联璧合的。

避暑山庄为何钟情青砖灰瓦

河北承德避暑山庄是中国最后一个封建王朝清朝的皇家宫殿。承德地处古北口外，其地理位置在清代很受统治者重视，顺治帝曾来围场北部察看过地形。自康熙四十一年（1702）开始，从北京到承德及至围场沿途中修建了8处行宫，到乾隆中期，口外已有14处行宫。

避暑山庄和北京故宫同是清代皇家宫邸，但是避暑山庄里的建筑并不像故宫那样金碧辉煌，而却全部罩以灰瓦，这是为什么呢？

避暑山庄是按照康熙皇帝的意思建造的。康熙在中国历史上可算是一位远见卓识、文武兼备的明君，他对于当时社会经济的恢复和发展、反对外来殖民势力的侵略和颠覆、维护国家的统一和国内各民族的团结都作出了杰出贡献。他一生南征北战,学贯中西,知识渊博,在数学、天文、地理、医学、书法、诗画等方面都有研究。他更提倡节俭,常以"勤俭可以兴邦,奢侈可以亡国"的道理来勉励自己。正因为如此,1703年,康熙在修建承德离宫时,提倡以朴素淡雅为主要建筑格调,下令这里的所有建筑全部以灰瓦罩顶。

其中最能体现他这一思想的,便是避暑山庄的正殿"澹泊敬诚"殿。此殿全部为楠木结构,俗称"楠木殿"。殿顶为灰瓦,天花板及门窗全部为楠木雕刻。殿内"宝座"上方高悬"澹泊敬诚"匾额,这四字的意思,就是康熙严于律己的节俭思想。他从诸葛亮的《诫子书》中得到启发。诸葛亮在写给儿子诸葛瞻的信中曾有这样两句话,即"非澹泊无以明志,非宁静无以致远",意在告诫其子应该如何修身、立志、治学的道理。康熙对此十分欣赏,于是按此意把避暑山庄的正殿取名为"澹泊敬诚"殿。这样,"澹泊"二字可解释为恬淡寡欲,没有奢望,而"敬诚"二字便可引申为只有在宁静之中才能修身、养德,达到远大的目标。

既然避暑山庄外罩灰瓦,可建在离宫旁边的外八庙为何却又金碧辉煌呢?康熙和乾隆经常在承德接待漠北、漠南、青海、新疆的蒙古族、维吾尔族、哈萨克族、西藏、四川等地的藏族、苗族,以及台湾高山族等少数民族上层人物;邻国的使节也来避暑山庄觐见皇帝。为尊重各民族的宗教信仰,避暑山庄周围建起了汉、蒙、藏等不同风格的寺庙,俗称"外八庙"。清政府在这里进行了一系列政治活动,以缓和民族矛盾,调节外交关系。外八庙位于离宫东面和北面的山麓间,其实共有12座(现存9座)。这些寺庙是按照清朝统治者的意图,实行"佛法两施"的政策而建造的宗教建筑,不仅形状高大巍峨,而且装饰华贵,更以金碧辉煌取胜。屋顶除有金漆、彩画、琉璃瓦外,有的寺庙还用上了金瓦,大大超过了皇宫的规制。这与离宫的灰瓦相比,恰恰成了十分鲜明的强烈对比。原来,皇帝这么做是为了怀柔的需要,这一切都表现了清帝"尊崇黄教、绥服远藩"的政治需要。

因此,承德不仅是清帝与后妃们避暑的胜地,也成为北京以外的第二个政治中心,对于巩固国内统一和防御外来侵略具有重要的意义。

山西为何多"大院"

散布山西的百年民宅知多少?由于经历了明末清初一系列战争的破坏,现存的山西明代宅院较少,而保存较完整的大多是清代山西商人的豪宅,如清代金融中心祁县、太谷(今晋中市太古区)、平遥几县,交通沿线上的阳泉、介休、灵石、襄汾等地,除了对外开放的几处宅院群落之外,还有许多散落的老宅院,有些甚至藏在深山之中,有待于进一步认识和开发。

明代的经济政策对河东盐商和泽潞冶铁商人最为有利,明代晋商的代表当属晋南盐商和泽潞铁商。清代以旅蒙商人和票号商人最为风光,清代山西富商大多是集中在晋中一带的票商和贸易商人。这些大商人都曾经建筑了豪华富丽的大宅子。遗憾的是,他们当年的大宅子在兵燹战火和社会动荡中已化为乌有。

随着明代手工业、商业的蓬勃发展,平遥城内作坊四起,商贾云集。商品经济的发展,推动了建筑业的发展和建筑工艺水平的提高。清代中叶以后,平遥城里的票号典当业迅速兴起,更加丰富了城市建筑的内容,新兴的商家都在扩建具有更多功能、更强商业竞争力的店铺;凭经商而发迹的人们,大兴土木,城乡民居建筑的质量和档次因此迈上了一个新的台阶,华美宏大、匠心独运的建筑散落在繁华的市面上,遍及平遥城的大街小巷中,在明代城墙的护卫中,富商大贾的宅院林立街头巷尾,成为平遥古城献给人类的珍贵文化遗产。

平遥城里现存的四合院达3000多处,其中完好者有400多处。规模较大的十几处古宅老院,包括有日升昌票号第一任总经理雷履泰于道光年间在城内上西门书院街的宅子,有西门外的冀升在明清两朝几百年间陆续修建扩建的鲤鱼跃龙门院子，有天成亨票号首任总经理侯王宾在沙巷街的老院子，有侯王宾之子侯殿元的"七间七檩"宅，有与日升昌争辉的蔚盛长票号掌柜和遵濂的旧居，有清末民初平遥城里有名的"兴隆义"布庄、钱庄的东家赵大第的院子，有晚清平遥最有名气的文人王沛霖的宅第……这些古宅老院，就是明清众多山西宅院的最好注脚。

等级制度是中国封建政治体制中最显著的特点，与此相对应的宫殿、庙宇、住宅文化也充分地体现出这个特点。山西宅院中的等级观念的体现，可谓是淋漓尽致。山西宅院多为左右对称的正偏结构，正院上高下低，中庭开阔，尊卑有序，等级分明。正院宽敞，正房高大，厢房低于正房，也小于正房。

以太谷曹家宅院为例，正院都是四合院，正房必设在正院里，正房的屋顶比厢房高，台阶比厢房也多一两级，账房院与主人居住的屋舍相比，就要低矮简陋得多。账房不论是正房还是厢房，门前大多不设台阶，即便筑台阶也只是一级台阶而已，以示其地位低主人一等。偏院则是紧靠正院厢房墙壁修建的一排低矮的东西房，供佣人、保镖、厨子们居住。偏院院子狭长，通往正院的门闩都安装在正院的一面，这样主人可以随时到下人住处走动察访，下人则不得随便出入正院。在晋中的几个商家大宅院里，这样的格局都是非常突出的，充分体现出封建社会的等级观念和礼制要求。

台阶或踏道也因居住者的身份而有差别。宋人李诫的《营造法式》中，对台阶有专门的尺寸规定："造殿阶基之制，长随间广，其广随间深，阶头随柱心，外阶之广，以石段，长三尺，广二心，则方三寸五分，其上下叠涩，每层露棱五寸，束腰露身一尺，用隔身版柱，柱内平面作起突壶门造。""造踏道之制，长随间之广，每阶高一尺，作二尺踏，每踏高五寸，广一尺，两边副子各广一尺八寸。如阶高四尺五寸至五尺者三层，高六至八尺者五层或六层，皆以外周为第一层，其内深二寸，又为一层，至平地，施土衬石，其广同踏。"这种营建法式虽然是为宫廷建筑而设置，但到明清时期，已经广泛用于民间的豪华宅第。从山西宅院里，就可以看到这样的规格尺寸。直观地看，就是主人居处的台阶级多、阶宽、台高，下人居处的台阶低下简陋，也就是通常说的什么等级的人，住什么等级的房。

明清山西宅院的庭院大都是方砖墁地，方砖的尺寸规格多为三四十厘米见方。等级越高的建筑，铺地的要求也越高。铺砌地面时，工匠须严格遵守磨砖对缝的要求，有的还要在砖缝中挂上油灰。油灰的主要成分是白灰和桐油，以保证地面的牢固耐用。考究的地面在铺砖之后，还要涂刷几遍生桐油，保持表面光滑美观。明间的中线上须用整砖，不可以对缝。而在游廊或室外铺地时，除了中线上必须用方砖之外，边上可以配砌小砖，院里十字甬路的中线上要用方砖，边上也可铺设小砖以舒解一下等级制度建筑的沉重压迫感，营造轻松活泼的氛围。年年岁岁生长在大院砖缝中的小草，只是沿随着循环往复的自然生长规律，对院落的兴衰和主人的变易，或许早已淡忘。

封建时代遵行男尊女卑的纲常观念，"唯女子与小人难养"的旧观念在山西宅院建筑中打上了深深的烙印。小姐的绣楼通常修建得低矮狭窄，虽说是精致小巧，却也有旧时不许女子出人头地、女子个性不得张扬等传统说教隐喻其中，束缚女性的三纲五常、三从四德在宅院建筑中得到充分体现。太谷的曹家宅院将绣楼缩进几尺，以限制闺阁中人的视线，从建筑上阻断她们的左顾右盼，禁锢她们的思想，这也是封建时代对于女性的要求，遵从礼教，淹没个性，忍让退缩，随父随夫。歧视女性的建筑文化，即使到了民国仍然没有大的变化。如定襄河边阎锡山故居中，被主人珍视一生的五妹子的绣楼就建在一个视线非常狭窄的地方，虽说五妹子来此居住的日子屈指可数，但从房屋收缩、低矮简陋的格局看，仍然没有摆脱女性从属的可悲地位。

明清山西宅院建筑中，对风水也是颇为讲究的。建院前，先请风水先生堪舆选址，起根脚、上梁时，要祭拜天地、鸣炮示庆，墙腿刻"泰山石敢当"，或者在门前立一石敢当，房后立一避邪镇妖之物，以求得心理上的平稳安慰。祁县乔家宅院从一号院的院门向里走时，地平线逐一抬高，至尽头的正屋，还要修建几级踏步，既迎合了风水术中"前低后高，子孙英豪"的说法，又符合建筑物的内在要求。明清时的山西许多民居建筑物，多为负阴抱阳、背山面水的特点，背山可以迎纳阳光和温暖气流，面水可以迎接夏日的凉风，向阳可以采纳良好的日照，缓坡可以避免淹涝之患，建造良性循环的小气候。这既有科学的一面，也有媚俗的成分充斥其中。

自宋代以来，阴阳五行、八卦风水说在北方极为流行，住宅的平面布局很大程度上依五行八卦决定，如宅子的地势如果与四神相应，最为吉祥，可以增福添寿。古代神话中，青龙、白虎、朱雀、玄武称为道家四灵，分别代表东西南北四个方位和青白红黑四种颜色。古人认为，东为上为阳，西为下为阴，左（东）青龙、右（西）白虎，前（南）朱雀，后（北）玄武。"宁让青龙高三头，不让白虎压一筹"，所以风水里就有"东高西低，阴不压阳"之说。而且还强调建筑物的后部气势要高，东边青龙有流水，西边白虎有道路，前有朱雀把门，后有玄武镇守，这样的宅子才算是福宅。

基址确定之后，还要请风水先生相宅。风水先生根据建房者的生辰八字，决定住宅中轴线的角度，先用罗盘定准正南正北向，再向左或向右调偏一定角度，叫做抢阳或抢几分阳。这是说主人的命不够硬，朝正南建房，恐承受不起，普天之下只有皇宫才可以朝正南开门。一经确定正院、正房的位置和尺寸，其余厢房、倒座房、偏院各房就可依照一定的程式迭减，全院的格局也就基本上确定了。"仁者乐山，智者乐水"这一圣人教诲，早已渗透到几千年中华文化的方方面面，选择宅基地的首要标准是背山面水，宅主人既要享受仁者的崇高，也要享受智者的惬意。这种选择，既是地理的原因，也有生活方便的考虑。

文物科技之谜

　　文物是中国古代文化的重要组成部分，也是中国文化与文明的重要载体，具有鲜明的民族风格、独特的审美特征、高超的艺术水平和深远的历史价值。科技则是人类摆脱蒙昧、走向文明的巨大推动力，代表一个国家、民族的先进程度和发展方向，科技的历史就是浓缩了的人类发展史。围绕着文物与科技，亦有许多无法解释的谜题：红山文化女神庙里的女神是谁？中国酿酒的始祖到底为何人？马王堆古尸为何历经千年不腐？

《河图》《洛书》是上古的无字天书吗

《河图》《洛书》都是中国上古时期传下来的神秘图案。关于它们的传说是易学史上争论最多、最复杂、最混乱，但同时又是内容最为丰富的问题。

相传在我国远古的伏羲氏时代，有一个丑陋的怪物游到黄河边上的城市孟津，背上负着一块刻有一幅古怪的图案的玉版。这个怪物大得吓人，吃了百姓们的稻谷和庄稼，最后竟然开始生吞人类。伏羲听到这件事，带着利剑来到河边要斩除这头妖怪，妖怪打不过伏羲，跪地求饶，自称是黄河里的龙马，并将背上的玉版献给了伏羲。由于它是来自黄河的宝贝，伏羲称这张图为"河图"，后来，伏羲还按照《河图》做出了"八卦"，可以用来推算历法，预测吉凶等。

到了大禹治水的时候，有一次大禹在洛河引水疏通河道，从干涸的河底浮出来一只可以驮起百十人的巨龟，大禹认为这是一只通灵神龟就将它放生了。不久后，大龟腾云驾雾再次来到洛河，将一块光芒四射的古老玉版献给大禹，上面同样有一些神秘的文字和图画，大禹将这块玉版命名为《洛书》。传说在《洛书》上有65个红字。后来经过大禹反复揣摩，整理出历法、种植谷物、制定法令等9个方面的内容，古人又根据这九章大法，整理出一本一直传至今日的科学法典《洪范篇》。

上述这些传说在我国最古老的典籍《周易》《尚书》《论语》中都有记载。其中比较可靠的是《周易》中的系辞篇，里面是这样记载的："河出图，洛出书，圣人则之。"这与上述传说十分吻合。直到宋代，朱熹解《周易》时，还曾派他手下的学者蔡元定去四川，用高价才在民间收购到了华山道士传出的《河图》《洛书》等，都是由一些圆圈点构成的图形。另外，还有一个可信的证据是在现在河南省洛宁县长水一带有"洛出书处"石牌两块。1987年，安徽省含山县凌家滩原始社会末期墓葬中出土大量的玉片和玉龟，据专家考证是距今5000年无文字时代的原始的洛书和八卦图。

据说《河图》《洛书》在古代出现的时候都有普通人无法识别的文字，但后来都慢慢地散佚，现在人们经常看到的两幅图是宋时朱熹的《易学启蒙》中的，因为有图无字又神秘难解，人们把它们叫做"无字天书"。其中《河图》是用黑白环点示数、排列成图的。即一六居下，二七居上，三八居左，四九居右，五十居中。而"洛图"也只有用黑白环点示数的图。有人形容它"戴九履一，左三右七，二四为肩，六八为足，五环居中"。关于河图洛书上的这些神秘的图案，自古以来无人能破译。

早在春秋战国时期，《河图》《洛书》已经开始与天命、阴阳、占卜等有关了。孔子周游列国不得意时悲叹说："凤鸟不至，河不出图，吾已矣夫。"那时就已经有老子、孔子写的关于天命的书《河洛谶》各一种。在两汉时期的算命文献中，《河图》《洛书》更复杂和神秘了，共有《河图括地象》《河图始开图》等37种，《洛书甄曜度》《洛书灵准听》等9种。宋时出现的河图洛书又加进了新的内容，是融天文、人体、阴阳、象数为一体的易学图像，是一种理念的阴阳消长的坐标图，暗喻的范围非常广泛。

对《河图》《洛书》的解释非常之多，有些人认为它是古人对天象的观察活动的记载。原因是有关河图的记载最早曾见于《尚书·顾命》篇。记载周康王即位时，在东边厢房有：大玉、夷玉、天球、河图。后人就认为《河图》是测日晷仪与天象图标，这些实物在当时是测日观天察地的仪器，在古人眼中带有神圣和神秘的性质，因而才有可能和代表古代王权威严的古玉器陈列在一起。还有根据《魏志》中说的"宝石负图"是一幅《河图》《洛书》的八卦综合图，看上去像罗经盘，磁针居中，外面围着八卦，最外层为二十八宿。所以这些《河图》是古代测量太阳的晷仪时根据日影来画出的；而《洛书》则是张天文图，用来概括天文的原理。还有人认为西安半坡出土的石板上用锥刺的圆点排成的等边三角形图案是它们的原型。但这还不过是一种有一定联系的设想，还无法看出这种图案与《河图》《洛书》的起源有什么联系。

最近，西南电子技术研究所退休高工杨光和儿子杨翔宇发现，"洛书"的核心"十"字与墨西哥发现的"阿兹台克"历石中心人像的"十"字、金字塔俯视图中心的"十"字完全吻合。他们提出"洛书"是外星人遗物，"河图"则描述了宇宙生物的基因排序规则，而"阿兹台克"历石则是外星人向地球人的自我介绍。

各种关于《河图》《洛书》的说法都还没有真正找到依据，《河图》究竟是一个什么样的图案，《洛书》究竟是一些什么样的书写符号呢？《河图》《洛书》的原型是什么？古人又是如何按《河图》《洛书》画出八卦的？还有待科学的进一步解答。

远古岩画之谜

我国考古工作者在内蒙古狼山发现了一些远古时代的岩画。其中一幅画让人百思不得其解，上面画着两个桃子形状的东西，中间偏上方有两个圆圆的小洞，有点像人的两只眼睛，不过，如果这是张人脸却又不见鼻子和嘴巴。在这张"脸"的上方和周围画着很多的球状体，星星点点，纷纷洒洒，有人说是宇宙中的星星，也有人说是飞行器，自天而降。所以，很多人干脆把它称为"天神图"。

在韩乌拉山峰下东边沟口的岩画上，也发现了一些奇异的人头像。其中有一幅人头长着一张方嘴，两只圆眼睛，脑袋上还布满了线状物，就像古人形容的"怒发冲冠"。有人说是头发，有人说是天线，在画中还刻着"大唐"两个字。为什么写上这两个字呢？如果这指的是这些岩画的刻画年代的话，为什么不画佛也不画道呢？要知道，在唐朝，宗教画是非常流行的啊！这到底画的是哪一家的神灵呢？

无独有偶，考古工作者在宁夏贺兰山东麓也发现了一批稀奇古怪的远古岩画，共约300幅。其中北侧一块距离地面1.9米的岩壁上画着一幅人像写意画令人过目难忘。这幅画高20厘米，宽16厘米，头朝向西南方向，戴着一个又大又圆的密封式头盔，头盔与紧身连体套装浑然一体。头盔中间有一个圆形孔洞，也许是观察窗。整个头部就像是现代戴着头盔的宇航员。奇怪的是古代不可能有宇宙飞船，古人也不可能看见过今天的宇航员，那么，他们的灵感是怎么得来的呢？

事实上，类似这样的岩画不止在中国，在世界范围内都屡有出现。在非洲撒哈拉大沙漠中，欧美一些国家的考古学家在恩阿哲尔高原的丁塔塞里夫特也发现了一些神秘的人头画像。这些画中的人戴着奇特的头盔，衣着也臃肿可笑。刚开始学者们都不知道这幅画是什么意思。直到美国人造飞船上天，人们才恍然大悟。原来，撒哈拉沙漠岩画上人头上戴的奇特头盔正是现代宇航员的头盔！而这些画中人穿着的非常臃肿的服装也酷似现代宇航员的宇航服！我们不禁要问同样的问题，非洲的这些远古人类又是从哪里得来的艺术灵感呢？这是人物写真呢还是远古人类虚构出来的？如果真是人物写真的话，这些撒哈拉沙漠居民真的见到过天外来客吗？

在古代交通不发达的条件下，世界中的许多民族和地区都不约而同地留下了如此怪诞的图案，这不是能用"实属巧合"这类话能搪塞过去的。自古以来，全世界各个民族都有关于天神们开天辟地的神话传说，除了反映远古人类的艰难创业历程，是否也反映了人类祖先对于古代天外来客的原始记忆呢？也许，正是原始人类对这些具有高度文明的天外来客充满了崇拜，把他们当作神来膜拜，并把他们的形象画在了石壁上。

这些岩画真的是对天外来客的记忆吗？恐怕这个谜一时还无法解答。

仙字潭石刻之谜

仙字潭石刻是"仙人"的题字，还是先民的刻画？

华安县苦田村，位于福建省漳州市北34千米，九龙江支流汰溪的北岸。在葱葱郁郁的山岭中，点缀着富有民族风格的圆形民居。蜿蜒在山脚下的汰溪之水十分清澈，在此处折而东流，形成一个较大的河湾。而被人们称呼为"仙字"的古刻，就镌刻在汰溪旁这些赭红色的山岩上。这些仙字潭岩刻、岩画刻于临水的石壁上，人们以为"仙人题字"，故名由汰溪形成的河湾为"仙字潭"。岩画分布在长约30米，高约2.5米至5米的石壁上，从西向东依次分为数组，以人面像、舞蹈以及其他人物活动为主，图像中还散布着各种符号。

华安岩刻相继被发现，并引起人们的广泛关注。它们大多分布于福建南部九龙江下游及其以东地区，除了上文中提到的仙字潭外，没有大面积多图形的地点，一般是在孤零零的一块岩石上刻石作画。包括石井岩画，有5个大小不等的圆形凹穴；石门坑岩画，磨刻在山上路边的一块孤石上，画面最右边是套在一起的两个蹄印形，下边是11个蹄印；草仔山岩画，磨刻在一块孤石上，由5个蹄形组成，还有数蛇形图案；官畲岩画，刻在孤石上，由7个大致表现蹄印和动物形的符号构成；蕉林岩画，多刻在一块块巨石上，反映了蛇的题材；高安岩画，由大小均等的11个圆穴组成，可能是星象图；湖林脚印岩画，有男女足迹各一个，相距约1米……

福建境内被称为"仙字"的12处遗迹公布以后，"仙人题字"刻石就成为了人们关注的热点。考古学家、历史学家、民俗学家以及美术史研究专家纷纷云集此地，对这些奇怪且看不懂的"天书"进行破解。尤其对于华安仙字潭石刻，到底是"仙人"的题字，还是先民的刻画，学术界中争论纷纷。这也使得华安石刻成为最有影响的闽地文物。

华安岩刻，相比较它们所处的峭壁、悬崖，这些字刻显得是那么平整。根据当地乡老的传说，这些"仙字"是"天公"早已经准备好的。这古老的传说，实在是十分离奇。因为根据古书《漳州府志》中的记载，说早在唐朝的时候，就有人将汰溪边这些仙字的拓本拿到了洛阳，当时唐朝的大儒学家韩愈是尚书郎，他看过这些拓本之后说，他竟然认识这些字，并且指称那是上苍关于祭祀神仙的诏令。可是后来漳州主修地方志的文官却始终不明白,为什么韩昌黎能够有这么大的本领,认出这些字的面目,他们在志书中也发出了疑问:"韩公何所据?"

古文字学的学者根据古代的文献书籍记录,作出了种种推断。有人认为,那是吴部落的酋长在战胜了夷部落、越部落、番部落三个部落之后,为了记录自己的功勋而作的岩刻;有人说,这些仙字潭上有象形字、大篆、苗文、闽文等历代的文字;有人认为,那些文字是台湾高山族最早的文字记载;还有人认为,那是蛮王和妻子以及被俘虏的敌部落酋长的写真像……举证的人们都能够言之有理,并且常常旁征博引。于是,本来就充满着传奇色彩的仙字潭石刻,就更加神秘了。

然而,许多美术学史家、考古学家和文物学者则发出了不同的声音。他们斩钉截铁地认为,仙字潭的石刻,不是字,而是画。并且这些画是分布在世界各地的各种奇特的岩画中的一种。

岩画研究学家试着将仙字潭石刻中的图案,和图案化最鲜明的广西花山岩画,以及人物图案最鲜明的连云港将军崖上的岩画进行了对比,从而指出在仙字潭石刻中有岩画成分。这样,他们得到了一个结论:仙字潭石刻中的所有内容,都可以在太平洋地区的中国香港东龙洲、韩国的盘龟台、中国台湾的万山以及中国的内蒙古、宁夏等地找到相互进行对照的画面。

仙字潭的石刻中,最突出的也最多的就是"舞人"。在大约有180平方米的变质岩的悬崖上,舞人几乎分布在每一处地方。福建境内,反映人们的生活的岩画较少,而仙字潭的石刻则是以人物为中心的。其中,第一组中的舞人是最为热烈、狂放的。第一组的石刻,位于整幅画面的最西侧,高0.8米,宽0.3米。画面上方的人物手臂,一只向上伸举、一只向下扬出,两腿呈弓步。这种舞蹈者的形体和舞姿,在很多岩画中都可以看到,是一种常见的舞蹈动作,图案化十分鲜明。

仙字潭石刻中的舞者形态各式各样:双臂上举;一臂上举,一臂卡腰;一臂折肘下垂;双臂下扬作蹲步……甚至有双手持棍棒的各种姿势的舞者，千姿百态。他们往往戴着各种颈项饰品，通常以两个圆点表示。有的画面中，杂在舞者中间标志着一些数字，表示舞者的人数。尤其令人注目的是，在舞蹈的行列中，还有不少兽面和无头的人体，以及众多的圆形的坑穴，有鲜明的祭祀的意义。

然而，我们难以否认，仙字潭石刻中的图案和符号确实又存在着文字的性质。这些符号除了有着象形、表意以及比较固定的间架结构之外，也存在着保存和传达信息的功用，至少我们可以说，它处在图像和文字之间的过渡时期。

"是字，还是画"的学术之争，把仙字潭的传奇推向了新的研究领域。

"仙字"还是一个扑朔迷离的谜，等待人们去破解。

红山文化女神庙里的女神是谁

1983年10月，在辽宁省建平县、凌源市两地交界处的牛河梁，考古学家发现了又一处红山文化祭祀遗址，推测其原来是一座女神庙，出土一件面涂红彩的泥塑女神头像，头高22.5厘米，面宽16.5厘米，形体与真人相当。这是迄今为止新石器时代陶塑遗物最重要的发现。牛河梁红山文化"女神庙"遗址的发现，大约分属5或6个个体的女神像的陶塑残块。尤为珍贵的是神庙主室西侧发现的接近真人大小的彩塑女神像，肢体虽已残碎，但头部基本完好，较为完整的还有肩臂、乳房、手等。在此以前还在喀左东山嘴红山文化的祭祀遗址中发现了两个小型孕妇塑像。据研究，女神庙已残碎的女像可能也与孕妇像一样同属坐姿，女神头部两眼都用圆形玉石镶嵌，更显生动。这3尊女神像虽有大小的不同，但显然都是原始崇拜的偶像。红山文化年代跨度约略相当于仰韶文化时代，距今已5000多年。

红山文化是距今五六千年前，一个在燕山以北、大凌河与西辽河上游流域活动的部落集团创造的农业文化，因最早发现于内蒙古自治区赤峰市郊的红山后遗址而得名。红山文化全面反映了我国北方地区新石器时代的文化特征和内涵。其后，在邻近地区发现有与赤峰红山遗址相似或相同的文化特征的诸遗址，统称为红山文化。已发现并确定属于这个文化系统的遗址，遍布辽宁西部地区，几近千处。20世纪80年代中期，对辽西东山嘴牛河梁红山文化女神庙、祭坛、积石冢等进行了一系列的发掘。喀喇沁左翼蒙古族自治县东山嘴遗址坐落在山梁顶部中央，面向东南，俯瞰大凌河开阔的河川。这是一处用大石块砌筑的成组建筑遗址，呈南圆北方、中心两侧对称的形制。南部圆形祭坛旁出土的陶塑人像中，有在我国首次明确发现的女性裸像。

与东山嘴相距仅三四十千米的凌源市、建平县两地交界处，分布着大规模红山文化遗迹，包括牛河梁女神庙、祭坛、积石冢群。牛河梁居大凌河与老哈河之间，为东西走向的山梁。这一带地理环境优越，红山文化遗存密集；以高高在上的女神庙及广场平台为中心，十几个积石大冢环列周围，并且都和远处的猪头形山峰相呼应，形成一个互为联系的祭祀建筑群。目前，发掘工作限于局部，但女神庙已出土大量泥塑人像残块，可辨别出至少分属6个人像个体。其中最小的如真人一般大小，主室出土的大鼻大耳竟是真人的3倍。泥塑人体上臂、手、乳房等，与泥塑禽兽残块以及彩绘庙室建筑构件、墙壁残块等，无一不是杰出的艺术作品，而一尊较完整的人像头部，尤为雕塑佳作。头像结构合理，五官比例准确，表情生动逼真，她不仅是我国文明黎明时期艺术高峰的标志，也是亿万炎黄子孙第一次看到的5000年前用黄土塑造的祖先形象，对中华文明起源史、原始宗教思想史的研究具有极其重要的意义。女神庙全长约22米，宽约2~9米，主体建筑长18.4米。庙由多室组成，主室为圆形，左右各有一圆形侧室。主室北部为一近方形室，南部似有三室相连，成一横长室；左右对称，主次分明，布局严谨而又有所变化。这种建筑格局，作为中国建筑的传统延续了几千年，已可追溯到此。所以这座女神庙不仅是中国最早的庙，亦可称为东方建筑之祖。

1983年秋季，牛河梁女神庙被发现。1984年，经国家文物局批准，考古工作者对女神庙进行了正式发掘。尽管女神庙的出土是人们翘首以待的事情，但当它真的被挖掘出来的时候，其建筑遗存的完好程度、结构的复杂性，尤其是女神像的规模和精湛的雕塑技艺还是让人大吃一惊。牛河梁遗址由女神庙、祭坛和积石冢等16个地点组成，占地约50平方千米。女神庙位于牛河梁诸道山梁的主梁之上，其地位的重要性从地理位置上也得到了表现。女神庙和其北部的大型山台是牛河梁遗址的主体。山台地势平稳，系人力加工所为，南北东西各长200米，四周砌以石墙，极似城址。引人注意的是，神庙与山台的走向完全一致，说明应是一个整体。在山台北侧也发现有塑像残片和建筑物架，说明另有一座神庙与女神庙以山台为中心呈南北对称分布，从而构成一台（或者也可以说一城）两庙的建筑群体结构。女神像发现于1984年10月31日的上午。一位参加发掘的考古队员后来回忆说，根本无法找到一个恰当的词来表达那时的心情。是欣喜若狂吗？显然不是。当女神像被一点点剥离出来的时候，人们都屏住了呼吸，整个工地悄然无声，只有小铲和小刷子剥离泥土的声音在沙沙响着。当女神头像完全显露出来的时候，辽宁省博物馆的摄像师不失时机地把这激动人心的瞬间定格在胶片上。后来，这张照片被题为"5000年后的历史性会面"。照片上，女神坦然而镇定地注视着5000年后的人们，嘴角带着一丝若有若无的微笑。

牛河梁红山文化女神庙是中国首次发现的远古神殿，其遗址中文化内涵与宗教遗存的丰富程度都是任何其他遗址所无法比拟的。它的发现，对中国史前宗教及文明起源的研究都有着非同寻常的意义。女神被有些人称为"中国的维纳斯"，但是这个维纳斯究竟代表何方女神，她究竟从何处以什么样的身份来主持着古老的红山文化？有人从历史古籍神话传说里查找女神的庐山真面目：《帛书》简述了伏羲、女娲氏族的形成及历史贡献。说伏羲、女娲是中华各族的共祖，并不是神话。公元前7704年伏羲卒于桐柏鸡公山。女娲代立，时年52岁。伏羲二世、三世皆听命女娲，女娲死后葬于风陵渡。辽宁牛河梁（红山文化）女神庙中宫内端坐着一位比真人大3倍的裸体女娲娘娘,两边是龙凤巨型陶塑,四周坐满站满最小也与真人大小一样的裸体女神(有的还是孕妇),她们可能是历代黄帝、少昊、颛顼等氏族的母系祖先。也有人从女神所处的环境及女神庙的历史痕迹考察她的身世归属。但是作为无语的历史,女神的微笑如同蒙娜丽莎的微笑一样等待后人更加精确的解读。

良渚文化为何有众多玉器

良渚文化是我国长江下游太湖流域一支重要的古文化,因1936年原西湖博物馆施昕更先生首先发现于余杭市良渚镇而命名,距今4000~5300年。

经过半个多世纪的考古调查和发掘,初步查明在余杭市良渚、安溪、瓶窑3个镇地域内,分布着以莫角山遗址为核心的50余处良渚文化遗址,有村落、墓地、祭坛等各种遗存,内涵丰富,范围广阔,遗址密集。20世纪80年代以来,随着反山、瑶山、汇观山等高台土冢与祭坛遗址的发掘,以大量殉葬精美玉礼器为特征的显贵者墓地被发现,以及莫角山大型建筑基址的被发现,表明良渚文化是中华五千多年前文明程度最高和最具规模的地区之一,良渚遗址堪称东方文明圣地。

良渚文化最著名,最有特色的就属它的玉文化,是中国玉文化的源头,并且一开始就显现出不凡的艺术魅力。良渚文化为何在五千年前就有如此出众的玉文化?先民们为何要雕琢那么多玉器,他们又是如何雕琢的?其中有许多谜等待解答。

有人说是因为装饰,美化生活的原因。

中国玉文化源远流长,玉在人们心目中有着崇高的地位。玉,一般晶莹剔透,即使有少量瑕疵,也是"瑕不掩瑜",其石料很稀有,因此也非常珍贵。玉石还不能称为"玉",要经过匠师的精心雕琢,成为具有各种内涵的玉器,正所谓"玉不琢,不成器"。玉有太多美好的品质,因此就往往把具有高洁品质的人和玉相联系。可以证实东周和春秋战国时期就形成了，把玉当作自己（君子）的化身的礼仪。贵族、士大夫佩挂玉饰，以标榜自己是有"德"的仁人君子。"君子无故，玉不去身。"君子必配玉，玉只可配君子。汉许慎在《说文解字》中说，玉，石之美兼五德者。所谓五德，首先指玉的5个特性，即坚韧的质地、晶润的光泽、绚丽的色彩、致密而透明的组织、舒扬致远的声音。然后是比附人的五个美德:仁、义、礼、智、信。

装饰生活、美化自己是人的天性，远在9000多年前，生产水平极端低下的山顶洞人，在闲时也不忘磨制骨器、石头制作项链等装饰品。7000年前鱼米之乡河姆渡的先民也是如此，在选石制器过程中，有意识地把拣到的美石制成装饰品，打扮自己，这就揭开了中国玉文化的序幕。在距今四五千年前的新石器时代中晚期，辽河流域，黄河上下，长江南北，中国玉文化的曙光到处闪耀。而最为著名的便是良渚文化出土的玉器。良渚文化玉器种类较多，典型的有玉琮、玉璧、玉钺、三叉形玉器及成串玉项饰等。这些玉器都造型精致，刻有各式图案，有很强的装饰作用，特别是成串的玉项饰。所以说良渚文化出现如此多优美的玉器，是出于装饰生活的原因不无道理。

另一种说法是，良渚玉器大量产生，不仅仅是装饰，而是有更深的文化内涵。把玉作为装饰品反而是更后的事情了。此说的证据是从良渚玉器本身情况来说的。

良渚玉器以体大著称，显得深沉严谨，不是很适合随身佩戴的装饰，是否用于装饰住所还没能考证，但在当时生产力并不发达的情况下，是否会产生这样的需求还是值得商榷。

最能反映良渚琢玉特色的是形式多样，数量众多，如使人高深莫测的玉琮和兽面羽人纹的刻画。良渚玉琮系软玉雕琢而成，从外观看呈外方内圆、上大下小形，每个面的转角上有半个兽面，与其相邻侧面转角上的半个兽面组成一个完整的兽面。这些物品充满神秘气息，现在看来其形状和图案也是令人惊异，隐隐透出一股凉气。这些玉琮的用途应该是与宗教祭祀、财富权力有关。战国《周礼》书中曾有"苍璧礼天""黄琮礼地"之说法。东汉郑玄注"璧圆像天，琮八方像地"，都说明玉琮与对鬼神的崇拜相关。

因此他们认为良渚玉器更深的文化内涵是对鬼神的敬畏，是用于祭祀的神器，由此衍生出"玉"被作为权力的象征。这一点从后来的"玉"的地位可以反证，"玉"不仅仅作为装饰，作为美好品质的象征，在中国文化上，从一开始就更多的是作为具有神圣地位的、能显示权力的神器。

长江中下游一直就有神秘的巫术文化传统，楚国文化强烈的巫术气息，可能就是从此地久远的文明——良渚文化继承的。有人认为，良渚文化就是以"蚩尤"为首领的部落的文化，据考证良渚文化时期已经有初步的政权，可以称为良渚古国。后被中原炎黄部落为首的青铜文化所打败，共同汇入中华文明之中。从历史上看，良渚文化时代的玉文化不仅没有随良渚文化的衰亡而消失，反而被后来的夏、商、周三代王朝全面继承下来，成为古代中华文明最具特色的内容。夏、商、周三代从良渚文化继承的玉文化，包括一些具体的礼器，如象征王权的军事统帅权的玉钺，祭祀天地的玉琮、玉璧、玉圭、玉璜等；甚至连玉琮上那个表征良渚文化宗教信仰系统的神人兽面纹，都被夏、商、周王朝全面继承下来，成为三代礼乐文明的重要内涵。

良渚文化是神秘而又辉煌的，其为何有如此多的玉器，主要是因为装饰，还是因为祭祀尚不能明确，不过良渚玉器形制奇特，肯定包含着先民神秘的思维。

禹王碑书写的是什么

禹作为一个作出多方面伟大贡献的民族英雄，因为制伏了史前大洪水而受到人们的崇拜，特别是为治水三过家门而不入的精神深深打动了后人。因此关于他的神话传说也很多。

相传大禹开山制服洪水后留了一块碑竖立在衡山岣嵝山峰上，但人们一直没有找到它。据记载，早在唐代德宗时期，著名文学家韩愈、刘禹锡等就听说过衡山有禹王碑的事了。由此可见，最迟在唐代德宗以前，禹王碑就早已竖立在衡山上了。据说，韩愈曾游览衡山，但没有亲眼看到禹王碑。他在《岣嵝峰》一诗中写道："千搜万索竟何有？森森绿树猿犹悲。"同时，刘梦得却记述"祝融峰上有'神禹铭'古石，琅玕姿秘，文蜿虎形"，肯定此碑实有之，独异好古者搜索不得，遂致疑以传疑："岣嵝何须到，韩公浪自悲。"

直到南宋宁宗嘉定五年（1212），有一个名叫何致的人游览衡山，在樵夫的指引下，终于找到了这块禹王碑。他照原样拓描下来，回到长沙，摹刻了一块碑竖立于岳麓山。从此，岣嵝峰的禹碑名扬四海。据描述，碑面宽110厘米，高184厘米，共77字，每字径约17厘米。

据学者研究，这篇碑文既不同于甲骨钟鼎文，也不同于籀文蝌蚪文，很难辨认，杨慎释文也只是一说，难做定论。据古代传说，大禹为了寻求治水方法，日夜奔波于三山五岳，后来，大禹在南岳衡山梦见苍水使者，在仙翁的指点下，获得有治水方略的金简玉书，终于制伏了洪水，有些人便根据此神话传说猜测：禹王碑正面所刻77个奇字就是大禹记述的有关治水方略的内容。但传说毕竟是传说，要揭开石碑的真正面目还要依靠科学。据明代学者杨慎等对禹王碑的考译，全文77字，有两层意思，一是舜命禹去治水；二是禹治水历尽千辛万苦，累弯了腰，长年泡于水中，连汗毛也掉了，最后治平了九州洪水。还有其他学者考证过，结果大同小异。

许多学者认为，一个人有天大的本事，也不可能创造如此复杂的汉字。目前史学界、书法界普遍同意一种观点：汉字是远古时代的先民们在长期的生产、生活实践中，逐渐积累，几经约定俗成后，为人们共同认识、使用而创制的。但为何其字形奇怪，既不像大篆，更不像小篆，也没有一点甲骨文的痕迹。无论如何仅凭这些文字是考证不出其内容的。

禹王碑至今仍是一个无法彻底揭晓的谜，它涉及远古历史及古文字发展问题，只有等待哪一天像甲骨文一样被大量发现，才有可能通过相互对照来解读。

西周微刻甲骨文之谜

1976年，考古工作者在陕西省岐山县凤雏村发现了西周初年的甲骨文。据研究，刻有微型文字的甲骨共有293块，大都是周文王晚期到周康王初期的作品。这些刻在甲骨上的文字细若发丝，需要借助5倍以上的放大镜才能辨清。在当时的条件下竟能刻写出这么小的字，简直让人难以置信！一团迷雾笼罩在考古学界：这些文字是怎么刻上去的？

2002年，考古工作者在陕西省城固县宝山村商代遗址烧烤坑出土了一枚距今约3000多年的铜针。铜针首端又尖又细，末端还有一个微小的针鼻孔，孔径仅有0.1厘米。其做工精致，让现代人为之惊叹。这个铜尖针是做什么用的？有人认为，这样的铜针就是用来微刻甲骨文的。

那么，微刻出这么小的文字让别人怎么看呢？甲骨上的文字是需要借助数倍以上的放大镜才能辨别得出的！但即使没有放大镜，也不能说明当时就没有办法微刻出这么细小的文字。因为有些人的视力是可以超过常人数倍的。今天选拔飞行员的标准，其中一条就是要求视力必须超过常人。另外，现代医学研究发现，患有某些眼疾的人如中心性网络膜炎晚期、黄斑部病变结痂前期等，看东西会比实物大数倍。西周时期有没有人得这些病，我们不得而知，但也不能排除这种可能性。事实上，古人的视力究竟怎样，我们真的一无所知。在美洲丛林中有一个与外界接触较少的部落，他们竟然能用肉眼看见人造地球卫星！这是否说明，原始人类比现代人类的眼睛要好得多呢？

还有一个问题，这些微刻出来的甲骨文有什么作用呢？又是刻给谁看的呢？据专家研究，这几百片甲骨文所记载的内容多是周与商王朝的关系，商王的狩猎以及占卜之类。有人认为，这些内容之所以要微刻是因为关乎

"军事机密"。众所周知,商王朝是被周王朝取而代之的,在灭商之前周人必须进行一番长期而又秘密的准备工作。"这些工作除了发展势力,访贤任能,研究周与商的关系,对商王行踪进行侦察也是必不可少的。"这种记录当然属于国家机密,必须严格保密,所以聪明的周人就想到了微刻的办法。

当然,微刻的办法可能是想出来的,也可能是偶然发现的。如果是想出来的,那说明微刻技术在当时就已经存在了,周王只需要任用一些微刻能手就行。但也许当时并没有什么微刻技术,只是那些专门负责占卜及观察天象等职责的巫史在长期思想高度集中的状况下视力得到了提高或者出现了眼疾,从而恰巧发生了看东西比实物大几倍的事情,于是微刻出这些甲骨文也就是自然的事情了。

在科技并不发达的古代,人们是怎么完成如此精细的工作的呢?至今尚无定论。

中国古代到底有没有指南车

有人认为黄帝是指南车的发明者。相传在4000多年前,黄帝同蚩尤在涿鹿大战,黄帝打了败仗,因为蚩尤能作大雾,使黄帝的队伍迷失了方向。因此黄帝组织人力,研究创造了指南车,于是,再和蚩尤作战就取得了胜利。还有一个传说是西周初,居住在偏远南部的越裳氏派使臣来朝贺周天子,周天子怕他们回去时迷路,就造了辆指南车送他们。

上述传说给人们带来一系列思考:真的有指南车吗?它是什么形状的?

有一个叫马钧的人,生活在三国时期,是一个著名的机械制造家,他能做许多奇特的机械。他改进了提花机,使它操作方便而且省时,还能织出复杂精美的图案;他还创造出了龙骨水车,这个水车结构精巧,运转省力,为灌溉提供了连续不断的水源;他甚至还改进发明了兵器,据说,马钧改进了当时诸葛亮使用的一种"连弩",让它在连续射箭的基础上再提高五倍的效率。他试制成一种很厉害的攻城武器,叫"轮转式发石机",能连续发射砖石,射程几百步;他还创造了"变幻百端"的"水转百戏"。这是一组木偶,利用机械传动装置,机关一开,各个木偶能够各自做着不同的动作,像是一台戏,机关一停,便马上停止运转。由此可见,马钧有杰出的机械设计才能并且发挥得淋漓尽致。

后来马钧在魏明帝的支持下,根据传说潜心研究指南车的造法。不久,马钧真的造出来一辆机械的、能指定方向的车子。他把齿轮传动机装在车上,车走起来,车上木人会自动指示方向。这种车子不同于利用磁铁造的指南针。

现在已看不到马钧造指南车的具体方法了,而且当时人们也没有使用指南车,只是作为陈设而束之高阁。西晋末,这辆指南车就下落不明了。留给后人的只是一个千古之谜。

后秦时,皇帝姚兴又让令狐生造了一辆指南车。可惜那辆指南车在后秦灭亡时,作为战利品被运到了建康。由于年久失修,机件散落,指南功能也就丧失了。

60年后的齐王萧道成忽然想起这个奇宝来,他让当时著名学者祖冲之再研制一辆指南车,祖冲之便闭门钻研。同时代的索驭驎由于不服气也造了一辆。又过了几百年,北宋中期的燕肃和吴德仁都制造过式样不同的指南车。

指南车制造困难,比较笨重,实用价值不高。但古时人们对指南车的不断探索与研究,反映了我国古代人民辛勤劳动和不断创新的精神。正是由于几代人不断地辛勤研究,不断地改进和提高,才有我们今天指南针的问世。

中国酿酒的始祖是谁

我国的酒文化十分悠远。早在原始社会末期,我国便发明和生产了酒。

那是远古人在劳动中发现了发酵的果类和谷物带有一种味道甘美的浆液，可以取而饮之，他们将这种味道称为酒味。从此，我们的祖先通过不断的实践认识了果类和谷物是怎样被发酵而变得甜美的，最终摸索出了酿酒的技术，制作了各种成酒。1987年底，在龙山文化遗址中就发现了各种陶制的酒器。一种密封保存完整的商代古酒在河南省被发掘，这酒距今已有3000多年的历史了，据专家测定，这种具有浓郁香气的酒是专用于祭祀祖先的，说明当时已有种类繁多的酒，酒也已成为专卖商品，难怪《诗经·商颂》里就有"既载清酤"的描写。商代出土的象形字中就有"酒"字，说明酒在商代已有很大的发展。有的学者认为是在商以前的2000～3000年前才开始发明酒的。因此，不管按哪种说法，出生在周朝的杜康，只能是个酿酒者或酿酒技术革新者，而并不是发明酒的始祖。即便是夏朝人仪狄（传说大禹曾饮过他酿造的酒），也不是酒的始祖。还有学者认为酒的起始是在距今7000年前的磁山文化时期，那时生产力发展了，粮食和果品逐渐有了剩余，人们就把它们储蓄起来，在存放过程中自然发酵而成为酒。先人们根据这个原理，再反复实践，才有了人工酿酒。

杜康生活的周代，出现了酒曲，这在酿造史上无疑是个飞跃，这也是世界化学史上的伟大创举。1974年曾在河北省平山县战国时期的中山王墓内，发现过两种曲酿酒，一开启密封完好的酒壶盖，一时间酒香四溢，据说这就是闻名遐迩的"杜康"，意即好酒。此外"杜康"还应理解成品种名称。曹操说的"惟有杜康"，也是泛指好酒之意。《说文解字》上却说酒为"吉凶所造"，这里的吉凶不是说吉凶这个人造酒，而是说酒造吉凶。夏禹就曾主张禁酒，并预言"后世必有以酒之其国者"。果然，历代帝王中有许多嗜酒如命，甚至因酒精中毒而死去。商纣王也是过着"以酒为池"的荒淫生活，最后导致国破自焚。周代吸取了教训，颁发了禁酒令，因而酿酒集中在作坊中，开始专行专卖，而不是像以前分散在每家，每户均可自行酿酒，而酿酒技术也从家庭女主人的手中走向专业化，从而杜康之类的名师才得以崛起。我国古代典籍《周礼》也对酿酒过程中各个阶段作了详细区分，说明其产物名称，这体现了我国酿酒技术逐步走向专业化。

中国古代针灸之谜

　　传说中的神医扁鹊能用针灸治病，千百年来人们对此广有探究。神秘的针灸医术起源于何时呢？这儿有一个传说：远古时一位打猎的人鼻子上中了一箭，这一刺却治好了猎人长久未愈的头痛病。这个传说看似神奇，但并非毫无道理，这种医术的起源似乎可追溯到石器时代，因为在不同地方的石器时代遗址中，均出土了大量用来戳皮肤的石制尖锐工具。

　　针灸学在秦汉时期得到了充分的发展。1993年春，在四川省绵阳市永兴镇双包山发掘的二号西汉木椁大墓后室中，出土了一件涂有黑色重漆的小型木质人形，上面有一些针灸的经脉直行路径，但没有文字和经穴位置的标记，只用红色的漆线来表示这些路径，在木色烘托下格外清晰分明。这是迄今为止在世界上所发现最早的标有经脉流注的木质人体模型。后来在长沙马王堆三号墓出土了帛书《经脉》。书中论述了人体内十一经脉的循行、主病和灸法的古灸经。这也是有关医学理论基础的经脉学的古文献。另外，中国古代医学还有一部宝典是《黄帝内经》，它是春秋战国及西汉时期，不少古代医学家的宝贵经验总结，积累了各时代的医学成就。其中介绍九种不同的针，按用途来分，九针可分大针、长针、毫针、圆针、锋针等类型。各针有3厘米到24厘米长短不等。书中编有医治各种病痛和疾病方式的365个穴道，并为之一一命名。书中指出金针虽然价格昂贵，但因其有刺激身体的功能，所以医治某些疾病格外有效。而银针则有显著的镇静作用。河北汉代中山王刘胜墓出土有4根金针、5根银针，能识别的有金质毫针、锋针和银质圆针，而有的却残破不能识别针型。

　　虽然由皇帝创意实行了各种《黄帝内经》中的医疗方法，但中国历代还有许多帝王对生理学，特别是对神经系统，有浓厚的兴趣。例如，据称公元1世纪，王莽在医生和御屠协助下曾切开一名敌对者的尸体，用竹签来研究人体神经系统。无独有偶，1000年后，宋徽宗雇了一个画家，画出经肢解的一名罪犯的人体器官。在徽宗之前，宋仁宗叫工匠打造了一个铜人，铜人身上显示出人体的整个神经系统。这个铜人还用来作医官院学针灸的学生学习和考试的指导实物。据记载，凡针灸科学生考试，须先在铜人体外涂蜡，把水灌到体内，要求被考查者按向指定的穴位进针，下针准确，则蜡破水出，否则就没水出来，这成为检验学生的好手段。宋仁宗有一次因病昏迷，御医束手无策，最后只好找到一位民间医生来进行针灸。这个医生用针刺进了仁宗脑后一个不知名的穴位，刚一出针，宋仁宗就苏醒过来，睁开双眼，连声称赞："好惺惺！"夸赞医术高明，"惺惺"在当时就是高明的意思，"惺惺穴"这个名字便由此而来。在古书中，类似这种创新的例子很多。治疗全身麻痹、妇人难产、小儿脐风、腹痛、心口痛、头痛、风湿、五官科等病甚至是起死回生，针灸均能做到。

针灸医术的发明，是我国古代人民对世界医学的贡献，但它究竟为何有这么多功效还须进一步研究。

传国玉玺流落何方

玺是中国古代封建帝王的宝印。而传国玉玺在所有的宝玺当中无疑是最为宝贵的，有关它的传说几千年来也无不充满了神秘的色彩。这枚玉玺之所以称为"传国玺"，与历史上赫赫有名的秦始皇有关。

自卞和发现和氏璧后，它一直是楚国王室的重器，后来楚王将它赏赐给了大臣。之后，和氏璧下落不明。后来，和氏璧流传到了赵国。这块和氏璧在赵国时还引出了一场著名的历史剧并留下了一个成语"完璧归赵"。后来秦灭赵国，和氏璧最终还是落到了秦王手里。秦始皇把和氏璧定为传国玺，令丞相李斯在玉上刻"受命于天，既寿永昌"，希望代代相传，没想到在秦二世手里就亡了国。刘邦进咸阳后，子婴"上始皇玺"，刘邦称帝"服之，代代相受"，又把"秦传国玺"御定为"汉传国玺"。到了西汉末年，外戚王莽篡位。当时的皇帝刘婴才两岁，传国玺由汉孝元太后代管。传国玉玺再一次失踪是在东汉末期。那时政局动乱，汉少帝连夜出逃把传国玉玺落在宫中，等他回来时，传国玉玺已经不见了。不久，长沙太守孙坚征讨董卓时，在洛阳城南甄官井中找到了这枚传国玉玺。

从这以后一直到唐代，随着政局的动荡和少数民族的南下，传国玉玺不断易主。唐高祖李渊得到传国玉玺后，把"玺"改称为"宝"。传国玉玺最终在历史上失踪是在五代。从宋太祖时，就再也没有人见到过这块刻有"受命于天，既寿永昌"的传国玉玺。

不过，有关发现传国玉玺的记载却不绝于书。如北宋绍圣三年（1096），咸阳段义在河南乡挖地基盖房时，竟挖出一"背螭纽五盘"的玉印。经十多名翰林学士鉴定，为"真秦制传国玺"。清朝初期，据说宫中藏有一枚刻着"受命于天，既寿永昌"的玉玺。可是，这枚被当时人称为传国玺的玉玺却遭到乾隆皇帝的冷落。皇帝都认为是假的，看来这枚所谓的传国玉玺也是伪造出来的，并不是真正的国宝。

那么，真正的传国玺流落何方呢？直到现在也没有发掘出来。

泰山无字碑是何人所立

在山东泰山玉皇顶玉皇庙门前有一块石碑。石碑高约6米，宽约1.2米，厚约0.9米。碑顶上覆盖有一黄白色的石块，碑面上没有任何文字。就是这样一块形制古朴的石碑，千百年来却一直受到人们的争议。

围绕这块石碑，人们争论的焦点是究竟是何人立下了这块石碑。《史记·秦始皇本纪》记载："上邹峄山，立石，与鲁诸儒生议，刻石颂秦德。议封禅望祭山川之事。乃遂上泰山，立石封祠。"从以上文字记载可以看出秦始皇确实曾在山东泰山立下过一块石碑。所以明清两代就有不少人附会这块石碑为秦始皇所立。那么，泰山的这块无字碑真是秦始皇所立吗？细细研究我们可以发现此说漏洞百出。首先，《史记·秦始皇本纪》

中说秦始皇在泰山立的是一块有字的碑，而绝不是我们现在看到的没有任何文字的碑。也许有人会说这块碑原来是有文字的，只是由于历经千年的风吹雨打，字被剥蚀殆尽而已。但是，现在看来，现存的无字碑并没有人们想象中的风化得那样严重。而且，这块石碑在宋代时已经被称为无字碑，秦二世所立的石碑在宋代都还能辨识出146个字，如果无字碑当真为秦始皇所立，那么到宋代剥蚀得一字不存是无论如何也说不过去的。

看来，泰山无字碑确实并非为秦始皇所立。那么会是谁呢？有人又提出了另一种推测，认为是西汉武帝所立。元封二年，即公元前109年，汉武帝登上泰山，"泰山之草木叶未生，乃令人上石立之泰山颠。上遂东巡海上，四月还至奉高，上泰山封"。汉武帝在泰山顶上立过碑是事实。同时，史书上也只说"立石之泰山颠"而没有明确说过曾经在碑上刻写过文字，这与现在的无字碑刚好吻合。所以很有可能，泰山的这块无字碑说是汉武帝立的。明末清初的学者顾炎武也认为无字碑就是汉武帝立的。不过，为什么汉武帝不在石碑上刻字高歌他的文治武功呢？原来，据史料记载，有这样一个规矩，即不是开国皇帝，就没有资格在泰山刻石纪号。像汉武帝般雄才大略的人会甘心就此留下一生的遗憾吗？

到目前为止，大多数学者倾向于泰山石碑为西汉武帝所立，虽然仍有一些谜团尚未解开。要使这个千古谜团大白于天下，还有待后人的进一步探索。

马王堆古尸为何千年不腐

1972年，在湖南马王堆古墓中出土了一具女尸，就是这具女尸震惊了世界，为什么呢？原来，尽管历经2000多年，但这具女尸外形完整，面色鲜活，发色如真。解剖后，其内脏器官完整无损，血管结构清楚，骨质组织完好，甚至腹内一些食物仍存。为什么这具古尸历经千年不腐呢？

一般来说，古墓中的尸体留至今天，只会出现两种结果：一是腐烂。因为在有空气、水分和细菌的环境里，大量的有机物质会很快腐烂，棺木也会腐朽，最后尸体也难免烂掉。二是形成干尸。这需要极为特殊的气候条件，在特别干燥或没有空气的地方，细菌微生物难以生存，这样，尸体会迅速脱水，成为"干尸"。

马王堆的女尸为何成为"湿尸"而不腐烂呢？其原因是：

第一，尸体的防腐处理完善。经化学鉴定，它的棺液沉淀物中含有大量的乙醇、硫化汞和乙酸等物。证明女尸是经过了汞处理和其他浸泡处理的，硫化汞对于尸体防腐的作用很大。

第二，墓室深。整个墓室建筑在地底16米以下的地方。上面还有高20多米，底径50～60米的大封土堆。既不透气也不透水，更不透光。这就基本隔绝了地表的物理的和化学的影响。

第三，封闭严。墓室的周壁均用可塑性大、黏性强、密封性好的白膏泥筑成。泥层厚约1米左右。厚为半米的木炭层衬在白膏泥的内面，共1万多斤。墓室筑成后，墓坑再用五花土夯实。这样，地面的大气就与整个墓室完全隔绝了，并能保持18℃左右的相对恒温，光的照射被隔绝，地下水也不能流入墓室。

第四，隔绝了空气。由于密封好，墓室中已接近了真空，具备了缺氧的条件。在这种条件下，厌氧菌开始繁殖。存放在椁室中的丝麻织物、乐器、漆器、木俑、竹简等有机物和陪葬的大量的食物、植物种子、中草药材等，产生了可燃的沼气。从而加大了墓室内的压强。沼气能杀菌。细菌在高压下也无法生存。

第五，棺椁中存有具有防腐和保存尸体的作用的棺液。据查，椁外的液体约深40厘米，棺内的液体约深20厘米。但它们都不是人造的防腐液，而是由白膏泥、木炭、木料中的少量水分和水蒸气凝聚而成的。而内棺中的液体是女尸身体内的液体化成的"尸解水"。这种自然形成的棺液防止了尸体腐败，并使得尸体的软组织保持了弹性，肤色如初，栩栩如生。

在重见天日之时，尸体随同所有出土的文物，散发着奇异的光芒，让人惊叹于造化的神奇。

"金缕玉衣"真的能让尸体不朽吗

古代皇帝莫不希望长生不老、灵魂不灭，寻找长生不老药、喝甘露、炼丹丸等等是他们一生中的大事。为了长生，他们想尽了一切可能的方法，这种求生的欲望也寄托在死后的裹尸衣上，这就出现了汉代特有的玉衣。玉衣是什么样的？它是如何制成的？它真可以使寒尸不腐？种种谜团被考古工作者解开了。

据载，玉衣是汉代皇帝、诸侯王和高等贵族死后特制的一种殓服，史书中称"玉匣"或"玉柙"，但它的形状究竟是什么样的，汉代以后就没有人知晓了。考古工作者在1968年河北省满城县（今保定市满城区）的一座小山丘上，发现了西汉中山靖王刘胜和他的妻子窦绾的墓。许多小玉片分散在刘胜和窦绾棺内的尸体位置上，经过考古工作者的精心修整和研究，终于复原出两套完整的玉衣，使我们得以亲眼目睹史书中记载的玉衣的样子，这个谜团随之被解开了。

这两套玉衣制作很精细，它们的外观和人体的形状一样，分为头部、上衣、裤筒、手套和鞋五大部分，各部分都由许多三角形、长方形、梯形、圆形等图形的玉片组成，玉片上有许多小的钻孔，玉片之间用编缀着纤细的金丝，所以又称为"金缕玉衣"。刘胜穿的玉衣形体肥大，头部的脸盖上刻画出眼、鼻和嘴的形状，腹部和臀部突鼓，裤筒制成腿部的样子，颇似人体。可能是出于对女性形体造型的避讳，窦绾的玉衣比较短小，没有做出腰部和臀部的形状，刘胜玉衣全长1.88米，由2498片玉片组成，用于编缀的金丝约重1100克。

汉代人喜欢用玉衣做殓服与当时人们的迷信思想想必有关联。在汉代，人们深信玉能使尸体不朽，玉塞九窍，可以使人气长存。九窍指的就是两眼、两鼻孔、两耳孔、嘴、生殖器和肛门，一共九个孔。出土的玉衣经常就搭配有用玉做成的眼盖、鼻塞、耳塞、口含、罩生殖器的小盒和肛门塞。其中最讲究的是要用玉蝉含口,因为古人认为蝉是一种代表清高而且品格修养好的昆虫,它只饮露水而不吃东西。人死后,其灵魂离开尸体,正如蝉从壳中蜕变出来时一样,所以古人可能就是借"以蝉为含"的寓意。还有的学者持偏向于生物学的解释,他们认为汉人用玉蝉作口含,是受这种昆虫循环生活的启发,从蝉蜕转生而领悟再生,因此给死者含蝉比喻这只是暂时的死亡,而生命可以获得再生。

在2000多年前的西汉时代是如何制作出来如此精美的玉衣的?让我们现代人确实琢磨不透。玉衣制作所用的玉料要经过开料、锯片、磨光及钻孔等多道工序,每一片玉的大小和形状都必须经过精心的设计和细致的加工,制作过程是很复杂的。据科学测定,玉片上有些锯缝仅0.3毫米,钻孔直径仅1毫米,它的工艺繁杂与精密程度实在令人惊叹。整个玉衣制作过程所花费的人力和物力当然也十分昂贵,据推算,汉代一名玉工制作一件玉衣需要花费十余年的工夫。

汉代皇帝可谓费尽心机,用玉衣作为殓服。但其结果适得其反,由于金缕玉衣价格昂贵,往往好多人去盗墓,以致汉代帝陵都被挖掘一空。盗掘者取出金缕玉衣加以焚烧,汉代帝王的尸骨也一并化为灰烬。因此,公元222年,魏文帝曹丕下令禁止使用玉衣,从此历史上就没有玉衣了。有幸躲过被盗命运的那些诸侯墓葬,尸骨早已化为一抔泥土,但他们所留下的精美绝伦的玉衣,让我们不得不惊叹2000多年以前工匠们的高超技艺。

诸葛亮制造木牛、流马之谜

《三国志·诸葛亮传》记载:"(建兴)九年(231),亮复出祁山,以木牛运,粮尽退军……十二年春,亮率大众由斜谷出,以流马运。"文章描绘得那么奇妙,可说明诸葛亮以木牛、流马运粮是真实的事情。

诸葛亮到底用过木牛、流马没有,确实是一个谜,而且《诸葛亮集》中尽管对木牛、流马作了描绘，但由于没有任何实物与图形存留后世，多年来，人们对木牛、流马到底是什么东西作出了种种揣测。

一种说法为木牛、流马是诸葛亮改进的普通独轮推车。此说源于《宋史》《后山丛谈》《稗史类编》等史籍，它们认为汉代称木制独轮小车为鹿车，诸葛亮加以改进后称为木牛、流马，北宋才出现独轮车之称。

一种意见认为，木牛、流马是四轮车和独轮车，但是哪种为四轮，哪种为独轮，各人有不同的见解。宋代高承《事物继原》卷八说："木牛即今小车之有前辕者，流马即今独推者是也，而民间谓之江洲车子。"今世学者范文澜认为，木牛实际上是一种人力独轮车，有一脚四足，就是在车旁前后装四条木柱；流马是改良的木牛，前后四脚，也就是人力四轮车。

一种意见认为，木牛、流马是新颖的自动机械。《南齐书·祖冲之传》说："以诸葛亮有木牛、流马，仍造一器，不因风水、施机自运，不劳人力。"这是指祖冲之在木牛、流马的基础上造出更新颖的自动机械。

木牛和流马到底是一种东西还是两种东西，后世对此发起了广泛的争辩。如谭良啸认为，木牛和流马是一回事，是一种新的木头做的人力四轮车；王开则说木牛与流马是两种东西，前者是人力独轮车，后者是经改良的四轮车；王瑀认为两者同属一物，并且还做出了一种模型，既具备牛的外形，又具备马的姿势。陈从周等勘察了川北广元一带现存古栈道的遗迹：畜在前面拉，后面有人推，流马与木牛差不多，但没有前辕，不用人拉，反靠推为行进，外形像马。

令人遗憾的是当年诸葛亮没有留下木牛、流马的详细制作图解，导致后人苦苦思索，上下探求，仍是难以明白究竟。

黄鹤楼的名称因何而来

"昔人已乘黄鹤去，此地空余黄鹤楼。黄鹤一去不复返，白云千载空悠悠。晴川历历汉阳树，芳草萋萋鹦鹉洲。日暮乡关何处是，烟波江上使人愁。"这首诗你一定不会感到陌生，它是唐代大诗人崔颢游黄鹤楼后所作。后来，诗仙李白也登上了黄鹤楼，他放眼楚天，胸襟开阔，诗兴大发，正要提笔抒发豪情时，却看到了崔颢的诗，自愧不如只好说："眼前有景道不得，崔颢题诗在上头"。崔颢题诗、李白搁笔，黄鹤楼从此名气大盛。

黄鹤楼虽建于三国，但屡遭破坏，各个朝代也不断修复，然而还是屡建屡坏，最后一座黄鹤楼初建于清同治七年（1868），毁坏于光绪十年（1884），此后在近一百年之内未曾重修。

中华人民共和国成立后，1981年10月，黄鹤楼的重修工程破土开工，于1985年6月落成，闻名遐迩的黄鹤楼再一次出现在人们的眼前。新修的黄鹤楼以清朝的同治楼为蓝本，但是在此基础上更加高大雄伟，飞檐5层，攒尖楼顶，金色琉璃瓦屋面。楼外还铸有铜制的黄鹤造型、胜像宝塔、牌坊、轩廊、亭阁等一批辅助建筑，将主楼烘托得更加壮丽。

黄鹤楼的名称究竟因何而来，还是个谜，没有定论。关于黄鹤楼名称的来历，有很多神话传说。最多是从崔颢的"昔人已乘黄鹤去"中的"昔人"一词化来。这个"昔人"就是所谓的黄鹤仙人。但是这个黄鹤仙人又是谁呢？有三种说法。一种是说仙人子安曾经乘黄鹤在此处经过，黄鹤楼因此而得名，另有一种是蜀国人费祎成仙后，曾骑着黄鹤在此休息，此楼由此称为黄鹤楼。还有一种说法是荀叔伟曾见仙人下降，并在这里摆宴设饮而得名。但是，这几个故事都没有交代黄鹤楼因何而建，由谁而建。倒是另一则"辛氏酒楼"的传说交代得最为完整。

古时候，有个姓辛的妇人在山头卖酒。一位道士经常路过此处，饮酒但却分文不给，辛氏也不予计较。在一次饮酒之后，道士为了感谢辛氏的千杯之恩，就在墙壁上画了一只仙鹤，并对辛氏说：以后客人一到，你就拍手引仙鹤下壁，它就会翩翩起舞，为客人祝酒。一说完，道士就不见了。后来，道士的话果然灵验，这个小酒铺一时宾客盈门，辛氏也由此成了富翁。10年后，道士故地重游，临行时，吹奏铁笛。随着悠扬的笛声，白云、仙鹤飘然而至，道士跨上黄鹤直上云天。辛氏为纪念仙翁，筑地起楼，取名"黄鹤楼"。

这些神话传说，给黄鹤楼增加了很多浪漫色彩，但是黄鹤楼究竟名从何来，一些专家、学者还是有不同的看法。很多学者认为，黄鹤楼是以地方而命名的。黄鹤楼所在的地点叫做"黄鹄山""黄鹄矶"。有人考证，黄鹄山就是黄鹤山。唐代李吉甫在《元和郡县志》中说："江夏（今武汉）城西南角因矶名楼，为黄鹤楼"。

但还有人认为黄鹤楼是以人名命名的。《礼部诗话》一书载崔颢在诗中自注道："黄鹤乃人名也。"

还有人认为黄鹤楼的来历既不是人名，也不是地名，而是根据形状而命名的。从楼的纵向看，各层排檐看起来像展翅欲飞的黄鹤，所以才取名黄鹤楼。

自古以来，黄鹤楼名称的由来就是家家有说法，人人不相同，然而正是如此，黄鹤楼才有了这么多奇妙和神秘之处，引得无数人一睹它的风采，感念"白云千载空悠悠"的情怀和美丽。

小雁塔为何乍离乍合

西安小雁塔底层北门楣有明嘉靖三十年（1551）"王鹤刻石"的刻石题字，上面写道："荐福寺塔肇自唐，历宋元两代，明成化末长安地震，塔自顶至足中裂尺许，明澈如窗户，行人往往见之。正德末地再震，塔一夕如故，若有神合比之者。"这里记载了小雁塔的第一次自裂自合。原来小雁塔是由于一次地震裂开的，不过又在另一次地震中自己将裂缝合上了，真是奇怪至极。

清初名学者贾汉复、王士祯等人记述了小雁塔的另一次裂合："荐福寺塔……十五级，嘉靖乙卯（1555）地震裂为二，癸亥（1563）地震复合无痕，亦一奇也。"这第二次的裂开，距王鹤刻字所记不到五年，经过了8年又第二次自然复合起来了。

清道光十八年（1838），钱泳在其著作《履园丛话》中又有这样的记载："西安府南十里有雁塔，嘉靖乙卯地震，塔裂为二，癸亥复震，塔合无痕。康熙辛未（1691）塔又裂，辛丑复合，不知其理。"后面记载的是前一次砖塔复合128年后小雁塔又一次裂开，再经30年后自然复合的第三次裂合事实。一个砖塔经过6次地震不倒塌，反而自然复合起来，确是一件令人难解的奇事。

小雁塔第四次裂开虽无具体时间记载，但是这是中华人民共和国成立后许多人共睹的事实，自顶至足有1尺多宽的裂口，后经西安市人民政府进行加固和整修，才恢复了原来的面貌。

小雁塔的自裂自合共有3次，这到底是怎样形成的呢？近年来有人推测：小雁塔的离合和西安地区地面裂缝的发展和消亡的机理是一样的，是地壳运动在不同物体上的不同表现，是一种"同质异相"，即地裂、塔裂，地合、塔合。一般裂开时要快速猛烈一些，容易被人们注意到。而合拢起来时则要缓慢得多，地壳在均衡的调整应力的作用下，会自动地缓缓合拢。由于合拢的速度小，所以一般不为人们注意到。

这种因地壳运动引起小雁塔的离合之说，还不能完全令人信服。因为除了小雁塔之外，西安地区在小雁塔发生离合的3次地震中，并没有其他自动离合的例子出现，为什么独独小雁塔会四离三合呢？也许当科学更发达的时候，小雁塔离合之谜就会被揭开了。

轮船是中国人发明的吗

在当代，轮船在人们的日常生活中发挥着重要的作用，追溯其历史，我们会发现，轮船的发明与中国人有着很大的关系。

最早的船称为车船，车船又称作车轮舟，其前身是南朝的祖冲之制成的千里船。这种船不受流向、风向的限制，内部没有机关，可以自己运行，日行50多里。千里船的推动工具在史书上没有明确记述，有的学者根据当时机械学的发展情况分析，它可能是由人力踏动木叶轮而前进。但从此以后，史书上再也没有出现车轮舟的记载，可见千里船在后来并没有被广泛应用。

唐朝德宗时，江南道节度使洪州刺史李皋设计制造了一种新型战舰，史书上关于车船最早的明确记载里写道：这种战舰两侧分别装置一个轮桨，士兵用脚踩踏，带动轮桨转动，使舰前进，能取得与挂帆船一样的速度。

宋朝时车船才得到实际应用和发展。北宋李纲根据李皋的遗制，造战舰数十艘，上下三层，装置车轮，用脚踩踏前进。车船作为水军的新型战舰列入编制的时代是南宋。公元1131年，鼎州（今湖南常德）知州程昌寓命令南宋造船厂工匠高宣打造了8艘车船来镇压杨幺起义。这种车船用人力踏车行驶，船旁设置车板，速度很快，却不见船桨，被人们叹为神奇。交战中，俘获了造船工匠高宣并夺了车船8艘。高宣又在起义军中对车船进行了改造。他在两个月内为杨幺的起义军建造了大小船十多种、数百只，其中"和州载"号有24个轮子，"大德山"号有32个轮子，其上层还有三层建筑，高达10丈以上，可以载1000名士兵，前、后、左、右都装有拍竿。这种车船在和南宋战舰交锋中以轮击水，行驶如飞，官军的船只迎上去就被拍竿击碎，起义军在几百只官船中如入无人之境，擂鼓呐喊，踏车回旋，横冲乱撞，官军闻风丧胆。从此，杨幺的起义军声威大震。由此可见，车船在杨幺起义军的作战中发挥了相当大的威力。

1179年，在江西出现了一种被当地人称为马船的新的车船，船上装有女墙、轮桨，可以拆卸。平时可以作为渡船运送物资，战时可以改装成战船用来作战。1183年，陈镗建造了多达90轮的车船，从而使其航行速度更快。但是车船作为民间船只，一直没有发展起来。虽然如同许多专家说的那样，车船的发明给当今轮船的发展奠定了基础，也显示了中国古代人民的创造才能，但它只能算作轮船的始祖，因为外国人发明轮船不是受中国古代车船的启发的，二者的动力来源本身就不一样，一个是依靠人力，一个是依靠蒸汽动力。

明代古海船有多大

明代开国几十年后，中国广州等沿海的大都市发展得十分繁荣。在经济获得良好的发展之后，发展海外交通和海外贸易已经是十分迫切的事。明成祖也想利用对外活动，展示自己的实力，并建立自己的声望。因此，远航活动就势在必行了。要航海就要有能经受大风大浪的海船，明代能造出巨型海船吗？答案是肯定的，因为郑和七次下西洋都使用了巨型海船，并顺利出访远在地球另一边的国家。

不过据史书描述，郑和用的船却不是一般的大，而是惊人的大，明代真的能造出这样的船吗？

在郑和下西洋的船队中，有5种类型的船舶。第一种类型叫"宝船"。最大的宝船长44丈4尺，宽18丈，载重量800吨。这种船可容纳上千人，是当时世界上最大的船只。它体式巍然，巨无匹敌。它的铁舵，须要二三百人才能举动。第二种叫"马船"。马船长37丈，宽15丈。第三种叫"粮船"。它长28丈，宽12丈。第四种叫"坐船"，长24丈，宽9丈4尺。第五种叫"战船"，长18丈，宽6丈8尺。

人们从这些原始记载里了解宝船的概貌，可是疑问也就从此产生了。船到底有多大？这是难解之谜。有的研究者把马欢记述的宝船尺度换算成现代公制，因明代的1尺相当于今天的31厘米，故宝船竟长达138米、宽为56米，这种巨型的木帆船，其排水量估计在3万吨左右，比现代国产万吨货轮还要大得多！宝船规模如此之大，引起了国内外学者的浓厚兴趣，这样在研究中便产生了一个疑问：如此大的"宝船"在明代可能出现吗？

第一种观点，有人相信史籍中关于宝船尺度的记载，他们认为，从历史渊源、明代生产技术水平、中国以及世界造船能力来看，出现郑和宝船那样的奇迹，并不是不可能的。汉朝时，我们已经是世界上最强大的海洋大国。中国是有航海传统的国家，郑和下西洋，不是一个偶然，而是一个必然，它是在我们前面航海传统上的延续。

郑和下西洋也需要造那么大的船，一是装载官军及应用物资的需要；二是装载赏赐品和贸易物资的需要；三是"欲耀兵异域，示中国富强"的需要。由此可见，不单是远洋航行的需要，特别是明朝政治上的耀兵、经济上示富的需要，促使郑和下西洋建造起这么大的船舶来。

郑和宝船与当时的其他船舶和现代船舶相比较，是很宽的。宽的船体对航行速度不利，为什么用于远洋的郑和宝船却如此之宽呢？原来，当时船舶均由木材建造，作为远洋航行的船只，就需要随带大量的人员和食品以及应付各种需要的财物，也就是说需要大的载重量和众多的舱室，而要增大载重量和舱室，就需要增加船长和船宽。

第二种观点，认为《明史》没错，船的大小却不同。他们说《明史》记载宝船尺度是可信的，只是其使用的尺度不一样。其使用的度量尺度与明代通用的尺度不同，明代通用尺寸1尺相当于现在的31厘米，而量古船的尺度为更古老的"七寸"尺，这种尺在上古是通行的，相当于20多厘米。不过即使这样，古船也是大得惊人，充分说明我国造船业的先进。

第三种观点，认为不会有那么大的船。他们认为，如果按照《明史》对古船的描述，古船大到超越现代万吨巨轮的程度，这显然不可能，因此，只能是史籍中的记载发生了错误。真正的史书已经被毁，《明史》本身的真实性受到怀疑，而且古人也一直有夸大的传统。

他们引用了南京静海寺出土的郑和下西洋残碑，碑文里说郑和船队为2000料或1500料的海船，据此推算，这种船只能是十几丈长宽而已。因此，郑和下西洋所乘宝船的尺寸，颇有可能是：长18丈，宽4.4丈，在明代有可能出现这样大小的船，但也不可能造得太多。

明代能否造出这么大的海船还有待考证，但我国当时的造船、航海技术是一流的，这一点却是不容怀疑的。

佛门舍利子是怎样形成的

苏州的虎丘塔内发现迦叶佛舍利,这在全世界还是第一次,弥足珍贵。据传,佛陀释迦牟尼逝世后,遗体经弟子阿难等人火化后,获得舍利子,据说分成三份,一份升天,一份入龙宫,一份留存人间。它在人间的那一份,由摩揭陀等8国均分,各建佛塔以永久纪念。目前在我国陕西扶风和北京尚珍藏佛指舍利和佛牙舍利。

但是舍利子是如何形成的?千余年来,这一直是佛学者和医学、生物界研究者的一个重要课题,迄今为止,产生了多种说法。

有一种说法认为:气功家在练气功过程中,在调神、调息和调身的气功三要素要求下,人的思维活动长期处在运气自如、恬淡虚无的绝对入静境界,最大限度地获取自然界的真如能量,达到天人合一,内外身心充分融洽,精气神相互转化,从而生发出大无外、小无内的混元(阴阳环抱的太极)现象,这样全身的精力和物质力量逐渐凝结聚集就出现舍利子。但这种说法似乎太过玄乎。从历史文献和气功实践来检验,不论是中国的儒释道各家气功还是印度的瑜伽术,都从未发现有人在练气功而在死后火化发现舍利子的现象,即使在道家的经典或史籍中也没有这类事实。也许神仙早已羽化而不必火化吧。所以,这种理论显然漏洞百出。

香港某报曾发表《佛门舍利子本是钙化结石》一文。该文认为"所谓舍利子,其实是人体内的结石,尤以肾结石和胆结石为多",文中还揭示了舍利子的形成原因:"因为僧人起居以坐为主要姿态,而吃进体内的又多是植物纤维,不易消化,加之长期取坐姿,体内纤维堆积过多,久而钙化成结石。"文中还举出了实证的例子:最近在香港圆寂的保贤法师,火化后发现八九十粒舍利子。但是仍然存在着一个疑点:保贤是否有结石病。

著名老中医董竟成在《法音》撰文,指出:有些以坐禅甚至通宵坐禅而不卧为修持的僧人，他们吃的也是素食，多是植物纤维，他们死后火化，却不一定发现舍利子，而不长期坐禅和没有长期素食的人也能出现舍利子。据资料记载，有些整天卧床吃素念佛的老妪死后火化也有出现黑色舍利的，这就证明了舍利子的形成与长期取坐姿和素食没有必然的联系。

佛教典籍对舍利子的产生的解释当然与上述几种不一样。据《元镏绩霏雪录》记载："舍利，按佛书室利罗，或设利罗，此云骨身，又曰灵骨。有三种色，白色骨舍利，黑色发舍利，赤色肉舍利。"又《金光明经舍身品》说："此之舍利，乃是无量戒定慧香之所熏馥。"佛家也就沿着这种说法而发挥。台湾圣严法师认为："肉食者死后火化也有舍利子，此与肉食与否无关，凡是修定或是凝心、慑心而达到修身目的的人，烧了会有舍利子。通常说要修持戒、定、慧三学的人，才有舍利子。但是舍利子本身是人体分泌物结晶，它有若干程度的神圣和神秘，为佛教徒所重视，但未必是佛教徒的大事，因为这还是属于界内色身的变化，终究不出无常的范围，这才是圣者所重视的。"

关于人死后火化出现舍利子的科学原理，目前还没有一个可靠的说法，还需要医学、生物学尤其是佛教界的相互配合与一同研究。这正如钱学森同志在论气功时所说的："这将是一场改造人类的革命，当然是不得了的事。"这项研究将对人类自己的生命起着重大的作用。

神秘墓葬

中国古代的墓葬文化含有浓厚的礼制内容，是研究当时经济、文化的重要依据，然而这些陵墓在地下沉睡数百年甚至几千年后，带给人们的，除了惊叹之外，更有无数的未知和疑团在其中：秦始皇陵墓中为何含有大量汞？曹操真的设有七十二疑冢吗？成吉思汗的陵寝为何在"马背"上？……

这一个个困绕着考古学家、历史学家的谜题，也磁石般吸引着我们的目光，随着科技的发展和研究的深入，许多谜团已经解开，欣喜之余，却发现还有更多的疑问等待我们去解答……

轩辕黄帝陵在何处

黄帝是我国原始社会末期一位伟大的部落联盟首领。黄帝姓公孙，因长于姬水，又姓姬。曾居于轩辕之丘（今河南省新郑市轩辕丘），取名轩辕。祖籍有熊氏，乃号有熊。又因崇尚土德，而土又呈黄色，故称黄帝。司马迁所著《史记》记载："生而神灵，弱而能言，幼而徇齐，长而敦敏，成而聪明"，15岁就被群民拥戴当上部落领袖，37岁成为中原部落联盟的首领。轩辕黄帝一生历经52战，降服炎帝，诛杀蚩尤，结束了远古战争。由于轩辕黄帝为中华民族创造了丰富灿烂的文化，后世都尊称轩辕黄帝为"文明之祖""人文初祖"。黄帝死后，人们选择了"桥山之巅"，将他深深埋进黄土里，希望"黄帝灵魂升天，精神永远常在"。这就是今天海内外中华儿女拜谒的中华第一陵——黄帝陵。

不管黄帝众多传说的真伪，但黄帝陵却自古以来就有，黄帝陵在哪里呢？

第一种说法是黄帝陵位于陕西北部今黄陵县境内的桥山之巅。据《史记·五帝本纪》载："黄帝崩，葬桥山。"自秦统一六国后，历朝历代每岁祭奠黄帝陵持续不断，因此黄陵县境内的黄帝陵有很多各代的遗迹。陵冢在桥山之巅。桥山有沮水环绕，群山环抱，古柏参天，有大路可通山顶直至陵前。山顶立一石碑，名为下马石，上有"文武百官到此下马"字样。古代凡祭陵者，均须在此下马，步行至陵前，陵前有一祭亭，亭中立一高大石碑，上有郭沫若题"黄帝陵"三个大字。祭亭后面又有一块石碑，上书"桥山龙驭"四字。黄帝陵冢在山顶平台的中央，陵冢高3.6米，周长48米。四周古柏成林，幽静深邃。历代政府对保护黄陵古柏都很重视，宋、元、明、清都有保护黄陵的指示或通令。据《黄陵县志》记载，桥山柏林约4平方千米，共6.3万余株。历朝历代政府为了表示尊祖，宣扬礼制,都会去祭祀黄帝,又因为此处陕西黄陵最早由秦始皇祭奠过,于是后来者都到此祭祀。不过很多人并不认同这就是黄陵所在地。

第二种说法是黄陵应在今河北省涿鹿县的桥山。

根据《魏土记》的记载:"下洛城东南四十里有桥山,山下有温泉,泉上有祭堂。雕檐华宇被于浦上。"《史记·五帝本纪》载:"黄帝与蚩尤战于涿鹿之野";北魏著名地理学家郦道元所著《水经注·谨水篇》载"黄帝与蚩尤战于涿鹿之野,留其民于涿鹿之阿",也有记载此处为"桥山"的介绍。涿鹿县的桥山,在今河北省涿鹿城东南20千米,它以山顶上天然形成的一座拱石桥而得名,海拔981米。在桥山附近的一道山梁上,还有一个巨大的四方石桌,传说是祭祀黄帝时在此摆设祭品的。石桌右侧有一峭壁,壁面平整,像一块巨大的石碑,上面布满与象形文字一样的图案。传说这是古人刻石记事而留下来的遗迹。我国古代有许多帝王到桥山举行祭祀活动。

第三种说法是黄帝陵在北京市平谷区。明《顺天府志》卷一上记载:"(北京)平谷区东北十五里,传为轩辕黄帝陵,有轩辕庙。"黄帝当时曾在北京附近河北涿鹿一带建都,死后又葬在这里。唐代陈子昂的诗说:"北登蓟丘望,求古轩辕台。应龙已不见,牧马空黄埃……"李白亦有"燕山雪花大如席,片片吹落轩辕台"的诗句。南宋爱国丞相文天祥诗曰:"我瞻涿鹿郡,古来战蚩尤,轩辕此立极,玉帛朝诸侯。"北京市文物研究所与平谷区文化文物局组织中国社科院、历史博物馆、北京历史研究所等单位的专家学者,到平谷区山东庄村实地考察这个村西的轩辕陵,并确认这座轩辕陵即是中华民族始祖黄帝之陵。不过认为这个陵和陕西桥山的黄陵一样,是黄帝的衣冠冢。

据说全国共有黄帝陵7处,甘肃、河南、山东、河北等地都有黄帝陵,哪一个是真的黄帝陵呢?轩辕黄帝陵到底在何处?这同黄帝的其他传说一样还没有答案。

曾国国君墓为何建在随国

随县地处湖北省中北部，居长江之北，汉水以东，是江汉平原与中原之间的丘陵带。厉山，传说中为炎帝神农的家乡，即位于随县，这里至今仍遗留下了许多神农氏活动的踪迹，如神农洞、炎帝神农碑等。殷商时，随县是王朝的南土，这在殷墟甲骨卜辞上有清楚的记载。在西周时代，随县成为周天子所封同姓诸侯的领地。

1977年，中国人民解放军某部为扩建营地，在距随县县城西北约3千米处名为擂鼓墩的丘陵地带实施修建工程。施工人员因红砂岩坚硬，阻碍施工，就用炸药把红砂岩炸得粉碎，然后用推土机推平，结果，发现了褐色的软土，再往下则推出了青灰色的石板。施工人员立即停止施工，迅速向上级作了汇报。

经多方支持，考古发掘工作于1978年5月上旬正式开始。首先是清理填土，接着是清理填土下的石板。石板向下是褐土与青灰泥相间的夯层，再往下是竹网、丝帛、篾席，木椁也随着发掘工作的深入展现在世人面前。在木椁四周与坑壁的空隙里，填有大量木炭。考古工作人员一铲铲地挖出木炭，共清理木炭31360千克，至此，墓室的椁板全部暴露出来。考古工作人员连续作战，至5月30日，淤泥清理工作基本完毕，发掘出的大批文物令世人为之一振。

曾国为楚国附庸国，公元前433年，楚惠王专门为曾国君主曾侯乙制造了礼乐器铜钟。

地下寝宫的墓坑方向正南，墓口东西长约21米，南北宽17米左右，总面积为220平方米。坑内置有木椁，高3米左右，分为北、中、东、西四室，且均为长方形。其中中室面积最大，长约9.75米，主要放置整架的宗庙编钟、编磬和其他多种乐器，并有大量的青铜礼器。编钟靠近西壁和中室南部，其他随葬品的摆放井然有序，这充分反映了墓主人饮酒作乐的生活场景。

东室长9米左右，为墓主的"寝宫"，放置着墓主的特大型双层套棺和8具陪葬棺，以及11具葬宠物的狗棺。墓中人骨经鉴定，墓主人为男性，45岁左右；陪葬的均为女性，年龄在13岁～25岁之间，尤以20岁左右居多。这些应是曾侯乙生前的妻妾嫔妃。各室中面积最小的是北室，南北长为4.25米，主要放置大量的兵器、车马器、皮甲胄，有2件高1.3米、重300千克的大铜缶用以盛酒，并有240多支竹简，简文记载的是用于葬仪的车马兵器，有自制的，也有赠送的。西室与中室并列，长8.65米，主要放置了13具均为女性的陪葬棺，除了极少一些玩具与服饰外，再无其他葬品。

6月底，发掘工作基本完成，出土文物共有7000件之多，如此众多的文物，令人叹为观止。其中乐器1.2万件，包括编钟64件；礼器、宴器140件；兵器最多，共4500件，由此可一窥当时楚国强大的武力。如此众多的随葬品充分说明了墓主人曾侯乙的地位。

曾侯乙墓出土的青铜器器种数量之多、器型之大、铸造之精、纹饰之美、保存之完整，在历代出土的青铜器群中独占鳌头。这批青铜器的材料主要为铜、锡、铅合金体，铜占80%左右。出土的这些青铜器体积较大，重量较重，有5件超过了100千克，另有两件大尊缶是迄今发现的东周时期最大最重的酒器。令人吃惊的是，铸镶法首次发现于曾侯乙墓的青铜器上。在出土的这些青铜器中有一件造型精巧、结构复杂的尊盘。尊是一种盛酒器，盘则是一种盛水器，出土时，尊盘浑然一体，寓变化于整齐之中，达到了玲珑剔透的艺术效果。

曾侯乙墓出土的数量众多的青铜礼器和乐器在当时引起了轰动。这些编钟及其他古乐器的出土，是中外音乐史上的一大奇观。乐器或由青铜构件和木石构件混合组成，或由木竹制成，共125件（套）。其中的编钟，是目前中国出土乐器中规模最大、质量最佳、完整性最好、音律协奏性最高的顶尖精品。

曾侯乙墓共出土了5012件漆器，使用漆器的范围远远超过中原。曾侯乙墓出土的漆器彩绘和雕刻以鸟兽形纹、几何纹和龙形图案为主,大多是木制用品。这些用品包括衣箱、食盒、餐具、梳妆用品等,其中以5件衣箱和一件鸳鸯形盒的彩绘最为出色。春秋战国时期金银器极少,曾侯乙墓出土的那件金制酒器:方唇直口,浅腹平底矮足,双环耳,名"盏",是迄今出土的先秦金器中最大最重的一件,约2150克。

考古人员从墓主人尸骨周围清理出500多件玉饰品。曾侯乙墓出土的玉缨是一件16节的龙凤玉挂。整件玉挂集透、平、阴雕等玉雕技艺于一身,共刻有大大小小的37条龙、7只凤及10条蛇,皆栩栩如生,玲珑剔透,实为古代玉雕之精品。

曾侯乙墓的发掘,带给了人们一个个谜团,如战国时期的曾国在我国古代历史上只是一个名不见经传的小国,为什么这个小国的国君墓能具有如此规模呢?如在周代,礼器的使用权是泾渭分明的,其使用具有严格的限制,不同等级的人只能使用与自己身份和地位相符的礼器。曾侯的级别算是很低的,按当时规矩只能用"七鼎",而曾侯乙墓出土的礼器却完全不管这些,规格极高,几乎达到天子的规格了。

除礼器外,曾侯乙墓出土的乐器也同样规格极高,这使不少学者怀疑墓主曾经是周天子执掌礼乐的"大乐",只是目前为止还没发现充分证据可以支撑这种观点,更何况如果曾侯乙真是周的"大乐",为何史书典籍中没有他的一点记载?不过,大多数学者不认同这种观点,他们认为这种现象不足为奇,因为众所周知,春秋战国时期正是"礼崩乐坏"的时代,周天子的地位已江河日下,越位现象的事情也屡见不鲜。

除了这个问题有争议以外,人们争论得最激烈的还是这个墓为何会在随县出现。因为,曾侯乙是曾国国君,而湖北省随县在当时则属于随国,堂堂一国之君,怎么会在别国建自己的墓地呢?有学者认为,战国时代的随国其实就是曾国。确实,这种一国两名的现象在我国古代并不鲜见。如魏又称为梁、晋又称为唐、韩又称为郑等等。石泉先生的《古代曾国——随国地望初探》就详细论述了这一观点。他指出:"随国和曾国都是姬姓国,都是西周分封于江汉的诸姬姓国之一。就两国的地望来看,也是一致的。从宋代出土的曾国青铜器,到曾侯乙墓,都分布在随枣走廊一带,而且都是从南阳盆地迁入随枣走廊的。"这个说法,也是有一定说服力的。

但是也有的学者不同意此种观点,他们认为,在西周时期,曾就已经与随并存了,这在文献中是有明确记载的,说随国就是曾国显然是不合理的。

究竟哪种说法接近事实呢?看来,只有躺在墓葬里的曾侯乙最清楚!

中山王墓为何有众多的鲜虞族珍宝

公元前770年,周平王迁都洛邑(今河南洛阳),中国历史进入东周时期。东周分春秋和战国两个历史时期。春秋时全国共有100多国,经过不断兼并,到战国初年,只剩下十几国,大国有秦、楚、韩、赵、魏、齐、燕7国,即有名的"战国七雄"。除七雄外,并存的越、宋、卫、中山、鲁、费等小国后来也都被7国所吞并。

中山国是春秋战国时期北方少数民族鲜虞族建立的方国,位于河北省中部,因城中有山而得名。1978年以来对中山王墓的发掘和对中山国都城灵寿城的勘探,揭开了中山国千古之谜。最令人叹为观止的是出土的文物诡异奇巧,是北方少数民族特色文化与中原文化融合的结晶,多为稀世珍宝,在世界各地展出时不断引起轰动。

1974年,考古学者在平山县三汲乡的南七汲村发掘了1号、3号、4号、5号和6号等战国时期的墓葬以及无数的车马坑和陪葬墓,发现了战国时期中山国的都城灵寿古城,而离城西2千米处的1号墓就是中山国王后的陵墓,结果发现挖掘的出土文物都具有北方民族的文化风格。

1号墓和2号墓都有高大的封土台,其中1号墓保存较好,封土台南北长110米,东西宽92米,高15米,成三级台阶状。台上有带回廊和厅堂的三层建筑。两座墓都有陪葬墓和车马坑。王陵的墓室结构基本相同,平面为长方形，中间为方形椁室，南北为两条墓道。其中1号墓的椁室用厚约2米的石块砌成，椁室内约有4层套棺。两个墓出土的随葬器数量惊人，总数达到1900多件，其中包括青铜礼器、乐器、生活用器、雕塑，以及玉石器、漆器、陶器等。

春秋战国时期，大量错金银器的出现，成为这一时期工艺水平高度发展的一个标志。北方少数民族地区出土的大量金银器工艺所体现出的水平，令人瞠目结舌。

墓中出土的许多文物堪称艺术珍宝，比如错金银镶嵌龙凤形铜方案，错金银的青铜动物形器座，错银双翼青铜神兽以及牛、犀牛、虎噬猪等形象，形如大树的十五连盏铜灯和银首人俑铜灯等，这些器物的形制特点都是战国前期所没有的。尤其是翼龙、水牛座、犀牛座以及龙凤方案座等青铜镶嵌工艺品，其镶嵌的技巧和图案，与战国前期颇不相同，技艺精湛、造型生动、组合巧思，为其他镶嵌器物难以比拟。

如错金银镶嵌龙凤铜方案，周身饰错金银花纹，下部有两牡两牝四只侧卧的梅花鹿环列，四肢蜷曲，驮一圆环形底座。中间部分于环座的弧面上，立有四条神龙，分向四方。四龙独首双尾。龙身蟠环纠结之间四面各有一凤，引颈长鸣，展翅欲飞。上部龙顶斗拱承一方形案框，斗拱和案框饰勾连云纹。此案动静结合，疏密得当，一幅特殊的龙飞凤舞图跃然眼前。

再如十五连盏铜灯，高82.9厘米，座径26厘米，重13.8千克。由灯座和7节灯架组成，全灯仿若一棵茂盛的大树，树干周围伸出7节树枝，托起15盏灯盘。每节树枝均可拆卸，榫口形状各不相同，便于安装。树枝上装饰着夔龙、鸟、猴等小动物，构思奇特，造型新颖。

中山陵墓作为处于北方地区的中山国陵墓，在铭文记述的资料和金银器工艺方面，向世人展示了中山国的历史与文化面貌。墓中出土了大量具有中原文化特点的文物，如青铜礼器、陶礼器等都与同时期的赵国、魏国墓葬出土的文物近似。有趣的是，它同时又出土了许多反映游牧生活的帐幕构件、巨大的山字形青铜饰件和动物造型的金银青铜饰品。

考古学家认为，中山国最早可能是北方民族鲜虞所建立的国家，所以有鲜虞族的器物在墓中。有些考古学家则认为，在战国时期，出现鲜虞族器物在中山墓中的原因，是由于不同民族长期的交往与共同生活，使得文化上的差异逐渐消失，中山国同其他列国一起经历了当时的民族大融合。

孰是孰非，还有待人们的进一步探索。

西施香魂归何处

绝代佳人西施，春秋时期越国人，是我国历史上著名的四大美女之一，据说有闭月羞花之容，沉鱼落雁之貌。然而她为历史所记载的不仅仅是她的美貌，更是她在吴越争霸中所充当的重要角色，以及她最后的归宿。

根据史料记载，西施与越国大夫范蠡在西施家门旁的若耶溪边相遇。西施仰慕范蠡言谈举止的不凡，范蠡也倾倒在西施绝美的姿色之中，两人一见钟情，相许终生。这段绝美的邂逅和爱情被后人写成小说和戏曲，尤其是明代戏曲家梁辰鱼笔下的《浣纱记》，可谓美丽绝伦。但是不久，战争开始了。吴王夫差为了给自己当初在吴越战争中被越国刺伤致死的父亲报仇，带兵攻打越国，而且大败越国，几乎使越国亡国。越国被迫成为吴国的臣属国，勾践和一些大臣到吴国做吴王的奴仆。勾践忍辱负重，过了三年奴隶般的耻辱生活，范蠡也跟随勾践夫妇为夫差服役三年才得归国。勾践回到越国后，励精图治，休养生息，时刻为报仇做好准备。但是报仇不仅仅需要自己的强大，还需要对方的削弱。为了达到这个目的，勾践采取了范蠡的"美人计"。范蠡设计献出了自己心爱的西施给吴王，来祸乱吴国的政治。

西施来到吴国后，因其绝世的美丽很快使夫差沉湎于女色之中，渐渐放松了对越国的警惕。从此以后，他听信小人的奸佞之言，对伍子胥等贤良忠臣则百般厌恶乃至将他们赐死。伍子胥死后，吴王身边更加缺少了忠臣的劝谏，国力日下。同时，他又大兴土木，耗费国力民力，又发动了很多进攻中原的战争。可以说，吴国这些自取灭亡的种种行为，都是越国献西施这个美人计所预期的结果。彼竭我盈，越国不成功就是不正常了。果然，越国终于灭掉了吴国，夫差自杀谢先祖为天下所笑。这个时候，西施到哪里去了呢？

广泛流传在百姓中的是一种较为圆满的结局，说越国灭掉吴国后，范蠡深知勾践这个人只能共患难却不能同甘甜，因此，尽管他忍辱负重三年返越，又为政治、为君主牺牲了自己最爱的女子，可以说是越国最后胜利的最大功臣，但是他选择了功成身退。于是吴国灭亡后，他接走了西施，与之泛舟江上，隐居江湖。一段时间以后，他们定居在陶地，改名为陶朱公，从此经商致富，并凭借自己的聪明才智成为大富人，地位不下公卿，司马迁在《史记·货殖列传》以及《越世家》中都盛赞了范蠡的智慧。这样西施也就从昔日的屈辱生活中走了出来，与范蠡度过了富足安宁的一生。这个结局反映了人们对这个美丽无辜的女子的同情，人们不忍心在她付出了自己的青春后遭遇更大的不幸。明代梁辰鱼的《浣纱记》就是用的这个皆大欢喜的结局。

而与此相反的结局则是残忍的，带有对统治阶级忘恩负义的丑恶嘴脸的谴责和抨击。这种说法认为西施在战争之后被沉江淹死。《墨子·亲士》篇中曾经提到说西施被沉于江水中，因为西施实在是太美丽了。墨子的记载虽然在时间上接近事情发生的时间因而具有可信性，可惜记载的实在太简单。后来，又有史料说，吴国灭亡之后，越王将西施装入了皮袋中沉江致死。唐诗和宋词中也有"肠断吴王宫外水，浊泥犹得葬西施"以及"蛾眉婉转，竟绞绡，香骨委沉泥"等说法，都反映了西施的悲惨结局，不知道所参阅和印证的是何古籍。这种说法尽管残酷，但是也有可能性。范蠡早就说过勾践"长颈鸟喙，可与共患难，不可与共乐"；勾践灭掉吴国后杀死当初帮助他振作奋起、治理国家立下卓越功勋的文种不就是证明吗？西施一个出身微贱的女流，被派去吴国施行美人计，这原本就是隐情，如果被"国际社会"知道勾践是靠一个女子这样一种不光明正大的手段来取得吴越战争的胜利，一定会轻视勾践。勾践怎么能让"国际社会"这样看他？他惧怕西施回国后会泄露这段隐情，所以就杀掉西施灭口。大概只有这样，才能将"美人计"这一段隐瞒，才能显示他这个霸主的丰功伟绩吧。否则，被人说成是靠一女流争天下，岂不为后世笑？对西施这种归宿的推测，反映了百姓对统治者的卑劣的痛恨，是有一定的历史依据的。

还有第三种说法是西施最后自杀身亡。西施原本是一个善良淳厚的浣纱女，并已经深深地爱上了范蠡。然而为了越国的政治大局，她不得不告别爱人来到吴国，与另外一个男子在一起。这原本已经是一种屈辱。这样一个已经心有所属且善良淳厚的女子，到吴国来做"间谍"，更加难为她。而吴王夫差又非常宠爱她，对她言听计从，让善良的她更加的内疚。吴国被灭、夫差自杀更加重了她的负罪感。她回国后，面对为越人敬仰、身洁志廉的爱人范蠡，她不是会污了范蠡的名声吗？西施的心中该是怎样的凄楚！何况越国以美人计灭他国，原不是光明正大，西施何尝不知道越王必定不可能给她好的归宿，国人一定也不能对她认可。所谓"物是人非事事休"！在这样的重重矛盾中，西施只能选择自杀，用自己的死来成全范蠡的名声，用自己的死来成全国家的名声，也用自己的死来给自己的忠义做一个了断。

毫无疑问，认为西施和范蠡最后泛舟江上浪迹天涯的说法更多的是出自人们对于西施和范蠡这两个人物的喜爱，而后两种想法中西施无疑都是政治斗争的牺牲品。善良的美人西施，为了国家，被迫牺牲自己的幸福和名节，而国家成功了，君主扬名后，她所留给后世的就仅仅是一缕香魂的飘散，留给后世的是其归宿的无限的谜，更有后世对其凄美一生的惋惜和哀叹。

秦始皇陵墓之谜

家喻户晓的秦始皇，因完成统一大业而名垂千古，又因实施暴政而遭千古骂名。秦王朝只存在了15年，他的万世皇帝梦也就破灭了。可皇帝制度、皇帝意识影响了中国几千年。不仅始皇帝的身世、生平、功过引人注目，连坐落在骊山脚下的始皇陵也因众多未解谜团而备受关注。

坐落在骊山脚下的那座小山包就是秦始皇的坟墓，山包下便是那幽深而神秘的地宫。封土北侧有寝殿礼仪建筑群、饲宫建筑群，封土外有两道长10千米的内外城垣，封土周围及东、西、南、北侧分布着数百座地下陪葬坑，秦始皇陵园封土、地宫、内外城垣形制及其礼仪建筑和布局都不同于先秦任何一座国君陵园。这座帝陵陵寝规模恢宏，设计奇特。陵园工程之大、用工人数之多、持续时间之久都是前所未有的。第一位记录秦始皇陵的是史学大师司马迁。他在《史记·秦始皇本纪》中留下160个字的记录。陵园工程的修建伴随着秦始皇一生的政治生涯。当他13岁刚刚登上秦王宝座时，陵园工程也随之开始了。工程的修建直至秦始皇临死时还未竣工。二世皇帝继位，接着又修建了一年多才基本完工。纵观陵园工程，前后可分为三个施工阶段。自秦王即位开始到统一全国的26年为陵园工程的初期阶段。这一阶段先后展开了陵园工程的设计和主体工程的施工，初步奠定了陵园的规模和基本格局。从统一全国到秦始皇三十五年，这9年当为陵园工程的大规模修建时期。《史记》记载："及并天下，天下徒送诣七十余万。"经70万人9年多大规模的修建，基本完成了陵园主体工程。自秦始皇三十五年到秦二世二年冬，历时3年多，是工程的最后阶段。这一阶段主要从事陵园的收尾工程与覆土工作。尽管陵墓工程历时三十七八年之久，整个工程最后仍然没有竣工。公元前209年即爆发了一次波澜壮阔的农民大起义，至此尚未完全竣工的陵园工程不得不中止。

20世纪60年代之前所有关于秦始皇陵的推测只能停留在文献记载与传闻的基础上。1974年3月29日,当下河大队西杨村生产队的几位农民一镢头惊醒了沉睡的兵马俑之时,立刻震惊了世界。这一惊人的发现,也撩起了秦陵神秘面纱的一角。当年无论是打井的农民还是参与勘探试掘的考古人员,谁也想不到兵马俑坑会有那么大的规模。当一号俑坑全面勘探试掘不久,又在一号坑北侧20米处发现二号兵马俑坑、三号兵马俑坑和一座甲字形大墓。单就兵马俑陪葬坑而言,它占地达20000多平方米,有与真人真马相仿的陶俑马8000余件,青铜兵器数十万件。如此规模宏大的陪葬坑不仅在中国,甚至在世界陵寝史上也是前所未有的。此后20余年来秦始皇陵园考古发现接连不断,陵园东侧发现了百余座马厩陪葬坑,17座陪葬墓。陵园西侧发现了31座珍禽异兽陪葬坑,一座曲尺形马厩陪葬坑和61座小型墓坑。10乘大型彩绘铜车马、木车马则位于地宫之西,原封土之下。近年来又在始皇陵北发现了一座较大的动物陪葬坑,在东内外城垣之间发现了铠甲坑、百戏俑坑……陵园地上地下精心设计、安置的这一切不正是一个理想的地下王国吗?始皇陵是一座充满了神奇色彩的"地下王国"。那幽深的地宫更是谜团重重,地宫形制及内部结构至今尚不完全清楚。

谜团一:幽幽地宫深几许?据最新考古勘探资料表明:秦陵地宫东西实际长260米,南北实际长160米,总面积41600平方米。秦陵地宫是秦汉时期规模最大的地宫,其规模相当于5个国际足球场。通过考古钻探进一步证实,幽深而宏大的地宫为竖穴式。司马迁说"穿三泉",《汉旧仪》则言"已深已极"。说明深度已挖至不能再挖的地步。至深至极的地宫究竟有多深呢?神秘的地宫曾引起了华裔物理学家丁肇中先生的兴趣。他利用现代高科技与陈明等三位科学家研究撰文,推测秦陵地宫深度为500米至1500米。现在看来这一推测近乎天方夜谭。假定地宫挖至1000米,它超过了陵墓位置与北侧渭河之间的落差。那样不仅地宫之水难以排出,甚至会造成渭河之水倒灌秦陵地宫的危险。尽管这一推断悬殊太大,但却首开了利用现代科技手段探索秦始皇陵奥秘的先河。国内文物考古、地质学界专家学者对秦陵地宫深度也作了多方面的研究探索。根据最新钻探资料，秦陵地宫并没有人们想象的那么深。实际深度应与芷阳一号秦公陵园墓室深度接近。这样推算下来，地宫坑口至底部实际深度约为26米，至秦代地表最深约为37米。这是依据目前勘探结果推算的，这个数据应当说不会有大的失误。但是否如此尚有赖于考古勘探的进一步验证。

谜团二：地宫设有几道门？《史记》清楚地记载："大事毕，已藏，闭中羡，下外羡门，尽闭工匠藏，无复出者。"棺椁及随葬品全部安置在中门以内。工匠正在中门以内忙活，突然间"闭中羡门，下外羡门"，工匠"无复出者"，也成了陪葬品。这里所涉及既有中羡门，又有外羡门，其中内羡门不言自明。地宫三道门似乎无可辩驳。值得注意的是司马迁中羡门用了个"闭"字，外羡门则有了个"下"字，说明中羡门是可以开合的活动门，外羡门则是由上向下放置的。中羡门可能是横向镶嵌在两壁的夹槽中，是一道无法开启的大石门；内羡门可能与中羡门相似。三道羡门很可能在一条直线上。

谜团三："上具天文"作何解释？秦陵地宫"上具天文，下具地理"的记载出自《史记》，其含义是什么呢？著名考古学家夏鼐先生曾推断："'上具天文，下具地理'应当是在墓室顶绘画或线刻日、月、星象图，可能仍保存在今日临潼始皇陵中。"近年来，西安交大汉墓发现了类似于"天文""地理"的壁画。上部是象征天空的日、月、星象，下部则是代表山川的壁画。由此推断，秦陵地宫上部可能绘有更为完整的二十八星宿图，下部则是以水银代表的山川地理。在这座有着象征天、地的"地下王国"里，秦始皇的灵魂照样可以"仰观天文，俯察地理"，统治着这里的一切。

谜团四：地宫埋"水银"之谜。始皇陵以水银为江河大海的记载见于《史记》，《汉书》中也有类似的文字。然而，陵墓中究竟有没有水银却始终是一个谜。现代科技的发展为验证秦陵地宫埋水银这一千古悬案提供了必要的前提条件。地质学专家常勇、李同先生先后两次来始皇陵采样。

经过反复测试，发现始皇陵封土土壤样品中果然出现"汞异常"。相反其他地方的土壤样品几乎没有汞含量。科学家由此得出初步结论：《史记》中关于始皇陵中埋藏大量汞的记载是可靠的。现代科技终于解开了地宫埋"水银"的千古谜案。至于地宫为何要埋入大量水银，北魏学者郦道元的解释是"以水银为江河大海，在于以水银为四渎、百川、五岳九州，具地理之势。"原来是以水银象征山川地理，与"上具天文"相对应。

谜团五：地宫珍宝知多少？"奇器珍怪徙藏满之"一语出自司马迁笔下。早于司马迁的大学者刘向也曾发出过这样的深切感叹："自古至今，葬未有如始皇者也。"那么，这座神奇的地宫珍藏了哪些迷人的珍宝呢？《史记》明文记载的有"金雁""珠玉""翡翠"等。其他还有什么稀世之宝谁也不清楚。不过20世纪80年代末考古工作者在地宫西侧发掘出土了一组大型彩绘铜车马。车马造型之精致，装饰之精美举世罕见。之前，考古工作者还发掘出土了一组木车马，除车马、御官俑为木质外，其余车马饰件均为金、银、铜铸造而成。地宫外侧居然珍藏了如此之精美的随葬品，那么，地宫内随葬品之丰富、藏品之精致是可想而知的。

谜团六：地宫有没有空间？目前考古勘探表明，秦陵地宫为竖穴式，墓内可能有"黄肠题凑"的大型木椁。如果是竖穴木椁墓，那么墓道及木椁上部都会以夯土密封。这样一来，墓室内外严严实实，不会再有空间。然而，陵墓主持者之一李斯则说："凿之不入，烧之不燃，叩之空空，如下无状。"李斯这段话如果记载无误，那地宫就明显有个外壳。李斯曾以左丞相身份亲自主持过陵墓工程，对地宫的构造了如指掌。加之这段话是当面向圣上汇报的，应该说不会有掺假嫌疑。如果按李斯所言，可以推断秦陵当是一座密封的、真空的大地堡式地宫。不然，怎么会"叩之空空"？又怎么会"烧之不燃"？按文献记载推理地宫是空的，且有较大的空间，但由于考古勘探尚未深入到地宫的主要部位，所以地宫内部究竟是虚是实目前还是个谜。

谜团七：内部是否有自动发射器？秦始皇在防止盗墓方面也苦费心机。

《史记》记载：秦陵地宫"令匠作机弩矢，有所穿进者辄射之"。指的是这里安装着一套自动发射的暗弩。如果记载属实的话这乃是中国古代最早的自动防盗器。秦代曾制造过连发三箭的弓弩，但是安放在地宫的暗弩当是一套自动发射的弓弩。当外界物体碰到弓便会自动发射。2200多年前的秦代何以能制造出如此高超的自动发射器也是一大谜。

谜团八：秦始皇遗体是否完好？20世纪70年代中期长沙马王堆汉墓"女尸"的发现震惊中外。其尸骨保存之完好举世罕见。由此，有人推测秦始皇的遗体也会完好地保存下来。虽然客观上具备保护遗体的条件，但秦始皇遗体是否完好地保存下来呢？如果单从遗体保护技术而言，相距秦代不足百年的西汉女尸能很好地保护下来，秦代也应具备保护遗体的防腐技术。问题是秦始皇死在出巡途中，而且更糟的是正值酷暑时节，尸体未运多远，便发出了熏人的腥味，为了防止腥味扩散，走露风声，赵高、胡亥立即派人从河中捞了一筐筐鲍鱼，将鲍鱼与"尸体"放在一起以乱其臭。这样，经过50余天的长途颠簸，九月，尸骨才运回咸阳发丧。

秦始皇由死到下葬间隔近两个月，根据当代遗体保护经验，一般遗体保护须在死者死后即刻着手处理。如若稍有延误，尸体本身已开始变化，恐怕再先进的技术也无能为力。秦始皇遗体途中就开始腐败，尸体运回咸阳等不到处理恐怕早已面目全非了。据此推测秦始皇遗体保存完好的可能性很小。

以上谜团只是秦陵地宫众多谜团之冰山一角，随着我国考古研究工作的深入和高科技探测技术的实际运用，秦陵地宫终有一天将再次震惊全世界。

马王堆汉墓之谜

1971年，全国各地的"深挖洞、广积粮"的群众运动如火如荼地展开了。马王堆旁一家部队医院将目光盯向了湖南省长沙市五里碑附近的两个大土冢，因为长沙临近湘江，地下水位高，土冢高几十米，自然成为修建地下医院的绝佳选择。在打孔探测过程中，马王堆汉墓被偶然地发现了。

发掘工作开始于1972年初，东边的土冢被考古人员编为1号墓。封土被挖开后，露出了斜坡墓道和四级台阶的长方形墓穴。墓穴的白膏泥被清除后，发掘出了大量木炭，约有5000多千克。木炭清除后，一座巨大的椁室完整地展现于世人面前，椁室上覆盖了26张黄色的竹席。整个椁室由厚重的松木板构筑而成，长6.73米，宽4.9米，高2.8米。4块隔板以"井"字形把椁室分为四个部分，第三层棺内外绘制的图案最为精美，并以朱漆辅之，象征祥瑞的龙、虎、朱雀和仙人的图案反映了汉人崇神及"事死如事生"的葬俗观念。第四层为殓尸的锦饰内棺，内为朱漆外为黑漆，两道质地精良的帛束横缠盖棺，棺四壁粘贴了一层菱花形的毛锦，锦的边缘加饰了一条绒绣锦。

千年女尸在封闭较好的1号墓内，她的身上穿了18层衣物，并覆以两层衾被掩盖住。由此可推断，在中国古代，对于处在贵族阶层的孝子贤孙来说，死去的先辈的墓葬是一定要认真对待的，所以形成了厚葬的风气，恨不得将死者生前衣食住行所用物品全放进墓穴里，以供死者进入阴间享用。1号墓在规模和随葬品方面，均优于2号、3号墓，并且是女性，在当时"男尊女卑"的思想控制下，显然她应是家族中极有权威的长者，故考古学家判断，她的入葬应晚于前二者的入葬。

根据墓中随葬的一些印章、封泥、器皿上的铭文，并结合有关文献的记载，墓主的身份也就清楚了。2号墓的墓主是轪侯利苍，1号墓的墓主名为辛追，是利苍之妻，而3号墓的墓主是他们的一个儿子。

公元前202年，刘邦建立西汉。为稳固天下，刘邦分封了7个异姓王，各辖一方，听命朝廷。其中吴芮被分封在长沙，乃是长沙王。至刘邦末年，这些诸侯固守一方，严重危及中央统治，于是刘邦除掉了这些异姓王，代之以自己的亲戚。这样就加强了中央对地方的控制。但是长沙王吴芮却因长沙的特殊战略地位而保住了自己的位置，因为在长沙国南边有一个具有较强军事实力的南越国，西汉也为之忌惮。因此，长沙国成为西汉的战略要地。但刘邦并不放心，他既要笼络长沙国，保住这个战略要地，又要防止长沙国的叛乱，就把利苍派到了长沙国以监督、管束长沙王吴芮，使其不敢轻举妄动。又因长沙国的重要地位，利苍不仅被封相且封侯。利苍的封地因在轪县（今河南信阳地区），故称轪侯。利苍死后，他的一个儿子利豨继任爵位。3号墓墓主却是利苍的另外一个儿子，即利豨的兄弟，他是一位带兵守戍的将军。墓穴里出土的十几万字的帛书证明了他非常好学，却极为短寿，大概活了30多岁，死因不明。最后一代轪侯名为利扶（有些史书上记为利秩，实为同一人），因其触犯汉朝法律，丢了列侯的爵位。轪侯在历史上就这样无声无息地消失了。

马王堆汉墓随葬品极其丰富，体现了鲜明的时代特点。马王堆汉墓出土的文物不仅数量巨大，而且保存基本完好，鲜艳美丽的丝织品和漆器，极具学术价值的帛书和帛画，都让世人吃惊。

中国自古即有"缫丝之国"的美誉，汉代的锦绮则以美丽的花纹、柔软的质地、闪耀的光泽、华贵的气息而闻名于世，不但令北部草原上的游牧民族着迷，也使当时世界上的许多文明古国，如波斯、罗马、印度的商人慕名而来争相采购，而且那些国家的贵族们以穿戴中国产的丝织衣物为骄傲，它象征着身份、财富与地位。

所出土的丝织品中最精美神奇的要数墓主辛追夫人身上穿着的两件薄素纱蝉衣。衣长128厘米，两袖伸直长190厘米，而重量却轻得出奇，分别为48克和49克，不足一两。这种纱质地又轻又薄，透明度也甚高，故古人称其为"动雾霭以徐步兮"。薄如蝉翼、轻若烟雾的纱衣穿在身上，看上去会产生一种朦胧感，使人显得美艳绝伦。这两件素纱禅衣之精美，完全可以和现代精工织造技术媲美。

马王堆汉墓出土的各种各样食物很准确地反映了汉代发达的农业状况。食物本来是极难保存上千年的，但由于1号墓密封甚好，所以发掘出多种残存的食物，在椁室里到处都有食物，有的放在陶器、漆器里，有的放在竹筒和麻布袋里，其中有些是已烹饪好的菜肴。多种粮食，如稻、粟、豆、麦、黍等放在麻袋里。稻谷出土时就像新鲜的一样金黄、完整，但由于长时间的存放，内含物质大多分解消失，出土后，即脱水逐渐干枯。最多的是瓜果，如甜瓜、枣、梨、杨梅、藕、桃等。另外还有一些畜鱼类，如猪、牛、鸭、斑鸠、鸳鸯等，它们多被烹调成熟食盛放于精美的陶皿或漆器里。让人觉得有趣的是，陶器里竟盛放着各种调味品及酒类，可见墓主人生前的生活饮食是极其丰富及奢华的。桃、藕等物刚出土时，还色泽鲜艳，不过很快就化成了一滩水。

马王堆汉墓出土了大量漆器，1号墓有184件，3号墓有316件，这是全国各地发现的漆器中数量最多、保存最好的一批。其中1号墓的一件双层九子奁，在黑漆的器表上还贴饰了金箔，金箔上再用油彩绘出变形云纹，更加绚丽多彩。3号墓的一件粉彩云纹漆奁，其彩绘则用具有油画效果的堆漆法画成，先用白漆勾出凸起的边框，再用红、黄、绿漆填绘云纹。与这种强烈立体感相反的装饰手法称为锥画，不用笔，而是用细尖锥或针在将干未干的漆膜上刻画出各种细如发丝而又栩栩如生的图案来，给人一种阴柔的朦胧美，需借助亮光仔细观察，才能欣赏到图案纹饰的精巧和纤丽。

许多漆器上烙有作坊地名；有些则写有"轪侯家"或"九升"等字样，表明物主及容量。最有趣的是许多耳杯和盒、卮、小盘上写有"君幸酒"或"君幸食"，令人遥想起当年"劝君更尽一杯酒"的宴饮情景。

墓中挖掘出的木俑是供墓主带到阴间遣役使用的，他们全都称职地守候在墓主的身边，随时听候派遣。木俑有平雕和圆雕两种，脸面均彩绘，有些着丝绸衣裳，有些则直接彩绘出衣裳。

除歌舞俑之外，还有乐俑和25弦瑟、7弦瑟、6孔箫、22管竽等乐器，这些乐器都是首次发现的西汉实物。其中1号墓出土的25弦瑟是目前发现的唯一一件完整的西汉初期的瑟。3号墓出土的一件竽在竽管中发现了竹子做成的簧片，簧片上有控制音调的银白色点簧，这是世界管乐器中最早使用簧片的实物证明。竽是中国古代的一种重要乐器，"滥竽充数"的故事想来大家都听说过。1号墓出土的12支一套的竽律证明竽在当时不仅是主要的乐器，而且还可作为其他乐器的定音标准。

汉代画在缣帛上的绘画作品颇多，但大多失传。马王堆1号、3号墓出土帛画共10余幅，占全国帛画出土量的近一半。

马王堆帛画最有代表性的应是在1号墓和3号墓出土的两幅帛画。画面呈"T"字形，顶部裹有竹竿并系有丝带，可以悬挂，是死者出殡时张举的旌幡。旌幡是古代丧葬仪式中的一种物品，使人高举，随丧葬队伍行进，大概起到识别死者、招魂、导引灵魂升天的作用。1号墓中的旌幡保存比较完整，3号墓中的则有些残破不清。

1号墓旌幡表现的是一幅死后升天图，自下而上分成三个部分，分别表示地府、人间、天上的情景。最下面有两只红鳞青色的巨鱼相交，鱼尾各立一长角怪兽，有人说此怪是打鬼的"方相氏"。鱼背上立有一裸体力士，双手擎着表示大地的平板，其左右有双蛇环绕，再外边各有一大龟，龟背上站有猫头鹰。大地之上是人间部分。中间画有两条巨龙左右穿绕于圆璧。璧下左右流苏之上，有两个羽人，悬着一个巨磬，巨磬的下面，有鼎壶以及成列的人物。圆璧之上，两只凶悍的豹子支撑着一个白色平台，一位衣饰华贵的老妇人拄着拐杖，身后有3个婢女，前面则是两个拱手跪迎状的男子，一穿红袍，一穿青袍。画中老妇是1号墓主——轪侯夫人，画中的两个男子应是天国使者，前来导引墓主人升天。而在帛画最上面，天门已开，天门左右各有一个守门者，作等待、亲密对语形态。天门之上是天界，正中上方是一个人头蛇身的形象，有人说是女娲，有人说是伏羲，无论是谁，都应是天界的主宰。天界之中，凡人的一切想象都表现了出来。墓中女主人骑龙舞于空中。

3号墓旌幡构图与前者基本相同，由于墓主身份不同，人间部分画的是一个佩剑的男子，前后有9个侍从，显示出地位高于1号墓主。

这两幅帛画特色鲜明，充满了绚丽的神话色彩。画中图案，极具生命力和人间气息。这两幅帛画在构图上，众多的人物、禽兽、器物处理得有条不紊，左右对称，通过昂扬龙首的蛟龙、迎候的司阍，将地下、天界联系在一起，渲染出了升天的气氛。墓主的形象位于画的中央，显示出了主人的高贵身份，使画的中心更为突出。画的线条流畅挺拔，设色庄重典雅，展示了西汉绘画的卓越水平。

马王堆3号墓随葬帛书、简牍是继汉代发现孔府壁中书、晋代发现汲冢竹书、清末发现敦煌图卷之后，中国历史上的第4次古文献大发现，可分成六艺、诸子、数术、方术、兵书5类。

1.六艺类。指儒家经典及一些辅助读物。《春秋事语》约2000余字，记载着春秋时的史实。《战国纵横家书》约1万余字，部分内容见于《战国策》《史记》，文句也大体一致。还有部分内容记载了苏秦的游说活动，属于现已不见于任何典籍的佚文。

2.数术类。此类书主要是自然科学的著作。马王堆出土的帛书，包括当时的阴阳五行学说、驱鬼辟邪信仰、天文气象书籍，其中的《五星占》是现存最早的一部天文书，在天文史研究上特别重要。

3.兵书类。内容属于兵阴阳家。发现了两幅地图，一幅是《长沙国南部地形图》，另一幅是《驻军图》。画得相当精确，一些水道的曲折流向，与今天的地图大体接近，并附有图例。而《驻军图》是中国乃至世界发现的最古老的彩色地图，反映出古代中国劳动人民的高超智慧。

4.诸子类。包括《老子》和《黄老帛书》。《老子》分《道经》和《德经》两篇，马王堆出土的《老子》，《德经》在前，《道经》在后，与现在通行本顺序截然相反，是目前所见《老子》的最古的抄本。

5.方术类。汉代将医经、经方、房中术、神仙术4种称为方术。所出土内容最丰富的是《五十二病方》，全书有52题，记载着治疗各类疾病的医方，包括内、外、妇、儿、五官诸科，其中外科病方占70%以上，可以视为汉代的一部优秀外科著作。《导引图》是一幅绘有各种运动姿态并注有解说文字的图，还附有论述气功健身方法的文字。"导引"是把呼吸运动和躯体运动相结合的体育医疗方法，这是我国考古发现中最早的健身图谱。

曹操真的有七十二疑冢吗

在世人眼里，曹操一直是个"奸雄"的形象，而他的陵墓，也一直有"七十二疑冢"的说法。

相传曹操临死前，曾对儿子和心腹大臣说："现在天下还未安定，不要照旧的丧制来葬我。我有头痛病，很早就戴上了头巾。等我死后，着上衣服和戴上头巾就行了。文武官员来吊唁，哭几声即可，那些驻防各地的将士们都要坚守岗位。我死后，就埋在邺城西面西门豹的祠堂旁边。记住不要用金玉珍宝陪葬，也不要设陵邑神道。这样不留任何痕迹，别人就不能掘盗了。"曹操死后，他的儿子对他的葬礼一切从简，陵上不建寝殿，只有铜驼、石犬各二只。而对于曹操墓室玄宫建筑，在史书上更是缺乏详细记载。

但是，在民间，曹操"七十二疑冢"之说却流传甚广。据说曹操为防止死后陵墓被盗掘，为不让自己抛尸于野，就设置了七十二疑冢。如《七修类稿》中记载："曹操疑冢在漳河上，宋人俞符有诗曰'生前欺天绝汉统，死后欺人设疑冢。人生用智死即休，何用余机到丘垄。人言疑冢我不疑，我有一法君未知。掘尽疑冢七十二，必有一冢葬君尸。'予则以为孺子之见耳，使孟德闻之，必见笑于地下，夫孟德之棺，岂真在疑冢哉，多设以疑人耳。"

那么，曹操的陵墓究竟在什么地方呢？据《魏书》记载："初平二十三年六月，令曰：'古之葬者，必居瘠薄之地。其规西门豹祠西原上为寿陵，因高为基，不封不树。……凡诸侯左右以前，卿大夫居后，汉制亦谓之陪陵。'"从这里可以看出，曹操在生前已开始修筑他的陵墓，陵墓位置应当在西门豹祠以西，在它周围还有许多诸侯公卿的陪葬墓。但是，到底哪一个西门豹祠附近有曹操的陵墓呢？

有人认为曹操墓在今天临漳县西的丰乐镇西门豹祠一带。可是，这种说法有一致命的错误，那就是丰乐镇西门豹祠建于北齐天保五年，即公元554年，而曹操是于公元220年死的，在建祠前死的曹操，怎么可能遗令安葬在这个西门豹祠旁边呢？

也有人根据《舆图备考》《方舆纪要》等史籍，认为曹操的疑冢分布于临漳三台村以西4千米的讲武城至磁州之间，其中有一座墓必是真墓。但是，这些疑冢从晚清到民国，一直有人盗发，从墓志上看，墓的主人大多为北魏、北齐时代的王公贵族，并没有曹操的半点痕迹。1988年，新华社报道，这些古墓也确实被发掘证实是北朝时期贵族的大型古墓群。这些墓的确切数字也不止是72座，而是134座。

还有人根据魏文帝的《止临菑侯植求祭先王诏》中的"欲祭先王于河上，览省上下，悲伤感切"一句，认为曹操的陵墓很可能是修建在漳河河底。清代沈松在其《全健笔录》中说，"顺治初年漳河干涸，有一个渔夫看见河中有一块大石板，在石板旁边还有一条缝隙。这渔夫以为里面肯定会有不少鱼，可以大捞一把，就毫不犹豫地走过去。看见有一石门，门内尽是些美女的遗骸，里面有一石床，石床上卧有一个人，'冠服如王者，碑文明记此乃曹操'。"但这个故事只能当作传说，不一定是真的。20世纪90年代当地有一农民曾在漳河大桥下挖到许多银元宝等文物，但据考古学家们研究，这些东西都是明代的文物，他们推断，这些文物也许只是明代的皇宫的船队在此翻船遗落的，跟曹操是一点儿关系也没有。

也有人认为曹操其实并没有设什么疑冢，那所谓的"七十二疑冢"完全是某些人有意或无意编造的，与曹操无关。

事实上，曹操有两个。一个是历史人物曹操，即真正的曹操。另一个则是文学形象中的曹操，这是文人"虚构"的曹操。在世人的眼里通常只是文学形象中的曹操。实际上，据《三国志》上记载，曹操临终前只是说"死后穿普通服装入殓，棺内不要藏金玉珍宝"。从这看来，他并没有提到要设立疑冢。而在文学作品《三国演义》中却附会说"又遗命于彰德府讲武城外，设立疑冢七十二，勿令后人知吾葬处，恐为人所发掘也"。

2009年年底，曹操墓在河南安阳被发现成为国内外热议的话题。2010年3月8日，安阳"曹操高陵"当选"2009年度河南省五大考古新发现"。国家文物鉴定委员会委员、考古研究所所长在8日召开的新闻发布会上点评曹操高陵入选理由时说，此次评定说明专家进一步确认安阳西高穴曹魏大墓就是曹操墓。

刘备陵墓之谜

三国时蜀国皇帝刘备，其死后所葬的惠陵，至今仍然依傍在武侯祠旁。从现有的材料看，从未见惠陵被挖掘过的文字记录，甚至还有盗墓者进入惠陵被神鬼严惩之传说。这就让后人产生了疑问：历来皇帝陵墓鲜有不被盗挖的，为何此墓却完好无损？难道真的有神仙保护吗？显然这只是后人杜撰出的无稽之谈。为此，早在两宋时期就有人怀疑惠陵并不是真的刘备墓，而只不过是纪念刘备的衣冠冢。

那刘备真正的陵墓是在哪里？

有人坚持惠陵即是真的刘备墓。史书记载，关羽败走麦城，为东吴所杀，刘备为了给死去的兄弟报仇，亲自带领军队攻打东吴，然而不幸大败。兵败后的刘备退回到了白帝城，在公元223年四月病逝。五月，诸葛亮扶灵柩回到成都，八月下葬。这说明刘备的陵墓确实就在成都的武侯祠，并且今天的武侯祠内确实也还有刘备陵墓的建筑。《三国志》记载说，刘备死后，尸体由奉节运回成都，后与甘夫人合葬在惠陵。《三国志》的作者陈寿曾任蜀汉的观阁令史，专门负责文献档案的管理工作，则他关于刘备墓地的记载必定是可靠的。

1985年，陈剑提出刘备应是葬在奉节。他认为，刘备死于四月，八月时下葬，并且是由奉节（即白帝城）运往成都。这里的四月和八月按照古时计月方式应是农历四月、八月，则此时的四川，正是酷热的夏天，温度极高，尸体最容易腐烂发臭。更何况，白帝城与成都之间相距千里，又都是逆行而上的水路和崎岖难行的山路，以当时的交通条件，即使是单行也需要一个多月的时间，若是大军扶灵柩而行，该用多长时间才能抵达成都？此外，当时几乎没有防止尸体腐烂的保鲜技术，一些民间的所谓的可以防止尸体腐烂的方法经专家的鉴定其实都是没有效果的。这样分析，刘备尸体在一个多月的时间里必然已腐烂不堪了。诸葛亮怎么可能拉着腐烂的帝王尸体，经过长达三个多月的时间去长途跋涉，非要刘备葬于成都？这显然不合情理。陈剑还指出，宋元以来的典籍和地方志大都记载说甘皇后葬在奉节，而据《三国志》所载，刘备是和甘皇后合葬的，然而在惠陵中却没有甘皇后。这就表明刘备应该是和甘皇后一起葬在奉节。此外，历史上还有很多关于刘备葬于此地的传说，近代还曾在奉节城内发现了多处人工隧道口，很像是墓道。文物勘测队曾经使用超声波开展物探，发现在隧道所通往的当地人民政府大院内的地底深处，埋藏了两个建筑结构，分别为18米到15米，高5米，专家分析认为它们很可能就是刘备和甘皇后的真墓。

坚持惠陵说的学者又对此提出反驳。他们引《三国志·先主甘皇后传》关于甘皇后的记载说，甘皇后死后，被葬在今湖北江陵，后追谥为皇思夫人，并欲迁葬于蜀。然而甘皇后的灵柩还没有到，刘备就死了。之后护送刘备灵柩归成都的诸葛亮在途中给后主上奏章述及此，认为甘皇后"宜与大行皇帝合葬"，并告太庙。可见刘备确实是和甘皇后合葬于一处的。此事在陈寿的《三国志》中有非常明确的记载，陈寿生在蜀地，又在蜀国为官，怎么会把国君的墓记错？另外还有人说，秦始皇于酷暑死亡却也千里迢迢地运尸归葬咸阳，刘备为何不可？并且如果说秦始皇时期还没有较好的防腐技术，400年后的三国时期，防腐技术必然是大有发展的，因而说因天热而不可能运尸回成都，理由并不足信。更何况史书中有明确的记载说刘备归葬成都。

近来，又有人提出刘备墓是在四川彭山的莲花坝。地处牧马山、彭山脚下的莲花村依山傍水，并且向来被看作是风水宝地，是古人墓葬的最佳选择之地。并且，牧马山当时是刘备的养马场，刘备手下有四名心腹都是彭山人，因此说莲花村是其墓所在具有可能性。此外，牧马乡的莲花村自古就有皇坟的传说。附近的农民也说他们村里大部分都姓刘，都说皇坟里躺着的是刘备。

但是仅从地理位置的优越来判断刘备墓就在莲花村也不充分，明显的疑问在于：就是莲花村与成都相距很近，刘备尸体运往成都安葬不合理，难道运到莲花村就合理吗？

历史上还有一个传说，认为刘备当年病死在白帝城，就在那里被安葬。对此人们解释说，三国时期正是历史上的乱世，这个时期的皇帝，无论是刘备还是曹操，他们都要防止自己的陵墓被破坏以及被后世盗墓者所毁。出自这样的心理，在刘备出殡时便四路进行，以求死后能得安生。

帝王都愿意自己死后依旧能享受到安乐的生活，然而他们的神秘和历史对其葬地的记载却让后人陷入迷雾之中。至今，各种传说虚虚实实，扑朔迷离，人们对刘备的陵墓依然在猜测不已，只能等待考古学者的进一步发现方能拨尽眼前迷雾。

武则天无字碑之谜

在今陕西省乾县西北的梁山上，有一座气势宏伟的皇陵——乾陵。乾陵是唐高宗李治及皇后即一代女皇武则天的合葬墓。乾陵东西两侧矗立着两块各高6米左右的墓碑，西面为"述圣碑"，碑文为武则天所撰写，歌颂着唐高宗的生前业绩，而东面就是举世闻名的无字碑。

武则天，中国古代唯一的一个女皇帝。郭沫若称她为"奇女子"。但就是这样一位曾经在中国历史上叱咤风云的女子，死后却没有依照惯例在其陵墓前树碑立传，以表彰其生前的功绩。为什么生前活得轰轰烈烈，死后却自甘沉寂呢？

有人说武则天自小就冰雪聪明，智慧过人。立一块无字碑就是她别出心裁的表现。她认为自己功德无量，无法用文字来表述，取《论语》中"民无德而名焉"之意，故立一无字碑。

也有人认为武则天立无字碑并非是夸耀自己，恰恰相反，是她在晚年时幡然醒悟，自感罪孽深重，无脸述字。当其还为昭仪时，就与王皇后和萧淑妃钩心斗角，最终把她俩活活整死；当上皇后后，又施展出泼辣的政治手腕，培养党羽，消除异己，连长孙无忌也被逼自杀；登上帝位后，更是实行"铁血"政策，任用酷吏，滥施刑罚，残酷镇压反对势力，杀害了大批唐臣。特别是她改李唐为武周，大逆不道，愧对列祖列宗。

还有一种折衷的说法，那就是武则天有自知之明，知道时人对她看法不一，议论颇多，于是干脆遗言留下无字碑，"是非功过，留与后人评说"。

近年来，对武则天的无字碑又有新说，认为无字碑的碑文可能埋在了地宫里。因为无字碑的阳面已经打上了方方正正的格子，似乎已经做好了镌刻碑文的准备。

孰是孰非，至今还是一个谜。

乾陵石像为何没有脑袋

乾陵是唐朝高宗李治与其皇后也就是后来成为一代女皇的武则天的合葬墓，位于今陕西省乾县的梁山上。乾陵除了武则天陵墓前的"无字碑"令人百思不得其解外，乾陵中的无头石像也为有关专家们出了一道不大不小的难题。

所谓乾陵中的无头石像，是指排列在乾陵朱雀门两侧的石人群像。东边有29尊，西边有32尊，每尊石像都与真人一样大小，看打扮好像是来自异域他邦的外国使臣，只是他们的头颅全部不翼而飞。

那么，为什么石像上的头都神秘失踪了呢？对于这个谜题，人们是仁者见仁，智者见智。有的人认为，那是八国联军干的好事。他们看见这么多个国使臣竟然这么恭恭敬敬地守立在中国皇帝面前，感到是奇耻大辱，于是乒乒乓乓把石像头都砸碎了。可是史书上并没有提到过八国联军来过这里！

还有人根据文献记载，认为在明朝末年，乾县大面积流行一种可怕的瘟疫，死者不计其数。老百姓中普遍有一种看法，认为是乾陵中的这些外国使臣和洋人在作怪，只有让他们的脑袋搬家，才能拯救整个县。于是大家就商量着把所有石像的头都敲碎了。

在明朝人李梦阳笔下还有这样一个故事，说乾陵的石人在太阳落山后都纷纷变成妖怪为害人间，在村里践踏田地，贪吃猪牛，无恶不作。老百姓气不过，抡起锄头把石像头都给砸了。

还有一种说法，极富现代眼光，认为后人觉得这些石像肯定是价值连城的宝贝，就想方设法把这些石像的头给弄下来了。

总之，乾陵石像为何好端端地没有了头？那些石像头到底哪里去了？这个问题仍需要我们努力去探索。或许，在不久的将来，这个谜就能大白于天下。

成吉思汗的陵寝为何在"马背"上

公元13世纪，成吉思汗率领蒙古铁骑横扫亚欧大陆，威震四海，人们称他是"一代天骄"。现存的成吉思汗陵园在伊金霍洛旗，是一个衣冠冢，号称"八白室"。八白室顾名思义是由八间白色的建筑构成的，建筑雄伟，具有浓厚的蒙古民族风格。"八白室"原来是八座白色的毡帐，是后来的蒙古人为了祭祀成吉思汗而为他建立了一座马背上的陵园。毡帐里供奉着成吉思汗的遗像，象征着墓地。这样的陵园既便于迁移，也便于祭祀，很符合游牧民族到处迁徙的特点。"八白室"迁移多处，最后迁到鄂尔多斯高原的伊金霍洛旗，里面有他的衣服、家谱，据说还有成吉思汗逝世前的最后一口气的灵魂也在灵塔里。但成吉思汗死后的遗骨究竟葬于何处，到现在为止还不能完全确定，这也成为了一个千古之谜。

　　成吉思汗的一生充满传奇色彩。关于他去世的经过，以其蒙古官方史书《蒙古秘史》（也称《元朝秘史》）的记载为最早。据记载，在出征西夏前一年，成吉思汗在一次打猎时，从马背上摔下受伤，并发起高烧。当时进攻西夏的计划已定，成吉思汗本来要和平解决，但西夏将领阿沙出言不逊使成吉思汗大怒，于是抱病出征。虽然灭亡了西夏，而成吉思汗因为病重最终也死在军营里。

　　成吉思汗死在西夏灵州的军中，可是陵墓为什么安放在鄂尔多斯草原上呢？有一种说法认为是为了满足他生前的愿望。七百多年前，成吉思汗率军西征路过鄂尔多斯草原，看见这里水草美丽，鸟鸣鹿奔，不禁心旷神怡，连马鞭不小心掉落都没有发觉，他的部下把鞭子捡起想要交给成吉思汗，然而成吉思汗却说："这里是强大王朝存在的地方，树木花草茂盛的地方，把马鞭就放在这儿吧！不管走到什么地方，就按照马鞭放的方向，死后就把我葬在这里。"不幸的是成吉思汗却死在即将攻克西夏都城的紧要关头，为了不动摇军心，骗取西夏早日投降，他留下遗嘱"秘不发丧"的命令，由少数亲信将灵柩秘密运到传说中被成吉思汗所赞美过的地方安葬。为了不使外界知道他的死讯，亲信们在长途中"遇人尽杀之"。到了地点后把灵柩深埋，并将墓穴填平，把草仍然覆盖在上面，恢复原来的样子，还让群马在墓地上任意践踏，等第二年青草长起，与茫茫大草原再看不出什么区别才将军队全部撤走。他们为了让亲族想在祭奠他时找到埋葬地，就牵来一只驼羔，当着母骆驼的面将驼羔杀死并将血洒在墓地。骆驼有辨识自己血亲的天性，每逢祭祀时，人们把那只母骆驼牵来，它徘徊哀鸣的地方就是陵墓的所在地。

　　成吉思汗的陵寝在"马背"上的原因还有一种说法认为，主要是因为古代蒙古族特殊的葬制造成的。在各民族发展早期，这种"有墓无冢""有墓无坟"的葬俗在许多民族都有出现。如南方一些地区的黎族、怒族、哈尼族、拉祜族等民族直到近代还保持着类似的葬俗。蒙古人作为草原民族，没有肉身崇拜的传统。认为人的肉身来自于大自然，去世了也应该回归大自然。人去世实行土葬、水葬、天葬。因此，在成吉思汗陵中不可能保存他的遗体。《黑鞑事略》一书中记载蒙古人"其墓无冢，以马践蹂，使如平地"的习俗，讲到的就是蒙古族实行土葬，但在地面上不留坟冢、碑记一类的标志物。元末人叶子奇的《草木子》一书也同样描写了蒙古贵族实行秘密潜埋的葬制习俗。他们死后一律被送到漠北墓区深埋，埋毕用万马踏平，待草长之后再解严。

还有一种说法认为成吉思汗选择秘密藏身的方式可能还有保密的目的。成吉思汗的一生是在马背上度过的，他生前率领蒙古铁骑横扫亚欧大陆，威震四海。但也使不少民族遭到了灭顶之灾，不少人对他可说是十分仇恨。成吉思汗清楚地知道除了政治上或民族仇视的因素，还有不少人会为了盗取王者墓中的宝藏而使他的墓葬遭到野蛮毁坏。成吉思汗不愿意自己身后也遭此厄运，因为在蒙古人看来，人的遗体一旦被挖掘，他的灵魂就难以超生。所以他选择了秘密藏身的方式，不希望成吉思汗的陵墓被找到并被挖掘。

因此，由于墓地上无任何标志，从此也就无法辨认灵柩真正所在地点了。数百年来，一直不断有人寻找成吉思汗的陵寝，但都没有成功。有人认为成吉思汗墓地在今蒙古国境内，也有学者坚持成吉思汗的陵寝在中国内蒙古，还有一种说法认为成吉思汗葬在一处深水湖底，或一条大河的河底。不久前中国新疆博物馆的考古学者还宣称他们最近在新疆北部阿勒泰山脉所在的青和县三道海附近，发现了一座人工改造的大山，很可能是成吉思汗的葬身陵墓。但这些都缺少足够的令人信服的证据。

成吉思汗的陵墓在何处，已成为难以揭开的千古之谜。

众说纷纭的明孝陵

据说，明孝陵是明代开国皇帝朱元璋和皇后马氏的合葬陵墓，坐落在紫金山南独龙阜玩珠峰下，东毗中山陵，南临梅花山，是南京最大的帝王陵墓，也是我国古代最大的帝王陵寝之一。

明孝陵规模宏大，建筑雄伟，形制参照唐宋两代的陵墓而有所增益。陵占地长22.5千米，围墙内宫殿巍峨，楼阁壮丽，南朝70所寺院有一半被围入禁苑之中。陵内植松10万株，养鹿千头，每头鹿颈间挂有"盗宰者抵死"的银牌。为了保卫孝陵，内设神宫监，外设孝陵卫，有近1万军士日夜守卫。

明孝陵是明太祖朱元璋的陵寝建筑，但其地宫的具体位置在哪里，众说纷纭，史无定论。加之曾有朱元璋下葬时13个城门同时出殡和葬于南京朝天宫、北京万岁山等民间传说，因此朱元璋是否真的葬在明孝陵也成为数百年来人们心中挥之不去的谜团。

谜团之一：朱元璋是否葬在独龙阜？

专家们采用的精密磁测技术是根据物体磁场原理，通过探测地下介质（土、石、砂及人工物质）磁场的空间分布特征，根据其空间磁力线分布图像的不同，输入计算机分析，来判别地下掩埋物是否存在及其形制的。

最初的测网布置乃以明楼为中心。探测结果发现这条中轴线上没有想象中的地下构筑物。通过异常的向东南延伸的磁导信号，找到了宝城内明孝陵地宫的中心位置，确认朱元璋就葬在独龙阜下数十米处，而且这座地下宫殿保存完好，排除了过去流传的地宫被盗之说。

谜团之二：墓道入口在哪儿？

在对明楼中轴线以北的测网资料分析中，通道状并无连续的异常，相反以东拐向东南的线状异常。而且这种隧道状构筑物的异常是连续的，长度达到120米，具有一定宽度，内径为5～6米。同时判断，该隧道状构筑物的入口之一位于明楼东侧的宝城城墙之下。

经地表调查，在相应的宝城城墙上可看到两处明显的张性破裂的裂口和下沉错位的痕迹，由此推测这里很可能就是隧道状构筑物即地下宫殿的入口之一。

谜团之三：墓道弯曲是岩石"作怪"？

明孝陵与历代帝王陵寝相比，有许多不同之处，其中之一就是墓道弯曲不直。

通过探测，结果发现竟是两种不同的岩石所致。明楼以北的山坡，地下由两种不同岩石组成，西侧是下中侏罗纪的砾岩，东侧是稍晚的长石石英砂岩。这两种岩石本身的磁性差异很大，更奇怪的是，这两种不同岩体的接触界面呈南北走向，并且位置也靠近明楼中轴线，开始时被误认为是墓道。

由于西侧岩石硬度大，开挖困难，专家根据宝城内的地质特征，认为不排除存在这样一种可能：当年明孝陵的建筑工程主持者已注意到本地岩石的磁性差异，而修改了原有的施工方案。

明孝陵地宫确实在独龙阜下，其墓道偏于宝城一侧的做法，起因是什么，目前尚不可知，但这种做法一直影响到明代后来的帝陵规制。如北京明十三陵中已发掘的定陵，其墓道入口便是偏向左侧，与孝陵墓道正好相反，但避免把墓道开在方城及宝城中轴线上却是它们共同遵循的法则。

谜团之四：宝顶表面巨大的卵石有什么用？

考古人员还发现独龙阜山体表面至少60%的地方是经过人工修补堆填的，宝顶上遍布有规则排列的大量巨型卵石。

经过研究分析，这些巨型卵石是当年造陵工匠用双手从低处搬运上去的，是帝陵美学的要求，还是为了防止雨水对陵表的冲刷和盗陵者的掘挖？

明孝陵坐北朝南、依山傍水，堪称风水宝地。它留给世人的这些谜团也散发着神秘魅力，给后人留下了广阔的想象空间。

清东陵被盗之谜

在清朝统治时期，清东陵是一块与世隔绝、神圣不可侵犯的皇家禁地。由于中国数千年来奉行的厚葬之风，清东陵的地宫内更是随葬着清朝统治者积聚的无数价值连城的奇珍异宝。然而在20世纪初，清东陵却遭到一场毁灭性的浩劫。1928年春夏之交，这座规模宏大、体系最完整的清代皇陵发生了一桩震惊中外的盗墓奇案，堪称地下宝库的慈禧太后定东陵和乾隆帝裕陵地宫被炸开，墓中珍宝被洗劫一空。令人奇怪的是如此备受关注的盗宝奇案，后来却不了了之。谁是这次盗墓的真正凶手？神秘的皇陵地宫是怎样被打开的？地宫里面究竟埋藏着怎样价值连城的珍宝？这些长期萦绕在人们心头的疑问一直都没有人给出答案。

东陵浩劫的罪魁是谁

1928年7月4日～10日间，清东陵发生了最为惨重的浩劫。据当地老村民回忆，由于事前的军事封锁，大家都不敢出门，只听到陵区内炮声隆隆，还以为是剿匪或者军事演习。可是等到一切平静下来，有大胆者进陵，才发现皇陵被盗了。乾隆帝裕陵和慈禧太后定东陵地宫被炸开，现场一片狼藉，墓中富可敌国的珍宝被洗劫一空。

清东陵发生的惊天掘墓开棺案被报道后，舆论立刻哗然，社会各界纷纷要求严惩凶手，保护文物。清室遗老们更是义愤填膺，悲痛欲绝，溥仪号啕大哭，发誓报仇。那么究竟是谁，犯下了这令国人至今痛惜不已的弥天大罪呢？

相信今天的人们，大多都通过书籍、影视等作品了解到，是一个叫孙殿英的军阀盗掘了皇陵，这个人也因此留下了"东陵大盗"的万世恶名。然而查阅史料却发现，当时孙殿英并没有受到任何法庭的传讯和起诉。孙殿英在东陵案发后还曾宣称，那是土匪盗陵，自己所率部队得到的珍宝完全取自土匪手中。

难道真有另一支土匪盗取了皇陵，孙殿英只是坐收渔翁之利？直到今天，在谁是真正的盗墓者这一关键问题上，就是研究清东陵的专家们也时常陷入困惑。东陵罪魁是否还另有其人？孙殿英是个什么样的人物，他是如何被后人定为盗陵元凶的？最后又怎样逃脱了惩罚？这中间究竟有着怎样的惊天内幕？

孙殿英，河南永城人，名魁元，一般也叫孙老殿，因为出过天花满脸麻子，也有人叫他孙麻子。此人出身贫寒，自幼就跟流氓地痞鬼混，出入赌场，精于赌技。年长后更是不务正业，闯荡江湖，广结流氓恶棍、军警胥吏，开设赌局，贩卖毒品，坑骗钱财。后来孙殿英又加入了豫西的庙道会，利用该组织贩运鸦片，制造"红丸"，大发横财，并购买枪支，纠集徒众，发展势力。1922年，孙投靠河南陆军第一混成团团长兼豫西镇守使丁香玲，被委为机枪连连长。依仗丁的权势，大肆贩毒。1925年春，孙又投靠镇嵩军憨玉昆任旅长和国民革命军第三军副军长。同年秋，又率部投靠山东督办张宗昌。1928年，国民革命军北伐中原，奉军大败。原属奉系的孙殿英接受蒋介石收编，摇身一变成为国民革命军第十二军军长，进驻河北东陵附近。正是在孙部驻防期间，清东陵迎来了这次惨重的浩劫。

不过，由于事前孙殿英发出告示要在此地进行军事演习（也说是剿匪），清东陵方圆数十里内全部戒严，没有人知道盗墓者的来龙去脉。东陵盗案发后，面对强大的舆论压力，负有管辖权责的平津卫戍区总司令阎锡山下令严查。起初各方对盗墓者的猜测众说纷纭，并没有十分明确的目标。而这其中首先把矛头指向第十二军的是一个叫和钧的满族守陵官员。

和钧奋笔疾书向溥仪报告了东陵被盗后的惨状，同时指出当时国民革命军第十二军就驻扎在东陵附近的遵化，很可能是这支部队看见陵内守护形同虚设，从而监守自盗。不过这个报告在当时并没有引起人们的注意，真正让人们对第十二军产生怀疑的是随后又发生的一件事。

这年8月的一天，北京琉璃厂规模最大的古玩铺"尊古斋"迎来了一位神秘的客人，此人携带了一批罕见的绝世珍宝，并急于出手。老板黄百川热情地接待了他。双方经过一番讨价还价，最后以10万元秘密成交。不料，走漏了风声，事情败露，二人因涉嫌贩卖国宝罪被北平警备司令部拘捕。经过审讯后得知，这位涉嫌销售东陵珍宝的神秘男子正是第十二军的师长谭温江。

这一事件被报道后，舆论再次哗然，人们自然把怀疑的目光投向了身为谭温江顶头上司的十二军军长孙殿英。

面对这种情况，1928年七八月间，孙殿英向自己的顶头上司发出了一系列报告文电，解释了这些珍宝的来龙去脉，日本人创办的《顺天时报》连续13天全文刊登了这些文电内容。其中孙殿英详尽记载了东陵被盗前后十二军的换防调动情况，并着重指出：应乡绅之请求，派部剿办盘踞马兰峪之悍匪马福田，这一仗剿获战利品若干，列出清单上缴。从清单上看，这些从土匪手中缴获的战利品大都是十分贵重罕见的珍珠翡翠。

在偏远贫瘠的遵化马兰峪，这些珍宝来自何方？显然出自地下皇陵。那么报告中所说的马福田惯匪，究竟是什么来头，是否有盗陵之举呢？据考证，北伐战争后期，原来占据东陵的奉军溃退关外而国民革命军尚未到来之际，东陵地区散兵游勇、土匪、强盗活动频繁，这其中确以土匪马福田势力最大。

马福田是清东陵东沟村人，早年就是一名土匪，专靠"绑票"过日子，后来投靠奉军当了团长。奉军败退后，他又纠集散兵游勇做起了土匪。对于马是否盗陵，今天有关专家分析："也是可能的。因为在东陵盗案发生18年后的1945年，马匪又窜回东陵，把当时没挖的几个陵盗掘了。"但是这次东陵被盗是否是他所为，就不得而知了。

由于当时清东陵被盗案情况复杂，土匪盗墓的可能性确实很大，孙殿英的报告立即发挥了作用。与此同时被捕的谭温江也一直否认自己参与过盗陵，关于珍宝来源，他也解释是缴获自土匪。因为查无实据，案件的审理一时陷入僵局。

　　事情并未就此结束，同年8月4日，在驶往青岛的一艘名叫"陈平丸"的轮船上，青岛警察厅抓获了两名逃兵，从他们身上搜出36颗珍珠，还有国民革命军第12军的标志。经过一番审讯，一名叫张歧厚的逃兵承认参与了东陵盗墓，从而把人们的目光再次引向孙殿英。

　　当时的报纸记载了张歧厚的自供："今年五月（公历7月）间……由军长（孙殿英）下命令，教工兵营用地雷将西太后及乾隆帝二坟炸开……我这三十六颗珠子就是在西太后的坟里拾的。我因当兵不易发这些财，再跟着队伍打仗去也无益，所以才由杨各庄偷着跑到天津卖了十颗珠子，卖了一千二百元钱……"这是第一份直接指证孙为盗墓嫌疑人的重要证据，产生了极大的影响。

　　南京国民政府迫于舆论压力，开始催促平津卫戍区总司令阎锡山尽快破案。1928年11月，当时的四大集团军首脑都派出自己的代表组成高等军法会来会审此案，东陵盗墓案真相一时大有水落石出之势。

　　对此，不仅清皇室，社会各界人士也都翘首以待，期望能够早日查明真相，给大家一个交代。然而，令人奇怪的是，如此备受关注的案件，却一拖再拖，迟迟不见下文。

　　直到1929年4月底，也就是东陵被盗将近一年后才开始预审，经过匆匆一个半月的审理后，高等军法会在6月中旬，宣布了预审终结，结论是：东陵盗案系遵化驻军勾结守陵满员，盗墓分赃。对于所谓的"遵化驻军"是哪支部队？幕后主使究竟是谭温江还是孙殿英？判决草案模糊不清，含糊其辞。

　　按照程序，高等军法会将"预审判决草案"的全部卷宗，呈交南京国民政府，静候最高当局的复核、宣判和执行。然而，案卷上报后却再也没了下文。为什么会这样呢？原来，当时无论是阎锡山还是蒋介石都是各怀鬼胎，明争暗斗，双方的军事大较量即将展开。而孙殿英手握一部分兵权，是双方都力争拉拢的对象。因此，谁也不愿意得罪孙殿英。

1930年4月，中原大战爆发。孙殿英见反蒋势力强大，再次易帜，投靠冯玉祥和阎锡山集团，被羁押在阎锡山辖区北平陆军监狱的谭温江也获得释放。这个东陵要犯，正如当时一家报纸所言"不知何故又将其释放"，自此东陵盗案不了了之，成为民国历史上最大的悬案之一。

1949年后，曾在孙殿英身边任参谋长的文强回忆，孙曾不无得意地对他说："乾隆帝墓中陪葬的珠宝不少，最宝贵的是乾隆帝颈项上的一串朝珠，上面有108颗珠子，听说是代表十八罗汉的，都是无价之宝。其中最大的两颗朱红的，在天津与雨农（戴笠）见面时，送给他做了见面礼。还有一柄九龙宝剑，有九条金龙嵌在剑背上，还嵌有宝石，我托雨农代我赠给委员长（蒋介石）和何部长（何应钦）了……"孙还说："慈禧太后墓被崩开后，墓室不及乾隆帝墓大，但随葬的东西就多得记不清楚了……（其中的）翡翠西瓜托雨农代我赠宋子文院长，口里含的一颗夜明珠，分开是两块，合拢就是一个圆球，我把夜明珠托雨农代我赠给蒋夫人（宋美龄）。宋氏兄妹收到我的宝物，引起了孔祥熙部长夫妇的眼红。接到雨农电话后，我选了两串朝靴上的宝石送去，才算了事……"

这段记载也许回答了清东陵盗墓案最终风平浪静的又一原因和一些不为人知的内幕，更成为今天人们判断孙殿英是盗陵主谋的引用最广的证据。除此之外，有关学者还从民国时期的档案中发现了一些蛛丝马迹，比如一份档案中曾提到在乾隆帝裕陵地宫内发现一个军用铁尖锄，还有带着黄色炸药痕迹的墙砖碎块。另一份档案记载，案发后，当地百姓曾经看见第十二军的士兵到集市上，许多人裤脚沾满白灰。这个奇怪的现象意味着什么呢？专家认为由于东陵地宫为三合土夯成，地宫渗水，地上积满白灰浆，这正好表明了第十二军盗墓是实。再说定陵和裕陵规模宏大，坚固无比，如果没有主使，组织大量人力，也不可能在短时间内得手。

从现在掌握的资料来看，学者们认为尽管不能怀着先入为主的观念武断谁是真正的东陵大盗，但孙殿英无疑仍是最大的嫌疑人。

神秘的地宫是怎样被打开的

众所周知，历代皇陵都修建得固若金汤，甚至传说地宫还布满机关暗器。清东陵裕陵是乾隆皇帝的陵寝，修建于清朝最鼎盛时期，耗银两百多万两，遍选天下精工美料，陵墓美轮美奂，坚固无比。慈禧太后的定东陵建于清末，工程前后耗银227万两，持续14年，直到她死前才完工。陵墓金碧辉煌，奢华程度连皇宫紫禁城也难以匹敌。皇陵最重要的部分就是那高高封土宝顶下的地宫，那是安放帝后棺椁的地方。但据资料记载，陵墓的地宫"系用尺厚四尺纵横之玉石十三层建筑砌成。墓门三层，其外层门，系用尺余厚之玉石制造，第二、第三两层，系铁质包金者，墓门内又有数千斤重之石球，由门外用巨绳牵引，使其自动滚入门后之深槽内封锁盗墓者。至墓门外更有五尺厚墙一堵，以资掩护"。因此，如果不能准确地找到入口，要想进入地宫是相当困难的。由此，我们不禁疑问，当年东陵盗墓者是如何进入地宫的？

从陵墓被盗后拍摄的照片看，起初，匪兵们确实不知道地宫入口在哪里，而是遍地乱挖，宝顶上、配殿外、明楼里，都留下了他们挖掘的痕迹。那么他们后来又是如何找到入口的呢？

有一种说法是，盗墓者找到了当时建造陵墓的知情者，在其帮助下找到了入口。有的书上是这样叙述的：工兵营在陵寝各处连续挖了两天两夜找不到地宫入口。孙殿英急了，派人把当地地保找来。这个地保是个40多岁的小地主，听说是要为盗皇陵当"参谋"，顿时吓得脸色蜡黄，浑身发抖，但又不敢得罪这个军长，只好说："陵寝面积这么大，我也不知道入墓穴的具体位置，还是找几个附近的老旗人问问吧！"孙殿英一听，立即派人抓来了五六个老旗人。但这些老人也不知道地宫入口，孙殿英以为他们不说实话，开始还好言哄劝，渐渐失去耐心，就用鞭子抽、烙铁烙。老人哪经得起这般折腾，不大一会就死去两个，有一个实在受不了这罪，说出离此地10多千米有个姜石匠，曾参加过修筑陵墓，兴许还记得地宫入口的位置。

这个姜石匠是否知道地宫入口呢？我们知道，古时修筑皇陵，为了不让外人知道地宫入口，封墓的工匠往往都被处死，不会留下活口。如果姜石匠参与了封闭陵墓最后一关封闭隧道，他有活下来的可能吗？当年慈禧太后入葬时，的确有81人被留下封闭墓道，并被告知完事后从另一隧洞出去。工匠们都知道这意味着什么。姜石匠也在其中，但是他却不想就这么死了，因为他都40多岁了，几天前才听说老婆给他生了个独生子，他可不想连儿子都没看上一眼就死了。他正胡思乱想间，脚下一滑摔倒在地，恰巧被他自己搬的石头砸在身上，当场昏死过去。监工见他半天不醒，断定这家伙已经死了，就让人把他扔到了荒山上。谁知这个石匠命大，半夜时分就醒过来了。他见自己不在墓地里，连高兴都忘了就拼命跑回了家。

得到姜石匠知道地宫入口的消息后，不顾深更半夜，孙殿英马上命人把姜石匠"请"到东陵。姜石匠迷迷糊糊不知发生了什么事，孙殿英对他说，请指点一下进入慈禧太后寝宫的墓道入口就送你回去。姜石匠知道是怎么回事后，吓得跌坐在椅子上。姜石匠想，我怎么能做这种缺德事呢？孙殿英用元宝、金条来引诱，姜石匠还是一言不发。孙殿英很不高兴，真想大刑伺候他一番，可是，他又一想，如果这个笨蛋经不住折腾，没了小命，我不就找不到墓道入口了吗？于是，他眼珠一转，把桌子一拍，对着姜石匠骂道："妈的，给你脸你不要脸，再不说把你儿子抓来！"姜石匠一听这话，扑通一声跪倒在地上。第二天，姜石匠乖乖地帮孙殿英找到了墓道口。

故事也许不可信，不过当年调查东陵盗案的国民政府接收委员会主任刘人瑞曾经接到报告：当时盗墓部队挖掘时，有人看见有两名白胡子工兵在现场。工兵中可能有这么大岁数的吗？刘人瑞当时就怀疑这二人可能是当初筑陵时的工人。今人分析，这种情况是完全可能的，按照古制，东陵周围几个村庄住着的都是守陵人的后代，不排除会有个别当年参加或者目睹过建陵的幸存者，盗墓部队很可能找到了这类了解内情的人。

还有一种说法认为，清代负责皇家陵寝建筑事务的机构样式房保存有大量陵寝设计施工时的图纸、烫样，这些资料清楚地记录了清东陵的结构秘密。清帝退位后，样式房随之衰落，这些曾经属于清宫秘档的物品，随着样式房工匠们的四散谋生，而大量流落到民间。由此，当年的匪军可能找到了一份这样的施工图纸，从而最终顺利找到了地宫入口。

当然，当时的情况究竟如何，已经无法知道，但不管怎样，盗墓匪兵们最终还是进入了地宫。今人可以想象，由于害怕传说中的暗器，走在这阴森恐怖、霉臭刺鼻的斜坡甬道上，士兵们肯定是精神高度集中，相当害怕。东陵被盗后，当地留下一些传说，其中就有盗陵士兵死于地宫的。有人说是胆小吓死的，有人说是争抢财宝自相残杀，还有说士兵中墓中的暗器死的，众说纷纭，莫衷一是。

至于匪兵们如何打开慈禧太后棺椁的，有些资料倒是可以给我们提供一些信息。在一本名为《世载堂杂忆》的书中有一段据称是盗陵连长的回忆：他们是用刀斧砍开光芒四射的金漆外椁的。外椁被砍开后，匪兵们看见了一具红漆滇金的内棺。匪官们怕伤及棺内宝物，就严令匪兵不要用刀斧去砍。于是，匪兵们小心翼翼地用刀子撬开了内棺。该连长说："当时将棺盖揭开，见霞光满棺，兵士每人执一大电筒，光为之夺，众皆骇异。俯视棺中，西太后面貌如生，手指长白毛寸余……珠宝堆积棺中无算，大者由官长取去，小者由各兵士阴纳衣袋中。于是司令长官下令，卸去龙袍，将贴身珠宝搜索一空。"孙殿英在谈起当时的情景时不无炫耀地说："老佛爷（慈禧太后）像睡觉一样，只是见了风，脸才发了黑，衣服也拿不上手了。"

另外，据《孙殿英投敌经过》一文记载："乾隆帝的墓修得堂皇极了，棺材里的尸体已经化了，只留下头发和辫子。陪葬的宝物不少，最宝贵的是颈项上的一串朝珠，有108颗，听说是代表十八罗汉，都是无价之宝。其中最大的两颗朱红的……"

清东陵终于在盗匪们的贪欲下，惨遭破坏，留下了永远无法弥合的重创！

有多少珍宝被盗，如今流落何方

慈禧太后的定东陵和乾隆帝的裕陵这次被挖掘盗走了多少稀世珍宝，成了永远的历史之谜，我们只有通过一些相关的资料管中窥豹，对其有个大致的了解。据有关资料记载，早在慈禧太后生前，地宫刚修好之时，就有大量殉葬物品陆续放入，直到慈禧太后入葬关闭地宫为止。

这些珍宝本身的材质就已价值连城，其所包含的艺术价值更是无法估量。比如翡翠西瓜，青皮、红瓤、白籽黑丝；翡翠甜瓜，有白皮黄籽粉瓤的，有青皮白籽黄瓤的。又比如玉藕，藕上有污泥，且在节处生出绿荷花，开出粉红荷花。这些珍品件件巧夺天工，总价值无法估量，说其可以富国毫不夸张。

乾隆皇帝在位期间，国家强盛，文化繁荣，乾隆帝本人精通书画诗词，酷爱金鼎玉石陶瓷。在他死后，他生前喜爱的那些物品大多陪葬入地宫。不过，由于史料记载有限，我们已经无法对这些宝物一一历数。其中的书画、金鼎玉石、瓷器等等，宝物之多、价值之大不可计数。史料记载，孙殿英从地方强行征集了30辆大车。后人推测这些车就是用来运送东陵珍宝的。

孙殿英率部离开后，听到风声的散兵游勇和土匪一起奔向东陵，他们很快扒开地宫入口，蜂拥着钻入地宫，将剩余的珠宝洗劫一空。

那么，这些价值连城的珍宝最终流落到了什么地方呢？珍宝的命运大致有四：一部分被孙殿英用来四处行贿，落入了当时一些权贵之手。比如前面已述的，送给戴笠、蒋介石或何应钦、宋氏兄妹、孔祥熙夫妇等。另外，孙殿英的上司国民党陆军上将徐源泉，也接受了孙的大量贿赂，甚至还传言徐在湖北汉口附近的仓阜镇上修建的徐公馆地下还埋藏有一部分珠宝；一部分被孙部下瓜分，比如前面提到的张歧厚，只是一个普通的士兵，在地宫被盗后还从里面拣到了46颗珠子。那么，可想而知孙部的其他官兵们也自然人人有份。这些珠宝或者被变卖或者流落民间，下落不明；

一部分珍宝被变卖或走私到国外，比如上面提到的师长谭温江就试图把大批珍宝变卖到琉璃厂古玩铺，这只是其中的一个花絮，当时变卖东陵珍宝的交易相当活跃。据记载，东陵珍宝被盗的消息也刺激着北平天津一带颇为兴盛的古玩业的老板们。当时，小小的遵化县城几乎住满了一些"形迹诡秘"的生意人，这些人都是闻讯前来寻宝和购宝的古玩商。由于这些交易都是在极秘密状态下进行的，交易双方都秘不外宣，从而造成东陵珍宝的大量流失。比如1928年8月14日中央日报有则新闻，天津警备司令部又在海关查获企图外运的东陵文物，计有35箱，内有大明漆长桌一张、金漆团扇及瓦麒麟、瓦佛仙、瓦猎人、瓦魁星、描龙彩油漆器、陶器等，系由某古董商委托通运公司由北平运到天津，预备出口，运往法国，价值2.2万元。同时，在遵化还截获了所谓国民政府内务部接收大员宋汝梅企图携带的铜质佛像24尊，以及乾隆帝所书用拓印条幅10块等。当时有关东陵珍宝的这种报道屡见不鲜；孙殿英向上司徐源泉上交的两箱珠宝，有史料记载，东陵盗案曝光后，徐源泉未敢全部私藏，而是由北平卫戍司令部出面，把它们存入大陆银行，当时还曾请古玩专家进行鉴定何为乾隆帝葬物，何为慈禧太后葬物。后来随着高等军法会审理的不了了之，这批文物送到何处去就不知道了。有说当时被送到了故宫博物院，但后来随着抗战和内战的相继爆发，这部分文物究竟被送到了台湾还是留在了大陆，或者一部分留在了大陆，一部分被送到了台湾，就弄不清了。

总的来说，这些无价珍宝最终被弄得七零八落，不知去向。

慈禧太后墓中珍宝知多少

清内务府的《孝钦后人殓、送衣版、赏遗念衣服》册中，对慈禧太后墓中的珍宝有着详细的记载：

光绪五年三月二十五日（1879年4月16日）在地宫安放了金花扁镯一对，绿玉福寿三多佩一件，上拴红碧瑶豆三件。

光绪十二年三月二日（1886年4月5日）在地宫中安放红碧瑶镶子母绿别

子一件，红黄碧瑶葫芦一件，东珠一颗，正珠一颗，红碧瑶长寿佩一件，正珠二颗。

光绪十六年二月二十九日（1890年3月19日）在地宫安放正珠手串一盘，红碧瑶佛头塔，绿玉双喜背云茄珠坠角，珊瑚宝盖、玉珊瑚杵各一件，绿玉结小正珠四颗。黄碧瑶葡萄鼠佩一件，上拴红碧瑶豆一件。红碧瑶葫芦蝠师一件，上拴绿玉玩器一件。绿玉佛手别子一件，上拴红碧瑶玩器一件。红碧瑶双喜佩一件，上拴绿玉一件。

光绪二十八年三月十日（1902年4月17日）在地宫安放白玉灵芝天然小如意一柄，白玉透雕凤龙天干地支转心璧佩一件，红碧瑶一件。

光绪三十四年十月十二日（1908年11月5日）在地宫安放金镶万寿执壶二件，共重一百九十七两七钱一分，上镶正珠四十颗，盖上镶正珠六十颗，米珠络缨一千零六十八颗，真石坠角。金镶珠石无疆执壶一件，共重九十一两六钱，上镶小红宝石二十二件，底上镶小东珠二十颗，盖上镶碎东珠二百零四颗，米珠络缨五百三十四颗，真石坠角。金镶珠石无疆执壶一件，共重九十三两七钱，上镶小宝石十六件，底上镶小东珠二十颗，盖上镶小东珠二百零四颗，米珠络缨五百三十四颗，真石坠角。金镶真石玉杯金盘二份，每盘上镶东珠二颗，共重六十六两五钱五分。金镶珠杯盘二份，每盘上镶东珠八颗，杯耳上镶东珠二颗，共重六十八两三钱二分。雕通如意一对。

光绪三十四年十月十五日（1908年11月8日）在地宫中安放金佛一尊，镶嵌大小正珠、东珠六十一颗。小正珠数珠一盘，共二百零八颗。玉佛一尊。玉寿星一尊。正珠念珠一盘，计珠二百零八颗，珊瑚佛头塔，绿玉福寿三多背云，佛手双坠角上拴绿玉莲蓬一件，珊瑚古钱八件，正珠二十二颗。正珠念珠一盘，计珠二百零八颗，红碧瑶佛头塔、镀金点翠，镶大正珠，背云茄珠，大坠角珊瑚纪念蓝宝石，小坠角上穿青石杵一件，小正珠四颗，镀金宝盖，小金结六件。正珠念珠一盘，珊瑚佛头塔，背云烧红石金，纪念三挂，蓝宝石小坠角三件，加间小正珠三颗，珊瑚玩器三件，碧玉杵一件。雕珊瑚圆寿字念珠一盘，计珠一百零八颗。雕绿玉圆寿字佛头塔，荷莲背云，红碧瑶瓜飑大坠角上拴白玉八宝一份，珊瑚豆十九个。珊瑚念珠一盘，碧玉佛头塔，背云红色，纪念三挂，红宝石小坠角三件，催生石玩器三件。

这些都是慈禧太后生前明记在案的地宫殉葬物品，无一不是价值连城的宝物。慈禧太后死后，随之入殓的物品更多、更珍贵，内廷大总管李莲英的嗣长子李成武是慈禧太后的贴身侍卫，熟知内情，在《爱月轩笔记》中详细记着：

"太后未入棺时，先在棺底铺金丝所制、镶珠宝之锦褥一层，厚约七寸。褥上覆绣花丝褥一层，褥上又铺珠一层，珠上又覆绣佛串珠之薄褥。一头前置翠荷叶，脚下置一碧玺莲花。放好，始将太后抬入。后置两足登莲花上，头顶荷叶，身着金丝串珠彩绣礼服，外罩绣花串珠挂，又用串珠九练围后身而绕之，并以蚌佛十八尊置于后之臂上。以上所置之宝系私人孝敬，不列公账者。众人置后，方将陀罗经被盖后身。后头戴珠冠，其旁又置金佛、翠佛、玉佛等一百零八尊。后足左右各置西瓜一枚，甜瓜二枚，桃、李、杏等宝物共大小二百件。后身左旁置玉藕一支，上有荷叶、莲花等；身之右旁置珊瑚树一枝。其空处，则遍洒珠石等物，填满后，上盖网被一个。正欲上子盖时，大公主来。复将珠网被掀开，于盒中取出玉制八骏马一件，十八玉罗汉一份，置于后之手旁，方上子盖，至此殓礼已毕。"

文化迷踪

　　文化是人类历史的产物,世界各个民族在其历史进程中以不同的方式创造着不同的文化。作为历史的烙印,文化包罗万象,无处不在。

　　十二生肖是怎样产生的?《诗经》是否为孔子所编?石头和尚的肉身为何能千年不腐?……这些文化之谜耐人寻味,又令人陶醉。

甲骨文之谜

大约在公元前16世纪，商汤灭夏，在中原立国。从此中国历史进入商代。商王盘庚曾五次迁都于殷，商代晚期的统治中心一直在殷。但商朝被灭之后，殷民迁走，殷都逐渐变成一座废墟。殷都的文明也只局限于文字记载上，甚至有人认为那些记载不可作为信史。后来，一连串的偶然事件逐渐否定了这种怀疑。考古者逐渐将殷都积淀的古文明展现出来。

1899年，北京国子监祭酒王懿荣老先生感到身体不舒服，就买了一剂含有"龙骨"的药物，在准备将这些"龙骨"研碎时，王懿荣发现这些坚硬的东西并不是什么骨头，而是上面有许多划痕的变黄的龟甲。王懿荣是一位研究古文字的专家。好奇心驱使他拿起甲骨仔细地观察。他吃惊地发现这些划痕像是一种文字。他于是将这家药店的全部"龙骨"买下，经过细致研究和考证，断定这种非篆非籀的字形是商代的一种占卜文字。

我们现在已能解释商代的文字为什么要刻在甲骨或兽骨上，为什么这些刻着文字的甲骨碎片总是有许多裂纹或切痕。原来所有这些碎片都是史书上所称的"卜骨"。骨上的裂纹是人们有意用高温加热所造成的。根据商代的习俗，商代人上自王公下至庶民，无论是大事还是小事，都要用这种龟甲和牛胛骨进行占卜。占卜时，就用燃炽的木枝烧炙甲骨的反面凿出的槽和钻出的圆窠，这时甲骨因厚薄不匀而出现"卜"字形裂纹。这些裂纹就是他们判断吉凶的"卜兆"。占卜以后，将所问事项刻记在甲骨之上，这就是"卜辞"。占卜的内容是以当朝国王为中心的，有对祖先与自然神祇的求告与祭祀，有对天象、农事、年成以及风、雨、水的关注，也有对周围各国战争的关注和商王关于旬、夕、祸、福以及田游、疾病、生育的占问等。这样就为我们提供了许多商代历史事件或天气气象的资料。

王懿荣的发现引起了许多中外人士对甲骨的重视。1908年，经罗振玉先生多方查询，才得知甲骨实出自河南安阳小屯一带。伴随着甲骨被确认、购藏和挖掘，古文字学家也开始对甲骨文进行破译。经过众多专家的努力，甲骨片上排列的文字成为可以通读的文句了，从而证实了出土甲骨文的小屯村正是古文献记载的殷墟。因此，一个湮没了三千多年的繁华故都终于在世人面前得以呈现。

自1899年发现殷墟甲骨至今，约有15万片以上商代甲骨出土，现分藏在中国内地和台、港、澳地区，另有一部分流散到其他国家。殷墟甲骨文内容涉及到商代的政治、经济、文化及天文等。可以说甲骨文的发现和破译帮助我们解开了历史上许多难解之谜，而发现的甲骨文共有4500多个单字，还有2/3的文字等待人们去破解。

中华民族为什么叫"华夏"

汉族的形成和发展，是以华夏为主体，融合他族，不断发展壮大起来的。在中华五千年文明的漫漫发展的历程中，随着各民族经济文化上互相交流，互相渗透，形成统一的中华民族——华夏民族。"华夏"是中华民族的称号，凡是今天在中华大地上生活的56个民族，都称之为"华夏民族"。作为一名中国人，常常以称自己是"华夏民族""华夏子孙"为荣。尽管我们经常这样自豪地称呼自己，但对于"华夏"的由来，却是很难给出一个定论，作为一个未解之谜，自古至今，有很多说法。

关于"华夏"的由来，上古时代就留传这样一个传说。蚩尤原来是炎帝的大臣，是个很有野心的人，他想独霸天下，于是联合有苗氏，想把炎帝从南方赶到涿鹿，自称南方大帝。决定胜负的一战开始了，他们大战于涿鹿的野外。大战当时，蚩尤一夫当关，手持长剑，指挥着自己的士兵冲向炎帝的阵营，炎帝部落明显占了下风。不得已，炎帝被迫一面抵抗，一面带着部队仓皇地撤离战场，并向黄帝求援。这时蚩尤已向涿鹿进军，黄帝下令重整队伍，两军开始了新一轮的对垒，黄帝心想，只要我和炎帝携手并肩、齐心协力，一定可以打败蚩尤。但他们低估了蚩尤的法力，蚩尤竟然施起了妖法，刹那间，天地间扬起一片浓雾，而且天黑得伸手不见五指，炎黄的军队什么都看不见，被打得节节败退。面对一意孤行、制造战争、祸害百姓的蚩尤，黄帝决定奋力一搏，他找到了炎帝商量作战计划，并让人利用太极推测演算，后来又派人到蚩尤的大本营，探听军情，找到了克制妖法的办法，掌握了战争的主动权。当蚩尤再次施妖法反攻时，便被炎黄联军团团包围。此时炎黄联军把骨头做的战鼓擂得震天响，使得联军的士气大振，士兵们个个变得更英勇了。最后终于将蚩尤的部落打得落花流水，蚩尤也被俘虏。不肯投降的蚩尤被黄帝下令斩首，而炎黄部落最后团结一致，统一了整个中原。从此以后，中原各部落都尊黄帝为共主，炎、黄等部落在黄帝的领导下融合成华夏民族，这就是"华夏"的由来。

还有另外一个关于华夏由来的传说，对此有不同的解释。相传，我国历史上第一个朝代是夏朝。大禹历时数年，成功治水，被舜选拔为继任者。之后他开启了一个清明的历史时代。所以在当时，以禹代表的夏后族在当时独领风骚，成为盛极一时的氏族部落。又加上夏后族以华山作为自己的活动中心，所以他们又被人们称之为华夏族。这也是为什么禹的儿子建立的第一个王朝叫夏的原因了。

今天，对于华夏由来的争论，仍然不断。一些专家学者将众多观点归纳为两类。第一种观点认为，"华夏"是民族的名称。他们认为我国古代以"夏"为族名，"华夏族定居在华山之周，夏水之旁，故而得名"。讲的就是这个意思。"夏"这个名词是由"夏水"得到的。中华民族自古以来就是融合了别的不同的民族构成的一个庞大的民族。她尽管不是一个单纯的民族，但是在历史的长河中她始终以一个核心民族为中心，逐渐地融合和同化别的民族，形成一种"单元性的多元化民族"，这就是今天的中华民族。在先秦时代，她被称为华族或夏族。而"华"指的是居住在华山、以玫瑰花（华）作图腾的"华族"，"夏"则指的是居住于长江中下游的"夏族"祖先的夏后氏。华夏民族的称谓，由此而来。

还有一种观点认为，"华夏"根本上不是什么民族的称呼，它仅仅指的是一个地域文化概念。而在这个派别中，又有两种不同的解释。第一个派别是这样解释的：遥远的中华民族的远祖们曾经分为三个主要的集团，他们分别是华夏、东夷和苗蛮。在不断的争战和竞争中，黄帝取得了最终的霸主地位，他领导的华夏集团于是成为当时的文化和政治主流，东夷和苗蛮两大集团不得不俯首称臣，被迫纳入华夏文明的圈子里。第二个派别认为，远古时代是以文化高低来定名的。所以，文化高的周礼地区称之"夏"，同样另一个文化高的民族称为"华"。"华"和"夏"合起来，统称为"中国"。相反的，对于华夏周围的四方，被称为"东夷""南蛮""西戎""北狄"。后来华夏不断融合壮大，周围四方民族凡是接受华夏文化的，大都纳入了传统华夏文化的范畴，华夏渐渐地就成为了我们中华文明的象征了。

尽管现阶段我们还没有完全解开华夏之名由来的谜底，但我们相信，"华夏子孙"将永远是令我们每一个中国人自豪的称呼。

汉字起源真是"仓颉作书"吗

早在几千年前就产生的汉字孕育和记录了中华民族古老的历史文化，传承了黄土地上悠久的文明。汉字以它独特的形状和用法而在诸多文字中独树一帜，汉字是怎样产生的？又是什么人发明的？对于这个问题，历来有不同的说法，最为流行的是"仓颉造字"说。

关于"仓颉造字"，有个美丽而神奇的传说。仓颉本来是黄帝的史官，他有着4个眼睛，能上观天文，下察地理，还能看到一般人所看不见的东西。黄帝时期，人们都还在结绳记事，这种方法过于简单，没办法将复杂多变的各种情况记录下来，人们往往因为无法正确传达和交流自己的意思，而使农耕生产受到了阻碍。于是关心民生的黄帝就命令仓颉去想办法。仓颉接到命令后，把自己关在洧水河岸边上的一个房子里，天天想得饭都忘了吃，觉都顾不得睡，整天蓬头垢面，还是很长时间也没造出字来。有一天，他站在屋门口的大树下发呆，一只凤凰飞过，把嘴中的果实丢在他面前，仓颉捡起来仔细一看，发现上面有一个从来也没见过的图案，十分美丽。这时有一个猎人经过，看到那个图案就告诉他说那是貔貅的蹄印，与别的兽类的蹄印不一样，而且世界上万物的蹄印都是各不相同的。仓颉从这些话中得到了启发，意识到自己原来造不出字是因为闭门造车的缘故。于是，他周游四方，跋山涉水，看到什么都要仔细地观察和思考，将它们的特征记下来，风花雪月、飞禽走兽、日月星辰都成为他的灵感来源。他将这些灵感的美丽动人的地方整理出来，成为最早的象形字。传说他在造字的时候，天上竟然不可思议地下起米来，夜间听到天地间有野鬼凄厉的哭嚎声。仓颉把他造的这些象形字献给黄帝，黄帝看后非常满意，立即召集九州酋长前来，让仓颉把造的这些字传授给他们，九州酋长们又在各自的部落和领土大力推行。于是，九州大地人们都开始使用这些象形字，这给人们生产生活和交流信息提供了很大的方便。

关于这段传说，很多书中有相关的记载，在汉代淮南王刘安著的《淮南子》一书中说："颉作书，天雨粟，鬼夜哭"。汉代最伟大史学家司马迁在《史记》一书中也说："造端更为，前始未有，若仓颉作为……是也。"到了东汉，许慎更是很明确地在《说文解字》中写道："黄帝之史仓颉，见鸟兽蹄迒之迹，知分理之可相别异也，初造书契。"《兖州续志》中说"仓颉，冯翊人，黄帝史官也。生四目，观鸟迹而制字。"此外，为了纪念仓颉造字的功劳，后人还根据传说把河南省新郑市南仓颉造字的地方称作"凤凰衔书台"，到了宋朝时还有人在这里建了一座叫"凤台寺"的庙宇。甚至仓颉的坟墓也有多处，其中文物考古工作者在现在的铜城镇王宗汤村调查发现一处龙山文化遗址，距今约4000余年，据说原来就是被当地人称"仓王坟"，坟前原来还建有"仓王寺"。可以看出，仓颉造字的说法还是很有来历的。

但是如果客观和理性地分析的话，汉字的复杂和多变根本不可能由一个人在一个较短的时间内发明出来。仓颉所处的时代还是原始社会,人们每天风餐露宿,最基本的生活都无法保证,如此低的生产水平和文化水平要发明像汉字这样既是独立发展又有相当久远历史的文字,对仓颉这种原始人来说简直不可能。此外,根据学者的考证,当时的文字有许多异体字,无疑产生于很多人的手中,所以人们认为"仓颉造字"是一种不太可信的说法,可能性大些的是他对这种形体不一的文字进行了整齐划一的工作。荀子就曾经认为:古时候,创造文字的人很多,文字是众人发明的,仓颉的功劳只是在于整理它们罢了。一个很有说服力的考古史实是有人发现西安半坡出土的陶器上有一些刻画符号,笔画简单,距今大约6000年左右,比仓颉造字的时代早1000年。除了仓颉外,还有传说中的神农作穗书,黄帝作云书,祝融作古文,少昊作鸾凤书,曹阳氏作蝌蚪文,曹辛氏作仙人书,帝尧作龟书,大禹铸九鼎而作钟鼎文,等等,可以说是各有各的道理。文人学者们为此考证了2000多年,发表了各种看法,但谁也没能压倒对方,成为权威。

但不管"仓颉作书"的真相是怎么样的,不论它是严肃的史实还是美丽的传说,都反映出人们对祖国文字的热爱、对它传承中华民族悠久文化的肯定。正因为人们对那些造字的祖先怀着热烈的感激和景仰,那些动人的传奇才能流芳千古。

绘画的始祖是谁

在世界美术史上,中国画独树一帜。中国绘画的起源可追溯到原始社会,其绘画痕迹留于陶器上的各种花纹、图案上,但现代意义上的绘画并非这些花纹、图案。那么,谁是中国画的始祖?中国画起源于何时?我国有很多关于这个问题的传说,古籍上也对此众说纷纭。

"白阜始作图画说"。《画史会要》中说:"火帝神农氏,命其臣白阜,甄四海,纪地形而图画之,以通水道之脉。"白阜是传说中神农氏的大臣,古人在讨论绘画起源诸问题时极少提及此说,因为白阜画的是地形图。

"绘画源于黄帝说"。《鱼龙河图》说:"黄帝遂画蚩尤形象,以威天下。"这些可以说是绘画。《云笈七签》又云:"黄帝以四岳皆有佐命之山,乃命潜山为衡岳之副,帝乃造山,躬形写象,以为五岳真形之图。"这两者都只能算是画地形图了。

"伏羲氏始作画说"。《周易·系辞上传》云:"古者伏羲氏之王天下也,仰则观象于天,俯则观法于地,观鸟兽之文,与地之宜;近取诸身,远取诸物。于是始作八卦,而文籍生焉。"古今都有学者认为,伏羲氏所画八卦的爻象的意义原在图形,因为它们都是象形的。伏羲氏观察天象画出了"乾",根据大地则画了个"坤"等等。因而伏羲氏所画的八卦乃是中国最原始的绘画。

"绘画始作于史皇说"。史皇是黄帝的大臣。《文选》李善注中说:"《世本》云:'史皇作图。'宋忠曰:'史皇,黄帝臣;图,谓图画物象。'"《云笈七签》则称:"黄帝有臣史皇,始造画。"说得更为直截了当。在《画史会要》中,黄帝之臣史皇"体象天地,功侔造化",颇"善鱼",无一不通,无一不画。黄帝的另一大臣仓颉作文字便是授传于史皇的"写鱼龙龟鸟之形"。

"绘画始于仓颉说"。不仅书法,绘画亦源于仓颉。书画同源是得到我国大多数学者的肯定的。朱德润《存复斋集》云:"书画同体而异文……类皆象其物形而制字;盖字书者,吾儒六艺之一事,而画则字书之一变也。"《孝经援神契》中说道:"奎主文章,仓颉效象。"宋均注云:"奎星屈曲相钩,似文字之画。"意即"屈曲相钩"的文字实际上就是中国最原始的绘画。

"绘画始祖为封膜说"。《画尘》中指出:"世但知封膜作画。"意思是说人们只知晓封膜为绘画之祖。但此说没有根据。唐人张彦远见到《穆天子传》中有"封膜昼于河水之阳"之语后,误把"封"当作姓,又将"昼"解为"画",并用郭璞的注来证实这一误解,很是牵强,有穿凿附会之意，使后人误传世上曾有过"封膜"其人，并说中国绘画之祖就是封膜。此说实为以讹传讹，故而不足凭信。

"敤首为绘画始祖说"。《说文解字》曰："舜女弟名敤首。"敤首是传说中英雄时代舜的妹妹，她曾"脱舜于瞍象之害"，向两个嫂嫂告发了恶徒们欲置舜于死地的阴谋，救了舜一命。《列女传》盛赞她善画，"造化在心，别具神技"。敤首又名嫘或画嫘。正是由于嫘创造了绘画，所以她又叫画嫘。

然而，敤首的绘画事迹，距今年代久远，某些古籍的记载又缺乏有力的根据，往往带有神话色彩，无从查考。中国绘画的始祖也许是黄帝时代的人物，究竟是谁目前仍是个谜。

十二生肖是怎样产生的

2004年，是中国农历甲申年，被人称为"猴年"，这是用"十二生肖"来纪年的。"十二生肖"又称为"十二属相"，是用十二种动物为名称的纪时方法。那么，十二生肖的纪年法是如何创立的呢？它又是在什么时候开始的呢？

据传说，在很久很久以前，天上的玉皇大帝为了让人们按时耕作、起息，便想让人们学会纪时。玉皇大帝想选十二种动物作为十二生肖，按顺序每年一个生肖，每十二年又重新开始一轮。消息传出后，天下所有的动物都想成为十二生肖中的第一位，都愿意作为十二生肖之一。于是动物们纷纷赶往天庭，接受玉皇大帝的挑选。玉皇大帝见动物们如此踊跃，很是高兴，为了尽量做到公平，玉皇大帝让动物们举行了一次比赛，胜者即可入选。老鼠因其机敏灵活，跟巨大的大象搏斗时，它钻进了大象的鼻子使大象认输，赢得了所有动物的掌声，并以其聪明灵活被排在了选中的十二种动物的第一位。十二生肖就这样产生了。

但这只是一个生动的神话而已。真实的情况是什么样的呢？早在距今

6000年前，我国古代人民就通过对天象的观察发现太阳和月亮一年要会合十二次，而每次会合的位置不同。所以古人将太阳运行一圈的轨道分为十二等分，即"十二宫"，以"子丑寅卯"等相配使用，用以纪年、纪日。"天干地支"就是这么产生的，"天干地支"纪时的方法非常方便、实用，但还要用十二生肖与之配合，这是为什么呢？

一些史学家认为，这是一种动物崇拜。以十二生肖纪时的原因是因为古代人民非常崇敬动物，对大自然中各种或活泼或凶悍的动物有一种图腾情结。比如我国少数民族像蒙古、维吾尔、藏族等，均有自己民族的十二兽法用以纪年。在漫长的历史过程中，这种图腾情结就与天干地支联系了起来，后来就用于纪时了。

但各种说法都还没有形成一致的定论。今天，我们虽然仍在使用这种纪时方法，但是十二生肖之谜还未被破译。

左丘明有没有著《国语》

《国语》是我国最早的一部国别体史书，共有21卷，分别记载了西周末年和春秋时期周、鲁、齐、晋、郑、楚、吴、越等八国的史事。这部书以记述人物的言论、对话为主，其中有不少脍炙人口的历史故事。如召公谏厉王止谤（《周语》）、勾践卧薪尝胆终于灭吴（《越语》）、管仲帮助齐桓公称霸（《齐语》）等等，一代一代被后人传诵。《国语》不仅对研究春秋战国时期历史有重要价值，其生动、幽默的语言也对后世文学产生了积极的影响。但《国语》的作者是谁历来是各位学者争论不休的话题。

西汉大史学家司马迁说："左丘失明，厥有《国语》"（《报任安书》）。东汉史学家班固也说，左丘明在写完《左传》之后，"又纂异同为《国语》"（《汉书·司马迁传赞》）。三国时吴人韦昭在为《国语》作注释时，在序文中也认为左丘明作《国语》。唐代史学家刘知几也持有同样的见解，认为"《国语》家者，其先亦出于左丘明"（《史通·六家》）。但在刘知几之后的唐代大文学家柳宗元首先提出了相反意见。他写有《非国语》二篇，否定左丘明为《国语》作者。从此，宋人刘世安、吕大光、朱熹、郑樵，直至清人尤侗、皮锡瑞等，也都对左氏作《国语》的传说产生了怀疑。

在现代学者中，对这个问题的认识分歧依然存在。徐中舒认为：《左传》《国语》"此两书其中大部分史料都应出于左丘明的传诵。古代学术，最重传授系统，谁是最初传授者，谁就是作书的人"（见《〈左传〉的作者及其成书年代》）。张孟伦认为："《国语》是左氏编纂的。司马迁不但用它做过《史记》的资料，而且在《自序》里说过'左氏失明，厥有《国语》'。这就不但告诉了我们《国语》是左丘明编纂的，而且是他失明后'发愤之所作为'的，我们也就不必再有什么怀疑了。"他又说："汉、魏各学者钻研《国语》，又做过精密注释工作，都没有怀疑《国语》是出自左氏的；宋儒宋庠作《国语补音》，也以为这种看法是很正确的"（见《中国史学史》上册）。李宗邺认为，"汉距春秋甚近，汉人说《国语》是左丘明作的，当为可信"（《中国历史要籍介绍》）。

但也有不少学者不同意上面诸位学者的说法。王树民认为："《国语》和《左传》以不同的形式叙述了基本上同时期的史事，这一点很受世人的重视。自从《左传》为经学家所尊奉，于是《国语》也称为《春秋外传》，并说为左丘明所作，其说实无根据。"又说，"《国语》为汇编之书，非出一时一人之手，这从本书的形式和内容方面，都可以得到充分的证明。"又说，"各篇的作者和全书的编者，现都已无从查考，也就不必强求了。"（见《史部要籍解题》）顾志华认为："《国语》是一部汇编之书，它仅仅反映了春秋时期的八个国家，其中每个国家所记史事详略不同，写法也不相同，不像出自一个人的手笔，很可能是当时各国史官把史事记下来后，有人在这些材料的基础上进行整理、加工、润色而成的。至于最后定稿者是谁，就不得而知了。《国语》的成书年代也已不能确定，大致是在战国初年，各篇先后有所不同。"（见《中国史学名著题解·国

语》）

　　由于双方若要说服对方，都还必须更深入地考证左丘明的确切生活年代及事迹，还要更加详细地对比分析《左传》《国语》在记载史事方面的异同，包括书法体例、语言风格、思想观点等等。探究《国语》的作者究竟是谁成为史学界的一大难题，也将成为提高《左传》和《国语》研究水平的一个重要环节。

《吕氏春秋》究竟成书于何年

　　《史记·吕不韦列传》曾载："《吕氏春秋》布咸阳市门，悬千金其上，延诸侯游士宾客，有能增损一字者予千金。"这便是有名的"一字千金"之说。此书的编纂者吕不韦是卫国国都濮阳（今河南濮阳西南）人，早年通过经商成为大贾，"家累千金"。庄襄王作了秦王后，拜吕不韦为相，以酬谢其奔走请托的拥立之功。在秦执政期间，吕不韦不但学习信陵君、春申君的养士风气，还学习信陵君使用宾客著书立说的办法，命宾客综合各派学说之长，编成《吕氏春秋》一书。

　　《吕氏春秋》分三部分，即《八览》《六论》《十二纪》，共160篇。至今有关它的成书年代，说法不一。

　　第一，作于秦八年说。在《吕氏春秋》的《序意篇》中，吕不韦说："维秦八年，岁在涒滩，秋，甲子朔，朔之日，良人问十二纪。"高诱注云："八年，秦始皇即位之八年也。"古人习惯将序作于书作成后，那么，吕不韦自说《吕氏春秋》成于秦始皇即位八年（前239）当然可信。

　　第二，作于秦十年说。司马迁在《史记·自序》中说："不韦迁蜀，世传《吕览》。"张守节的《正义》说："即《吕氏春秋》。"也就是说《吕氏春秋》成于"不韦迁蜀"之后。司马迁可以用其作《史记·吕不韦传》记载的吕不韦迁蜀的那一段历史证明自己《吕氏春秋》成书于秦十年后的观点，"秦王（秦始皇）十年（前237）十月免相吕不韦，出文信侯

（吕不韦）就国河南。岁余，诸侯宾客相望于道，请文信侯。秦王恐其变，乃赐文信侯书，其与家属徙处蜀。吕不韦自度稍侵，恐诛，乃饮酖而死。"司马迁在《史记·太史公自序》中又说："不韦迁蜀，世传《吕览》。"不韦迁蜀在秦十年之后，这一点是很清楚的，而这又与上所证吕氏之书成于秦始皇六年之说不相符。

究竟哪一个说法符合历史的真相，还是一个未解之谜。

《诗经》是否为孔子所编

《诗经》是中国第一部诗歌总集，标志着中国文学史的光辉起点和现实主义文学传统的源头，在中国文学史上占有极其重要的地位。关于《诗经》的作者，说法最多的是被后世尊为"孔圣人"的孔子，"孔子删诗"在众多文献中都有记载。

传说据今两千年前的春秋战国时代，诸侯战乱、群雄割据，各个国家之间天天都上演着战火纷飞、刀兵相见的场面，孔子正生活在那个时期，为了传播自己的政治文化信仰，他不辞辛苦，风尘仆仆地带着诸多弟子周游列国，一路上吃尽了各种苦头，但他的理想在祖国鲁国行不通，到齐国也碰壁，到陈、蔡等小国，更不必说了。在卫国，被卫灵公供养，住了较长时间，到了六十九岁时才回到鲁国，目睹统治者的荒淫无道后，他转而从事《诗》《书》《礼》《乐》等六经的整理工作，将大半辈子精力都用于教育和整理古代文献。传说那时礼崩乐坏，人们谈诗的风气早就很少了，但孔子却十分重视《诗》的言志和交谈两种用处，认为《诗》是贵族阶层必不可少的教育科目，但当时流传的诗大部分是"王官采诗"。"采诗"是指周王朝派出专门的使者在农忙季节到各地采集民谣，由周朝史官整理后给天子看，目的是了解民情。但这些诗有好有坏，甚至有造反和淫乐的成分，为此，孔子把三千多篇古诗做了大量的删削，只留下305篇。强调"不学诗，无以言"，强调"诵诗"要"使之四方"而能"专对"。孔子不但要求弟子学《诗》，还要求于此两方面能够熟练运用。

先秦时人们把孔子删过的诗集称《诗》或《诗三百》，汉朝时儒家将其奉为经典，称为《诗经》，沿用至今。《诗经》收入了305篇诗；另有6篇只存题目而无内容，叫作"笙诗"。这样实际存在着311个题目，305篇诗。这些诗歌分为三部分：风诗160首，雅诗105首，颂诗40首。现在我们看到的《诗经》的内容十分丰富。里面记录了两千余年前中华民族古老的祖先们在黄河两岸用质朴的声音吟唱着的一首首优美动听的歌曲。这中间包含了对生活劳动中种种愉悦和磨难的感受，还有追求爱情时的各种纯朴大胆而真实的心声。这些诗大多感情真挚、强烈、质朴、健康。

关于"孔子删诗"的事，孔子在《论语》中是这么说的，"自卫返鲁，然后雅颂各得其所"（自从我由卫国回到鲁国后，诗中的类别雅颂才得到分类归位）。在众多文献中也都有记载，在《史记》中记载得最为完整。司马迁在《孔子世家》中说："古者《诗》三千余篇，及至孔子，去其重，取可施于礼义，上采契、后稷，中述殷周之盛，至幽、厉之缺。……礼乐自此可得而述，以备王道，成六艺。"后世许多文献也都是从这点演化来的。

但是后代一直有人怀疑是否真有孔子删诗的事。《左传》中记载有人在孔子还不到10岁时就已看到了定型的《诗经》。唐代的孔颖达认为就算是像《史记》中说的那样，孔子删诗前有很多诗，但从书中引用的诗来看还是删去的少，《史记》中说去了十分之九，恐怕还是不太可能。宋代的朱熹也持同样的看法，有人问朱熹关于孔子删诗的事，他说："那曾见得圣人执笔删那个，存这个？也只得就相信传说去。"清朝的崔述也说根据《论语》《孟子》《左传》《礼记》等书的考证，孔子后散失的诗还没有十分之一，所以"由是观之，孔子无删诗之事"。魏源也说："夫子有正乐之功，无删诗之事。"《左传》襄公二十九年载，吴公子季札在鲁国观看周乐，为他演奏的就是国风、小雅、大雅、颂，与今天《诗经》的编次相同，十五国风排列先后的次序也基本和现在《诗经》差不多。当时孔子还是七八岁的小孩，可见《诗经》的编次在孔子以前大体上就是这样，孔子并未删减，也没有做多大的改变。

这些怀疑到近代的古史辩运动时达到了极端，钱玄同甚至从根本上否认孔子与六经之间的关系，钱玄同在1923年在《答顾颉刚先生书》中认为："孔子无删述或制作六经之事……《诗》《书》《礼》《易》《春秋》，本是各不相干的五部书（《乐经》本无此书）……六经的配成，当在战国之末。"钱玄同以怀疑儒家经典奠定了他在中国历史学的地位。古史辩运动对于儒家经典的怀疑，可以说是对两千年来中国文化、学术、政治的核心部分，具有神圣不可侵犯性质的"经"的最后一击。但疑古学派"非圣无法""荒经蔑古"虽然适应了时代的要求，但却又在疑古过程中产生怀疑过头的倾向。但钱玄同的看法也可以作为对"孔子删诗"的又一挑战。

总之，《诗经》编者是谁直接关系着《诗经》在整个儒学系统中的定位问题和渊源问题，因此，有待后世的进一步解答。

孔子著《春秋》之谜

《春秋》是流传下来的迄今为止我国最早的一部编年体史书，也是儒家的主要经典。人们谈论《春秋》时，往往提到孔子。但《春秋》到底是不是孔子所作？人们对此有不同的看法。

一种观点认为，《春秋》就是孔子所作。它最早由孟子提出来。孟子认为，春秋时社会动荡，各种邪说暴行屡屡出现，"孔子成《春秋》而乱臣贼子惧"。现代学者指出，孔子之所以作《春秋》，一是因内乱，一是因外患。孔子作《春秋》以正名分，给诸侯、大夫以严正的褒贬，从心理上来钳制他们，以安定天下的秩序，恢复周王室的政治权力，同时达到"尊王攘夷"的目的。

另有一种观点认为，《春秋》不是孔子所作，不过是由孔子整理而成。有的学者指出，孔子是我国历史上第一个创办私立学校的教育家。他为了能更好地讲学，搜集鲁、周、宋、杞等故国文献，重加整理编次，形成《易》《书》《诗》《礼》《乐》和《春秋》六种教本。孔子对它们的内容虽有删节，但态度是"信而好古"，也就是尽量保持原有的文字，包括原来的史事内容和表达风格。司马迁在《史记·孔子世家》中说："子曰：'弗乎弗乎，君子病没世而名不称焉。吾道不行矣，吾何以自见于后世哉？'乃因史记作《春秋》，上至隐公，下讫哀公十四年，十二公。"据此说法，孔子是根据鲁国和周王室以及其他诸侯国的史官的记载略加修改，编写成一部简要的史书。《春秋》中的一些字句都是沿用以前史官的写法，并非孔子的创造。

还有一种观点，认为孔子根本没有著作或删订《春秋》。"五四"以后，钱玄同主张此说。他认为，"六经"（《诗》《书》《易》《礼》《乐》《春秋》）并没有孔子改动的痕迹。《春秋》应是鲁史旧文，其中如"郭公""夏五"之类，都保存了原来的缺简，只不过在长期转写、流传中，难免会有改动。他们又举出《论语》作为例子，说《论语》载孔子生平言行甚详，其中论《诗经》的最多，但对于《春秋》却一字未提；孔子时代《春秋》还是鲁国秘藏的国史，孔子不可能也不必要对这本秘藏的国史进行改编。有的学者则根据《春秋》记载孔子生年和卒年，认为孔子修《春秋》的说法是不能成立的。因为他不会自称"孔子"，又不能写出自己的卒年。孔子只是曾经把《春秋》作为教材而已。经孔子一用，《春秋》便逐渐流传到了民间，然后再由孔门弟子一代一代地传述下去。《春秋》不是一时而成或出于一人，而是由鲁国史官们在两百多年时间里陆续编纂而成，从而出现了一些前后风格、笔调不太一致的地方。

以上三种说法各有道理，谁也不能彻底说服谁，遂成文史上的又一桩公案。但不论《春秋》是否为孔子所作，都不会削弱孔子作为文化伟人的地位和《春秋》作为古籍的不可估量的研究价值。

《山海经》到底是什么性质的书

《山海经》是我国第一部描绘山川与物产、风俗与民情的大部头地理著作，还是我国古代第一部神话传说的大汇编，有着巨大的文化价值与历史价值。全书共十八篇，分为《山经》和《海经》两个部分。然而，对于这样一部体系庞大的"怪"书的性质归类，却是各有各的看法。

有一种比较有影响力的观点认为，《山海经》是一部巫术之书、记祭祀的礼书和方士之书，是古人行施巫术的参考书。鲁迅在《中国小说史略》中称："《山海经》……盖古之巫书也"。他的观点对中国学者产生了重大的影响，绝大多数人都持此种观点。班固把《山海经》置于"术数略"的"形法家"，是"大举九州之势"而求其"贵贱吉凶"，类似后世讲究"风水"的迷信之书。这是对《山海经》性质的最早的说明。后司马迁认为它荒诞不经，难登大雅之堂，认为《山海经》中虽然记载了方位、山川、异域，但那是因为祭祀神灵的需要，如《海外西经》记载的"登葆山，群巫所从上下也"。此外，《海经》中所记载的海外殊方异域、神人居住的地方、怪物的藏身之处，都是秦汉间鼓吹神仙之术的方士的奇谈。由于诸多对巫术和祭祀的记载，《山海经》被归类为语怪、巫术书。

茅盾从神话学角度把《山海经》归为一部杂乱无章的神话总集，专记古怪荒诞的神话故事。这一看法很具有普遍性。《山海经》所收的神话故事源自上古历史传说，以及各地诸侯国的报表文书和采自民间的神话故事。如我们周知的"女娲补天"就来自于《大荒西经》，还有《大荒北经》中的夸父追日，《北山经》中的精卫填海、后羿射日、共工怒触不周山、大禹治水、黄帝擒蚩尤等这些神话传说都来自于《山海经》中的记载。

此外，还有不少学者认为《山海经》是一部自然地理和人文地理专著，是"第一部有科学价值的地理书"，具有极高的军事价值和政治价值，它详细地记载了境内山川地貌的距离和里数，还记录了各个地区的山脉、河流，以及草木、鸟兽、矿藏等，还有关于各地的特产和风情的记载。

近世的许多学者，也都认为它是一部既有科学内容、又杂有巫术迷信成分的地理志。既是历史地理学家又精通古代神话和宗教的顾颉刚颇赞同此观点，或许是为了在巫书与地理志之间寻求一种平衡与融合。很长一段时间内，《山海经》是地理书似乎成了定论。但是后来也有人认为，虽然《山海经》记述了山川、异域，但是它并不是以讲述地理为目的，不能够把它误认为是一部实用的地理书。

还有一种观点，认为《山海经》是根据图画记述的。在晋代，陶渊明有诗曰："泛览周王传，流观山海图，俯仰终宇宙，不乐复何如？"《山海经》中有些文字，如"叔均方耕""长臂人两手各操一鱼"，确实是根据图片来述说的。根据我国古代很早就有的关于山川地图的记载，可以推测出《山海经》成书时有一种绘载山川道里、神人异物的图画，也就是说最早的《山海经》是图文并茂的，上面既有图形图画，多为一幅幅线描的怪兽人神插图，也有文字，还有大量图画式的文字。

《山海经》是实用的自然地理和人文地理专著，还是杂乱古怪的神话？是奇士编撰的小说，还是巫术和方士之书？它成书于什么时代，作者又是谁？谜底仍未解开，还有待于新的发现和进一步探讨。

端午节吃粽子是为了纪念屈原吗

农历五月五日端午节是我国汉族人民最重要的传统节日之一。这一天人们举办各种各样的活动来庆贺，有句民谣是这样说的："五月五，是端阳。门插艾，香满堂。吃粽子，洒白糖。龙舟下水喜洋洋。"描述的就是那天的种种情景，各家各户要包粽子，挂菖蒲艾叶，薰苍术白芷，给小孩涂雄黄，尤其是盛大的龙舟竞赛，选手们随着隆隆的鼓声，奋力向前划，河的两岸人们高叫着呼喊喝彩，十分精彩。

但是关于端午节的来历，历来很多争执，归纳起来，大致有"纪念屈原说""恶月恶日驱避说""龙的节日说"这几种说法。

"纪念屈原说"是影响最为广泛的。屈原是战国时期楚国的大夫。他思想高洁，一心想振兴祖国。当时楚国被秦国打败了，国力一蹶不振，连国王楚怀王都被押在秦国达一年多后死在异乡。屈原十分气愤，他劝楚顷襄王要励精图治，亲贤人远小人，操练兵马，使楚国强大起来。可是他这种抱负却招来了令尹子兰和靳尚等奸臣的仇视，他们在楚顷襄王面前说屈原的坏话。楚顷襄王听信这些谣传，把屈原流放到湘南去了。屈原到了湘南以后，经常在汨罗江边徘徊，他满怀悲愤，感到有生之年再难救国救民了，在写下了绝笔作《怀沙》后，抱着石头投汨罗江自尽了。楚国的人民知道这个消息之后，赶到江边来想打捞他的身体，但都找不到。为了不让水中的鱼虾把屈原的身体吃掉，他们就在江上划着龙舟、敲锣打鼓，希望能将鱼虾赶跑；还用粽叶包米饭，做成粽子，投到江喂给鱼虾吃，希望屈原的身体不要受到伤害。据说这就是划龙舟、包粽子的由来。端午节又因此被叫做"诗人节"。然而，许多盛行于世的端午习俗的历史却比屈原的传说还要悠久。有学者据此推测，端午节或许另有起源。

持"恶月恶日驱避说"的人则认为端午节源于对恶日的禁忌。古人认为五月初五这天是恶日，是普遍现象。根据《史记》中的记载，孟尝君田文就是生在五月初五，他的妈妈认为这天生的孩子要使父亲受灾，让家人把他扔在荒山野地里。东汉的《风俗通义》也有"五月五日生子，男害父，女害母"的说法。东晋大将王镇恶五月初五生，他的祖父就给他起名叫"镇恶"。宋徽宗赵佶从小寄养在宫外，也是因为他是那天生的。而且端午时值农历五月，正是仲夏疫疠流行的季节，俗称"恶月"所以《大戴礼》上说：沐浴啊，就是要去除毒气。所以到现在，在端午节要插菖蒲艾叶来驱鬼，薰苍术白芷和喝雄黄酒来避疫，也就是顺理成章的事。

"龙的节日说"主要是由闻一多先生所提出。在他的文章《端午考》《端午的历史教育》中写到：端午节最重要的两项活动——竞渡和吃粽子，都和龙有关。他还引了吴均的《续齐谐记》中的话作为证明：屈原死后，楚人常将竹筒里倒上米投入水中来祭祀他。一次有人在河中看到自称是屈原的人，并说人们祭祀的东西常常被蛟龙吃了，希望能用树叶包米并系上丝带来吓退蛟龙。竞渡与古代吴越地方的关系很深，当时吴越百姓还有断发纹身"以像龙子"的习俗。

此外，还有"纪念伍子胥说""纪念曹娥说""夏至节说"等等各种说法，但都没有压倒性的证据。端午节带着未解的来历被人们世世代代的传承着。

石头和尚的肉身为何能千年不腐

无际大师是唐代有名的高僧，法名希迁（700～790），广东瑞州人，受法于青原行思，与马祖同时说法，一生云游天下，阅历深广，精通佛学。《参同契》就是他写的。人们称他为"石头和尚"，原因是他43岁云游到南岳，在南山的一块巨石上结庐而居。死后唐德宗赐谥"无际大师"。

据传说在公元790年，石头和尚已达91岁高龄了，自知不久于人世间，便不再进食，还吩咐僧徒将平时搜集的草药数百种泡制成大汤剂。据称，制好的大汤剂奇香无比。他每天都饮这种汤剂数十次，喝下以后浑身大汗，大小便频繁。僧徒们大惑不解，纷纷前来劝他不要这样。希迁笑而不答，照旧每日大饮不止。转眼一月有余，他渐减饮量。令人叹为观止的是，此时的石头和尚脸面变得润如枣色，两眼炯炯有神，镇坐如钟。一日，口念佛经，无病而终。

石头和尚的肉身停放月余不腐，且满室溢满香气。门下弟子与地方绅耆特意四处募捐，筹款建造了一座寺庙以纪念他的无量功德，并安置大师肉身于其中，让善男信女烧香供奉。千余年来，香火不断。

20世纪30年代，日本牙医渡边四郎无意中知道了无际大师的不朽肉身藏在这座寺庙中。他居心叵测，想尽一切办法毒死了寺庙内的小和尚，偷偷将无际大师肉身窃移至庙外隐藏。不久，此寺庙被乱兵纵火焚烧，故世人均认为无际大师肉身与寺庙俱毁于大火，无不为之惋惜。

1944年抗日战争末期，日本侵略军加紧掠夺我国的奇珍异宝。这也给渡边四郎偷运无际大师尸体创造了契机。渡边四郎将石头和尚肉身用掩人耳目的手法装船偷偷运回了日本本土，又辗转存放于乡下，尔后存放于东京郊外的一座小山里的地下仓库内，外人都不知道。直到1947年，渡边四郎死后，在清查遗物时，查阅他的日记，这件事才为世人所知。当揭去罩在大师身上的黄绸时，只见石头和尚躯体仍是生前盘腿打坐的姿势，保存完好，余香犹存。

1975年6月20日，无际大师肉身供奉东瀛的消息被香港《快报》披露了。该文称石头和尚肉身迄今1100余年仍栩栩如生，现供奉在日本横滨市鹤见区曹洞宗总部。

但是，为什么无际大师肉身千年不腐？他服食的特别醇香的大汤剂到底是些什么草药，因年代久远，无从探究，草药的成分则成了又一千古之谜。

僧人达摩是少林寺拳法的鼻祖吗

少林寺在中国历史上盛名远扬。少林武术向来有南北之分，北有河南嵩山，南有福建泉州少林拳著称。可是，泉州少林寺被毁于兵祸国难之中，着实令人心痛。中国少林武术，从来就是一个整体，其实可以归二为一，应该是一个少林，那就是"中华少林"。

但是，中国少林拳法的鼻祖是谁？关于这一点素来有许多说法。一说法是南北朝后期泛海来中国传教的天竺僧人达摩，一说是公元502年比天竺僧人早7年来中国传教的南印度香至国三王子菩提达摩。但是，前者有"创拳"祖师的传说，后者有"传拳"祖师的传说。那到底中国少林拳法"创拳"或"传拳"的鼻祖是谁？这给后人留下很大疑问。

说中国少林拳法鼻祖是南北朝后期泛海来中国传教的天竺国僧人达摩，也不是凭空捏造的，有一定理论根据，嵩山"碑林""少林初祖达摩颂"上刻"嵩山少林道场，达摩初祖之居地"（人民日报出版社1985年4月2日出版的《台港与海外文摘》总第6期第35页）。据民间传说，大约1300多年前，公元685年，"在南北朝后期，有一个叫达摩的天竺僧人从海路来我国传教，先在南方，后辗转到北方"。但中国佛教史上却无这些记载，美国《世界日报》1984年11月11日的《残留在印度的古少林拳法》一文（见《台港与海外文摘》1985年第4期）中却有一段很长的论述："少林拳源自中国河南省登封市少室山北麓的少林寺……少林寺建于北魏孝文帝太和二十年（496），孝文帝为了礼敬跋陀（佛陀）禅师而建立，成为中国佛教史禅宗发源地。达摩于梁武帝大通元年（527年，比民间传说早198年）渡海到广州，梁武帝即派人迎至建业（南京），可惜二人话不投机，达摩遂渡江到北魏，于少林寺面壁九年，使少林寺成为少林拳的发祥地，达摩则被尊为禅宗东土初祖。达摩在少林寺传法，许多修行僧人体力不支，纷纷另求他处。达摩发觉这样不是办法，因此精心研究'洗髓经'和'易筋经'以传授门众，成为少林拳的由来，于是有'达摩创拳'的说法。"

还有一种说法认为中国少林拳法鼻祖是南印度香至国（现今塔米尔省的康吉普拉姆地方）的三王子菩提达摩。菩提达摩于梁武帝普通元年（520年，比天竺国僧人达摩早来中国7年）从海路到达中国广州，后来又到了嵩山，开创了拳法。如果这是事实，那么，南印度香至国菩提达摩才是中国少林拳法的鼻祖。

有一些明智的学者怀疑"天竺僧人达摩"与"南印度香至国菩提达摩"是一人，但如是一人，为何来中国时间又差异那样大？如果这是事实，那么，相同之处是二人都是泛海来中国辗转到少林寺。但中国少林拳法是达摩创，还是菩提达摩所传？他们谁是少林拳法的"鼻祖"？这些问题尚在考证之中。

宋真宗年间的"天书"之谜

北宋真宗年间，据传有"天书"突现泰山，乃降"祥端"。此事是真是假，已成为千古之谜。

史载，宋辽建立"澶渊之盟"后，畏敌如虎的宋真宗回到开封。在宋辽对峙的情况下，宋朝如何维持自己的政权呢？奸臣王钦若欺骗宋真宗说："戎狄之性，畏天而信鬼神，而今不如大搞符瑞，请天命以自重，戎敌便不敢轻视宋朝了。"他建议宋真宗"封禅"，说这是"镇服四海、夸示戎狄"的"大功业"。这正合崇尚迷信的宋真宗之意。大中祥符元年（1008）宋真宗想东封泰山，任命王旦作封禅大礼使，王钦若作经度制置使，陈尧叟、冯拯分别作礼仪使，宦官周怀政负责在泰山营建行宫，为东封作有关的准备。此时王钦若上奏，说自古以来，必须天降祥瑞，才能封禅。祥瑞即指河出图、洛出书、醴泉涌、甘露降、芝草生、佳谷现等种种灵异之事，据说乃上天有意降下的吉祥征兆。真宗正为难，王钦若又道，无人知晓上天何时降下祥瑞，所以祥瑞亦可人造。《易经·系辞》所载河图洛书并非实有其事，不过以神道设教罢了。真宗心领神会。

正月的一天，宋真宗对大臣们说："朕于去年十一月在梦境中看到仙者，说这个月会有天书出现在泰山。"几天后，王钦若对宋真宗说："泰山脚下有醴泉涌出，泉旁出现了'天书'。"事实上，这是王钦若在迎合真宗。当时还在修建行宫的周怀政，却拿着自造的泰山"天书"没日没夜地赶回京师，献给真宗，宋真宗亲自到含芳园奉迎泰山天书，还让送天书的功臣周怀政得到了高官厚禄。此"天书"为一书卷，上有泥封、丝结。内书"赵受命，兴于宋，付于恒。居其器，守于正。世七百，九九定"等等善祷善颂之语。意为大宋江山永不倾倒。天瑞即降，十月，真宗开始东封，周怀政和皇甫继明拿着"天书"在前面，真宗在大批侍卫保护下，经过澶州、郓州来到泰山,到了山门,因为山路崎岖危险,只能下去走。登上岱顶,祭祀了昊天上帝,而且将"天书"陈放在圜台的左边,祭礼结束后,群臣高呼万岁,声音回荡在山间。下山后真宗又宴请大臣们,群臣皆加官晋爵。

就在满朝文武庆贺"封禅"时,有大臣劝告真宗节省开支、勤于政事。但真宗不听劝阻,执意于大中祥符四年(1011),率领文武百官到河中府汾阴祭祀后土。大中祥符五年(1012),真宗说他又梦见玉皇大帝授予"天书"。于是大设道场,在京师建景灵宫,供奉玉皇大帝。一时间,朝廷内外乌烟瘴气。

宋真宗整日不问政事,热衷于祭祀天地鬼神的迷信活动,这标志着北宋朝廷腐化,政治趋向形式化,北宋自此埋下了走向衰落的隐患。1126年,金国率兵南侵,掳走徽、钦二帝,宣告了北宋的灭亡。

《满江红》的作者真是岳飞吗

岳飞是南宋抗金卫国的名将,骁勇善战,在南宋初期抗金战争中屡建功劳。他一生征战,反对投降,代表了广大人民矢志抗金,执着地追求收复失地、报仇雪耻的愿望。

绍兴六年(1136),岳飞从鄂州移军襄阳北伐,一路上,顺利地收复了伊(阳)、洛(阳)、商(州)等州,大军围攻陈、蔡地区。但是,这次北伐,虽然五战五捷,却因钱粮不继抽回,而未能成功。岳飞面临着这种极其困难的处境,只好中途折回。岳飞的满腔热血沸腾起来,他想起自己从戎报国、风尘仆仆地转战在南北各地的战场上,虽然已经得到了节度使的荣誉与少保的官位,但是,这与自己追求的收复失地、报仇雪耻的壮志相比,个人的高官厚禄算得了什么呢?岳飞情不自禁写出了千古绝唱——《满江红》:

怒发冲冠，凭栏处，潇潇雨歇。抬望眼，仰天长啸，壮怀激烈。三十功名尘与土，八千里路云和月。莫等闲，白了少年头，空悲切。

靖康耻，犹未雪，臣子恨，何时灭！驾长车、踏破贺兰山缺。壮志饥餐胡虏肉，笑谈渴饮匈奴血。待从头，收拾旧山河，朝天阙。

人们一直以为这首豪气冲云天的词是岳飞所作。而近代学者余嘉锡却对《满江红》的作者是岳飞提出了疑问。他认为有两点值得怀疑：

疑点之一是这首词最早见于明代嘉靖十五年（1536）徐阶编的《岳武穆遗文》，在岳飞去世（1142）后，这首词从来不曾见于宋、元人的记载或者题咏跋尾，为什么会突然出现在400年后的明代中叶呢？这是令人生疑的。

另一个可疑之处是岳飞孙子岳珂所编《金陀粹编·家集》中没有收录这首词。岳飞的儿子岳霖和孙子岳珂，曾费尽千辛万苦、不遗余力地搜求岳飞遗稿，但在他俩所编的《岳王家集》中，却没有收录这首《满江红》，而且31年后重新刊刻此书时，仍然没有收录该词。如果真是岳飞所作，怎么会没有收入呢，岂不怪哉？据此，余嘉锡认为《满江红》可能不是岳飞所作，而是明代人的伪托。

继余嘉锡之后，20世纪60年代后期，夏承焘写了一篇《岳飞〈满江红〉词考辨》的文章，他除了赞同余嘉锡的怀疑外，又从词的内容上找出了一个新的证据，即"贺兰山缺"的地名有问题。他认为岳飞伐金要直捣的黄龙府，在今吉林省境内，而贺兰山却在今内蒙古河套之西，南宋时属西夏，并不是金国土地，这首词绝非是岳飞所作。

针对上述论断，一些学者又提出了不同的看法，认为不能轻易怀疑《满江红》的真伪，岳飞的确是《满江红》的作者：岳珂的《金陀粹编·家集》中没有收录此词，是当时复杂的政治局势使然，岳飞遭人陷害冤死时，他所有的奏议、文字都遭毁弃，岳珂没能及时发现此词；历史上也有很多重要篇章是在当时被遗漏或湮没后重见天日的，古代的私人藏书，往往被视为珍宝，不想宣泄外人，因而某些珍藏的典籍手稿不可能都有记载;至于词中的"胡虏""匈奴""贺兰山"等都是借古喻今,并不是实指,不能简单地当作是违背地理状况。

《满江红》这首耀煌古今、激动人心的爱国名篇究竟是否出于岳飞手笔?学者们各持己见,尚难统一观点。但是不管作者是谁,这首词抒发了作者"尽忠报国"的怀抱,表现了这位英雄不愿虚度年华,迫切希望建立功名事业、报仇雪耻及收复国土的雄心壮志。风格豪迈悲壮,音调激昂,可谓"千载后读之,凛凛有生气焉"。

李清照晚年有没有改嫁

李清照,宋代杰出女词人,号易安居士,北宋著名学者李格非之女,21岁嫁名士赵明诚,夫妻相得,皆好学能文。李清照在丈夫赵明诚亡故以后,是否改嫁张汝舟,成了后代学者深究而不得其解的历史之谜。

到了近代,有不少人提出李清照改嫁一事不存在。况周颐对张汝舟、李清照在赵明诚死后的行踪进行了考证,证明两人踪迹判然,当然不足信改嫁之事。黄墨谷几次著文为李清照"辩诬",对俞正燮等人的观点表示赞同,也将自己的不少看法提了出来。这些看法主要有以下几点:第一,黄墨谷对其他宋代李清照改嫁情况的记载提出异议。照他看来,宋代这么多人记载李清照改嫁一事,可是,赵明诚的表甥,又是綦崇礼的儿女亲家谢伋在他的著作《四六谈尘》中不但不提李清照改嫁一事,还称李清照为赵令人李,并且引了李清照对赵明诚表示坚贞的祭文,"坚城自坠,怜杞妇悲深"。第二,黄墨谷对李清照自传性文章《后序》提出了自己的看法。她提出,按照历法和宋代著作《容斋四笔》《瑞桂堂瑕录》的记载,《后序》应当作于绍兴五年(1135),这时张汝舟已经除名三年了。换句话说,即使清照有改嫁一事,《后序》中也应该提到。除了上面这些说法外,黄墨谷认为谈论李清照改嫁一事,不应该摒弃她的自传性文章《后序》所反映的内容,也不应该摒弃她的诗、词、文章和生平事迹。李清照曾经讲过类似"虽处忧患而志不屈"等述志的话,她在赵明诚死后又为颁行《金石录》耿耿于怀,在68岁时还上表于朝。这些情况,也极好地证明了李清照并没有改嫁。

另一些学者不赞同俞正燮、黄墨谷等人观点。他们认为,在记载李清照改嫁的材料中,"就时间而论,胡仔、王灼、晁公武、洪适都是李清照同时代人。就地域论,胡仔、洪适之书,一成于湖州,一成于越州,并不是去天万里,而胡仔、王灼成书时李清照仍然健在。要说在李清照生前他们就敢明目张胆地造她的谣言,伪造《谢启》,这是不近情理的。南渡后明诚的哥哥存诚、思诚都曾做到不小的官,赵家那时并不是没有权势"(黄盛璋《李清照事迹考辨》)。针对《谢启》的真伪问题,黄盛璋提出,李清照"颁金通敌"冤案发生在建炎三年(1129),从《谢启》中提到的"克复""底平"和称綦崇礼为"内翰承旨"等情况看,《谢启》当作于绍兴三年以后,因为建炎三年,朝廷正在仓皇避乱,不可能看"克复""底平"等事。再说,当时綦崇礼只担任中书舍人的官职,此职不能冠以"内翰承旨"的头衔。由此可见,发生在建炎之年的"颁金冤案"与《谢启》风马牛不相及。

有人提出张李二人在赵明诚卒后到汝舟踪迹判然,黄盛璋对此提出,从宣城、广德经吴兴有一条"独松岭道",故不能肯定张汝舟是否去过杭州。黄盛璋还根据宋代社会习俗分析改嫁一事,他认为,明清两代妇女守节才趋严格。《宋史·礼乐志》中对治平、熙宁年间诏许宗女、宗妇两嫁之事有所记载。可见,宋代视改嫁为平常之事,宋人自然就不会惊诧于李清照改嫁一事了。

武当拳的始祖是张三丰吗

"北崇少林,南尊武当。"武当派是我国古代一支重要的武学门派,与著名的少林派齐名。两派并称中华武术的两大主脉。武当派武功的特点是以静制动,以柔克刚。武当派的源流却十分复杂,引起众多人士的争论。

据研究，武当派共有四大派，即正乙派、全真派、玄武派、三丰派。

武当正乙派，一般不外传，是武当山本宫龙门内部传接的一派。正乙派的"武当太乙揉扑二十三式"曾被金子弢先生向世人披露过。当年他向他的师傅李合林道长发誓不以此传人，才学得此拳。李合林道长称明弘治年间（1488～1505），由本宫龙门及道门流派中的吐纳、导引、技击等融炼而成这"武当太乙揉扑二十三式"。此派要求做到"心息相依，腰随胯转，运行匀缓，动静自如""行与蛇之行，劲以蚕作茧""辨位于尺寸毫厘，制敌于擒扑封闭"。从技击角度看，幅度较小，行动较慢。虽然后人不断更新此武功，但它仍具有很强的古典特征。

武当全真派与玄武派都有许多拳术、剑术。众所周知的八卦掌、太极拳、形意拳以及鱼门拳、猿猱伏地拳、六步散手等民间珍贵拳种均包括在内；剑术有武当剑、白虹剑等。这一派传授之人众多。现存疑问颇多，如太极拳是否发源于陈家沟，董海川是否创立了八卦掌，等等。

历来认为武当派的鼻祖是武当三丰派。《武当拳术秘诀》云："本武当三丰之要诀，为武当之正宗。"1928年秋，万籁声先生所著《武当汇宗》谓："武当宗洞玄真人张三丰祖师。"裴锡荣、李春生主编的《武当武功》一书，也说是明代张三丰创立了武当武术。经过数百年的演变，武当武术由最简单的"八门五手"的十三势拳而发展今天，拥有众多门类，包括太极拳、八卦掌、形意拳、武当太极拳、武当八极拳、武当剑、玄武棍、三合刀和龙门十三枪等。

有人在对史料中的张三丰进行了考证研究后，却指出武当的祖师并不是明代道人张三丰，而是源于少林派。

经过武当拳法研究会和一些专家在1999年初开始的潜心挖掘整理，100多个武当拳法门派和500多种拳谱得到基本确认。几年中，武当拳法研究会和武汉体育学院的一批专家深入到民间考察，通过探访、召开武术名家座谈会等多方搜集资料，并查阅了成堆史料和数百件碑拓笔记。整理的资料总计1000多万字。他们从以上史实资料中得出武当祖师张三丰历史上确有其人,并认为,在他提出的"守内、崇实、修性、健身"的原则指导下,武当拳运用"太极说""阴阳说""五行说"等进一步发展,形成了"顺其自然、以静制动、技进于道"的特点,也进一步完善了武当派的独特理论和技术体系。

《永乐大典》正本流失何方

《永乐大典》是我国文化史上最早且最全面的一部百科全书,而且是迄今为止世界上最大的古代百科全书。明代永乐年间,明成祖朱棣命解缙、姚广孝前后用了5年时间编辑《永乐大典》,参加编写、撰稿、圈点的文人多达3000多人。《永乐大典》全书共22877卷,凡例、目录60卷,装订成11095册,3.7亿字。然而,这么一部重要的百科全书,在嘉靖年间重录之后,它的正本已丢失,委实奇怪。后人的有关记载又众说纷纭,而且以讹传讹,成了中国文化史上一件重大谜案,至今也没有形成定论。后人对《永乐大典》正本下落提出了种种看法和疑问。

有一种看法认为,随明世宗将此典殉葬于永陵。理由有三条:其一,从明世宗厚爱《永乐大典》来看,在明代帝王中,曾阅读过《永乐大典》的,不过明孝宗、明世宗两人。明孝宗曾命录《大典》药物禁方赐御医房诸臣。和孝宗比,世宗则更爱《大典》。据《明世宗实录》载:他"几案间每有一二帙在焉""按昀索览";嘉靖三十六年(1557)宫中失火,世宗连夜多次下命令抢救《大典》,之后又决定"重录一部,贮之他所,以备不虞"。由于明世宗对《永乐大典》视为珍宝,所以正本极有可能为其殉葬于永陵。其二,在明代,有用生者平时喜爱的书籍殉葬的习惯,如20世纪60年代山东发掘朱元璋子鲁王朱檀墓,发现殉葬的有《黄氏补千家集注杜工部诗史》等典籍;20世纪70年代上海郊区发掘的明墓中有成化本的《白兔记》等。明世宗在位时间很长,又极爱《大典》,用《大典》正本殉葬的可能性自然也极大。再者,从永陵的建筑特点来看,其工程甚为宏伟,超过明代诸陵,以其建筑规模,也存在将《大典》正本殉葬的可能。

还有一种观点认为,《大典》正本藏于皇史宬夹墙说。此说以著名历史学家、山东大学历史系教授王仲荦先生为代表。王先生对《永乐大典》素有研究,他始终认为"正本没有亡毁,我怀疑藏在皇史宬夹墙里"。皇史宬是修成于明世宗嘉靖十三年(1534)专门存放《实录》《圣训》及《玉牒》等的皇家档案库。而皇史宬的建筑,包括门、窗、大梁全用砖石修葺,殿基耸出地面,具有防火防水的功能。因此,《永乐大典》正本有可能藏于皇史宬夹墙内。

还有一种看法是《永乐大典》正本毁于明亡之际。坚持这一看法的人很多,以郭沫若署名的《影印〈永乐大典〉前言》为代表。郭沫若说:"明亡之际,文渊阁被焚,正本可能即毁于此时。"

由于史籍没有明载《永乐大典》正本的下落,后人也在此问题上又有种种猜测和臆想,所以正本至今下落不明。要弄清它到底行踪何处,看来只有借助考古发现了。

门神由来之谜

"门神门神骑红马,贴在门上守住家;门神门神耍大刀,大鬼小鬼进不来"。每到岁末,家家户户都要请两张门神回家左右相对贴在自家大门上,门神大多面目狰狞,形状可怖,中国人认为它们可以把那些妖魔鬼怪阻挡在自己家门外,护佑家宅康宁。门神也因为与老百姓生活息息相关而成为民间最受信仰的神祇之一。那么门神是怎样产生的?它们的原型又从哪来呢?关于这些至今没有定论,主要有两种提法。

一种说门神来源于"桃人"。中国人认为桃树是"神树""仙木",可以避邪驱鬼。桃木剑可以杀鬼,佩戴桃木符可以避邪,而在门上挂上桃木人也可以让大鬼小妖不能进家,《典术》中就有记载:"桃者,五木之精也,故压伏邪气者也。桃之精生在鬼门,制百鬼,故今作桃人梗着门以压邪，此仙木也。"而桃人最早就据说是两位神仙——神荼、郁垒的化身。他们生活在上古时代，是帮助黄帝管理鬼国的部将。他们住在东海的桃都山上，山上有一株树干茂密得可以覆盖三千里的大神树。在神树的东北方有一座鬼门，门两旁一左一右各站神荼和郁垒，树下有一只凶猛的白虎。树顶上还站着一只金鸡，每天太阳从东边升起的时候，第一个照在它身上，金鸡便放声啼叫，声音传遍神州，天下的雄鸡也会跟着啼叫，把夜间在人间游荡的孤魂野鬼吓回到鬼门里。神荼、郁垒在门两边监视着那些回来的鬼怪。每到年末岁尾，他们便会在桃树下会审诸鬼。一旦发现有那些在人间作怪的鬼怪，会马上把鬼怪喂白虎。因此，鬼怪最怕神荼、郁垒，哪怕是看见他们的画像、听见他们的名字都会马上逃走。所以人们便用桃木雕成两位神样挂在门边驱怪。而"金鸡"因为是司晨之灵，白虎是百兽之王，那些夜间活动的鬼怪都十分害怕他们。所以"帖画鸡户上"而使"百鬼畏之""画虎于门，么不敢入。"关于这种说法较早记载在《月令广义·正月令》上："黄帝之时，神荼郁垒兄弟二人性能执鬼于桃树下。令人画其像于桃板，列于门户，书其名于下。"

到了汉代，春节挂新桃木人形成风俗，县官们常在除夕之夜，在内门旁用草绳悬挂桃木雕人，门上画上老虎，以抵御所谓的凶鬼。后来桃木人慢慢发展到在纸上画像，也就成了门神画。到了宋代，雕版门神画在北宋首都的汴京出现。

另一种说法来自于《三教源流搜神大全》上所记载：唐太宗李世民建立唐朝搬入新宫殿时，半夜三更常听到卧室外面有扔砖头瓦片的声音，后来还听见有厉鬼哭喊嚎叫。唐太宗于是请了很多和尚和法师来为他布法场，烧香念经降服冤魂。可是一点用都没有，宫门外的鬼祟越闹越烈，弄得他寝食不安。一次上朝时，他把这件事告诉给大臣们。大将秦琼奏道："臣生平杀个人就像切块瓜，收尸体像聚蚂蚁，还会怕鬼魅吗？我愿和尉迟恭全副武装站在宫门外把守，把那些鬼魂赶走！"李世民同意了。这天夜里秦叔宝、尉迟恭手拿玉斧，腰系钢鞭、弓箭，把守在唐太宗的卧室外，果然一个晚上都没有听见任何声音。后来唐太宗为了免除他们二人每晚守夜的辛劳，便请来画师画了他们二人的全身像，悬贴左右宫门上，那些冤鬼作祟的事从此都消失了。这件事传到民间后，人们纷纷沿袭了这个办法，把二位将军的画像也当了门神，在《西游记》中有记载："他们本是英雄豪杰旧勋臣，只落得千年称门尉，万古作门神。"他们也是民间流传得最广泛的。二个门神的神像样式也有很多，有坐的，有立的；有徒步的，有骑马的；有执金瓜的，有舞鞭的。后来，还有其他的武将的画像都被人们画成了武门神，如赵云、马超、薛仁贵、孟良、焦赞、杨延昭、穆桂英、岳飞等等数十种。也出现了文官演化出的文门神，大多穿一品朝服，或抱象牙笏板，或拿蝙蝠、马、宝瓶、鞍等吉祥器物。

门神的来历是什么至今仍然是个谜，但门神从其诞生之日起两千多年来，就傲立于千家万户的大门之上，抖尽了威风，至今不衰。

高鹗续写了《红楼梦》吗

《西游记》《水浒传》《三国演义》以及《红楼梦》并称为我国古典文学的四大名著，其中又以《红楼梦》成就最高，达到了我国古典文学的顶峰。《红楼梦》成书至今已有两百余年的历史了。作为我国最重要的一部小说，它不仅感动了中国人，也得到了世界人民的重视与喜爱。《红楼梦》有各种不同的版本，数十种续书，流传到世界各国。

长期以来，人们普遍认为曹雪芹只写了《红楼梦》的前80回，后40回是清代文人高鹗所写。然而由于《红楼梦》的成就如此之高，人们对它的热爱如此之深，曹雪芹心中的《红楼梦》的后40回究竟如何，一直成为文学界乃至热爱"红楼"的人的一大遗憾。

"高鹗续书说"最早是由我国大学者胡适提出来的。他最早看到《红楼梦》的时候，认为小说的诗词是在暗示人物的命运和结局，但是看到后来，有些人物的结局并不按照诗词所预言的那样。所以他提出小说的前80

回和后40回有矛盾，进而猜测《红楼梦》可能是由两人所写。同时，经他考证，高鹗的同年进士张船山在《赠高兰墅鹗同年诗》题解中写道："传奇《红楼梦》后四十回俱兰墅所补。"于是胡适便将补书的作者认定是高鹗。这种观点提出后长期被人们接受，也就是很多人普遍认为《红楼梦》后40回是由高鹗所写的原因。对于高鹗补写后40回，也有不同的说法。一种说法是高鹗根据自己的喜好编出自己喜欢的后40回，自娱自乐，还有一种说法更可笑，那就是高鹗奉清廷的要求，修改和续写"红楼"，所以在思想上必然受到约束。

然而，随着对内容的进一步研究，很多学者、专家认为高鹗不可能续后40回《红楼梦》。首先，从高鹗的生平来看他不可能续写《红楼梦》：高鹗，字兰墅，一字云士，清代文学家。因为他酷爱小说《红楼梦》，所以自取别号"红楼外史"。他是汉军黄旗内务府人，祖籍铁岭（今属辽宁）。他于乾隆五十三年（1788）中举人，六十年（1795）中进士。据胡适考证，高鹗续写"红楼"的时间是在1791至1792年，只有两年的时间。然而，这么短的时间，高鹗可能写出占原书一半篇幅的后40回吗？高鹗怎么可能求取功名的时间里花如此多的精力续写《红楼梦》？这显然是件不合情理的事情。其次，高鹗续写"红楼"的时候，真本的《红楼梦》并没有完成太久，可能根本就没有消失，只是零散不全，需要补充，那么高鹗何必又要舍弃原来的而自己另写后40回呢？难道他想替曹雪芹干活，自己做无名英雄吗？

而且据我国的红学专家周汝昌老先生考证，《红楼梦》的结果不是高鹗所续的那样，而是在大抄家后，贾府全家败落，在贾环及赵姨娘等的密告下宝玉和凤姐入狱，后来被小红（红玉）和贾芸搭救，凤姐因此心力交瘁而亡，宝玉沦为更夫时宝钗也已郁郁而亡。在抄家前黛玉与湘云投湖自尽，后来史湘云被搭救，沦落风尘。最后与宝玉邂逅二人结为夫妻。这才是故事真的结局。这么说，高鹗续书又何必两头不讨好呢？

我们再来看看曹雪芹。传说他曾"披阅十载，增删五次"，这说明《红楼梦》很可能本来就已经写完了，只是一些原因，我们没有看到后40回。

那么高鹗是否真的续写后40回呢？

目前，一些专家学者认为高鹗不仅没有续写后40回，而且现存的红楼梦都是曹雪芹本人所写。据他们考证，将1959年山西发现的《乾隆抄本百廿回红楼梦稿》（简称《红楼梦稿》）与其他所有版本进行了比照，发现《红楼梦稿》才是曹雪芹的手稿本，而其他所有版本都是曹雪芹在这部稿本上一边修改一边由不同的人抄录出去的。只是由于全书修改的时间很长，抄出去的版本很多。另一方面，从语言上来考证，全书120回通用的语言风格都是南京话，而东北人高鹗是写不出来的。况且，"红楼"中的人物是变化发展的，不一定与诗词的预言发生矛盾。

无独有偶，一位计算机专家从数学统计方面入手，在语言风格上，通过计算机的统计、处理、分析，也对《红楼梦》后40回由高鹗所作这一流行的看法提出了异议，认为120回都是曹雪芹所作。

《红楼梦》后40回到底是由谁续写的？也许这并不重要，正如断臂维纳斯的完美之处，因为不完美而完美，后40回是给读者留个想象空间。到底是谁误读了《红楼梦》？高鹗是否钻了只有80回的这个空子？他是否真见到了80回以后的残稿？到底他的40回续书，和雪芹真书有无关系？这成了一个历史之谜，不过也正是因为后人的续写，才使得《红楼梦》这一经典成为一部有始有终的完整作品。

贴春联之谜

在中国过春节最为盛行也最具有诗情画意的应该是"总把新桃换旧符"的春联了。春联是对联的一种，也叫"门对""春贴""对联""对子"。过年时，各家的街门、屋门的门框上，都贴春联，门楣上还要贴"横批"。春联既可高悬在大雅之堂，又可张贴在茅屋之中，它以工整、对偶、简洁、精巧的文字描绘时代背景，抒发美好愿望，是我国特有的文学形式。

春联作为一种独特的文学形式，在我国有着悠久的历史。春联是从桃符演变来的，又称"桃版"。传说中黄帝时代，鬼国在度朔山上，那里有一棵枝干覆盖3000里的大桃树，黄帝的神官神荼、郁垒每到除夕都要在树下审问群鬼，把干坏事的鬼捆了喂白虎。所以古人认为桃木是五木之精，能制百鬼，从汉代起就有用桃木作魔胜之具的风习，以桃木作桃人、桃印、桃板、桃符等辟邪。最早的门神像是以桃木刻成的，后来改成桃木板或桃木条画神荼、郁垒画像，挂在两扇门上，称为"桃符"。后来人们为了方便书写开始在过年时写吉祥话于桃木板上，逐渐成为春联。但作为以文字形式表现的春联究竟是什么时候出现的，众说纷纭，到现在仍然是中国传统文化的未解之谜。

一种说法认为春联的出现是由于明太祖朱元璋的提倡，因此春节贴春联的民俗应该是在明代开始盛行的。据史书上记载，号称"对联天子"的朱元璋酷爱对联，不仅自己挥毫书写，还常常鼓励臣下书写。清代的陈云瞻在《簪云楼杂话》中记述道："春联之设，自明太祖始。"有一年除夕，朱元璋兴致大发，传旨全国，不论是公卿大臣还是平民百姓，家家户户门上都要贴一副对联，以示普天同庆。第二天他悄悄微服出宫去，沿着大街边走边看，看见有一家的门上什么都没有，朱元璋便敲门进去，装做路人打听他们怎么敢违抗圣旨。主人愁眉苦脸，唉声叹气地告诉他："我家是阉猪为生的，自己根本不会写字，请人代笔别人又看不起我的身份，不愿帮我写，实在是没办法啊。"朱元璋听后大笑，对主人说："拿笔墨纸砚过来吧，我写一副对联送给你。保证不仅符合你的身份，还会奇巧幽默、对仗工整、平仄协调。"等对联写成后，围观的人都连声叫好。阉猪人也大喜过望。联上写着"双手劈开生死路，一刀割断是非根"。后来有人认出了朱元璋，这件趣事传开了。以后当时的文人也把题联作对当成文雅的乐事，写春联便成为一时的社会风尚。

但是专家认为如果以此就说春联始于朱元璋的说法是很不准确的。原因是历史记载，春联在我国有着悠久的历史，发展到今天已经有一千多年了,作为一种独特的文学形式。它从五代十国时就开始,到朱元璋的时候不过是很兴盛了。中国最早的一副春联是后蜀之主孟昶所写的,据《宋史·蜀世家》上记载着公元964年的除夕:蜀后主孟昶命学士为题桃符,以其非工,自命笔题云:"新年纳余庆,嘉节号长春。"这副"新年纳余庆,嘉节号长春"流传开后才被认为是中国春联的来历。宋代过年写春联已经相当普遍了,在《宋史·五行志》《梦梁录》《癸辛杂识》等古籍中都有记载。王安石的《元日》诗中写的"千门万户曈曈日,总把新桃换旧符"就是当时春联盛况的真实写照。入清以后,乾隆、嘉庆、道光三朝,对联犹如盛唐的律诗一样兴盛,出现了不少脍炙人口的名联佳对。

虽然春联的来历还是中国文化的未解之谜,但它代表了人们对新一年的期盼,在历史上留下了众多佳句"春风阆苑三千客,明月扬州第一楼""爆竹一声除旧岁,桃符万户迎新年""天增岁月人增寿,春满乾坤福满门""门迎春夏秋冬福,户纳东西南北财"等等,这些成为中国传统文化中的宝贵遗产。

除夕放鞭炮之谜

每到春节,中国人都会燃放烟花爆竹来庆贺新的一年的来到,这就是王安石诗中说的:"爆竹声中一岁除,春风送暖入屠苏。"除了喜庆之外,最早人们为什么要放爆竹呢?关于这个谜,还有一个有趣的故事。

相传在远古的洪荒时代,有一种凶恶的怪兽,人们叫它"年",年兽生活在深海里,长得獠牙利爪,性情很凶猛。每到大年三十的晚上,年兽就要从海里爬出来破坏庄稼,见人就吞,见屋就毁,令百姓们不能好好地过年。为了躲避它,人们只好在除夕之夜把老弱病残送到深山老林里避难,青壮年的男人们留在家里拿着大刀锄头,把门反锁着守卫家门。一年的除夕,人们正在手忙脚乱地收拾干粮包裹,一个风尘仆仆的老人来到一个农家要水喝,他鹤发童颜、精神矍铄、气宇不凡。农户好心地告诉他关于年兽的事，让他赶紧和村里人一起逃到山里，老人微微一笑："不用担心，让我来赶走那个孽畜吧！"众人都以为这个老人疯了，可是老人任凭村里人怎么劝都不听，他来到一个荒弃的破房子里，闭门不出。眼看天就要黑了，人们只好不再管他各自逃命去了。半夜，年兽又来到村里，村里一片漆黑，它四处闻嗅着人类的气味，沉重的脚步声使看家的人无不心惊胆战。这时，那间废弃的小屋里突然出现了强烈的灯火，年兽立刻调头扑向那里，它刚顶开门跑进院子，突然出现了一团大火伴着"啪啪"的爆响，年兽听到巨响、看见火光吓得掉头逃窜，好像受了重伤一样嗷嗷痛叫。人们闻声赶来，看见老人身穿红袍站在院子中大笑着消失了，废屋门上贴着红纸，院里一堆未燃尽的竹子仍在"啪啪"炸响，屋内几根红蜡烛还发着余光。第二天，逃难的人回来听说这件事，都连连称奇。后来老人托梦给那个农家，说自己是天上的紫微星，他为了拯救人们，才决心消灭年兽。他已经用火球将年兽击倒后用粗铁链将它锁在石柱上了。消息传开后，人们都十分高兴。为了纪念这件事，每到除夕之夜，家家户户都贴红纸、穿红袍、挂红灯、敲锣打鼓、燃放爆竹，来庆祝这祥和平安的一年。

还有人认为鞭炮原来是人们用来避邪祛灾的，不少书已经有过详细介绍。而西汉东方朔的《神异经·西荒经》说得更加详细：西方的深山里有一种长得像人的鬼魅，面目狰狞，个子很矮，常常袒胸露臂在河里捕食小鱼小蟹，而且看到人也不害怕也不跑。看到山里有人露宿，它就在人们都睡着后，靠着火来取暖并烤食鱼虾吃，有时候还乘人不在偷人的盐，可是它跑得很快，人们也追不上，它还会使人得寒热病。人们根据它的叫声给它取名叫山臊。一次，一个猎人无意间用竹子点着火了，发出巨大的爆炸声，山臊吓得直发抖，急忙逃窜去了。史学家认为：东方朔所提的恐怕只是一种动物而已，后代人以讹传讹，于是爆竹便具有了避邪祛灾的功能。《诗经·小雅·庭燎》篇中有"庭燎之光"的记载。所谓"庭燎"就是用竹竿之类制作的火炬，竹竿燃烧后，竹节里的空气膨胀，竹腔爆裂，发出噼噼啪啪的响声，后人根据这些描写附会出来的"爆竹"的由来。《荆楚岁时记》中载："正月一日，是三元之日也，春秋谓之端日，鸡鸣而起，先于庭前爆竹以辟山魈恶鬼。"这段记载至少说明爆竹在古代是一种驱瘟逐邪的音响工具，这就使得燃放爆竹的习俗从一开始就带有一定的迷信色彩。

比较科学的看法是，在唐朝初年，由于战乱四起，死去的人很多，造成了民间瘟疫四起。有个很聪明叫李田的人，他想到烧火放烟可以祛除灾害，于是尝试把硝石装在竹筒里点燃，结果发出震天的巨响，还产生了浓烈的烟雾，他的家人都没有生病。于是人们纷纷学习这种做法，结果驱散了那些病毒，制止了疫病流行。这便是爆竹的最早雏形。后来，道家炼丹，出现了把硝石、硫黄和木炭按一定比例混合的可以控制的火药，人们将火药填充在竹筒内燃烧，产生了真正意义上的"爆仗"。到了宋代，纸的运用已经普及了，民间开始普遍用纸筒和麻茎裹火药编成串做成"编炮"（即鞭炮）。炸开后响声贯耳，纸屑飞扬，火药香四溢，于是爆竹又叫"爆仗"。又因为它的声音清脆得象抽鞭子的声音，所以也叫"鞭炮"。在"鞭炮"的基础上又出现了各种花炮乃至烟花关于上述爆竹的演变过程，《通俗编排优》写得很明白：古时爆竹。皆以真竹着火爆之，故唐人诗亦称爆竿。后人卷纸为之。称曰"爆竹"。此外，爆竹的功能也由避邪驱鬼完全转变为节日的吉祥、热闹、喜庆和欢乐。王安石诗曰："爆竹声中一岁除，春风送暖入屠苏。"爆竹成为老百姓们庆贺新禧的工具。

到了明清的时候，讲究礼仪的中国人还规定放爆竹的许多讲究。按燃放的时间，分为"关门爆竹"和"开门爆竹"。除夕晚上祭完祖宗和已去世的父母之后，全家关上门吃团圆饭的时候，要放"关门爆竹"，一般放一到三挂鞭炮，这挂炮的意思是将旧的一年的所有不愉快都送走，然后一家人就围坐在一起说说笑笑，一直守岁到新年的钟声敲响。大年初一早上一开门的时候或出去拜年的时候就要放"开门爆竹"，又叫"开财门"，一般放一挂鞭炮。寓意是新的一年日子过得红红火火，如果不放炮就出门去是一种很不吉利的做法。

鞭炮的来历究竟是什么至今仍有待考证。